"十二五"国家重点图书出版规划项目
新视野教师教育丛书·基础理论系列
丛书总主编　陈永明

教师教育哲学

舒志定　著

北京大学出版社
PEKING UNIVERSITY PRESS

图书在版编目（CIP）数据

教师教育哲学/舒志定著. — 北京：北京大学出版社，2012.1
（新视野教师教育丛书·基础理论系列）
ISBN 978-7-301-19643-4

Ⅰ. ①教⋯ Ⅱ. ①舒⋯ Ⅲ. ①教育哲学－研究 Ⅳ. ①G40-02

中国版本图书馆 CIP 数据核字（2011）第 216948 号

书　　　名：教师教育哲学
著作责任者：舒志定　著
丛 书 策 划：姚成龙
责 任 编 辑：姚成龙　刘　婧
标 准 书 号：ISBN 978-7-301-19643-4/G·3242
出 版 发 行：北京大学出版社（北京市海淀区成府路205号　100871）
网　　　址：http://www.pup.cn
电 子 信 箱：zyjy@pup.cn
电　　　话：邮购部 62752015　发行部 62750672　编辑部 62752013　出版部 62754962
印 刷 者：北京鑫海金澳胶印有限公司
经 销 者：新华书店
　　　　　787 毫米×1092 毫米　1/16　16.25 印张　360 千字
　　　　　2012 年 1 月第 1 版　2015 年 4 月第 2 次印刷
定　　　价：36.00 元

未经许可，不得以任何方式复制或抄袭本书之部分或全部内容。
版权所有，侵权必究
举报电话：(010) 62752024　电子信箱：fd@pup.pku.edu.cn

目 录

引 言 教师教育哲学标示的道路   I

◆第一部分　省思教师与教育◆

第一章　教师与教育"文本"　3
  一、亟待拓展师生关系的理解视角　3
  二、我们之于"文本"的立场　4
  三、由"文本"求解"教育是什么"　8
  四、教育"文本"的敞开性　13
  五、召唤教师教育职能的重构　17

第二章　教师与"教育权力"　20
  一、人的自由发展理想与教育困境　21
  二、对"教育权力"的辩证思考　26
  三、"教育权力"与教育的合法性　30
  四、"教育权力"为人的主体性奠基　33

第三章　教师与人的认同　35
  一、教育追寻人之为人的信念　35
  二、实现人的认同的三大领域　43
  三、构建人的认同的教育策略　47
  四、人的认同与教师使命重构　52
  五、人的认同引领教育的创新　54

第四章　教师与体验　57
  一、人在现实的社会生活中成长　58

二、从超验到经验　　　　　　　　　　　　　　　　　61
三、与生命相联系的体验　　　　　　　　　　　　　65
四、从现实的人出发理解体验教育　　　　　　　　69
五、体验教育的要求及其实现　　　　　　　　　　74

第五章　教师与价值观教育　　　　　　　　　　　79
一、学校要确立价值观教育的地位　　　　　　　　80
二、变革中的学校价值观教育环境　　　　　　　　81
三、学校价值观教育的机遇与挑战　　　　　　　　85
四、学校价值观教育实践中的难题　　　　　　　　89
五、学校价值观教育难题破解要求　　　　　　　　93

◆第二部分　回归本真的教师◆

第六章　教师的教育功能　　　　　　　　　　　　101
一、人的培养与教师的教育功能　　　　　　　　　101
二、揭示教师教育功能的认识基础　　　　　　　　104
三、教师教育功能是如何误读的　　　　　　　　　106
四、对教师教育功能的一种阐释　　　　　　　　　110
五、教师教育功能与教育家塑造　　　　　　　　　114

第七章　教师的文化使命　　　　　　　　　　　　119
一、探寻我国教师的文化特征　　　　　　　　　　119
二、理想教师建构的文化元素　　　　　　　　　　125
三、文化传统与教师专业成长　　　　　　　　　　128
四、面向多元文化的教师职能　　　　　　　　　　137

第八章　教师的教育信念　　　　　　　　　　　　144
一、基于教育把握方式的教师教育信念　　　　　　144
二、领悟教师角色的传统规定　　　　　　　　　　149
三、前提：关注人生的教育信念　　　　　　　　　157
四、核心：坚守教育解放人的信念　　　　　　　　159
五、路径：把握教育的行动目标　　　　　　　　　162

第九章　教师的教育行为　　　　　　　　　　　　165
一、研究的缘由及问题的质询　　　　　　　　　　165

二、"语言言说"向度的考察 173
三、"言说"与"不可言说"的立场 177
四、成为更好的老师 180

◆第三部分　评析教师专业发展◆

第十章　教师的专业发展 187
一、教师专业及专业化发展的初步认识 187
二、知识取向的变革与教师形象的构造 192
三、知识维度理解教师专业发展的限度 195
四、影响教师专业发展的观点及其消除 197
五、从"教师专业化"到"专业教师化" 199

第十一章　教师的专业自觉 201
一、理解教师专业发展的思路及问题 201
二、理解教师是理解"教师专业化"的前提 205
三、教师专业自觉的基本要求及完成 206
四、教师专业自觉养成的条件与策略 209

第十二章　教师的专业境界 211
一、对"教师"研究的认识 211
二、教师专业境界内容解析 216
三、教师分享美好教育生活 219

第十三章　教师在职培训规律 221
一、在职培训与在职教育的异同 221
二、教师在职培训规律考察路径 223
三、教师在职培训规律的初步阐释 226
四、教师在职培训工作的主要特色 230

参考文献 235

后记 247

引言　教师教育哲学标示的道路

　　教师是影响教育事业发展极其重要的因素和资源。培养一支数量充足、品质优异的教师队伍，获得社会的共识是不言而喻的。因而，类似的问题被提出并受到普遍的关注，如：教育发展需要怎样的理想教师？如何培养理想的教师？教师在多元世界中发挥怎样的作用？其实，这些都是关系教师教育改革与发展的基本问题，必须给予理性的审视与批判性的反思。

　　由此提出"教师教育哲学"课题，试图解决教师教育的基础性问题，为教师教育改革与发展搭建理论基础，已是适时之举，且极为迫切。在此，对教师教育哲学作这样的说明：把"教育中的教师（教师与教育建构的互动关系）"作为研究对象，以"教师在教育中存在"作为思想方式，以"教育是教师实现主体性的交往活动，是教师本质力量的体现"作为研究的核心内容，通过辨识教师与教育文本、教育权力、教育认同、教育体验、价值观教育之间的关系，以阐明教师的教育功能、教师的文化使命、教师的专业自觉、教师的专业境界、教师的教育行为等基本概念，进而以变革教育的背景和教育变革的过程为基础，分析教师应是什么及教师怎样培养等兼具理论与实践命题的内涵，无疑，这是关涉教师教育的根本性课题。

　　之所以从"教师在教育中存在"、"教师与教育是对象性的交往活动"作为研究"教师是什么"的思想方式和研究线索，基于两方面的考虑：一是因为只有从事教育活动及具有教育行动是成为"教师"的必备条件；二是需要确立理解教师的思想方式，并且，它有别于古代本体论或近代认识论的理解方式。

　　因为古代社会对"教师"的本体论规定，不是从现实的社会生活出发理解教师的教育活动，而是把教育活动等同于理性、逻辑推理的过程，显然，教育是一种"抽象的思辨活动"。比如柏拉图等思想家从超验的世界领会教师存在的意义与价值，孔子返回自身内在世界，把"仁"确立为教师之为教师的根本，这些都使生活在现实世界中的教师变得抽象的"高大"、无奈的"伟大"。当然，不能否定，用这种抽象的、形而上的思路解读"教师"，对教师精神生活的完善与丰富是富有启示意义的。

　　受近代科学精神与启蒙思想的影响，从教师与知识相互关系的角度探求理想教师的标尺。这一认识教师的思想方式也是我们所要避免与抵制的。因为这种思路认为，学校教育是把最有价值的知识传递给学生，要求教师了解与掌握"最有价值的知识"。这样，把知识与"成为一名教师"联系起来，甚至是把知识作为教师成为教师的唯一指标。对此类观点，我们把它称作是教师教育的知识论与认识论取向。

　　不能否认，任何一名优秀教师的成长不能缺失对知识的学习，教师是依赖知识而开展教育活动的，教师的进步也可以被看做是知识、经验的发展过程。但是，务必思考的问题是：知识能使一个人变成一名"教师"吗？或者说，博学的人是否就能成为良师？

其实,"知识论取向"的教师教育,潜伏的问题是清楚的。正如 20 世纪 80 年代,美国卡内基教育和经济论坛在发布《国家为培养 21 世纪的教师作准备》的报告中指出了美国教育面临的危机,尤其是在比较日本和亚洲其他国家学生的学习能力和勤奋学习的态度与毅力之后,把解决危机的出路聚焦在优质教师的培养上。"培养把书本知识传授给学生的教师不是太困难的。但是,要使学生能应付未来的不可预料的、非常规的世界,学生就需要有较高素质的教师。"①

知识教育不能替代教育实践活动。现实的教育活动是多样的、复杂的。教师的培育,就应该研究怎样使理论知识学习与体验教育实践有机结合。只有还原到具体的、生动的、多样的教育实践之中,教师对教育的体验、感知是切实的而不是想象的,而且是"全身心"与教育实践建构互动的交往关系。如此,与教育实践接触时间长了,经历的教育实践多了,就会丰富我们对教育实践的认知,与之建立情感关系,对教育实践充满价值关怀。所以,人与教育实践的关系,超越了纯粹的理智与认识活动,这便是我们关注的教师与教育关系的建构,并把教师教育关系建构作为研究"教师"的视角。从中看到,只有与教育对象(学生)建构起真实的、双方互动交往的"教育关系"的人可被称作是"教师"。

循此思路,还可以把教师与教育关系还原为更加简略、最为原始的基础:"教师"既是一种称谓,即人承担的一种社会角色及称谓,又是指承担某种角色的"人",人是"教师角色"得以存在的根本,但是,对承担这种角色的"人"有何特别的规定与要求?这是需要研究与讨论的"教师"课题。这样,提出"教师教育是人的教育"的判断是及时的。而问题在于如何使人成为教师?对此,强调两点:其一,突出"人"是教师的根本,缺失了"人",就难以成为"教师",因而,教师培养应以人为中心,不是以知识为中心;其二,以人为中心的教师教育,突出"人"是现实世界鲜活的存在者,是一个有着丰富需求与欲望的生命体,不能把"以人为中心"缩略成是"人的知识需求"为中心,而是要求确立人的生存角度讨论"人成为教师"命题的思路。

这样就面临着一项现实任务,即怎样把现实社会中一个个鲜活的生命体转变成"教师"这样一个社会角色,这是教师教育的出发点及归宿和目标。完成这项工作的关键,是使进入到教师教育的人能对教职形成意识,称之为"作为教师的自我意识"。能否使教师确立社会需要的"作为教师的自我意识",是教师教育的核心。而培育"教师的自我意识"的基础是现实的教育实践,人与教育实践的密切关联是完成"我是教师的自我意识"建构的扎实根基。它至少要解决这些基本问题:一个人要养成的教师的自我意识本质是什么,与变革的教育构成怎样的关系,以及由此对教师功能、教师专业发展等进行理性思考,以便给出理解教师与教师培养的思路。这是本书讨论的教师教育哲学的主旨。其具体包括以下三部分内容:

第一部分:省思教师与教育

无论怎样解释"教师教育"的概念,必须肯定,"教师教育"是培养教师的活动。因而,需要从教师与教育关系的维度就理解"教师"问题探寻出路。

---

① 卡内基教育和经济论坛.国家为培养 21 世纪的教师作准备[A]//国家教育发展与政策研究中心编.发达国家教育改革的动向和趋势(第二集)[C].徐进,周满生,译.北京:人民教育出版社,1987:284.

当前，"变革"与"创新"构成了社会及教育发展的主题词。由此要求培养一支能够主动适应教育变革需要的教师队伍，这就需要分析教育变革中的教师是什么。明确这个问题，就解决了教师培养工作的前提。这部分试图通过"教育文本"、"教育权力"、"人的认同"、"体验"、"价值观教育"等议题分析，切中教育问题及未来教育走向的关键，谋求教师与教育关系的正当性。

第二部分：回归本真的教师

在前一部分基础上，把"教师"作为研究对象，通过辨识教师的教育功能、文化使命、教育信念、教育行为等基本问题，对"教师是什么"作寻根究底的阐析。为此，第六章是教师教育功能总体描述，第七、八章是讨论教师的文化使命与教育信念，也是对教育功能作专题式阐述，以更加完整、全面理解"教师是什么"，第九章落实到对教师教育行为的分析，即理想的教师、好教师应该怎么做。

第三部分：评析教师专业发展

这部分是对教师专业发展与专业化的知识论道路的批判，反思了既有的教师专业发展基本思路的局限，提出了教师专业自觉是教师专业发展的基本要求，也是教师切实把握教育职业意义的体现，因而，提升教师专业境界是努力目标。最后从实践的视角阐述了教师在职培训的基本规律，是对教师专业发展、教师教育的一种理性审视。

第一部分

省思教师与教育

无论怎样解释"教师教育"的概念，都必须肯定，"教师教育"是培养教师的活动。因而，需要从教师与教育关系的维度就理解"教师"问题探寻出路。

当前，"变革"与"创新"构成了社会及教育发展的主题词。由此要求培养一支能够主动适应教育变革需要的教师队伍，这就需要分析教育变革中的教师是什么。明确这个问题，就解决了教师培养工作的前提。这部分试图通过"教育文本"、"教育权力"、"人的认同"、"体验"、"价值观教育"等议题分析，切中教育问题及未来教育走向的关键，谋求教师与教育关系的正当性。

第一章 教师与教育"文本"

教师从事教育工作,离不开对教育"文本"的解读、解释与评价。教育"文本"是学校教育活动顺利开展不可或缺的要素。而具体的、融入到教育过程之中的教育"文本",又是以客观的物化形态存在着。而教师解读"文本",是技术的又是艺术的。不同的教师,对同一个教育"文本",会采取不同的解读方式与思路,出现不同的教育效果。这体现着教师解读教育"文本"的特殊性与复杂性,同时,从教师对教育"文本"作出多种阐释的可能性中也看到了教师的教育价值。

因此,需要分析教师与教育"文本"之间的复杂关系,看到教师在现代学校教育中扮演的角色与发挥的作用,提出"什么样的教师是合格教师"、"今天怎样做教师"等教师教育的基本命题。

一、亟待拓展师生关系的理解视角

教师与学生是顺利完成学校教育活动的主体。在生活简单的原始时代,各种事物的知识与社会生活的经验,均可由直接参与或观察以求得,儿童在家庭与社会中是直接为其一员,与父母长者共同活动、生活,并无专门的教师从事教育。负教育之责者,除父母之外,尚有宗教师、艺士、官吏、学者、贤者等五种人。[①]这五种人也可称之为教师,当属广义上的教师。而当前学校教育所称教师,则是专业的教师。它体现三个特点:一是以教师为唯一的职业,以教育学生为使命;二是要接受专门的系统的训练,拥有从事教育工作所需要的相应的知识与技能;三是遵循学校教育活动的客观规律,比如依据学生身心发展规律开展教育活动。经过专门训练的教师从事专职的教育活动,以确保学生的健康成长,培养合乎社会建设需要的有用之才。

如此,对学校教育形成了一个常识,认为教育质量与教师有关,要提高教育质量,既讨论教师的专业知识、教学技能等智力因素对教育质量产生的作用,也讨论教师的情感、意志、品质等非智力因素对教育效果的影响。在这些讨论中,形成了对教师的教育作用的一种看法,即主张教师是教育作用的决定性因素。正是在这样的认识思路下,教师教书、学生"读书",是"学校教育"的代名词。

其实,这个观点需要评析是否合理。肯定教师具有的教育作用,这是基本立场。问题是要指出怎样才能有效地发挥与体现教师的关键作用。基于这一点考虑,在此指出,分析教师的教育作用,需要深思两大问题:

一是重新思考教师、教育材料与学生之间的关系。

教师与学生都围绕着"课本"转,教师对"课本"进行解说("照本宣科"),学生记忆、背诵、反复操练教师所讲的内容,然后考试。按此教育方式,衡量教育效果的思路

---

① 舒新城. 教育通论[M]. 福州:福建教育出版社,2006:59.

是：教育效果取决于学生是否理解了教师所传授的知识，是否掌握了教师所讲解的技能。在这种教育情境中，教育材料只是教师完成教育活动的工具。

二是教师与学生构成单向的交往关系。

虽然提出教师要建设民主的师生关系，但是，以教师为中心、以课堂为中心、以教材为中心的"三中心"教育模式没有有效解决。必须承认，教师、课堂、教材都是教育活动顺利进行的重要因素，问题是如何处理这三者在教育过程中的地位，教师以怎样的立场去利用、使用课堂与教材？因为，系统科学的研究已经表明，同样的要素，经过不同的组合，构成不同的结构，则会产生不同的功能。[1] 教师组织教育活动，对教育过程中各个要素的组合，也应该如此考虑。为此，在学校教育活动中，不能仅仅重视教师（教育者），更要重视教育"文本"的作用，要从"文本"与教师、"文本"与学生的关系建构中理解教师与学生的关系，理解教师的职责，重建教师与学生的关系。

解决这些问题的前提是思考教师的角色、职责。不论肯定教师是教育主体，还是肯定学生是教育主体，都不能忽视一个重要的理论前提，即主体是人。但是，人并不必然就是主体，要使人成为主体，有主客观条件的制约与规范，它需要在对象性的活动中实现人的主体性，一方面是主体作用于对象物，体现人的能动性；另一方面，对象物也作用于主体，制约主体的活动。由此提供了理解教育主体的基本思路，即不能仅仅讨论主体性所具有的某个特征（比如能动性、自主性等），而必须从主体与对象物的关系建构中进行认识。

换言之，教育活动中的教师与学生是互为对象性关系，他们的关系应该是互动的、平等的。而且，从教育目的的角度分析，培养合格的学生是教育目的。据此可说，教师是通过培养学生的活动才变得有意义。这样，教师的主体性是在培养学生成长的具体活动过程得到体现、得到呈现。所以，关键问题是教师、学生是如何在具体的教育活动过程中实现主体性的，这是理解师生关系的重要视角。

显然，要有这样的认识，首先是要找到认识的基点。而对教育材料在教育活动中的地位、作用的重新分析，则是拓展理解师生关系新视角的必要工作。

二、我们之于"文本"的立场

在长期的教育活动中，教育材料在教育活动中的地位是众所周知的。以往重视教育材料，主要是重视书本知识，是以文字为书写工具、以印刷品为载体的材料，教师任务是把"材料"书写的知识传授给学生，以"材料"蕴涵的道德理想、思想观念作为律令、禁条规范学生，所谓教师履行"传道、授业、解惑"之职责。

培养学生的创造力、批判力、思考力，就要改变这种"教育现况"。[2] 对此，我们有

---

[1] 钱学森，许国志，王寿云. 组织管理的技术——系统工程 [N]. 文汇报，1978-09-27.
[2] 在全球范围学生学习质量比较研究项目 PISA（Programme for International Student Assessment）2009 年度测试中，上海学生在三个项目中成绩第一。但是，学业负担仍然偏重。在 65 个参加测试的国家和地区中，上海学生报告的每周校内上课时间位于第 14 位，校外上课时间为第 9 位，校内外上课时间总量位于第 12 位，学生课业负担仍然偏重。而且学生应当减少背诵操练，注重培养孩子运用知识解决实际问题的能力。阅读是测试重点，上海学生在阅读图表、表格、清单等非连续"文本"上表现相对较弱。另一项数据也印证了这一结果。上海学生在学习策略运用中，概括策略指数接近 OECD 平均值，理解和记忆策略指数高于 OECD 平均值，但自我调控策略为 -0.28，低于 OECD 平均值。"自我调控策略"是指学生根据需求，自主选择阅读内容记录或使用的能力。陆梓华. 上海学生 PISA 考试排名第一不等于没有缺陷 [N]. 新民晚报，2010-12-09.

必要发问：首先，对学校教育、教师及学生来说，教育材料的本质特征及价值是什么？其次，对教育材料来说，教师的作用是什么，学生与教育材料的关系是什么？再次，怎样利用教育材料培养学生的创造力，传统教育材料又是怎样造就接受型的学生？要讨论这些问题，有必要引入"文本"的概念。

"文本"（text）一词是诠释学中的重要概念。诠释学，又称解释学、释义学、阐释学，是20世纪60年代后广泛流行于西方社会的一种哲学和文化思潮，代表人物有海德格尔、伽达默尔、哈贝马斯、利科尔、阿佩尔、罗蒂等。而希腊学者阐释《荷马史诗》等古典文献的语文阐释学和解释宗教经典的神学阐释学是其早期形态。以后则被看做是一种探究意义的理解和解释的理论，主要涉及理解、意义以及读者与"文本"之间的关系等问题。诠释学主要代表人物施莱尔马赫（Schleiermacher）说得很清楚：阐释学是对"文本"的解释和说明。①

在诠释学看来，"文本"主要是指按语言规则结合而成的语句组合体，短至一句话，长至一篇文章、一本书。从更广泛的意义上说，所有现象、事件都可称作是"文本"。不仅原始资料是"文本"，而且历史事实本身也是一种要理解的"文本"。②

事实上，对"文本"概念的认识经历了一个发展过程。早期理解"文本"概念，主要是指历史上形成的经典作品，以后又指已经存在的、成为研究对象或被用作研究对象的文献。③ 比如中国的四书五经，西方柏拉图的《理想国》、《智者篇》，亚里士多德的《工具论》、《形而上学》等。阅读与解释"文本"，主要是对这些作品的阅读，解释作品书面语言中隐含的意义、思想，也可以对这些经典著作、文献资料以及其中一些思想进行注释、阐述、说明、评价，达到"比作者自己还更好地理解作者的思想"的目的。但是，"'文本'只能内在地而不能援引外在于'文本'的东西加以理解"，这是早期"语文学诠释学的前提"，是"不想超越'文本'地模仿'文本'"。④ 这样，"文本"的价值是供人阅读与解释，解释的目标是对"文本"作者思想的阐释。

狄尔泰对"文本"的理解发生重大变革。他从历史存在的视角阐释"文本"，把"文本"纳入历史之中，不再把"文本"看做纯粹是原作者用书面语言书写的作品，而是指出"文本"是历史的存在。所谓历史存在，是指"文本"是"文本"原作者历史活动的产物，是原作者历史活动的物化存在。因而，认识、解读"文本"，不可脱离历史的视角。由此，狄尔泰提出"理解"具有历史性，也就是要求把"理解"还原到个体自己生存的历史之中，"唯有通过历史而非通过反省，我们才会最终认识自身"。⑤ 因而，把握何谓"理解的历史性"是关键。

这需要分析历史活动的本质。在狄尔泰看来，历史是人的生命活动、精神活动的展现；历史就是人创造的"文本"，历史的内容就是"文本"的意义；认识历史，也就是理

---

① 洪汉鼎. 编者引言：何谓诠释学？[A] //洪汉鼎主编. 理解与解释诠释学经典文选[C]. 北京：东方出版社，2001：1—27.
② 洪汉鼎. 诠释学——它的历史和当代发展[M]. 北京：人民出版社，2001：87.
③ 王路. "文本"与解释[J]. 求是学刊，2010（4）：30—37.
④ 洪汉鼎. 诠释学——它的历史和当代发展[M]. 北京：人民出版社，2001：78—87.
⑤〔美〕帕玛（Richard E. Palmer）. 诠释学[M]. 严平，译. 台北：桂冠图书股份有限公司，1992：114.

解历史"文本"的意义,读历史这本书,① 就是把历史看做是"文本",把历史的内容看做是"文本"的意义,把对历史的认识看做是对"文本"意义的理解。如此,使"文本"的理解和对历史的认识看做是同一的精神活动。

不过,狄尔泰提出从历史维度把握"文本",是基于一种理解与解释"文本"方法的角度,是对诠释"文本"作出的方法论"创新"。在《对他人及其生命表现的理解》中就说,"理解和解释是各门精神科学所普遍使用的方法"。并且,狄尔泰进一步强调,这不是逻辑构造或心理分析,而是认识论的分析。② 作为理解"文本"的方法论创新,狄尔泰关注"文本"的意图是克服自然科学、心理学方法带来的片面、消极影响,指出人们对自身创造的历史世界的认识,与自然科学认识客观世界、客观事物是不一样的,它不需要强调自我认识与外在世界是否对应,即主体与客体是否存在同一性。

当然,狄尔泰所说历史世界不是指人认识世界、改造世界得到的人类社会发展的物质与精神文明的总和,而是强调人作为主体创造的世界,狄尔泰称作是"精神世界"。它是由人类这一主体的精神创造的。在这个精神世界里,不需要探究我们的概念与外在世界之所以相符合的认识论基础,即解决认识论中主体与客体的同一性问题,因为精神科学中的客体就是我们进行研究的主体的精神客观化物,我们在它们那里无非是发现我们自己的本质。"我所理解的客观精神是这样一些不同的形式,在这些形式中,存在于个人之间的共同性已将自身客观化于感觉世界之中,在这种客观精神中,过去对我们来说就是不断持续的现在。"③

因此,狄尔泰说认识精神世界,不同于认识客观的科学世界。对于后者,运用观察、实验等自然科学研究方法揭示客观事物存与变化的特点与规律,而对于前者,观察、实验达不到认识的目的,相反,它需要人的内在体验,即依赖人自身内部的经验去认识他人精神客观化物里的他人精神。基于此,狄尔泰进一步区分了针对自然科学与精神科学的两种不同方法:前者是"说明(Erklaren)",后者是"理解(Verstehen)"。"自然科学同精神科学的区别,是由于自然科学以事实为对象,而这些事实是从外部作为现象和一个个给定的东西出现在意识中的。相反,在精神科学中,这些事实是从内部作为实在和作为活的联系更原本地出现。人们由此为自然科学得出这样一个结论:在自然科学中,自然的联系只是通过补充性的推论和假设的联系给定的,相反,人们为精神科学得出的结论则是,在精神科学中,精神的联系作为一种本源上给定的联系是理解的基础;它作为理解的基础无处不在。我们说明自然,我们理解精神。"④

可见,尽管狄尔泰提出从历史维度理解"文本"的方法论要求,但是,他的历史及其"文本",其实是他所说的"精神科学"、"精神世界"。这是狄尔泰认识"文本"的局限性所在。一方面,仅以人类精神活动作为历史全部内容是不完整的;另一方面,试图通过精神世界为中介,为解决人的主观与客体同一性问题提供思路,虽然给人们理解与解释"文

---

① 王金福,徐钊. 论对"文本"的理解与对事物的认识的区别——兼论解释学和哲学相互过渡的逻辑通道 [J]. 江苏社会科学,2010(4):4—9.
② 〔德〕狄尔泰(Dilthey Wilhelm). 对他人及其生命表现的理解 [A] //洪汉鼎主编. 理解与解释:诠释学经典文选 [C]. 北京:东方出版社,2001:93.
③ 同上书,97.
④ 转引洪汉鼎. 诠释学——它的历史和当代发展 [M]. 北京:人民出版社,2001:105.

本"带来开放的空间，给人们思想的创造提供可能性，但是，它缺少对人的理解的必要制约，缺少了对同一"文本"理解要受到特定时间与空间条件约束的关注。

不能否定，狄尔泰提出"文本"阅读与解释的方法论具有积极的意义。它使我们看到"文本"不再是书面语言书写而成的"文本"，而是与人的日常生活密切相联系的，尤其体现着人的主观需求。其实，这是理解"文本"的另一条重要思路，即从人的生存、人的存在本身解读"文本"。

对此，海德格尔作出了极其重要的贡献。他在《存在与时间》中说："理解不再是对'文本'的外在解释，而是对人存在方式的揭示，阐释学不再被认为是对深藏于'文本'内作者心理意向的探究，而是对'文本'所展示的存在世界的阐释。"① 很清楚，海德格尔借助"文本"还原人的真实存在，在人与"文本"的关系中，人为自己的生存谋划方向。

在《艺术作品的本源》中，海德格尔是这样说的：

这些作品就是自然现存的东西，与物的自然现存并无二致。一幅画挂在墙上，就像一支猎枪或一顶帽子挂在墙上……所有艺术作品都具有这种物因素……在艺术作品中，物因素是如此稳固，以致我们毋宁反过来说：建筑物存在于石头里，木刻存在于木头里，油画在色彩里存在，语言作品在语音里存在，音乐作品在音响里存在。②

在这段话里，海德格尔强调艺术是不可以脱离它的载体而存在的。这些客观的物质（物体）是艺术存在的媒介。一旦脱离这些"媒介"谈论艺术，则是空洞与抽象的。艺术如此，人的存在也是如此。人不可能脱离人生活的世界变成抽象的自我存在，人也是在领会这些客观存在世界中感悟与体验人的生存意义、价值，决定人的生存方向、路径与目标。因此，海德格尔说人总是"此在"，"在存在中"。

海德格尔举凡·高"农民鞋"的例子，更清楚地表达了他的思想。海德格尔写道：

从凡·高的画上，我们甚至无法辨认这双鞋是放在什么地方的。除了一个不确定的空间外，这双农鞋的用处和所属只能归于无。鞋子上甚至连地里的土块或田野上的泥浆也没有粘带一点，这些东西本可以多少为我们暗示它们的用途的。只是一双农鞋，再无别的。③

在这段话中，海德格尔为我们描述了一双极其普通的农鞋，如果只是从这双农鞋客观呈现看，比如它是否粘上了泥浆、是否破旧等，这些客观的外在现象，通过我们的直观（感官）就能够把握，此外，我们就难以对它有更多更深的了解，比如这双农鞋曾经放置何处、被谁使用、发挥过怎样的作用等。对此，我们是无知的。正如海德格尔所说，这双农鞋"回响着大地无声的召唤，显示着大地对成熟的谷物的宁静的馈赠，表征着大地在冬闲的荒芜田野里朦胧的冬眠"，④ 然而，我们却无法体验与感知。因为我们只是停留在对"农鞋"的客观认知，由此遮蔽了对这双农鞋所蕴涵的"广阔而丰富的世界"的理解与认同。

---

① 洪汉鼎. 理解的真理——解读伽达默尔的〈真理与方法〉[M]. 济南：山东人民出版社，2001：25.
② 〔德〕海德格尔（Martin Heidegger）. 林中路 [M]. 孙周兴，译. 上海：上海译文出版社，1997：3.
③ 同上书，17.
④ 同上书，17.

所以，海德格尔用诗意的语言进一步描述：

我们也许只有在这幅画中才会注意到所有这一切。而农妇只是穿这双鞋而已。要是这种简单的穿着真这么简单就好了。……虽说器具的器具存在就在其有用性之中，但有用性本身又植根于器具之本质存在的充实之中。我们称之为可靠性。凭借可靠性，这器具把农妇置入大地的无声的召唤之中，凭借可靠性，农妇才把握了她的世界。世界和大地为她而存在，为伴随着她的存在方式的一切而存在。①

海德格尔说凡·高的油画揭开了这器具即一双农鞋真正是什么。② 所以，当我们看到凡·高的这双"农鞋"，它展示了一个农妇的世界，这个世界不是与农妇无关的各种事物的堆积，相反，它是农妇建立起来的，是属于"农妇的世界"。因此，解读这双"农鞋"，不结合"农妇的世界"，是难以阐释清楚的，最多只是对它的感官的直观认识，仅仅是看到这双"农鞋"而已。如此，艺术作品的价值就被人在认识的框架中剥夺了。通俗地说，人"看到"了这双"农鞋"，而没有"理解"这双"农鞋"。

如此，我们对"文本"感兴趣的主题是明确的，不是关注"文本"是否存在、要不要"文本"，这些事实层面的讨论是没有意义的，"文本"肯定是需要的，是肯定存在于我们的社会生活之中，包括学校教育，而且，"文本"的形式是多样的，类型是丰富的。而是要求我们更应该关注"文本"阅读者与"文本"之间建构的关系。既要看到"文本"的客观存在形式，又要融入到"文本"之中，揭示"文本"的意义，达到对"文本"的理解而不只是认识"文本"、看到"文本"。

三、由"文本"求解"教育是什么"

上面简要介绍了两位哲学家对"文本"的不同理解。其实，对"文本"解读，引起了众多哲学家的兴趣。如果把"文本"解读思路作一概括，主要有两条：一是方法论取向。即从方法与技术层面讨论"文本"的意义，比如对"文本"进行逻辑分析、概念判断，揭示"文本"的意义与内涵。代表人物有施莱尔马赫、博艾克、狄尔泰以及以后的贝蒂等。二是存在论或本体论取向。即从人的生存、人的存在前提下理解"文本"。这样，"文本"的意义超越了"文本"本身，而是人与"文本"相互联结中阅读"文本"，达到了敞开人是历史性存在事实的目标。代表人物是海德格尔、伽达默尔、哈贝马斯、利科、阿佩尔等。③

简略比较这两种解读"文本"的思路，实质是引出了一个十分关键的议题，这就是对"文本"本身的认识，即"文本"是什么。按前一种思路，"文本"是与人相对立存在的客体，需要人去认识，人凭借逻辑、概念分析的技术与方法，能够理解"文本"，表达"文本"原作者的观点与思想。而后一种方法则强调，客观存在的"文本"要与理解者融会一体，成为"文本"阅读"读者"群体中的一员，通过"文本"，"读者"把原有的思想、文化、观念等"个人世界"展示出来，与"文本"交融、汇聚，正如把两只杯子分别装着的牛奶和水倒在另一只大的空杯子，达到水乳交融的效果。这种理解与解释"文本"的现

---

① 〔德〕海德格尔（Martin Heidegger）.林中路［M］.孙周兴，译.上海：上海译文出版社，1997：18.
② 同上书，19.
③ 洪汉鼎.诠释学——它的历史和当代发展［M］.北京：人民出版社，2001：186.

象，必然牵涉到理解者的整个文化与生活背景，文化与生活背景构成理解的前提与基础，用哲学话语表述，即是说深入到更为原始的根基中去，揭示人与"文本"能够交融、理解的发源地，有如伽达默尔所说，要求去除知识论路向对于自身的全部天真性——此种天真性在近代哲学的完成形式亦即在德国古典哲学的"同一哲学"中表现得尤其充分，它们是概念的天真、断言的天真和反思的天真。海德格尔曾声称，唯当终于认识到理性已成为思想最顽固的敌人时，我们方始有可能真正开始思想；但这并不意味着拒斥思想，而是要求学会思想——比理性主义者更深刻地去思想。[①] 就此而言，后一种思路是对前一种思路的超越与完善。这一超越，实现了对理解"文本"的一种根本性转向。按照伽达默尔的看法，这项工作是由海德格尔完成的。

通过对上述两种理解"文本"思路的介绍，为理解"文本"提出明确要求，依据这种要求，提供了一条阐明学校教育做什么的思想前提与认识路径。

（一）理解"文本"的要求

"文本"的理解，需要还原到个人的生活情景之中，对"文本"的理解与个人的日常生活、经验结合起来，使"文本"融入到个人成长过程之中。如此，揭示"文本"理解的特殊性。

1."文本"理解的视域融合

每一位阅读者在解读"文本"时，不可能是纯粹的思考与阅读。因为，任何一位阅读者都有或多或少的社会经验、学习经验，带着各自已有的知识、态度及分析问题的能力。海德格尔称其是"理解前结构"，是"先入之见"或"先见"。[②] 伽达默尔据此提出"理解"其实是不同视界的融合。[③]

当然，正是因为人具有"先见"，阅读"文本"才有了可能。但是，先见的存在，也会影响对"文本"的理解。理解是为了达成意见与观点的一致，而正是因为不同人有不同的"先见"，要达到观点的共识，或者说是要使"先见"与"文本"的观点相融合或达成一致，具有一定的困难。从这个角度说，理解"文本"，实质是采取有效的解读思路与路径，达成视界的一致。

2."文本"理解的历史性

早期诠释学重点是解读古典文献或宗教经典。认为经典是不变的，经典中提出的思想立场是永恒的，价值是不变的。对它的阅读，是为了理解它的含义，而对它本身含义的诠释，不能用自己已经有的思想观点、立场去解释它。

与早期诠释学观点不同，近现代研究诠释学的思想家强调，历史性是人类生存的基本事实，消除解释者的主观成见，与"文本"观点达成一致是不可能的。因此，阅读与理解"文本"，要考虑人是历史性存在的事实，即人生活在特定社会历史文化环境之中，人的思想观念、认识方式、价值取向受到人的日常生活环境的制约。

既然人是历史性的存在，就要从历史性维度理解"文本"，"文本"存在的基础是特定

---

① 吴晓明. 当代哲学的生存论路向[J]. 哲学研究，2001（12）：9—11.
② 〔德〕海德格尔（Martin Heidegger）. 存在与时间[M]. 陈嘉映，等译. 北京：读书·生活·新知三联书店，1987：第31、32节.
③ 〔德〕汉斯-奥尔格·伽达默尔（Hanns-Georg Gadamer）.《真理与方法》第2版序言[A]. 洪汉鼎，译. 洪汉鼎主编. 理解与解释·诠释学经典文选[C]. 北京：东方出版社，2001：178.

的社会历史，历史性是"文本"存在的基本特性。因此，阅读与解释"文本"，必定要受到"文本"本身的社会历史条件制约，也要受到阅读者的社会历史条件制约。

指出"文本"理解的历史性特点，也就意味着对"文本"理解的局限。因为任何一位阅读与诠释"文本"的人都会有历史局限性。在诠释"文本"的过程中，诠释者会把个人的生活阅历、知识经验、文化意识、道德伦理等带入阐释的过程中。这就会影响对诠释效果的认同。

3. "文本"理解的创造性

尽管"文本"是独立于阅读者而存在着，但是阅读者理解与解释"文本"，实质是一种"再创造"。施莱尔马赫的诠释学就强调两点：一是理解是对原始创造活动的重构，对原来"产品"的再生产；二是理解者和解释者更优于作者自己的理解，理解这一创造性活动不再是简单的重复或复制，而是更高的再创造，是创造性的重新构造或重新认识。① 基于对"理解"是一种"再创造"的认识，施莱尔马赫又结合理解者的特殊性，把"文本"理解分成三个级别：第一级是历史兴趣，也就是查明个别事实。即对"文本"作事实性的解读，比如文本内容是什么、作者是谁等；第二级是艺术兴趣或鉴赏兴趣，即通过对文本的语言描述，去体验与感受文本所蕴涵的意义；第三级是思辨的兴趣，即纯粹科学的兴趣和宗教的兴趣。这两种兴趣是出于人的精神发展最高阶段，这样，人对"文本"的需求是基于人的精神发展的需要，阅读与理解"文本"，是人的精神生活的重要内容。②

由此看来，"文本"给予人的价值，不是"文本"本身，比如是否拥有了某一种"文本"，而是"文本"提供阅读者对它的重新理解，进而从"文本"中获得了理解人生及社会的意义，通过如此阅读，完成了构造自己的目的。这样，对不同的人来说，"文本"的意义就不一样，需要在人与"文本"的关系中来讨论"文本"的意义，也是在对"文本"的理解中体现着人的主体性。由此能说，"文本"对阅读者是开放的。

同样，在学校教育中，对教师来说，熟练使用与解读"文本"，是最基本的技能。首先是要明确学校教育中"文本"的构成。对教师来说，教科书连同这些学习资料等，都是学校教育的重要"文本"。无疑，这些"文本"中的绝大部分都是用文字书写的一册册书籍，它们脱离老师而独立存在。其次，教师怎样利用"文本"达到教育目标。也就是，怎样通过对"文本"的创造性理解与解释，达到培养阅读者的创造性能力，这是理解"文本"的特点所赋予教育活动的启示及其价值。

(二) 从理解"文本"到学校教育做什么

理解"文本"体现的三个特点，对学校教育来说，就是要通过"文本"阅读与理解，增强阅读者对"文本"创造性理解的自觉意识与能力，使"文本"真正成为学生成长的资源。因此，学校教育利用"文本"、开放"文本"，要围绕着三大目标，这三大目标也规定了学校教育的基本性质。

1. 理解"文本"，塑造学生主体性

强调"文本"的开放性，是让读者阅读"文本"而获得新的意义，达到读者重塑自身

---

① 洪汉鼎. 诠释学——它的历史和当代发展[M]. 北京：人民出版社，2001：80.
② 〔德〕弗里德里希·施莱尔马赫（Schleiermacher）. 诠释学讲演（1819—1832）[A]. 洪汉鼎主编. 理解与解释：诠释学经典文选[C]. 北京：东方出版社，2001：69—70.

的目的，从而在阅读中实现人的主体性。

人的主体性是人之为人的基本规定，是人与世界交往过程中体现的能动性、自觉性与创造性特征。这种能动性、创造性，既源自人内在的品性，又要求人遵循社会与自然界发展的基本规律。马克思就指出：人的"生活活动"与动物的"生命活动"有本质区别：动物的"生命活动"是无意识的，并只能按照其所属物种的尺度和需要来构造，获得进化，而人的"生活活动"是有意识的，并且能按照任何一个种的尺度来进行生产，又能把"内在尺度"运用于对象，按照美的规律来构造。①"任何一个种的尺度"是指事物存在的客观性、必然性、规律性，"内在尺度"则是指人对自身存在的价值追求，体现人的"生命活动"具有的应然性、目的性特征。就此而言，要使人的生命活动是合理的、有价值的，就要追求合目的性与合规律的统一。遵循这两方面的统一，使人的生命活动遵循两种尺度的规约，是人真正成为自主、自由的人的前提。

因而，重视塑造学生的主体性，一方面重视研究学生的"学"，指导学生培养主动学习的意识与能力，让学生成为学习的主人，而不是被动的受教育者；另一方面，学校要鼓励与支持学生亲身融入到现实社会生活之中，避免知识学习、知识教育替代了青少年学生成长的其他方面的需求。为此，学校的重要任务是创建适合学生自由、自主学习与发展的条件。正如美国2001年发布的联邦教育改革政策文件《不让一个孩子掉队法案》中声称，要创建美国学校教育的业绩文化。"任何一项教育事业的最终目标都是提高学生的成绩，以使个人有能力为我们的民主、经济、社会作出贡献，实现他们的美国梦。提高学生成绩不容易，要求教育者的工作方式做出有意义的改变，要求新的结构、新的工具、新的知识。"②

促进学校实现培养人的主体性的教育目标，要求重置师生在教育中的位置，重新建构师生在教育中的职责。而"文本"与阅读"文本"观念的确立，则为理解与解决"重置"工作创造了一条思路。这样，"文本"概念的引入，既对学生主动学习、主动成长提出要求，又能够通过鼓励学生对"文本"的创造性阅读、创造性构造，增强学生学习的自觉性、主动性。

因为阅读"文本"的过程中，"文本"原作者赋予"文本"的意义与读者所理解的意义未必能够获得共识，即读者所理解的"文本"不一定是作者的意义，也就是说，读者可以从多个角度进行阅读，读出读者自己的理解。所以，对阅读者来说，不是把"文本"的意义简单地塞入读者中，而是读者对它的改写（rewriting），阅读活动同时是读也是写的双重活动，"读就是写"。③

狄尔泰对此解释成三种意思：第一，理解是对于人们所说、所写和所做的东西的把握，这是对语言、文字、符号以及遗迹、行为——即所谓"表达"——的领会；第二，理解是对于意义的把握，这是对一般表达所包含的观念或思想的领会；第三，理解是对于人们心灵或精神的渗透。④

---

① 马克思.1844年经济学哲学手稿［A］//马克思恩格斯全集（第3卷）［C］.北京：人民出版社，2002：274.
② 美国教育部.美国教育部2002—2007年战略规划［R］//国家教育发展研究中心，组译.发达国家教育改革的动向和趋势（第七集）［C］.北京：人民教育出版社，2004：9—10.
③ J. Derrida: Dissemination, The University Of Chicago Press, 1976: 63.
④ 洪汉鼎.诠释学——它的历史和当代发展［M］.北京：人民出版社，2001：107.

胡塞尔也说：一种客体可以被直觉到，它可以符号地（通过符号）呈现出来；最后，它可以呈现为空。这种直觉（同样，这种空的呈现）是关于那种客体的简单的、直接的观念。符号观念是一种间接的观念，它以简单的观念为中介，因而它是空洞的……空洞的观念也可以是一种符号观念，它不仅能凭空地表现那种客体，而且也能"通过"符号或意向来表现它……那种客体被符号化了，它在意象之中被直觉地形成，但是并不是"它本身"被直觉地呈现出来。对客观事物的每一种直觉的呈现，都是根据虚构的样式而呈现它的。①

因此说"文本"是开放的，是构成的，读者在阅读"文本"中获得新的意义，达到读者重塑自身的目的，从而在阅读中实现人的主体性。

2. 理解"文本"，拓展学生想象力

青少年学生想象力十分丰富。但是，当前的中国学校教育与学生想象力发展构成了一对矛盾。有调查材料显示，我国学生想象力不是在增强而是在弱化。教育进展国际评估组织对全球21个国家进行的调查显示，中国孩子的计算能力排名世界第一，想象力却排名倒数第一，创造力排名倒数第五；在中小学生中，认为自己有好奇心和想象力的只占4.7%，希望培养想象力和创造力的只占14.9%。② 学生想象力的缺失，并不说明培养孩子的想象力是不可能的，而关键是在日常教育过程中怎样有意识地创造条件，鼓励学生学会思考、喜欢思考。

因此，怎样利用"文本"培养学生的想象力，是需要教师在日常教育活动加以关注的课题。阅读者关注"文本"的复杂性，至少有这样一些情况：一是"文本"表达的明确的信息（explicit information）。这些信息直接地呈现在阅读者面前，比较容易理解。如学生面前放着两只苹果，问学生有几只苹果，学生能够直接回答。但是，要以具体的、可以用感官感受到两只苹果为基础进行抽象思考，变成纯粹的数字"2"，这并不是直接呈现在学生面前的具体明确的"信息"，属于第二种类型，即是内含的信息（implicit information），它需要通过分析、归纳原始材料可获得的信息。此外还有第三种情况即是隐含的信息（latent information），不可能通过简单观察就能获得；四是可间接导出的信息（derivable information），即是第一与第二类信息的合取；五是可归因的信息（attributable information），即第一、二、三类信息的合取，以及特定资料中的全部对象综合信息，即第一、二、三、四类信息的合取。③ 不同类型的"信息"，说明"信息"是复杂的、多变的，而"文本"是储存信息的载体，也具有复杂性与多样性的特点，这既给读者阅读带来难度，也增加了读者阅读的空间。

所以，结合"文本""开放性"的特点，既要充分考虑到"文本"隐含的信息复杂性与多样性，这是阅读者能够多向度思考、开放式思考的基本条件；又要强调正是因为"文本"的复杂性与隐藏性，它更需要阅读者认真思考、多元思考。这样，"文本"的读者只有把握了"文本"本身隐含的信息，既达到举一反三的目的，又能真正完成理解"文本"、

---

① 〔德〕埃德蒙德·胡塞尔（E. Edmund Husserl）. 内在时间意识现象学［M］. 杨富斌，译. 北京：华夏出版社，2000：107.
② 王晋堂. 中国孩子的想象力哪去了？［N］. 北京日报，2010-09-01.
③ 乔健主编. 社会科学的应用与中国现代化［M］. 北京：北京大学出版社，1999：76.

重构"文本"的目的。

3. 理解"文本"，改进学生学习方法

"文本"的开放性，更鼓励阅读者使用灵活多样的阅读方法。当然，也要避免两种不妥当的阅读方法。其一是主观主义的阅读，凭着自己的阅读兴趣、经历，对"文本"任意取舍；其二是对"文本"采取本本主义的做法，死死抱住"文本"，尽管比前者的阅读方法来得客观些，但钻入"文本"的牛角尖，这也是不正确的阅读。

其实，"文本"只是可供思考、可供理解的一种材料，但不是唯一的。所以，这里对阅读者提出阅读要求，即立足"文本"的中心地位，开拓新的思考路向。阅读者的阅读，应以此为基础，去消解"文本"为中心而组建的人与"文本"的传统关系，反对把"文本"当做权威、偶像来解释、崇拜，挖掘个人对"文本"阅读的主动权，体现阅读者在"文本"面前的主体地位。

既然"文本"是开放的，不同阅读者可以有不同的阅读方法。因此，为帮助读者的理解，增添解释者的也是必要的，比如学校的教师就是起中介人的角色，他们的作用是帮助学生阅读"文本"，正如古希腊学者所说是助产术，而不是简单的知识灌输、知识复制。

四、教育"文本"的敞开性

在教育活动中，教师和学生都是"文本"的阅读者。结合"文本"敞开性的特点，怎样使教师与学生成为"文本"的阅读者？怎样发挥教师的"助产士"的作用，使学生对"文本"的利用收到最大效果。要解决这个问题，先看看在日常教育活动中"文本"开放性的特征。

（一）师生是教育"文本"独立的阅读者

教育"文本"的敞开性，意味着教师与学生都是"文本"独立的阅读者，教师应该鼓励学生从自身角度去理解与阅读，使学生成为具有独立学习能力的阅读者，并培养阅读者学习的兴趣、思考的兴趣。曾经出现"一篇作文三次改判成佳作"的事件，正说明了教师对学生关于"文本"理解多样性的尊重。那场语文考试的作文题为"潘金莲的选择"。考生从潘金莲的角度分析了在武大郎与西门庆之间选择的种种利弊，文章最终认为潘金莲应该选择西门庆，这就与课堂上老师讲述的观点不一致。最初评卷教师只批了二十多分（满分是 60 分），但评卷教师觉得可惜，就把此文拿出来讨论，最后是经评卷委员会定夺，决定了相当高的分数。但教师有感慨：考生言他人所不敢言之言，在考试时冒的风险是相当大的。[①]

上面这则材料说明了这样一个事实：一方面，对师生来说，多角度理解"教育文本"是可能的；另一方面，教师要引导学生进行多方面的理解，要让学生明白以怎样的思路、方式理解"文本"是合理的，是值得鼓励与支持的。不能因为强调"文本"的开放、强调自由的阅读、倡导对文本的重构与创造，就完全变成可以不坚守主流价值观、不遵守必要的规则、不顾客观条件的主观行为，甚至是价值虚无主义，这是要反对与避免的。

（二）"文本"的开放性给予师生成长的意义

面对"文本"敞开性、开放性的特点，必须把握师生从"文本"中得到了什么的问

---

① 一篇作文三次改判成佳作 [J]. 报刊文摘, 2002-07-28.

题。实际上,所谓"文本"的敞开性,目标是要呈现"文本"的"意义","意义"是"文本"敞开性最为基础的内容,即我(读者)通过与"文本"的交往能发生怎样的变化。所以艾柯说:"为了不给通往'文本'的道路制造麻烦,作者最好在完成写作之后立刻死去。"① 要把握"文本"的意义,需要对"文本"进行解读,解释是达到理解的手段,理解是阅读的目的,所以解释工作十分重要。那么,谁来解释?如何解释?传统的教育活动中,教师为解释的代言人,是教师在解释,学生在接受着教师解读的内容,显然忘记了学生本身也是阅读者。而且教师的解释工作的目的不是为了教师自己对"文本"的理解,也不能把自己的理解硬性地塞给学生,而是要从有助于学生理解"文本"的角度来解释"文本",包括使用学生们所能接受的语言,而不是用成人世界的思维、语言来进行教育。其实孔子早就说过:"不愤不启,不悱不发。举一隅不以三隅反,则不复也。"②

(三)教育"文本"的构成是开放的、多元的

讨论教育"文本"由哪些构成,直接影响着对"文本"的态度。反之,对"文本"的态度也影响着对教育材料的选择。有研究者列举了教学活动常见的 12 种类型的"文本",最后按计划(P)、实施(D)、评价(S)的角度综合成四种类型的"文本":教师并不直接参与制作的、现成的"文本";教师事先准备好的教学设计"文本";在实际的教学过程中创造的"文本";教学告一段落后教师和学生所生产的"文本"。③ 这说明在教师的日常教育活动中,接触到的"文本"来源是比较丰富的,这有利于教师和学生选择适合自己需要的"文本"。

这种多元化的"文本"现象的存在,并不否定时下不少学校教师的"文本"来源单一的现象。对他们来说,所需的教育材料基本上体现在教科书上,教科书是最重要的"教育文本",甚至在个别学校成了唯一的学习材料,教师的"教"与学生的"学"都围绕着教科书,教科书成了教育"圣经"。这种教育思路是比较狭窄的,不利于学生健康成长。

针对这些现象,20 世纪末启动的基础教育课程改革,十分强调教师要关注教育的"生成性资源",提出开展"生成性教学",确立"生成性课程意识",建设"生成性课堂"。因为在传统课堂教学中,教师遵守着国家规定的课程教学目标与教学内容,教师没有权力自主处理课程教学内容。直到《基础教育课程改革纲要(试行)》明确指出要实行国家、地方和学校三级课程管理。这样,学校课程权力才被渐渐赋予,国家鼓励教师开发课程,创造课程,教师也不再只是被动执行"课程"。同时,对构成教学与课程的资源的看法也在发生变化,提出"教师即课程"(teacher as curriculum)的基本观点。按此思路,教师要"时刻用自己独有的眼光去理解和体验课程,时刻将自己独特的人生履历和人生体验渗透在课程实施过程之中,并创造出鲜活的经验,这是课程的一部分,在此意义上说,教师不仅是课程的创造者和开发者,而且教师本身就是课程的内在要素之一"。④ 因此,新课程改革倡导教师要创造性开发课程资源,反对僵化使用教材的做法,鼓励教师善于结合学

---

① Eco, Umberto. Postscrip to the Name of Rose Orlando, Fla. Harcourt, Brace and Jovanovich, 1983:7.
② 这句话出自《论语·述而篇》,杨伯峻的注解是(参阅:论语译注.北京:中华书局,1980:68.):教导学生,不到他想求明白而不得的时候,不去开导他;不到他想说出来却说不出的时候,不去启发他。教给他东方,他却不能由此推知西、南、北三方,便不再教他了。这一解释对我们重新理解"启发式"、理解教师的职责是富有意义的。
③ 钟启泉.对话与"文本":教学规范的转型[J].教育研究,2001(3):33—39.
④ 郭元祥.教师的课程意识及其生成[J].教育研究,2003(6):33—37.

生的实际,联系学生经验和社会实际,"用"教材而不是"教"教材,紧扣课程标准而不是紧扣教材。

(四)教育"文本"是历史性的存在

"文本"不可能与社会文化生活隔绝,处于孤立之中,相反,它是历史性的存在,具有历史性、连续性的特点,这是"文本"敞开性的基本要求。这样,在教育活动中,呈现于教师与学生(阅读者)面前是具体的、个别的"文本","每个'文本'又属于一个完全不同的历史:语调、词汇、句子,最后甚至演说,都不具有连续性",但不可否认,"文本"具有历史性,"'某种东西'肯定是一直在延续的,并且从一本书到另一本书中可以被辨认出来"。[①] 因此,"文本"的历史性要求教师与学生面对"文本",不能仅仅局限于"文本"本身,而必须从历史的角度理解"文本",不断拓展阅读"文本"的视野。有如西方学者所说:"从教学角度讲,首要的是让青少年真正理解,人类世界乃是一种叙述性建构,大家能够创造性地进入其中并参与其活动;让青少年真正懂得,大家所接受的理解是能够被解释和再解释的,且人类的责任正在于担负起这项工作。"[②]

同时,我们要注意到,"文本"呈现在教育活动中是具体的,以局部的、零碎的形式出现,但它与社会文化系统是关联着的,与社会文化系统构成一个整体。因此,把"文本"放置于一定社会背景中进行理解,是揭示"文本"完整意义的基本要求。"想准确地描述人们的思想和行为,那是根本办不到的。也因此,阐释学的目的不是让我的主体性超脱出整个图像之外,而是带着全新的责任感去从事解释——就我们共享的世界提出建议,以期加深大家对于世界的共同理解。"[③] 不管"文本"是自然科学性质,还是人文科学、社会科学性质,"文本"与社会背景的联系是不能脱离的,否则就会出现对"文本"的曲解。因为呈现于学习者前面的"文本",都是人类社会活动领域的反映,组织学习者学习的重要目的便是在于揭示社会现象和自然现象中一些基本规律、法则,但必须注意,在进行这些活动时,既要追求真实性,揭示事物的客观性、真实性,是以发现真理为目标,又要具有认识真理的动力、决心,这与人的道德、理想、信仰等因素有关。

可见,影响人的活动的因素是多种多样的,而这些因素构成了人理解某个具体"文本"的重要背景因素。从这个角度说,认识活动不是对现实简单的摹写,如洛克所说儿童是一块白板,任由教育者的涂写,而是相反,儿童不是孤立地出现在教育者面前,儿童是社会文化的产物。在这一点上,皮亚杰建立人与环境相互作用的模式讨论儿童教育问题是有意义的。"在教师教育上,这便意味着我们应该时刻注意自己的言行,而不仅仅履行我们感到学生在'离校之前'应该掌握的个别知识的责任",教师就得持开放的态度,"而不能自我封闭于预先确定的例如'教师'之类的身份里"。[④] 因此,学生通过阅读与解题活动,从知识符号与学生本身心智互动中重新塑造自己,这实际上要求学生自觉主动地学习。

---

① 〔法〕德里达(Jacques Derrida). 一种疯狂守护着思想[M]. 上海:上海人民出版社,1997:40.
② 〔加〕大卫·杰弗里·史密斯(David Geoffrey Smith). 全球化与后现代教育学[M]. 郭祥生,译. 北京:教育科学出版社,2000:131.
③ 同上.
④ 同上书,203—204.

（五）"文本"是关系性范畴

作为关系范畴的"文本"，本质不是"文本"，而是人。因而，它是一种结构性的存在，在"文本"与作者之间、"文本"作者与阅读者之间、阅读者与阅读者之间建构着多重关系。这就有必要讨论"文本"的意义问题。

无疑，对阅读"文本"的阅读者来说，"文本"存在的意义，不是找到这个或那个"文本"，而是通过对"文本"的阅读，造就自身，即阅读者从"文本"中寻找合乎自我发展需要的意义，是结合"文本"的"自我理解"，只有能够"自我理解"的个体，才有可能学会与他人的交往。从这个意义上说，阅读者与"文本"建构了四重关系：向他人开放；与他人交流；某种包含自我更新意味的自我反省；重新与他人交流。① 正是在自我与非我的辩证关系中发生的四重行为，肯定了阅读者对"文本"的道德意义，也为人与人交往提供了基础。

在阅读"文本"中建构自身，这是"文本"赋予阅读者的意义，也是阅读者重构"文本"、对"文本"再创造行为的具体体现。如果阅读者只是阅读"文本"，不能变成自身的"一部分"，如此"阅读"，只能说"文本"与阅读者的关系是一种简单的拼贴，如知识拼贴式的道德教育，引起道德教育的低效化。

可以这样说，道德教育的低效化，不能说我们没有进行道德教育，不能说学生不了解学校传授的道德知识、道德观念。其实，学生对这些道德知识、道德规范都有所了解，甚至是非常清楚的，比如就学校道德教育来说，教师课堂上讲，学生集会上讲，还要组织考试，学生们都会通过考试，这说明了他们对知识形式的道德内容与要求是掌握的。这就有必要从"文本"阅读角度分析道德教育的低效化的真实原因，取决于教育过程是否注重培养学生借助这些道德知识去感受、体验社会的道德生活。

（六）教育"文本"开放性在于储存方式的变化

电脑的出现，是对传统的知识存储方式的一种改革，扩大了学生获取知识的渠道，也使学生获取知识变得更为便捷，但是，又出现了新的问题，这既要求学生懂得、掌握知识获取的方法，又要求确立运用知识的基本价值信念，否则，学生在知识、信息面前会变得束手无策，或者变成了获取知识的机器，成了"书呆子"，甚至由于缺乏正确的价值观而走上了违法犯罪的道路。所以在知识存储信息化、机器化的背景下，教师不仅要向学生传播知识，学会学习的方法，而且要帮助学生掌握正确的价值观，使学生能够运用学到的知识去思考人生、思考社会。

有些教育者看到教育"文本"的开放性特征，但在具体的教育活动中，未能充分重视"文本"的开放性，未能充分挖掘"文本"开放性蕴涵的教育价值。

1. 缺乏有效利用"文本"构成的多元性的优势

有些教育者尽管注意到"文本"构成的多元性特点，但是，在教育实践中，没有很好地利用这种多元性。图书、音像等有形物是教育活动"文本"的主要载体，然而学生本身是最重要的"文本"，这包括学生的生活经历、文化背景、个性旨趣等。而且在"文本"的表达方式上，往往是以语言为主，这当然包含着书面语言、影视语言等，但忽略了未必

---

① 〔加〕大卫·杰弗里·史密斯（David Geoffrey Smith）. 全球化与后现代教育学［M］. 郭祥生，译. 北京：教育科学出版社，2000：204.

能用语言表达的其他形式,如情感交流。

2. 对教育"文本"的作用与地位的认识发生了偏差

"文本"在教育中的重要性是显而易见的。这里并不是否定"文本"的作用,而是涉及教育活动中如何利用"文本",挖掘"文本"资源。就此而言,以往的学校教育活动中,主要是教师解释"文本",学生阅读、记诵"文本"的做法,把"文本"变成教育的一种工具。

3. 对教育"文本"的"权威"解读

重视教师权威性,以教师的解读为代表,而忽略了"文本"所隐藏的作者对"文本"本身的理解。也不重视学生对"文本"的解读,这样使"文本"的解读变成了单向式(即教师解读),从而压制了对"文本"意义阐发的多种可能性。其次,作为解读的对象,主要是选取明确的信息,采取直接的陈述式的阅读,则对"文本"内含的其他信息利用得不多。

显然,以往的学校教育活动中,"文本"的理解与运用是封闭的,是对"文本"的一种误读,出现这一现象的原因,除了上述所作的直观描述外,还有更深层的原因。这里的原因就与我们平时所理解与接受的教育理论有关系。

众所周知,近代以来的教育理论主要是服务于大工业培养标准化人才的需要,具有强烈的机器文明的色彩和实证主义的倾向,这种倾向忽视了教育过程的复杂性及教师、学生的复杂性,把教师的教育活动看做是僵硬的、机械的行为方式,不但降低了教师教学的创造性、而且束缚了学生的创造性、主动性。这样的认识并非是空穴来风,只要我们认真思考19世纪早期出现的赫尔巴特的教育学思想,就能体悟到这一点。赫尔巴特提出了教学的教育性原则,但是这一命题逻辑上隐含着承认存在没有教育性的教学,也就是教学与教育是分离的。如何整合教学与教育活动?赫尔巴特是把教师与学生的双向的教育活动限制于认知活动上,并把它归结成是教师教学工作的四个步骤:明了、联想、系统、方法,从中可以发现,认知与技能的发展被看做是教育的主导目的,而排除了丰富的社会生活对学校生活渗透的可能性。

因此,在现代教育中,应该解决学生与教师在教育活动中的地位问题,重新认识教师的角色,使教育活动成为解放学生的途径,达到学生自由个性培养的目的。

五、召唤教师教育职能的重构

师生不再是讨论教育问题的两极,至少增加了"文本"。教师只是参与解读"文本"的一个主体而已,不再赋予教师权威的地位。另一方面,教师在教育活动中思考学生与"文本"的关系是重要工作,即了解学生如何认识"文本"、解读"文本",怎样有效地促进学生对"文本"的自主阅读。如果说,学生只能照本宣科,只能上课记笔记、考试考笔记,是不利于培养学生求新求异的创造能力。

这样,至少在下述几个方面对教师发挥主导作用提出了要求:

首先,要转变对教师职责的认识。

教师是帮助学生理解"文本"的解释者,课堂教学成了"文本"意义的解释过程,是学生在阅读"文本"过程中完成重新构造自身的过程,即学生获得了认知、道德、审美等方面的发展,教育活动也因此具有了人文意义,不再被看做是纯粹客观化的知识发现与移植的过程,正是在这层意义上说,以往所强调的"教师要有权威"在这里被瓦解了,实现了教育的民主性、平等性。

这样说并不是要否定教师的作用,而是重新认识教师的作用。教师从知识主导者的形象向着助产师、帮助者的角色转变,教师的职责是解释,任务是帮助学生理解"文本"。简言之,教师的教学不能低估学生对"文本"阅读的主动性,教师"旨在教会学生怎样阅读,怎样避免刻板地理解'文本',怎样辨别这些'文本'中的意义得以表现出来的方式","教会学生如何将自己的生活经历置于更为全面的文化背景中去解读。就教师而言,这就要求具备解释艺术(the arts of interpretation)的修养"。① 我国有学者由此而反思"教师中心论"与"学生中心论"的异同,认为教学过程的中心既不是单纯的学生,也不是单纯的教师,而是要着眼于教师与学生的关系、教与学的关系,因而,在实际的教学过程中,教师的职责是这样的:通过教学意图和策略等影响学生,即把学生置于主体地位并提供主体地位的天地,使得学生成为学习的行动者。②

由此可以说,教育活动的任务是帮助学生对"文本"意义的把握,进而完成塑造自身的目的。

一方面,要让教师与学生处在主动状态,使学生能够在三个层次上处理"文本",其一是能知与可知层面。即学生能够立即从"文本"中知道什么知识;其二是对"文本"不是什么的解读,即"文本"中没有说出的知识;其三是超越性地处理"文本"。通过"文本"进而理解更多的知识,发展更强的能力。

另一方面,师生间的交往不能仅仅理解成是思想观念的交流,观念的转变是要有基础的,这个基础就是学生与教师所处的生活世界。哈贝马斯提出的看法是值得思考的,他说理解不是一个经验过程而是"交往","即由一种实际的理解所造成的一种经验过程,是许多参与者的行为在一种通过理由动员基础上合作的相互依赖的一种过程。理解意味着通过以有效的意见一致为目的的交往"。③ 这一认识所产生的教育意义是清楚的,一是没有被否定教师的主导地位;二是教师与学生不仅仅是进行言语的沟通,而是要使教育活动与学生所处的生活世界相联系,要与学生的社会文化生活背景相联系,要开放学生的学习环境;三是师生的交往变得有意义,必须满足三类"效度要求"(validity claims):①真值要求,说出的话是符合外在世界的;②正当性要求,在共同的社会规范看来,说话行为是正确的和合适的;③真诚要求,说话行为所表达的主体经验是真诚的。因此,在交流过程中,双方可能会发生观点的不一致,但必须按"以理服人"的原则进行解决,切不可诉诸权威。

其次,须提及教育内容的改革。

注意并切实把握"文本"与教师、"文本"与学生之间的关系实质,它是一种交互作用,因而,教育活动的意义是通过师生与"文本"的交互作用得到实现的。这就需要以这种交互作用观来理解与认识课程的作用、价值,来调整教育内容改革的认识思路及观念。

---

① 〔加〕大卫·杰弗里·史密斯(David Geoffrey Smith). 全球化与后现代教育学[M]. 北京:教育科学出版社,2000:151.
② 钟启泉. 对话与"文本":教学规范的转型[J]. 教育研究,2001(3):33—39.
③ 〔德〕哈贝马斯(Habermas). 交往行动理论·第一卷——行动的合理性和社会合理化[M]. 重庆:重庆出版社,1994:499.

课程不再是一堆用纸包装起来的物质,"课程不只是传递知识的工具,也是创造和重新创造我们和我们的文化的工具。又一次如杜威所言,心灵是一个动词,一个积极的动词,一个积极的寻求的动词;一个积极的、寻求的、自组织的动词。不能把它浪费掉了",① 因此,必须构建一种旨在"意义创造"的课程模体。美国的多尔说:"在这种课程作为过程的框架中,学习和理解来自对话和反思。当我们与他人对话并对我们和他们所说的进行反思时——当我们和他们之间、我们与课本之间'协商交流'时——学习和反思被创造出来(而不是被传递下来)了",所以他提出了课程的四 R 目标(即丰富的、回归的、关联的和严密的),他认为这"四 R 与 19 世纪末和 20 世纪初作为小学课程基础的三 R 截然不同,也不同于过去 40 年以来我们视为一般课程基础的泰勒原理。当我们告别本世纪和现有的范式而步入另一个世纪和范式时,我们需要发展一套构成好课程的新的标准"。②

最后,仍然要强调教师坚持正确的教育方向、教育思想的必要性。

由于"文本"的开放性,强调"文本"阅读者对"文本"的掌控,因而要避免使阅读者对"文本"的随意、主观的解构、拼贴,导致阅读者的片面、个人中心化的理解,影响阅读者的成长。为避免这些现象的出现,必须强调教师的主导作用。要发挥教师的主导作用,一方面要克服学生对"文本"熟视无睹的现象,即把"文本"当做一种客观存在的阅读材料,类似俗语中所说老和尚念经一样的"阅读""文本",另一方面是要避免学生对"文本"的"过度"阅读,抓住自己感兴趣的内容或围绕自己的主观立场进行阐释,试图为个人进行辩解。所以,强调教师确立正确的教育理念、坚持核心价值观,指导与规范学生阅读"文本",促进学生健康成长,这是十分重要的工作。

---

① 〔美〕小威廉姆 E. 多尔(Doll, W. E. Jr). 后现代课程观 [M]. 北京:教育科学出版社,2000:188.
② 同上书,424.

第二章 教师与"教育权力"

为促进教育事业科学发展，全面提高国民素质，加快社会主义现代化进程，2010 年 7 月 29 日颁布了《国家中长期教育改革和发展规划纲要（2010—2020 年）》。《规划纲要》分析了当前我国教育存在的问题与面临的困难，谋划了教育持续发展的策略。为此，《规划纲要》指出：我国教育还不完全适应国家经济社会发展和人民群众接受良好教育的要求。教育观念相对落后，内容方法比较陈旧，中小学生课业负担过重，素质教育推进困难；学生适应社会和就业创业能力不强，创新型、实用型、复合型人才紧缺；教育体制机制不完善，学校办学活力不足；教育结构和布局不尽合理，城乡、区域教育发展不平衡，贫困地区、民族地区教育发展滞后；教育投入不足，教育优先发展的战略地位尚未得到完全落实。接受良好教育成为人民群众强烈期盼，深化教育改革成为全社会共同心声。[①]

为解决我国教育问题，全面推进素质教育，培养创造性人才，国家从教育体制变革、增加教育投入、改善师资培养培训工作等方面进行有力的改革，出台一系列举措，收到一定效果。但是，对教师来说，如何面对教育困难，怎样成为一名善于解决教育问题的优秀教师，则需要着眼于教育的微观角度进行研究。

众所周知，教师与学生是完成学校教育活动的两大主体。缺了教师或学生，就谈不上是教育活动。教师和学生之间建构怎样的关系是影响教育成效的重要因素。

对此，近些年，教育理论界运用福柯等思想家提出的"权力"概念分析教育活动中教师的作用问题，阐析怎样使教师避免成为教书匠，怎样更有效地发挥教师引领学生在知识、技能、品德等方面取得进步的作用。

研究者结合当前应试教育的状况，认为现代学校教育已经变成影响人的发展的强制性控制力量，比如考试，不仅测量着学生的学业绩效，而且变成了约束学生个性培养、主体性人格塑造的机制。就此，有研究者把学生身体（感觉）作为研究对象，通过分析学生座位编排、校服、课堂纪律，指出学生独立人格培养、学生个体自由保障等方面存在着许多困难。这些研究成果对拓宽教育内涵的理解思路、把握教育价值是有启示的。不过，需要指出，教育传播社会核心价值理念，体现教育功能的社会属性，这与促进个体自由发展、培养独立个性的教育目标是相辅相成的，关键是怎样理解个性自由。如果对个性自由理解不当，则把学校看成是约束个性自由培养的障碍。同时，需要正确把握学校教育传播社会公共理性的要求，不能传播不利于社会进步与发展的负面观念，比如专制、独断等，而是以弘扬先进文化、宣传民主与科学、追求社会和谐发展为职责，它必然要求培养具有责任感与使命感的社会主体，这与个性培养并不矛盾。

---

① 国家中长期教育改革和发展规划纲要（2010—2020 年）[R/ON].2010-07-29 取自 www.gov.cn

一、人的自由发展理想与教育困境

促进人的自由发展，塑造有创造性的人才，是学校崇高的教育理想。

人的自由问题，是启蒙思想家关注的焦点和中心之一。不过，启蒙思想家把人的自由看做是与生俱来的、不可剥夺、永恒不变，即使在不同民族、不同文化、不同时代，崇尚人的自由是普遍的、共同的信仰。而到达自由的路径，则是重视培育人的理性。"自然科学的道路是永无止境的，但它的方向是始终如一的，因为它的出发点和目标不仅是由客观世界的性质决定的，而且也是由理性的性质和力量决定的。"①

事实上，人是自由的存在，主旨是论证了人是能动性、创造性的存在。然而，人的能动性、创造性的实现，受到客观社会条件的制约。人的理性力量的培育，只是为人成为创造性存在提供的条件之一。比如二次大战期间，能够把当时科学技术成果运用于战争之中，这依赖于人的理性，然而，它所暴露的是人性的邪恶而不是人性的美好。因此，讨论人的自由发展，不能着眼于个体的因素，不能简单地归结为人的理性或非理性，而是需要联系人的生存与发展的社会基础。正是因为这样的思路，马克思阐述了人的自由本性的实现将经历三个阶段。

马克思充分肯定从现实社会关系中寻求人的本质，强调人的自由是通过现实社会活动，进而摆脱与克服人的各种束缚，从而展示人作为人的存在的本真状态。比如，马克思认为资本主义社会取得科学技术的水平、物质财富的丰富程度，超越了前资本主义时期的任何一个阶段，但是人并没有感到幸福，原因在于人不是为了自身而活着，相反是被自身的劳动及劳动产品束缚着，人的存在不是为了人本身，而仅仅是为了使自己具有继续从事生产社会财富的劳动能力。处于这样的生存处境，马克思说是人的异化状态。因此，马克思提出，要通过制度变革甚至是战争的手段消除人的异化处境，使人按人的目的生活、生产，人得到了解放，这样的人是自由的。

由此，马克思从人与社会关系的角度提出自由发展是人的发展目标，指出实现人的自由发展目标，将经历三个发展阶段："人的依赖关系（起初完全是自然发生的），是最初的社会形式，在这种形式下，人的生产能力只是在狭小的范围内和孤立的地点上发展着。以物的依赖性为基础的人的独立性，是第二大形式；在这种形式下，才形成普遍的社会物质变换、全面的关系、多方面的需要以及全面的能力的体系。建立在个人全面发展和他们共同的、社会生产能力成为从属于他们的社会财富这一基础上的自由个性，是第三阶段。"②马克思重视从人所生活的现实社会生活作为考察与分析问题的基础与背景，提出人的发展的三个阶段，这是马克思理解人的自由发展的思想方式，不是纯粹对人的发展进行思辨的、逻辑的、概念的推理。

（一）自由原态

人类历史开端首先是有生命的个人的存在。人们为了生产自己，同时也使人类历史得以延续，应当从他们的生活方式中去考察。"既和他们生产什么一致，又和他们怎样生产

---

① 〔德〕E. 卡西尔（E. Cassirer）. 启蒙哲学 [M]. 顾伟铭, 译. 济南：山东人民出版社，1988：9—10.
② 马克思. 1857—1858 年经济学手稿 [A]. 马克思恩格斯全集（第 30 卷）[C]. 北京：人民出版社，1995：107—108.

一致。"① 以这一思想考察早期人类,诸多研究材料表明,早期人类的生产力并不发达,并没有出现"阶级",人与人之间关系是松散的,没有强制与压迫,这可看成是人类的"自由原态"。当然,随着人口增长、生产力发展,人类逐步进入阶级社会,追求人的自由也成了一种响亮的口号被坚持着。

(二) 非自由态

卢梭也曾说"人是生而自由的,但却无往而不在枷锁之中"。马克思认为,需要引起人的社会生产劳动,在生产劳动过程中又发展着社会关系。"因为人的本质是人的真正的社会联系,所以人在积极实现自己本质的过程中创造、生产人的社会联系、社会本质,而社会本质不是一种同单个人相对立的抽象的一般的力量,而是每一个单个人的本质,是他自己的活动,他自己的生活,他自己的享受,他自己的财富。因此,上面提到的真正的社会联系并不是由反思产生的,它是由于有了个人的需要和利己主义才出现的,也就是个人在积极实现其存在时的直接产物"。②

所以,在私有制条件下,尤其是资本主义私有制下,工人的存在意义发生了改变。"他的存在,他的生命也同其他任何商品一样,过去和现在都被看成是商品的供给。""他只具有对他是异己的资本所需要的那些人的特性。""人——这就是私有制的基本前提——进行生产只是为了占有。生产的目的就是为了自己占有,他生产的物品是他直接的、自私自利的需要的物化。……因此,人在这种状态下生产的东西不多于他直接的需要。他需要的界限也就是他生产的界限。"③ 这种情况下,工人的劳动不是感到幸福,而是不幸,不是能够自由地发挥自己的体力和智力,而是使自己的肉体受折磨、精神遭摧残。因此,消除这种生存处境,是工人阶级的使命。

其实人的不自由状态,并不是与生俱来的,不是"先验的"或者是由"上帝"安排的。马克思指出根源在于私有制度。所以,改变私有制,才能完成人的解放的历史使命。马克思说:"在社会主义的前提下,人的需要的丰富性,从而某种新的生产方式和某种新的生产对象,具有什么样的意义。人的本质力量的新的证明和人的本质的新的充实。在私有制范围内,则具有相反的意义。"④《共产党宣言》中表述得更为清晰,"资产阶级社会里,资本具有独立性和个性,而活动着的个人却没有独立性和个性。"所以,"要消灭资产者的个性、独立性和自由。"⑤ 因而"无产者在这个革命中失去的只是锁链。他们获得的将是整个世界"。⑥

(三) 自由态

这一阶段实现了马克思提出的个性自由理想,但它需要一定的条件。首先,废除私有制,建立财产公有的新社会制度。"无产者为了实现自己的个性,就应当消灭他们迄今面

---

① 马克思,恩格斯. 德意志意识形态(节选)[A]. 马克思恩格斯选集(第1卷)[C]. 北京:人民出版社,1995:68.
② 马克思,詹姆斯·穆勒《政治经济学原理》一书摘要[A]. 马克思恩格斯全集(第42卷)[C],北京:人民出版社,1979:24.
③ 同上书,33.
④ 马克思. 1844年经济学哲学手稿[A]. 马克思恩格斯全集(第3卷)[A]. 北京:人民出版社,2002:339.
⑤ 马克思,恩格斯. 共产党宣言[A]. 马克思恩格斯选集(第1卷)[C]. 北京:人民出版社,1995:287.
⑥ 同上书,307.

临的生存条件，消灭这个同时也是整个迄今为止的社会的生存条件。"① 建立这种社会制度，到了资本主义社会不仅可能而且完全必要。"第一，产生了空前大规模的资本和生产力，并且具备了能在较短时期内无限提高这些生产力的手段；第二，生产力集中在少数资产者手里，而广大人民群众越来越变成无产者，资本者的财富越增加，无产者的境遇就越悲惨和难以忍受；第三，这种强大的、容易增长的生产力，已经发展到私有制和资产者远远不能驾驭的程度，以致经常引起社会制度极其剧烈的震荡。只有这时废除私有制才不仅可能，甚至完全必要。"② 废除私有制，"超出社会当前需要的生产过剩不但不会引起贫困，而且将保证满足所有人的需要，将引起新的需要，同时将创造出满足这种新需要的手段。"③ 其次，实行社会共同地和有计划地民主管理。"由整个社会共同经营生产和由此而引起的生产的新发展，也需要完全不同的人，并将创造出这种人来。"④ 再次，加强社会精神生产。"教育可使年轻人很快就能够熟悉整个生产系统，它可使他们根据社会的需要或他们自己的爱好，轮流从一个生产部门转到另一个生产部门。因此，教育就会使他们摆脱现代这种分工为每一个人造成的片面性"，"对所有儿童实行公共的和免费的教育……把教育同物质生产结合起来"。⑤

马克思对人的自由发展的三个阶段的论述，为我们规划了人的自由发展的三种形式，这对确立人的自由发展目标是富有启示意义的。

首先，人的社会存在是理解个性自由的思想方式。

理解人的社会存在，有利于把握人的社会本质，进而阐释人的异化处境形成的根本原因，并找到消除、克服异化的策略与思路，从而实现人的自由存在。而这样的人的存在，已经成为社会的主体，所以说，人的主体性的确立，是人的自由本性的现实表现。

以这样的角度理解教育与人的自由发展关系，教育目的不仅仅是使人认识人，而且要使人成为人，成为既能够积极主动参与社会生活，富有责任感与同情心，又有一定的知识修养的现代社会公民，而不能通过教育变成只会参加考试的"机器"、追求物质财富的"工具人"。

其次，明确人的全面发展是一个关系概念。

所谓人的全面发展是关系概念，是指人是一种关系性存在，是一种真实可靠的社会存在。这样，人不再是纯粹生理性的人或生物性的人，那样的理解，人被变成一种实体，要么是把人的思想（精神）理解成是实体，要么就是把人的肉体的需要理解成是实体，导致人的身心二元分立。这就很清楚地揭示，所谓的人的全面发展，消灭身心二元对立是实质，而要瓦解二元对立的认识，必须要把人看做是社会历史过程中不断生成着的人，既是社会历史的创造者，又是社会历史的创造物，受到特定历史时期自然、社会等因素制约，正是人受到这些因素的制约，就必然要展望人的发展前景，提出人的全面发展的理想与目标。

由此凸现教育促进人的全面发展的主旨。实现人的全面发展目标的现实依据，是因为

---

① 马克思，恩格斯．德意志意识形态［A］马克思恩格斯选集（第1卷）［C］．北京：人民出版社，1995：121.
② 恩格斯．共产主义原理［A］．马克思恩格斯选集［C］．北京：人民出版社，1995：238.
③ 同上书，242.
④ 恩格斯．共产主义原理［A］．马克思恩格斯选集（第1卷）［C］．北京：人民出版社，1995：242.
⑤ 马克思，恩格斯．共产党宣言［A］．马克思恩格斯选集（第1卷）［C］．北京：人民出版社，1995：294.

人是不断生成的过程，因而，人的全面发展内容是促进人的各种关系的建构，包括人与自身、人与社会、人与自然等多重关系。因此，教育促进人的全面发展，不是传授一定科学知识与技能就能完成的，掌握一定科学知识与技能的人，只是能够解释世界的人，但更重要的是改造世界，而改造世界，掌握科学知识与技能只是掌握了方法，解决了改造世界是什么、怎样改造的问题，但未必能够准确、完整地解决"为什么"的价值问题，即要关注人与世界的关系，宗旨是为人建构"意义空间"。而这恰恰是十分关键的。

再次，变革解决教育问题的思维方式。

马克思指出人的全面发展是在人与世界交往活动中完成的，是渐进的历史过程。要用历史的观点、辩证的观点分析评判人的发展问题。人的发展不可能完全能够做到"计划化"，也不能受到某种神圣观念的约束。其实，这两种思维方式去理解教育促进人的全面发展的课题，其答案是有误的。要么是强调了人的发展的形而上学机械决定论，要么是对人的主体性的否定，用某种神圣观念主宰人的发展，割裂了人的发展与世界之间的交往关系。

同时，随着现代科技信息时代的发展，人的交往空间、交往对象获得前所未有的拓展，这给人的发展提出新的挑战。既有助于增强人认识与改造世界的能力，又使人陷入被科技信息包围而导致人的主体性消失的状况。哈贝马斯把它称作是人的日常生活的殖民化，即在现代科技发展处境中，技术逐步替代人的主体能力与主体意志，个人的日常生活也被无穷尽的制度、机制所束缚。吉登斯也把人的这种生存处境称作是生活的"抽离化"，是人的生活的"僵死"状态。

可见，教育要指引人走上自由之路，不仅要传授受教育者谋生就职的技能与知识，满足其自身生存与发展的需要，而且要把受教育者塑造成具有理想与信仰的人，这是学校应该追求的教育理想，体现着学校教育活动的基本品格。因而，有研究者强调现代学校教育关注五方面主题：

唤醒我们对无家可归、饥饿、没有或缺乏健康保障以及其他形式的剥夺视而不见的道德义愤；

在日常生活的具体事件中，维护和扩展人类尊严、团结和民主达成的原则，而不是持续强调公共竞技场中的社会达尔文主义的政策；

彻底改造我们的主张方式和言说方式，把穷人视为我们而不是"他们"（them）；

把市场模式限定在非常有限的领域，以社会正义而不是利润和亏损为透镜来审视社会和教育政策；

在策略上，通过彰显贫困是如何潜在地削弱家庭（许多类型的）、共同体和经济体等，从而把进步主义观与诸如自由等其他美国人共享的价值联系起来。[①]

这五条目标，关联着社会的政治、经济、历史文化，突出教育目标的社会性质，反映人的成长的社会要求。也提示了一个基本道理：人的自由发展，必须要具备社会责任感、要具备公共理性品质。只有做到这一点，人的自由发展才具有现实的社会基础。

因此，学校教育的基本职责与任务，就是要研究人的现实生存境况。一方面，要求妥

---

① 〔美〕迈克尔·W. 阿普尔（Michael. W. Apple）. 文化政治与教育［M］. 阎光才，主译. 北京：教育科学出版社，2005：126.

善处理学校与社会、政府之间的关系,建设政府与学校的信任机制,使学校教育为建设民主的社会、促进人的自由本性的实现创造条件。另一方面,学校教育要培养有社会责任感、有公共理性品质的合格公民。如果一个人一切以自我为中心,甚至无视社会秩序、规范、道德、法律等,无论学识多高,能力多强,都是不合格的社会公民。

然而,现实学校教育以追求知识传授的效率为目标,按照统一、标准的要求教育学生,教师控制着学生,对于学校、教师提出的要求,学生都要言听计从,结果,学校被戏称是一座"人力"产品的"加工厂"。有研究者批评说,学校教育变成一种"权力",是"被压迫的教育学",也有研究者喊出了"不跪着教书"等口号。这些说法虽然有一定合理性,但是不能说全对,因为没有细致分析与清理教育压制个性发展问题产生的内在机制。

这些问题看起来是非常简单的问题。正是因为看起来简单,造成了对教育的误读与误解,而人们又自以为在误读与误解过程中找到了解决教育问题的答案。比如1993年2月13日中共中央和国务院联合印发的《中国教育改革和发展纲要》中提出实施素质教育,克服应试教育的消极效应。[①] 其后,教育部于1998年12月发布《面向21世纪教育振兴行动计划》中明确提出要实施"跨世纪素质教育工程",次年6月,中共中央、国务院发布《关于深化教育改革,全面推进素质教育的决定》,以及后来的"2003—2007年教育振兴行动计划"等政策文件,对组织实施素质教育的对象、内容、方法及条件提出明确而又具体的要求。可是,进入新世纪,高等教育逐步迈入大众化阶段,社会经济取得前所未有的发展成就,而"素质教育"拟要解决的教育问题并没得到切实有效的解决。2006年教育部、中宣部、人事部、中国社科院、团中央等部门联合组成的素质教育专项研究课题组对此进行了系统调查,完成了"素质教育系统调研总报告"、"关于深化教育改革,推进素质教育的调研报告"等研究成果,分析了"素质教育"存在的突出问题以及应对之策。[②]

课题组认为,对比素质教育的要求与目标,当前学校教育中仍然存在影响青少年学生健康成长的四大严重问题。一是学生课业负担过重仍然未能有效扭转。据国家统计局、教育部对全国部分大中城市中小学校和农村县中的调查,35%的校长、37%的教师、58%的中学生认为负担"比较重"或"过重",其中高三学生6点前起床的有34%,11点半后睡觉的超过40%。二是青少年思想品德状况存在着令人忧虑的问题。在学生最需要加强教育的方面,校长和教师给出的排序第一、第二位的是吃苦耐劳和诚实守信,其次才是学习能力。三是青少年身心素质发展不容乐观。学生发育水平提高、营养状况改善的同时,学生的速度、爆发力、力量、耐力、肺活量数据持续下降,超重及肥胖检出率上升,初高中视力不良检出率分别达到58%、76%。有64%的中学生不做任何家务,63%的中学生回家没有任何体育活动。心理素质方面,许多中学生步入校门时心情感到"郁闷"、"紧张"、"疲惫"、"厌烦"、"焦虑"或"恐惧"。此外还有家庭经济困难学生、单亲家庭学生、进城务工农民子女、农村留守儿童等特殊群体,更迫切需要情感和心理关怀。四是青少年的创新精神和实践能力较为薄弱。在片面追求升学率导向下,学生为提高几分成绩进行重复练

---

① 《中国教育改革和发展纲要》对基础教育所作的战略方针与目标:中小学要由"应试教育"转向全面提高国民素质的轨道,面向全体学生,全面提高学生的思想道德、文化科学、劳动技能和身体心理素质,促进学生生动活泼地发展。

② 素质教育调研组编著. 共同的关注:素质教育系统调研 [R]. 北京:教育科学出版社,2006.

习，透支了学习热情与兴趣，批判性精神缺失，创造能力受到压抑。①

正是在这样的背景下，实事求是地评价各所学校、各个教育机构存在的教育问题，客观评析教育问题形成的原因，找到合理的解决思路，让老百姓和一线教师听懂教育是什么，以及应该怎样去认识教育、理解教育以及采取有效的教育措施，是十分重要的工作。比如，把学校、家长、学生争取考上名牌大学的行为看做是学校违背了素质教育，认定它就是应试教育。②显然，这种"说法"太随意而缺少逻辑性。在日常生活中，采取这种简单推理与归纳的方法对事物或观点进行辨析，的确是有合理之处。在目前中国社会中，家长望子成龙的目标是希望孩子能够考上一所"名牌大学"，不少学校为了能让更多学生考上名牌大学，甚至在本地区、本省造就"高考状元"，想方设法采取各种措施。如果把这种做法归结为"应试教育"，的确不为过。但是，它只是一种教育现象，对这种教育现象进行分析，需要找到材料进行严格论证。如果说"上名牌大学"等于"应试教育"，那么，需要思考，这样的认识思路是否合乎逻辑？如果不合乎逻辑，那么，问题出在什么地方？在我们看来，它还是还原到一个基本问题，即教育到底是什么？教师如何能够真正引领每一位学生健康成长？

二、对"教育权力"的辩证思考

当前教育中存在的诸多问题，既有宏观层面的教育制度、体制、机制问题，也有微观层面的教师教育方式、教育内容、教育评价等问题。当然，宏观与微观是相互影响的。但是，在宏观的教育体制难以变更的情形之下，要研究怎样最大限度地促进学校教育功能的实现。对此，教师的作用十分关键。基此考虑，研究者指出，当前学校教育中存在着对教师与学生关系的不当认识，很多教师认为自己是处于教育的优先地位，是学生当然的教育者，是学生身心发展的引领者、指导者。

其实，这样的认识并没有错。问题在于这种观点并不全面、并不辩证。因为这种观点容易导致把教师置于学生的对立面，使学生事事都处于教师的掌控之下，这是值得关注的教师教育权力问题。

对教育权力的认识，主要认为学校受到外部权力的制约。直观地看，往往理解成是政治权力的制约，学校是传播政治意识形态的场所，因此它要控制学生思想、观念与日常行动，由此影响了学校以及师生的自主学习权利。

其实，从政治权力理解学校教育权力，是比较狭窄的理解。福柯对此作了评论，到1970 年，他还是"接受传统的有关权力的观念，即把权力看成本质上是一种司法机制，它制定法律，实行禁止和拒绝，产生一系列否定的效果：排除、拒斥、否定、阻碍、掩藏等等。"现在我认为这种概念是不充分的。不过，在《癫狂与文明》中，它已经足以实现我的构想（并不是说这本书本身已经很充分和令人满意），因为癫狂问题是一个特殊例子——在古典时期，权力对癫狂的最重要的实施形式就是排斥；因此我们看到对疯子进行放逐的运动。③可见，权力存在于社会生活之中，它是一种力量关系，权力的运用就是以

---

① 调研组．进一步加强素质教育刻不容缓［N］．中国教育报，2006-11-08．
② 原春琳．许多一线老师感觉总在"被改革"［N］．中国青年报，2010-01-29（4）．
③ ［法］福柯（Michel Foucault）．权力的眼睛［M］．严锋，译．上海：上海人民出版社，1997：173．

"影响"的方式呈现。

为此，福柯通过监狱演变史考察权力的演变以及存在形态。他发现公开处决罪犯方式发生了变化，变化的基本理由是尊重人权，影响罪犯的精神生活。"发展出一整套对人类进行驯服的技巧，把他们禁锢在特定的地方，进行监禁、奴役、永无止息的监督，简言之，出现了一整套'管理'的技巧，监狱只不过是其表现之一，以及在刑罚领域里的变形。"① 权力就是"监视"，"一种监视的目光，每一个人在这种目光的压力之下，都会逐渐自觉地变成自己的监视者，这样就可以实现自我监禁"。② 通过监视，实现自我规范，以这样的角度理解权力，权力既起着约束与规范作用，同时又发挥着激发人的创造性的作用。

（一）教育权力作用的双重性

权力是一种监视与影响，最初表现在对人的身体的处置。随着社会文明的进步，认为处置身体是不人道的，因而转向重视人的改造、教化，"规训权力的主要功能是'训练'"，"要通过'训练'把大量混杂、无用、盲目流动的肉体和力量变成多样性的个别因素——小的独立细胞、有机的自治体、原生的连续统一体、结合性片断。规训'造就'个人"。③ 通过监视、规训，实现造就新的个人，因此，监视的对象不是肉体，而是"灵魂"，所以，监视人的精神与灵魂，成了研究社会与人的关系的新课题。"曾经造成皮肉之苦的体罚必须由在心灵、精神和意志上造成深刻影响的惩罚取而代之。这一变化与其说是观念变化——不要残酷和痛苦，而要仁慈和人性——的结果，不如说是目标变化的产物。"④ 造成皮肉之苦的处罚行为不受社会欢迎，代替它的是复杂精巧的教养和训练形式。

因此，惩罚具有双重功能。如果从消极角度理解惩罚，它体现压制功能；如果从积极角度理解它，它具有塑造人、维系社会秩序的功能。由此项功能延伸，利用它，研究怎样通过教养和训练培养人的主体性。以此思路看待学校内部形成的教与学、管理与自主、教师与学生等多重关系，既有压制、规范的功能，又有引导学生发展的功能。这样，学校是实施教化最重要的训练机构。比如，学校老师通过选拔班干部、小组长、课代表、辅导员等办法建立一套监督机制，这种监督机制是明确的、有规则的。一是有助于规范班级学生与老师的教学活动；二是确保班级学生的秩序，确保改善教学效能的目的；三是建立教育规范与评价的依据。这种评价标准，相对于每一个学生来说，它是普遍性要求，而学生是个体独立存在者，它是特殊性的，而这种特殊性只有通过与普遍性要求的比较，才能凸现学生的个性化特色。正如福柯描述学校的考试，"考试自始至终伴随着教学活动。它越来越不是学生之间的较量，而是每个人与全体的比较"。⑤

这就要认真地辩证分析学校统一化、标准化、理性化存在的双重作用，既要看到存在

---

① 〔法〕福柯（Michel Foucault）. 权力的眼睛［M］. 严锋，译. 上海：上海人民出版社，1997：30.
② 同上书，158.
③ 〔法〕福柯（Michel Foucault）. 规训与惩罚［M］. 刘北成，译. 北京：生活·读书·新知三联书店，1999：193.
④ 〔英〕阿兰·谢里登（Alan Sheridan）. 求真意志——密歇尔·福柯的心路历程［M］. 尚志英，许玲，译. 上海：上海人民出版社，1997：180.
⑤ 〔法〕福柯（Michel Foucault）. 规训与惩罚［M］. 刘北成，译. 北京：生活·读书·新知三联书店，1999：210.

的问题——它强调规范、统一与标准，容易造成死气沉沉的课堂，消灭了学生的灵活性、多样性；又要注意它隐含的积极意义。比如追求统一与标准，有利于集中教育资源，提高教育效率，同时，学校设计了统一的、标准化的培养要求与培养目标，为学生进行反思与对比提供了依据，即用标准化要求考察每一个学生，把学生的一言一行进行记录、分类、辨别，这样就有可能发现学生的闪光点、发现学生的个性品质。所以，福柯说："我们不应再从消极方面来描述权力的影响，如把它说成是'排斥'、'压制'、'审查'、'分离'、'掩饰'、'隐瞒'的。实际上，权力能够生产。它生产现实，生产对象的领域和真理的仪式。个人及从他身上获得的知识都属于这种生产。"[①]

（二）教育权力作用的体现

存在于教育活动中的权力因素，它已经融合在教育活动之中，成为影响教育活动的内在要素，即对教育造成的影响不是来自社会的外部因素，而是教育活动本身。"规训权力变成一种'内在'体系，与它在其中发挥作用的那种机制的经济目标有了内在联系。它也被安排成一种复杂的、自动的和匿名的权力"，[②]所以，理解教育权力，要辩证分析教育权力的作用，研究教育权力作用实现的机制。

1. 教育权力影响哪些人

教育权力对哪些人产生影响，涉及受教育人群的分布。这一点在人类社会发展历史上是非常清楚的。社会产生以来，由于政治、经济条件及文化的差异，社会成员是分层次的、分等级的，这样，是否能够接受教育，与所处的阶层、地位直接相关。教育与"特权"、"精英"阶层相联系，因此，接受教育而改变社会阶层处境的人群是有限制的。

2. 教育权力对人产生怎样影响

教育权力的双重作用主要体现在对人产生了怎样的影响，培养的人才是否符合社会要求，是否促进学生个性成长。对此，批评性观点认为教育追求统一与标准，缺乏对学生个体需求的重视。因此，要研究制定合理的教育目标，既满足社会的教育要求，又能展示学生个性特征。与此相对应的观点需要思考：学校放弃标准化、规范化的培养目标是否可行，必须要慎重思考社会化规范对个体成长的合理性。

3. 教育权力对人的影响是怎样产生的

主要研究教育方式、教育内容的改革与完善，包括教学内容、教学方式、教学途径等等，通过改革，使学校教育成为塑造社会主体的有效途径，发挥学校教育生产合格社会公民的功能。

4. 教育权力对主体独立地位的影响

保持独立立场是维护主体独立地位的前提条件。在教育实践中，有太多的教育者往往把自己当做是社会与政府的职业雇佣人，缺乏工作的自主权与自主意识。有学者就此作了批评："有太多的教育者基本上是被雇佣的专家，或者勉强算得上是现实的批评者，但他们却封闭在自己的办公室中，制造毫无必要的抽象而晦涩的学术产品。"[③] 教育者缺乏独

---

① 〔法〕福柯（Michel Foucault）. 规训与惩罚［M］. 刘北成，译. 北京：生活·读书·新知三联书店，1999：218.

② 同上书，200.

③ 〔美〕迈克尔·W. 阿普尔（Michael W. Apple）. 文化政治与教育［M］. 阎光才，主译. 北京：教育科学出版社，2005：130.

立精神，就会销蚀关注和参与公共事务和公众话语的热情，在这种情况下，很难想象能够培养出具有良好公共品质和独立个性的受教育者。

理解与把握上述四方面，有助于正确认识和发挥教育权力的作用，避免出现教育权力的负面影响。斯普林格以柏拉图《理想国》为例进行了阐述。他认为当时教育系统是用来控制人的，"途径有以下几种：教授神话并传播经过审查的文学；传授改头换面后变得对国家有用的历史；教导人们最高理想，让人们为了'善'而压抑自己的生理欲望。神话、寓言和历史教学都为塑造心灵和树立理想服务，对国家而言，最难控制的就是情感和欲望，要控制它们，就需要人们为更高理想而牺牲自我"。① 以认识伟大的"善"为目标，压抑个性发展的需要，这便是教育要实现人的德性。在这种教育构想中，教育完善人的德性，是受到国家或政治力量的约束。国家通过确立信仰、确定合格公民的标准，运用相关教学内容，实现控制人的培养目标与培养行为的目的。这说明教育促进人的成长不是主动的、自主的。在这种情况下，学校教育面对的其实不是生动的、丰富的学生个体，而是需要用理念充实的生命体。

结果，学校教育影响了学生个体意识的培育，影响了学生个性的发展，甚至使学生缺失了鲜活的人性，学校教育培养出来的学生变成是一堆没有个性的语言机器、技术机器，是一堆"欲望"复合体，学校老师成了知识的"复印机"。

（三）避免教育权力消极影响的构想

有研究者对权力制约教育导致个体主体性缺失提出了解救方案。专制国家中重视权力支配学校教育，从教育目标到具体的教育内容设计、教学方法的选择等方面都要渗透权力，使学校教育成为统治者实现统治的重要途径。即便是强调人的尊严、权力、自由的民主社会，并没有消失权力对教育的影响，只是变得更加隐蔽。

在实用主义教育思想家杜威等人的观点中，教育自由主要是针对如何满足儿童个体的特殊性，满足儿童个体的需要，进而把他们培养成民主社会需要的合格公民。为此，希望民主社会建立这样的教育体系：既能避免教育被政治控制，又能够为公民提供参与政治活动的必需的知识以及培养必要的技能。所以，杜威关心学校教育改革的基本动机是如何改造学生的经验。"一是简化和安排所要发展的倾向的许多因素；二是净化现有的社会习惯并使其观念化；三是创造一个更加广阔和更加平衡的环境，使青少年不受原来环境的限制。"② 杜威关于学校职责与功能的设想，不是取消学校对学生的控制，不是改变社会对学校的控制，而是怎样创造一个更加纯净的环境，更有效地传递、继承文化价值观。也就是说，学校环境要确保为民主国家中学生的政治选择做准备。只是与古代教育为政治服务的对象不一样，古代只强调培养少数人，比如柏拉图通过教育造就治理国家的"哲学王"，在杜威等一批民主主义教育思想家看来，教育不是服务于特殊公民群体的利益，面向更大范围的社会公民群体，只要保证学校教育服务于民主目的。杜威强调，学校环境职责"在于平衡社会环境中的各种成分，保证使每个人有机会避免他所在社会群体的限制，并和更

---

① 〔美〕乔尔·斯普林格（Joel Spring）. 脑中之轮——教育哲学导论［M］. 贾晨阳，译. 北京：北京大学出版社 2005：11.
② 〔美〕杜威（John Dewey）. 民主主义与教育［M］. 王承绪，译. 北京：人民教育出版社，2001：29.

广阔的环境建立充满生气的联系"。①

教育要为民主社会服务的思想得到了继承。尤其是二次世界大战结束以来，强调自由教育的观念非常有影响力。伊里奇等教育思想家还提出要废除学校。有研究者对这一时期的自由教育思想进行了评述与分析，认为自由有四重含义，一是摆脱国家对教育的控制的自由，二是自由地选择信仰和理想，三是自由是获取知识的机会，四是自由是一种能力，它使人们获取一个可以满足个人需要和愿望的世界，这与人们被教育去为国家或经济利益而牺牲自身的世界正好相反。②

应该看到，教育实践中存在着教育权力已是客观现象。通过上面的简略讨论，可以发现，无论是古典教育思想，还是主张为民主社会培养社会公民的教育思想，出发点是强调教育维护个人的独立地位，人的权利与尊严不可侵犯，据此反思现代学校教育存在的问题，认为学校教育受到政治、意识形态以及教师教育方法的限制，使学校教育与学生的个性发展处于对立状态，影响了学生个性发展，成了僵化的学校教育。

这些认识是富有意义的。但是，我们应该承认，现代学校教育的本质属性是社会性，学校教育要体现社会价值，展示教育的社会功能。因此，使社会价值与学生个人价值有机统一起来，是学校教育思考的重点，也是一个难题。一条有效思路是从培养社会主体的维度理解和把握学校教育。

从教育培养社会主体的维度，我们可以把社会主体培养任务分成个人内在目标与社会目标。所谓个人内在目标，是强调教育怎样满足个体需要，达到丰富与完善个人心灵世界的目标；所谓社会目标，就是要体现社会意志与要求，灌输社会核心价值观，引导个体成为具有社会公共理性、能够关注社会公共事务、参与社会公共活动的现代公民。

这样的划分与思考，就需要从社会关系的视角思考个性、思考个人全面发展以及教育的社会功能，希冀能够克服单纯从社会视角或个人与社会对立的角度研究教育，而主张在个人与社会相互联系相互制约的关系中把握教育的使命。无疑，教育要承担传承社会意识形态、社会核心价值观的使命，受到社会政治、经济、文化观念约束是必然的。另一方面，教育要培养有个性的学生，实现学生的个性自由，但是，个性自由不是洛克、卢梭等启蒙思想家提出的爱弥尔教育理想，这些教育理想，强调对个人独立地位的尊重，强调教育解放人的潜能，具有积极意义。但是，我们也应该看到，这些观点的要害在于把人和人性、人的价值抽象化，忽视了人的自由是人在社会生活中才能实现的自由，否则只是人的自然状态下的"自由"，显然不能把这种人的自由理想当做现代学校教育努力的目标。因此，坚持培养社会主体是组织学校教育的基本原则，只要有助于促进社会主体培养的教育活动，都是值得倡导与坚持的。

三、"教育权力"与教育的合法性

教育权力实质反映着教育与社会、教育与知识关系的状态，体现着教育存在的合法性。在帝王治理的传统社会，决定教育的合法性依据是统治权，即独尊君权。因而，只能

---

① 〔美〕杜威（John Dewey）. 民主主义与教育［M］. 王承绪，译. 北京：人民教育出版社，2001：27.
② 〔美〕乔尔·斯普林格（Joel Spring）. 脑中之轮——教育哲学导论［M］. 贾晨阳，译. 北京：北京大学出版社 2005：123.

在遵循与维护君权的前提下讨论教育目的、内容与方式。如此,学校教育成为国家政治实践的一部分,甚至教师都成了国家官僚体系的一分子。

伴随文艺复兴、启蒙运动对理性的崇尚,教育目的、教育内容、教育方式发生了显著的变化,学校教育合法性依据是理性、科学、知识。这种以知识、真理为依据的教育理想对近代以来的学校教育活动产生了十分重要的影响,正如有研究者评论:"现代主义总是从智力和认识活动出发,而未将注意力放在实在的日常生活上。将他者客观化为公式化的、可操纵的、理论的范畴,便意味着自我与他人之间任何必要的联系被切断。"① 因此,积极主张从社会、教育、人三者的相互关联中理解教育,寻求教育的合法性,由此形成的教育有助于人的个性自由发展。而在世界多元化、开放化以及社会市场经济的背景下,至少要考虑三个重要因素。

（一）市场力量的负面影响

现代学校教育倡导以崇高理想为追求目标,标榜独立自主、追求真理的教育精神或学术精神,为学校教育顺利运转构建理想与信念。然而,学校教育存在于现实社会之中,要建立学校运行机制,必定要受到特定社会的政治制度、经济体制的制约。有什么样的社会制度,就会形成相应的教育制度。关于这个问题,韦伯在比较分析美国与德国大学特征时强调了这一点。他在学术演讲中,结合德国大学追求学术、追求真理的理想,批评了美国大学商业化的倾向。在韦伯看来,美国官僚化的资本主义大企业的逐渐发达,尽管对社会物质财富的生产有其优势,但是,大企业发展过程中形成的主导"精神"与德国大学的历史氛围不合,与历史传承学术信仰相差甚远。由此,韦伯指出了企业主导"精神"对美国大学产生的影响,比如美国大学开始考虑怎样吻合学生的需要,师生关系变成了经济交易关系。而且,在韦伯看来,社会对大学、学校教育的约束力量非常强大,德国教育也在受其影响。韦伯说,"如今我们可以清楚地看到,德国学术系统中许多领域最近的发展,也有着与美国相同的趋势","德国大学在一些重要方面,就像德国的一般生活一样,正在变得日益美国化"。②

其实,韦伯的立场指明了学校教育受到社会市场经济环境的影响,市场运行法则以及由此产生的思想观念成为一种"权力",影响与约束着教育观念与教育行为,因此,理应批判教育被市场权力控制而失去理应追求的理想与信仰的"世俗教育",进而提出寻求社会崇尚理想教育的正义之路,即要抵御市场力量的侵袭,维护教育的神圣性。

（二）制度力量的负面影响

教育是崇高的神圣性事业,教育追求崇高的价值理想与人生信仰,但是,不能把它变成纯粹的道德说教。因为,现代学校教育面对的是独立个体,作为独立权利主体的现代个人,是社会组织和社会生活的逻辑起点,是构建现代政治与现代社会管理的全部合法性基础。因此,尊重彼此权利,建立公平、公正、平等的教育空间,这既是现代教育主体必须要确立的权利观念、法治观念,又是学校教育健康运行的基本条件。其实,针对这个问

---

① 〔加〕大卫·杰弗里·史密斯（David Geoffrey Smith）. 全球化与后现代教育学［M］. 郭洋生,译. 北京:教育科学出版社,2000:147.
② 〔德〕马克斯·韦伯（Max Webe）. 学术与政治［M］. 冯克利,译. 北京:生活·读书·新知三联书店 1998:16.

题，已经有研究者从制度理论角度分析学校教育质量低下、缺乏追求崇高理想的原因。

如美国学者约翰·E. 丘伯和泰力·M. 默在合著《政治、市场和学校》中分析社会制度（包含经济制度）对教育质量影响更大。他们研究美国的学校教育质量问题，认为"所在的学校都深受其所处的制度环境的影响——学校以何种形式进行组织、运作是否成功，在很大程度上反映了其所处的制度背景"。① 这种观点着眼于从制度视角分析学校教育的影响因素，指出正是因为不同的制度设计，使私立学校拥有更多独立于外部科层制体系控制的自主权，所以，必须重视制度对学校有效发展的影响，要重视研究建设良好的教育制度，以落实教育者及受教育者的基本权利。

确实，在我国，传统学校教育运行的社会背景是强调道德治国的农业社会，社会的组织原则、管理机制、价值目标深刻地影响着学校教育，比如出现攻读圣贤书而鄙视技术生产的教育人才观等等，如今都面临着变革与转型的要求。实现教育转型，需要观念的引导，变革陈旧的思想方式，更需要建立良好的教育制度，形成有效的教育机制，确保教育质量。

（三）文化力量的负面影响

教育的国际化与本土化协调发展是影响教育合法性的又一原因，也是影响教育权力的重要因素。在促进教育国际化过程中，怎样丰富本国教育资源，完善本国的教育发展道路，形成具有国际影响力和竞争力的教育思想，则是必须完成的新课题。

讨论这个问题的重要起因，是西方文化中心论思想的影响，以及对本国教育思想信心的缺失。亨廷顿在主持关于文化因素对社会产生影响的课题研究中指出，"文化若是无所不包，就什么也说明不了。因此，我们是从纯主观的角度界定文化的含义，指一个社会中的价值观、态度、信念、取向以及人们普遍持有的见解"。② 哈里森说得更明白，"文化价值观和态度可以阻碍进步，也可以促进进步，可是它们的作用一直大体上受到政府和发展机构的忽视"。③ 他们对西方文化的价值与作用持肯定态度，是西方文化中心论的思想的延续与回归。

在教育思想交流中，坚持"西方文化中心思想"不仅是一种文化立场，而且演变成文化交流与传播的意识形态，它主导着教育变革的方向。如果本土思想文化建设缺乏信心，那么，西方文化中心论则更必为大张旗鼓。近来，有研究者开始反省当前我国教育改革中的若干问题，比如国学热，目标是积极寻找传统文化教育资源，寻求教育的传统文化立场，是对这种文化论思想挑战的一种回应。

学校教育权力的存在，形式上通过教师的教育活动、教育的话语体系得到实现。其实，教育权力的形成，更有其复杂的社会因素。上述三种因素的分析，指出现代学校教育权力形成的社会条件，由此提出促进教育持续发展的基本思路：不断完善教育的社会环境，改善教育的社会机制，使学校教育有更为宽松的发展环境，让学校与教师获得教育的自主权，在自由的教育中完成培养自由个性学生的目的。

---

① 〔美〕约翰·E. 丘伯（John E. Chubb），泰力·M. 默（Terry M. Moe）. 政治、市场和学校［M］. 蒋衡等译. 北京：教育科学出版社，2001：3.
② 〔美〕亨廷顿（Samuel P. Huntington），哈里森（Lawrence E. Harrison）. 文化的重要作用——价值观如何影响人类进步［M］. 程克雄，译. 北京：新华出版社，2002：3.
③ 同上书，24.

四、"教育权力"为人的主体性奠基

权力无处不在。学校教育要彻底摆脱权力的制约，变成真空中的教育，这是不可能的，即使是消除了政治、道德、经济等权力的约束，但未必能够摆脱对知识崇拜形成的知识权力的约束。问题是反思怎样有效地发挥教育权力的作用。

从古代教育观到近代及当代教育观，共同的一点是对理性、科学、真理的关注与追求，认为通过科学知识传授，培养有品德、有知识、有能力的社会公民，是教育的基本目标。这些认识是有价值的，有如霍克海默和阿尔多诺在《启蒙辩证法》一书中描述的："随着放弃以数学、机器、组织等物化形式报复忘记它的人们的思维，启蒙精神也丧失了自己的现实性。启蒙精神通过对一切个人进行教育，使未开化的整体得到了自由，作为统治力量支配事物并对存在和人们的意识发生作用。但是，真正的变革性的实践是取决于反对社会盲目僵化思想的理论的。……只有当目前的实践目的表明是要达到的最远的目标，并且达到'国王的暗探和献媚者弄不到丝毫消息'的地步，即统治的科学轻视的自然界被看成根源时，启蒙精神才自我完成，自我抛弃了。"① 这两位思想家敏感地意识到启蒙理性在工业社会中引发的新危机，这种危机实质是要求重新认识个体的价值、地位。

不少后现代思想家对此作了深刻批判。他们认为当代社会知识权力化引发了人的异化，只有让人意识到异化状态，克服与消除人的异化，才可以确保人是真实的生存，才能获得高科技与情感的平衡，实现人是审美的存在者。

这样的理想目标本身没有错。关键问题在于政治意识约束了人，人成为政治意识的奴隶。人不是积极主动者，而是被动，消极的接受者，通过接受学校教育，人顺从了社会政治。即使对社会政治与信仰目标失去了信心，却仍然没有找到主动建设更加理想的社会信仰的出路，相反，形成了一批对社会保持敌对态度、采取虚无主义社会价值观的"嬉皮士"、"无钟少年"。这种情况在当前我国教育发展中仍然存在着（我在教育价值虚无主义批判一文中进行讨论）②。

其实，培养社会主体，这是学校教育必须坚持的办学目标。而要促进学生主体性人格建设，前提是正确理解社会主体的基本特征，以及确立学校的教育理想。如果学校教育理想与社会主体培养目标是能够统一的，两者就不会产生冲突；如果学校教育追求普遍性的价值目标或者是抽象的善，那样使受教育者与学校理想达成共识就会出现困难，迫使受教育者接受学校教育内容，强迫受教育者认同学校设定的目标，使教育变成是压制受教育者个体需求的权力，这一现象福柯已经作了反思。

福柯认为，现代社会不是权力处于普遍化，关键是人被权力奴化了。在权力面前，人只是学会接受。关键是要消除霸权文化观念的约束。霸权的概念是指涉这样一个过程：社会的统治集团联合起来构成一个统一行动的阵营，并维护他们对被统治团体的领导权，③它主要表现为政治意识形态、主流文化价值观等等。全球化影响日益加剧的现代学校教

---

① 〔法〕霍克海默（Max Horkheimer），阿尔多诺（Theodor W. Adrno）. 启蒙辩证法［M］. 洪佩郁，蔺月峰，译. 重庆：重庆出版社，1990：36—37.
② 舒志定. 教育价值虚无化的表现与消除［J］. 教育理论与实践. 2008（8）：3—6.
③ 〔美〕迈克尔·W. 阿普尔（Michael W. Apple）. 文化政治与教育［M］. 阎光才，主译. 北京：教育科学出版社，2005：16.

育，受到霸权文化的影响也越来越明显。比如关于学校教育是否要国际化、怎样进行国际化的争论中，可以看出西方文化中心主义的深刻影响。因此，学校教育要坚持国际化与本土化、西方文化资源与中国传统文化资源相互融合，培养既有现代意识又有传统观念、既有国际视野又有民族情怀的社会公民，如此才能真正参与中国社会的现代化建设。

首先，正确理解学校教育培养社会主体的基本含义。

任何个体独立地位的确立，并不会否定人的社会本质属性。也就是说，独立的个体仍然是社会中的一员。"这根本不意味着只有一个人是独立自主的、或者希望成为独立自主的，才能成为这种自由世界之中的一位公民。"① 所以，培养个人成为有个性的独立主体，成为社会主体，需要在社会公共领域中完成，对个体提出社会性要求与社会理想，不会影响个人独立地位的消失。教育培养人的主体性，塑造社会主体，而不是张扬个人主义立场的"主体"，因而，不能否定社会文化对个体的影响与制约作用，不能否定个体承担社会责任的必要性，不能否定培养个体的社会公共理性品质的重要意义。在这个意义上说，学校教育是人道的又是公正的机构。

其次，进行教学改革与教材改革。

福柯说："教学的一个主要功能之一，就在于对个人的训练总是要伴随着他在社会中的存在。我们现在应该以这样的方式来看待教学，应该使个人可以自由地改变，这只有当教学的机会随时都存在时才有可能。"教学改革的主要目的是培养合格的社会公民，应该是个性鲜明的个体，"人们应该能够以尽可能多的方式投入社会中，但不应该有对人进行统治和填充信息的教育。"② 这样的学校教育，教师是不能完成替代学生的存在，也就是说，教师的思想观念、生活态度、学习方式、价值立场等，不能强加给学生，只能是通过对话、交流、沟通等方式，影响学生，引导学生。如果采取"我是教师你是学生"的态度，要求学生无条件地听从教师的劝说与教育。这样做是不平等的，教师掌握着话语权，而且采用教师诱导学生学习的倾向，在这个过程中，教师会用个人的意志、思想、情感等等潜移默化地影响学生，控制学生。所以，要通过教育教学改革体现与尊重学生的主体性。

最后，坚持教育总体目标要求下实施差异化教育策略。

"教育权力"的存在，是客观的事实，不可能彻底消除，否则，是走向教育的虚无化处境。承认"教育权力"，关键是要正确把握"教育权力"作用的双重性，即要辩证处理教育的生产功能、对人的教化与再造功能。为此，结合教育标准化目标的要求，分析与梳理区域教育的差异性、学生个人的差异性，包括社会政治经济文化的差异，也包括人的素质、思想观念的差异。并且，学校切实遵循因材施教的原则，因地制宜地创新学校教育活动，调动受教育者学习、生活的积极性，提高自主学习的能力。

---

① 〔意大利〕安杰伊·少哈伊（Andrzej Szahaj）.作为一种新人文主义的后现代自由主义.第欧根尼[J].2005（2）：11—22.
② 〔法〕福柯.权力的眼睛[M].严锋，译.上海：上海人民出版社，1997：107.

第三章　教师与人的认同

促进人的发展是教育的基本任务。因而，需要明确怎样评价教育对人的发展产生的作用。应该承认，使人意识到一个人要符合哪些社会规定与要求，也就是如何使自己成为一名合格的社会公民，是一条衡量人的发展的基本指标。当然，还应考虑更崇高的人生发展目标，即使人成为献身真理、科学、理想与信仰的人。正如《世界全民教育宣言——满足基本学习需要》的报告中所说：全民教育的目的在于满足基本学习需要。"每一个人——儿童、青年和成人——都应能获得旨在满足其基本学习需要的受教育机会"，"基础教育本身不仅仅是目的，它是终身学习和人类发展的基础"，所以，教育发展的一个"更为基本目的是传递并丰富共同的文化和道德价值观念。正是从这些价值观念中，个人和社会发现了自己的特性和价值"。①

由此可说，通过学校教育，受教育者要学会"做事（learning to do）"学会"做人（learning to be）"，而学会"做事"和"做人"的前提是养成良好的自我意识，懂得尊重自己、尊重别人、尊重自然界，具有社会道德意识、法律意识、责任意识，这是学校教育目标的底线要求。而一个人做到了这一点，已经解决了人的认同问题。这样展开了一条从人的认同视角理解教育的思路，有助于分析人的教育命题的意蕴、教育的使命以及教育改革的基本要求。

一、教育追寻人之为人的信念

无论怎样解读"学校教育"，学校教育是使人成为人的事业，这是每一位教育工作者及社会应该确立与坚持的立场和信念。当然，从形式上看，"人成为人"的表述似乎是没有意义的。因为人从出生来到世上，人就是一个人，这似乎是不需要争论的话题。其实，这只是一个自然的人，或者说具有了生理学、生物学意义上的"人"，因而，一项重要任务是使人融入到社会中获得社会经验、接受科学文化知识、发展适应社会生活的技能，实现从自然人向社会人、文化人的转变。

因此，走进社会，实现自然人向社会人的转变，学校教育的作用十分重要。问题是要正确认识人的社会化以及教育能够发挥哪些作用。对此存在着不同的观点。

（一）继承文化

明确学生与社会交往的目的，是开展教育活动的前提，也是教育活动的根本。要解决这个问题，关键是怎样看待学生。必须承认，任何一名学生都是独立的个体存在，对这种独立性有两方面理解：一是生理学意义上理解个人。虽然这种观点肯定人是独立存在的，然而，把它看成是脱离他人而存在的独立；二是从文化意义上理解个人的独立性。它主要

---

① 王晓辉. 全球教育治理——国际教育改革文献汇编［R］. 北京：教育科学出版社，2008：31.

是强调个体存在的价值性，即具有独立思考能力、坚持独立价值观念、主体意识的个体。这一点是理解独立的个人的主要思路。

因而，如何看待学生的问题就变成了这样的问题：个体融入到群体中，依赖于什么因素。向学生传授与灌输社会的普遍性价值，目的是要使学生以社会的标准为生存尺度，完成从个别性存在向群体存在转化的目的，在更广泛的意义上说，用社会价值超越个人的有限性，克服个人活动的有限性。实质是使一个个具体的、生动的学生接受社会规范，继承社会文化，与社会同一。看起来，这种教育理想是极其崇高的，但本质上恰恰是主观主义的。因为这种观点使个体成长的多样性被某种神圣观念、信仰所替代，失去了个人决定自己成长的自主权。也就是说，在继承文化的主张下，存在着三方面认识误区。

一是重视传承文化功能，偏离对人的全面发展需求的关注。

注重学校传承文化，这是学校教育的文化使命、文化功能。问题是出现了认识误区，即把学校教育的文化功能窄化成道德教育功能。这样理解学校教育传承文化的功能，是不全面、不完整的。因为，作为一名社会人，人要建立与社会的交往关系，道德与价值关系只是其中的一部分内容。此外，还有认识社会、从社会中获取信息与知识的认知关系，还有对社会或事物产生的情感关系，只有确保人的知、情、意、行的完整统一，人与社会关系的建构才是可能的，也是现实的。

当然，我们既要理解从道德或价值视域认识人与社会关系建构的必要性、可能性及现实性，又要明确这种观点的局限性。因为，它只是表明学生的价值需求，忽视了学生在参与社会生活中体现出的多样性、丰富性的需求。其实，青少年学生是非常活跃的，是一个具有丰富的知、情、意、行的独立个体。从这个维度上理解学校传承文化的目的，是为了让学生更加关注社会、与社会建立更加融洽的关系，如此，便确立正确的社会观，把社会看做是展现自我价值的空间。

二是学校传承文化内涵的窄化理解。

社会文化内涵极其丰富，既有科学文化，也有人文文化，既有器物层次的物质文化，也有规范社会与人的日常行为的制度文化，更有高层次的思想、观念的精神文化。因此，强调学校传承文化，不应该把丰富的文化资源、文化传统缩小成是传授知识与社会价值观的场所。受教育者的任务是接受并传递社会的普遍价值与社会信仰目标，这样，教育变成向学生灌输社会普遍价值的途径，成为一种实现传递与传播社会普遍价值与信仰的工具。"在一个给定的社会构成中，从来也不能在脱离不同教育行动从属关系的情况下定义这些行动，它们属于一个受主教育行动支配的系统。教育行动有助于再生产这一社会构成特有的文化专断系统，即主文化专断的统治，并由此促进把这一文化专断置于主导地位的权力关系的再生产。"[①] 这就是说，必须辩证分析教育传承文化的观点。

三是多元文化境遇中坚守文化传承立场的困难。

要肯定教育在继承社会文化方面作出的贡献，又要分析教育在多元化时代被演化成是一条文化殖民途径的危险。哈贝马斯指出："在多元文化社会中，各种生活方式的平等共存意味着每个公民及其子女都享有同样的机会在其传统文化世界中健康地成长；意味着每

---

① 〔法〕P. 布尔迪厄（Pierre Bourdieu）C. 帕斯隆（Jean-Claude Passeron）. 再生产——一种教育系统理论的要点 [M]. 邢克超，译. 北京：商务印书馆，2002：19.

个公民都享有同样的机会深入了解该文化（以及其他任何一种文化），以便确定是坚持还是超越它们；也意味着每个公民都可以毫无顾忌地置其命令于不顾，或者通过自我批判宣布与它脱离关系。"①

学校承担文化传承的使命，试图通过文化传承完成人的培养任务。这种认识是积极的、健康的，并一直被延续在历史发展进程中。但是，也需要指出，以继承文化的观点认识学生社会化的思路，它无法陈述个人怎样完成文化认同的问题。表面看来，继承文化、传递文化，这有利于实现个人认同群体文化的任务，因为这样做坚持了依照群体需求行事的原则让个体接受了日常行为规范，也接受了社会的价值与信仰系统。但事实上，忽视了个体的主动性、主体性，个人成了群体价值观的从属者。因为个人被规定是被动接受社会文化的受动体，并不鼓励与支持个人具有文化选择与接受的主动权。并且，学生被认为顺利完成学校规定的学习内容，才能成为一个合格的社会人，否则会被看成是"叛逆者"。

在古代政治与教会权威统治的时候，继承文化等同于教育个人如何服从权威，而在近代社会中，瓦解了专制政治与教会权威的地位，但是，理性取得绝对的地位，服从理性是组织实施教育的基本原则。

受制于这样的教育观念，教育学生继承文化的态度只有继承而缺失了批判与反思，没有反思的教育活动，不可能使文化从自我批判中获得自我转化的能力，也使教育培养的学生缺乏创新意识与创造能力。霍克海默、阿多尔诺就此作过深刻的批判："在文化工业中，个性之所以成为虚幻的，不仅是由于文化工业生产方式的标准化，个人只有当自己与普遍的社会完全一致时，他才能容忍个性处于虚幻的这种处境。从爵士音乐典范的即席演奏者，到为了让人们能看出自己在影片中所扮演的角色，……都表现出个性的虚假。"② 现代社会文化的发展，尽管促进了人的智能与技能的发展，但是，个人的独立性并没有得到强化，社会文化向公众提供了越来越多的娱乐内容，以及物质生产的机械化、复制化，反而消解了人们内在的超越维度和反抗维度，使人们失去了思想和思考的深度，在平面化的文化模式中远离现实，沉溺于无思想的享乐之中。

现在对此提出的改革思路已经形成，比如，进入 21 世纪以来，欧盟教育委员会针对社会变革的现状，明确提出教育变革要朝着"创建学习文化"、"促进学习机会的获得"、"追求卓越"等目标努力，③ 着力改善民众的知识与基本技能，以适应变革社会的需要。可见，尊重每一位受教育者的权利，把个体确定为主动学习者，推进民主教育与教育创新，培养学习者的应变能力，是实现全球创新型社会的必然要求。

（二）健全人格

在变革社会的环境中，促进受教育者的人格健全尤其值得重视与关注。因此，帮助学生学会与社会的交往，被看做学校培养人格健全学生的重要任务。主要基于两方面考虑：一方面是肯定个体能够主动地与社会进行正常的交往活动；另一方面是肯定帮助个体学会与社会交往，是培养学生健全人格的重要又有效的途径。在此前提下，还必须指出为何借

---

① 〔德〕尤根·哈贝马斯（Jürgen Habermas）. 民主法治国家的承认斗争［A］. 汪晖，陈燕谷，主编. 文化与公共性［C］. 北京：生活·读书·新知三联书店，1998：359.
② 〔法〕霍克海默（Max Horkheimer），阿多尔诺（Theodor W. Adorno）. 启蒙辩证法［M］. 洪佩郁，蔺月峰，译. 重庆：重庆出版社，1990：145.
③ 王晓辉. 全球教育治理——国际教育改革文献汇编［R］. 北京：教育科学出版社，2008：297—328.

助于社会交往活动能够使教育完成塑造学生健全人格的任务。对此，弗洛姆提出了通过社会改造人性、完成人格塑造任务的构想，这观点有一定代表性。

弗洛姆认为，现时代人的生存经历着人性分裂的考验，这是人的存在"二律背反"。①一方面，弗洛姆认为人的生存活动陷入了困境，影响着人的潜能的实现，"人丧失了伊甸乐园，丧失了与自然的一体性，人成了永恒的流浪者；他被迫继续前进，并不断努力，通过填写知识白卷上的答案，变未知为已知。他必须了解自己，必须说明他存在的意义。他被促使着战胜这种内在的分裂，因为他为渴望得到'绝对'所折磨，他为渴求另一种和谐所折磨，而这种和谐能消除他与自然分离、与同伴分离、与他自己分离的祸根"。②另一方面，现实人生是发展着的，不可压抑，"我们的存在法则所限定的范围内，充分发展我们的力量。人决不会停止困惑、停止好奇、停止提出问题。只有认识人的情境，认识内在于人的存在之二律背反，认识人展现自身力量的能力，人才能实现他的使命：成为自己，为着自己，并凭借充分实现其才能而达到幸福，这些才能是所特有的能力——理性、爱、生产性的工作"。③

弗洛姆针对"二律背反"的人的生存活动，概述了人的存在特征。他认为人的活动是否定的，"人一旦出现，整个人类和个体都被扔进一个变动无常和开放的境况中，离开了本能存在那样确定的境况。对于现在，只有过去是确定的，对于未来，只有死亡是确定的——死亡就是回到过去、回到物质的无机状态"。④弗洛姆所说的"否定"，是指人的生存活动不能受制于生物性的需求，如果满足生理需要，满足生物性需求，那样的人的存在，就等同于动物的活动。因此，人的存在，应着力超越人的生物性需求，体现人性的美好与价值。只有这样，当人面对生存活动陷入的矛盾与困难，人能够更加主动地寻求解决办法，寻求与自然、他人以及与自身相统一的更高形式。正是这种超越性的生存活动，是人的一切精神力量的源泉，也成为产生人的情欲、感受和焦虑的重要根源。

所以，人"活着"是一个动态概念，而不是静态的概念，"存在和生物体特殊力量的展现是同一回事。所有生物体都是有一种实现其特殊潜能的本能趋势。因而，人生活的目的是根据人的本性法则展现他的力量"，⑤但是，在人生活的社会中，这种摆脱生存问题的努力总是被压制着，人总是"一般地"活着，这样的人，就不能实现他自己，他只能是"非生产性取向"的性格。因为在弗洛姆看来，如果人要真正地活着，那就要承担活着的责任，"活着的责任就是成为人自己的责任；就是发展人的潜能，使之成为独立的人"。⑥这样的人，才是"生产性取向"的性格。

弗洛姆围绕人与社会关系讨论人的性格，区分了人的性格类型。这种研究路径的意义，不是为了提供和区分社会中人的不同性格取向，如果仅仅为了做到这一点，实质上是把人的性格问题单纯地看做是人的抽象品质，恰恰相反，关键是揭示人的性格的社会特性，即弗洛姆所说的人的社会性格，"一个社会中绝大多数成员所具有的基本性格结构，

---

① 〔德〕弗洛姆（Erich Fromm）. 为自己的人［M］. 孙依依，译. 北京：生活·读书·新知三联书店，1988：57.
② 同上书，56—57.
③ 同上书，60.
④ 同上书，23.
⑤ 同上书，39.
⑥ 同上书，57.

它不同于一个社会中不同成员所具有的个体性格"。① 而影响社会性格的因素是多方面的,是社会中多种因素综合而形成的,"社会性格的形成不能归结为一种单一原因,因为它起源于社会和意识形态诸因素的相互作用"。② 因此,弗洛姆强调,健全的人格的形成,不仅要强调个体如何适应社会,而且要强调社会能否促进人的发展,"一个健全的社会使人能够爱他人,进行创造性的劳动,开拓自己的理性和客观认识,在体验到自己的生产性力量的基础上建立一种自我意识。"③ 这是说,社会都有两种功能,它既能促进人的精神健康与健康人格的形成,又能扭曲人的发展。一个不健全的社会,使人相互憎恨和不信任,使人变成为人所用和为我所用的工具,使人变成他人的附庸或者变成机器生产的"奴隶",造成人的自我意识的剥夺。"人不再是自身的目的,人成了他人或自己经济利益的工具,或者成了非人的庞大的经济机器的工具。"④

弗洛姆从社会结构的角度指出制约人的性格的形成社会因素,这是有积极意义的。问题是过于强调社会客观因素对人的发展所起的作用,只是提及了一方面。而且,他也没有揭示社会环境是如何影响到人的性格的形成,其实,社会影响人的性格形成的机制,既不是某种观念,也不是某种神秘的信仰,而是人与社会交往的现实的活动。然而,弗洛姆并没有意识到这一点。不过,弗洛姆提出创造性特质的人格建设的理想是有积极意义的。

(三)自我实现

学生是独立存在的个体,社会要维护个人自由的权利,保护个人的尊严以及自身身体、精神不受损害的基本权利。但个人的权利,不是一个抽象的概念,它只有在社会生活中才能得到真正的体现,也只有使个人融合到社会之中,才能说是维护了个人的权利。从这一角度说,个人融入社会,不是把个人与社会(群体)进行"1+1"那样划等式,而是一个深刻的转化过程。所谓深刻的转化过程,是要求个体持批判、反省的立场与人格特征去介入社会,以此精神去建设社会。从这一角度说,个人介入社会,是个体独立人格、个体价值的形成过程。但是,对于个体通过社会交往实现价值的认识,却有不同的观点,罗素的社会改造理想是有代表性的认识。

罗素在《社会改造原理》中提出了人与社会关系建立的两条原则,"个人和社会的生长和生活要尽可能地加以促进;一个个人或一个社会的生长,要尽可能地少侵害到另一个人或另一个社会",⑤ 因此,个人与社会做到统一,或结合为一个整体,这是必然的选择,"首先是关于我们个人的生产,然后涉及社会和世界的生活而并不牺牲我们的个性。个人的生活、社会的生活甚至于人类的生活,不应该是互相脱离的断片,而应该在某种意义上是一个整体。在这种情况下,个人的生长得到培养,而并不与他人的生长相冲突"。⑥ 因此,必须研究和重视个体的情况,个人是怎样与社会相处的。对此,罗素提出不能完全地依赖于理性,"建设一种美好的生活,理性是太消极,太缺乏生命力"。⑦ 理性的不可靠,

---

① 〔德〕弗洛姆(Erich Fromm).健全的社会[M].欧阳谦,译.北京:中国文联出版公司,1988:76.
② 同上书,78.
③ 〔德〕弗洛姆(Erich Fromm).健全的社会[M].欧阳谦,译.北京:中国文联出版公司,1988:70.
④ 同上书,,92.
⑤ 〔英〕罗素(B. A. W. Russell).社会改造原理[M].张师竹,译.上海:上海人民出版社,1959:134.
⑥ 同上书,135.
⑦ 同上书,3.

使其转到对人类活动本身的分析。

  罗素着眼于分析人的活动产生的动机,把它概括成两种类型:冲动与愿望。对"愿望"所起的作用是比较容易认识,但是,愿望只能控制人类活动的一部分,即只是比较自觉、明显和文明的部分而已。[①] 而影响人的活动更主要的原因,并非是追求某些目标的愿望,而是"冲动"。当一个冲动受到压抑时,人的活动就会受到影响,甚至使人感到剧烈的痛苦。"冲动是我们行动的基础,它的范围大大超过于愿望。"[②] 但是,冲动往往是自发的,因此,罗素要求人的动力来自人的愿望:"在世界上有重大影响的人,大概受一种三重性的愿望所支配,他们首先愿望有一种活动可以充分运用他们自以为特有的专长,其次是希望胜利地克服阻力,第三是愿望他人尊敬他们的成功。"[③] 由此罗素指出,受到愿望控制的活动,能够使活动进入自觉状态,"自发的冲动,如果不能得到出路,其结果几乎必然会使人丧失生命力,或者产生压迫性的和与生命敌对的冲动。一个人的冲动,并不是一开头就被他的本性所固定:在一定的范围之内,它们是大大地为他的环境和生活方式所改变的。这些变化的性质,应该加以研究,而且在判断政治和社会制度的好坏时,必须考虑到这些研究的结果"。[④] 这自然地成了研究人的活动的意义,成了罗素研究社会建设原理的基本立足点。

  罗素肯定人性内在地具有一种冲动力,一个是本能的喜爱,另一个是共同的目标,这是维持个人与个人之间良好关系的主要因素。所以,建构理想社会,需要改变人的性格,对民族、国家来说,也是如此。"我们自己的性格和我们相识者的性格是受到周围事物的很大影响的;而且对于个人固然如此,对于民族也是如此。"[⑤]

  罗素从人的内在冲动中提炼人与社会交往的理由,正是看到了人是主体性存在,不过,罗素过于理想地设计了观念的变革的重要性。"通常人类本性改变的根本原因,大致不外乎两种:或是纯粹物质的变化,——例如,气候的改变——或是人对于物质世界控制的程度有所变化。"[⑥] 于是,社会政治改造、宗教、家庭等都成了罗素在促进人的主体性生存中的重要因素。

  从冲动到自觉的能动的存在,罗素为我们谋划了很好的图景,但是,需要重视人的活动,不是一种观念的冲动,也不是抽象的愿望,它本身就是一种人与人、人与社会之间机制的改变,而机制的建立必须是在人的现实的社会生活中完成的。

  (四)改造社会

  上述强调个体与社会交往的理由,主要是基于改善个体品质的角度。此外,也有观点从个体改善社会的角度分析个体与社会的交往原因。它把社会看做是一个进化组织,知识、技术是促进社会进化的武器。教育的功能是培养掌握改造社会所需的知识与技能的人,进而用所学的技术与知识去改变社会,推动社会的文明与进步。表面看来,这样的观点是非常合理的,社会本身就是人类活动的产物,但是,问题是,这种认识已经把人与社

[①] 〔英〕罗素(B. A. W. Russell). 社会改造原理[M]. 张师竹,译. 上海:上海人民出版社,1959:3.
[②] 同上书,5.
[③] 同上书,50.
[④] 同上书,7.
[⑤] 同上书,20.
[⑥] 同上书,20.

会对立起来，社会仅仅是被人改造的对象，是改造的客体。

斯宾塞就非常明确地提出"怎样地完满地生活"才是最应教的内容。"怎样对待身体，怎样培养心智，怎样处理我们的事务，怎样带好儿女，怎样作一个公民，怎样利用自然界所供给的资源增进人类幸福。"① 从完善生活的角度论及教育对人的意义，是对人与社会关系的一种思考。这在斯宾塞看来，教育便是为了提供人改造社会的能力。所以，教育必须要选择最有效地促进人改造社会的知识，这也成为他批评当时教育现状的一条思路："所学的其他东西大部分都同生产活动无关，而同生产活动有直接关系的大量知识又完全被忽略了"。②

受这种思想影响，人被看做是理智的，具有改造社会的无限的能力。因而，为了把人培养成具有改造社会能力的人，把社会分解成一系列的学科知识，比如物理学、地理学、经济学、社会学、人类学，社会变成了可以验证的知识与概念的集合体。只要拥有了相关的学科知识，就能正确认识社会、改造社会。可以说，教育促进人与社会的交往，就是选择最有效的知识，使人具有改造社会的能力，以此达到教育目的，这样的人便是社会化的人。

事实上，这样的认识缺少对三个相互联系问题的深入思考：第一，人为什么要认识与改造社会，要强调人的价值观的重要；第二，人怎样改造社会，强调知识与技能的重要性；第三，改造的对象是什么，即以什么样的方式认识社会，如何揭示社会本质。如果把三部分截然分开进行讨论，使学生如何认识社会的活动，变成是个体内心世界的活动，只是在心灵中建构社会实在，这种观点是有局限的。

哈贝马斯对此进行了批判。指出人与社会不是简单的技术关系，而是人的认识兴趣决定了人的科学活动，每一种科学活动又有它特殊的认识兴趣。哈贝马斯把它分成三种兴趣：技术的兴趣、实践的兴趣、解放的兴趣。技术的兴趣是研究技术的目的，即运用技术知识可以控制哪些对象，通过技术知识，如何支配或占有外部世界。此外，还有人与人之间关系的维持，他称作是实践的兴趣。而解放的兴趣，着眼于人对自由、独立和主体性的追求，目的是把"主体从依附于对象化的力量中解放出来"。如果仅仅着眼于第一种兴趣的教育，则是技术教育，而后两种则是价值的教育。因此，哈贝马斯指出，人与社会关系的教育，必须把三种兴趣融合在教育过程中，不能分离。不难发现，这一观点已经揭示了要求克服实证科学对教育造成的负面影响，主张技术教育和价值教育的融合，只有这二者的融合，才能真正、有效地实现使人过上美好生活的目的。

概述上述四种认识思路，从不同角度对人与社会建立关系提出了看法，尽管四种认识思路都没有准确解决人与社会关系的本质问题，但是，为进一步理解人与社会交往关系做了大量基础性工作。

第一，要切准制约人与世界交往关系建构的决定力量。

人的活动是复杂的，决定人介入世界、与世界进行交往的动机还是人本身，并不是由某种先验的意识或绝对精神。因此，仅仅向人传递社会价值观或某种社会信仰，以此推动与规范人的行动是不可靠的。狄尔泰就称这种观点是一种形而上思考，即是把普遍理性和

---

① 〔英〕斯宾塞（Herbert Spencer）. 斯宾塞教育论著选［M］. 胡毅等，译. 北京：人民教育出版社，1997：58.
② 同上书，65.

世界精神当做社会、历史发展的动力源泉。"一个人在灵魂的孤独状态之中所经历的东西，他在自己的良心深处与命运进行搏斗的方式，仅仅对于他来说，而不是对于世界历史来说、不是对于某种人类社会有机体来说，才是存在的。"① 用这样思路把握社会与历史，是用普遍理性代替了一个整体的、现实的社会存在。

第二，把握社会性是人的活动的本质特征。

人与社会的交往活动，受到社会环境与传统的制约。但是，在理解人受到客观社会存在的制约因素时，出发点是人类学的视角。结果，把人与社会进行物理学意义的划分，客观存在的世界归结是自然界，人自身归结为主观世界，外部自然界影响着人的主观世界，人只是被动地接受外部世界的影响与改造。这种观点之所以说是人类学的、生物学的，原因是忽视了，人能够通过自身的活动（劳动），主动地建构与外部客观存在之间的关系，在改造外部世界的过程中改造了人的主观世界，而不是相反——人的主观世界只是被动地受到外部世界的制约。

第三，确认人与世界交往关系并非纯粹是认识活动。

人建构社会交往的动力，不完全依赖于人的认识能力，即把社会当做是自然科学的研究对象，按自然科学的研究与认知规律来分析人建构社会的活动。事实上，人与社会的关系，除了认知活动，它还是审美的、道德的、宗教的等活动，表现出人类活动的复杂性。

第四，坚持社会是人类活动产物的立场。

人类创造了历史，创造了社会。人也生活在社会历史之中，社会历史条件制约着人的成长与发展。这是处理人与社会关系的基本立场。当然，更应避免把社会理解成是固定不变的、受某种普遍性因素规定的实体，避免陷入社会认识中的形而上学困境。比如把社会当做是上帝或神创造的，或者看做是绝对精神或自我意识运动的产物。

由于对个体与社会交往意图的模糊认识，在推进人的发展、解决人与社会关系问题时，出现了种种误区。

1. 激进化

自持是正义与真理的代言人，无法容忍社会的不合理现象与社会问题，甚至采取过激行动。

2. 理想化

对社会抱着理想与幻想，寄望于某种目标来解救社会中问题，这种观点与激进主义有所区别，激进主义对社会持否定态度，理想主义未必持否定态度，而是希望用一种理性的思路来解决社会问题。

3. 世俗化

随意地等同于社会的一切，承认社会中一切都是合理的。这种观点看起来是使个人融入到社会中，实际上是以个人利益为核心，是个人主义的一种表现。

4. 虚无化

这种观点认为，人对待社会的态度，是否能够积极地投入社会，关键取决于个人的主观的选择，是人任意决定的结果。个人喜欢什么，怎样满足个人的这种喜好，只要不对社

---

① 〔德〕狄尔泰（Dilthey Wilhelm）. 精神科学引论第一卷［M］. 童奇志，译. 北京：中国社会出版社，2002：167.

会构成破坏性的后果,都是应该允许的。由于个人做出的决定都是主观的、任意的,因此,社会或政府都不可能有某种相对统一的价值观念或社会规范法则。

二、实现人的认同的三大领域

依据上述的分析,要使教育真正成为学生社会化的有效途径,帮助学生完成社会化,关键问题不是讨论学生社会化的作用是什么,而是必须讨论这种作用形成的前提与基础,即学生社会化要解决的核心问题。不难发现,学生的社会化,实质是帮助学生建构与社会的合理关系。那么,学生与社会的关系如何才能建立?

我们认为,学生认识与建构社会的交往关系,有其自身的特殊性,这就要求规避传统的道德立场与认识论思路的约束,而是从学生生存结构视域理解学生与社会交往关系的建构。也就是说,学生通过参与社会活动,不只是为了认知社会,而是为了获得"我是谁"的自我认同任务。这是每一个学生都面临的课题,而且必须完成。

"认同"一词意指一个人对自己是谁以及自己作为人的本质特征的理解,在此基础上,个体完成自己是社会主体意识的培育与主体能力的塑造。在此把"认同"理解成是"确认",而"确认"存在两种相互对立的情况:即求同与存异。求同,寻求个人与更大群体(如社会、民族、文化传统等)的共同之处,获得个体回归群体的目标,也即个体与群体是一致的。但是,在个体与群体的比较中,也会出现与群体不一致的时候,超出了群体设定的"边界"、"界限",这时的"认同"就是"求异"。其实,无论是"求同"还是"求异",实质上构成了"认同"这一个问题的两个方面,甚至"求异"还是"认同"的不可或缺的前提。[①] 所以,费孝通提出社会是一个"差序格局",[②] 也即是说,认同的建立,总是在对我和他、我的社会和他的社会不一致的过程中完成的。

对"认同"的简略说明,需要注意这样几点:一是自我认同的完成,是在现实的自我与他人(社会)相互联系、相互交往中完成的,这是一个现实的过程。它不是依赖某种超验的"理性"、"道德价值理念"而实现的,它也不是让自己无限度地夸张自身,也不是使自己对自身失去信心,而是使自己能够平等、自信地与他人、社会及一切外部世界保持"对话"、"交往"的状态。二是完成自我认同,需要明确"认同"的交往对象,即参照系,可以是他人或是某一社会组织或是某一国家等。在与"参照系"的比较中,既有"求同"也有"求异",关键是怎样进行引导,使求同与求异获得统一。三是"认同"是"求同"与"求异"的过程,因此要鼓励个体对"认同"采取积极、主动的态度,改变个体只是被动地接受外界灌输与影响的状态,最终建立个体与社会和谐共处的格局。

因而,正确理解自我认同是一项极为重要的课题。要完成自我认同任务,必须理解自我意识的形成机制。对此,有一种观点需要引起重视,并要作出批判性的解读。它源自于古希腊的神圣观念理论,认为影响个体观念的因素是现象界之外的"理念",接受、认同理念,个体成为正义与善的人,个体便能过上幸福生活。这种观点到了中世纪的宗教教育思想中,理念由教会的教义所替代,如圣经、上帝的启示,但是,理解教育的本质思路与

---

① 李友梅,肖瑛,黄晓春. 社会认同:一种结构视野的分析:以美、德、日三国为例[M]. 上海:上海人民出版社,2007:3.
② 费孝通. 乡土中国[M]. 北京:北京大学出版社,1998.

出发点并没有改变。即便是文艺复兴开启了重视人的大门，但是在夸美纽斯的教育思想中，对人的完善假设基于抽象的超验因素。在《大教学论》中阐述了人的完善、人之为人的目标不可能在现实社会中得到实现，而必须要在人的"今生"之外才能获得，"人类这种完善的生物较其他一切生物注定有一个更高的目标，要与一切完善的、光荣与幸福的极致的上帝相结合，要与上帝永远同享最高的光荣与幸福。"①

此后，类似的观点被黑格尔概括成是精神观念运动。在黑格尔看来，个人的成长与发展是绝对精神的自我实现过程中一个又一个阶段的外化，人的发展是绝对理性的变化过程。前苏联有学者曾经指出黑格尔自我意识内在运动的三个层面："黑格尔考察了认识从直接感性知觉到科学的认识，到对于现实的合理性的认识的历程。《精神现象学》的特点和难解之处就在于，黑格尔把这个历程考察了三次，而每一次都仿佛是从另一方面来进行考察的。"② 这样，个人建构自我意识，要着眼于三大领域的努力：人与自然对象、人与社会对象、人与人所处周围的一切，包括自然界、社会与人自身。黑格尔指出，这三大领域完成了个体自我意识的建构，即解决了认识能力、个体自我意识的伦理道德、概念自我即绝对自我的建构。黑格尔的自我意识建构观点，一是肯定了自我意识的重要价值，二是突出了自我意识是可以被建构的"人文"理念，改变了人的自我意识是"天赋的"、"先验的"等观点的认识局限。

当然，黑格尔把自我意识即个体主人意识的确立，看做是停留在个体思维领域中概念变化运动过程，导致对自我意识的抽象、主观的认识。"意识摆脱了所有的对立和一切限制其行动的条件以后，就轻松地愉快地从自身开始做起，不再萦心于他物，而专诚致力于自己。因为个体性自身既然就是现实，那么，个体的活动实质和行动目的就全在行动自身之中。因此，行动就好像是一个自身循环的圆圈运动，这个圆圈在太空之中自由旋转，无拘无束，时而扩大，时而缩小，而以游戏于自身为无上愉快，以只与自身遨游为至高满足。"③ 尽管黑格尔指出自我意识"运动"（建构）的复杂性，但是，没有揭示自我意识形成的正确道路。

这一点，杜威在《民主主义与教育》中也作过评述："卢梭主张教育必须是自然发展的，不是从外部强加于个人或移植给个人，但是卢梭认为社会条件不是自然的，这个看法有损于他的主张。但是黑格尔的理论也有缺点。黑格尔认为，发展的目的是完全的，是包罗万象的，这种理论虽然抽象地夸大个人，却淹没了具体的个性。一部分黑格尔的追随者想用社会是一个有机的整体或有机体的概念来调和全体和个性的要求。社会组织须以个人能力的适当运用为先决条件，这是不容置疑的。"④ 杜威看到个人意识在教育中的地位，企图以个人意识拯救个人独立性，避免使个人成为社会的附属体，这一点是积极的。然而，杜威用"有机体"作为区分个人与社会的依据，以此反对黑格尔"绝对精神"对真实人的压抑，并没有揭示个体生存的真实面貌，或者说没有揭示人的本真存在。这就需要回到马克思的观点中。

---

① 〔捷克〕夸美纽斯（Comenias）. 大教学论［M］. 傅任敢，译. 北京：教育科学出版社，1999：3.
② 〔苏〕米·费·奥甫相尼科夫. 黑格尔哲学［M］. 侯鸿勋，李金山，译. 北京：生活·读书·新知三联书店，1979：64—65.
③ 〔德〕黑格尔（G. W. F. Hegel）. 精神现象学（上）［M］. 贺麟，译. 北京：商务印书馆，1979：262.
④ 〔美〕杜威（John Dewey）. 民主主义与教育［M］. 王承绪，译. 北京：人民教育出版社，2001：69.

马克思在《1844年经济学哲学手稿》中就说："黑格尔的《现象学》及其最后成果——辩证法,作为推动原则和创造原则的否定性——的伟大之处首先在于,黑格尔把人的自我产生看做一个过程,把对象化看做非对象化,看做外化和这种外化的扬弃;可见,他抓住了劳动的本质,把对象性的人、现实的因而是真正的人理解为他自己的劳动的结果。"① 显然,马克思批判黑格尔的意图是要阐明个体与社会交往关系的本质,目的是揭示人的主体性塑造的"秘密",把培养人成为具有主体能力的人的理想变成现实。

对此,马克思指出,人所处的客观世界,只有借助于人的劳动才能使外部世界与人的主观世界建立关系。劳动不仅是人类学的基本范畴,而且是理解人的生存范式的关键,即劳动调整、变换、构造着物质世界,也在改造着物质世界。"人不仅仅是自然存在物,而且是人的自然存在物,就是说,是自为地存在着的存在物,因而是类存在物。他必须既在自己的存在中也在自己的知识中确证并表现自身。因此,正像人的对象不是直接呈现出来的自然对象一样,直接地存在着的、客观地存在着的人的感觉,也不是人的感性、人的对象性。自然界,无论是客观存在的还是主观的,都不是直接地同人的存在物相适合地存在着。"② 因此,在马克思的理解中,人的劳动过程,使被改造的自然界发生变化,也使劳动者自身发生了变化。

在此意义上,有学者提到人与人、人与社会的交往关系,其实是一种责任。"将他者纳入我的感情之网,建立一种彼此依赖的结合,这种重要的相互关系也是我一人的创造和我的唯一的责任。我负责使这种相互依赖保持生机。"③ 相依和负责任实际上是权利关系,就是说交往中的个体承担着责任。首先,要使个体意识到责任;其次,要明确承担责任的内容和实现责任的方式、途径。而这两方面的结合,前提是让个体意识到自己是独立的存在者,但独立并不是孤立,而是使自己与他人、自然及自身建立良好的关系,个体能够正确、客观、公正地评价自己及他人,这便完成了个人的自我认同任务。因此,自我认同的完成,包含着这些方面要求:

首先,自我认同。

任何一个人都是独立的个体存在,因此,教育帮助个人意识到人之为人,就要帮助个人完成自我认同。

"认同(identity)一词在这里表示一个人对于他是谁,以及他作为人的本质特征的理解。"④ 因此,这里所说的自我认同,是指个体对自我的正确体认,包括对自我生物特性的认识,以及养成正确的自我观。

虽然学生在知识、道德能力与社会生活经验等方面是处于逐步积累之中,与社会、学校、教师的要求存在着差距,特别是小学生,更需要知识与道德的启蒙,但不能据此否定学生是一个独立存在者的事实。在此前提下,就涉及个体怎样认识自己、评价自己,既不能夸大自己,又不能对自己失去信心,这是个体对自我的认同问题。它要求学校开展正确的自我观的教育,帮助学生养成良好的自我意识、确立正确的自我观,而且在教育活动

---

① 马克思.1844年经济学哲学手稿[A].马克思恩格斯全集(第3卷)[C].北京:人民出版社,2002:319-320.
② 同上书,326.
③ 〔英〕齐格蒙·鲍曼(Zygmunt Bauman).生活在碎片之中[M].郁建兴,译.上海:学林出版社,2002:66.
④ 〔加〕查尔斯·泰勒(Charles Taylor).承认的政治[A].董之林,陈燕谷,译.汪晖,陈燕谷,主编.文化与公共性[C].北京:生活·读书·新知三联书店,1998:290.

中，最终以培育个体的学习主体性为目标。如果学生不能够保持学习兴趣，不能够积极主动地参与教师的教育活动，就会出现"教师要我学，而不是我想学"的状态，影响教与学的质量。所以，学校与教师的基本职责是培养学生自己对自己负责的责任意识与责任能力，知道在学习与日常生活中自己应该做什么、怎么做。

完成这样的教育目标，教师的重要任务是创造环境，转变教学方式，注重引导、培育与发挥学生自主学习的能力。这种自主学习能力，不仅是指学生能够独立完成作业、具有一定的独立生活能力，而且体现在学生的情感、精神领域，比如培养同情心、道德责任感、艺术审美能力等。无论教师采用什么样的教学方式，培养学生提高自主学习能力是有效的教育目标。

其次，社会认同。

个人是社会中的一员，这是个体的群体性存在特征的体现。因此，教育要帮助个体完成社会认同，包括对自己所处的社会民族的正确认知，以及确立对民族、国家、文化的忠诚之心，自觉确立履行服务社会的基本职责与使命，同时，遵守社会的治理规范（包括政治、道德、法律等），处理个体与社会、他人、自然等的关系。

个人生活在一定的群体中，通过与群体的交往才能实现个人的价值。因此，帮助学生学会与群体的交往，确立正确的社会观、群体观、自然观，是教育的基本任务。泰勒就说过，自我的认同是在社会中完成的，"通过对我从何处和向谁说话的规定，提供着对我是谁这个问题的回答。因此，某个人的认同的全面的定义，通常不仅与他的道德和精神事务的立场有关，而且也与确定的社团有某种关系"。[①] 自我认同是在个体与社团（群体）的交往中实现的，"一个人只有在其他自我之中才是自我。在不参照他周围的那些人的情况下，自我是无法得到描述的"。[②] 这就是说，实现自我认同，必须接受社团（群体）的价值观念、道德意识，使个人具有社会价值观念、道德意识，承担社会责任。所以，自我认同不是自身认同，自身认同只是自己对自己的肯定，即对个人身体以及个体独立性的基本认识。

强调人的群体性特征，还必须指出开展自然观教育的必要性。自然界是人类进行历史创造的重要前提，人与自然建立和谐协调的关系，取决于人的自然观。自然观的核心是要求人与自然保持一种价值关系，避免人类生存环境的恶化，这是学校教育的重要任务。因此，教育促进人的社会认同，不仅要培育人的社会价值观念，而且要使受教育者确立正确的自然观，从小形成良好的环境保护的意识与观念，实现社会、个人、生态的协调、持续发展。

所以，通过学校教育，帮助受教育者认真参与社会生活，正确处理个体与社会的关系，确立集体意识、民族与国家意识，成为社会优秀公民，这是十分重要的。尤其是社会走向民主化的进程中，培养个体的社会主体意识，必须要植根于现实的社会生活，社会生活是个体成长的客观现实基础。

最后，类的认同。

---

① 〔加〕查尔斯·泰勒（Charles Taylor）.自我的根源：现代认同的形成 [M].韩震等，译.南京：译林出版社，2001：51.
② 同上书，48.

自由是人的本质特征，培养人追求自由的品质与境界是人的类本质特征的体现。因此，教育的理想目标是帮助个体完成类的认同，即帮助人确立对人类发展规律的自觉把握，崇尚真善美，自觉构建服务人类社会发展的信仰。

谈论人是类的存在，这并不是从动物或生物物种角度命名"类"，而是说人是自由的存在者。马克思断言："一个种的整体特性，种的类特性就在于生命活动的性质，而自由的有意识的活动恰恰就是人的类特性。"[①] 肯定人存在于现实社会生活之中，但它不同于动物的生存，人的生活的意义在于推动了人类历史的创造过程，在创造历史的过程中，人的创造能力得到进一步提升，还为人的进一步的生存与发展，拓展出新的物质生活世界和精神生活世界。无疑，人的生活只是人创造世界的手段。

为此，马克思通过对人类历史发展的考察，揭示人能够按物的尺度与人的尺度认识与改造外部世界，体现出人逐渐走向自觉自由生存形态的本质特征。"全部人类历史的第一个前提无疑是有生命的个人的存在。因此，第一个需要确认的事实就是这些个人的肉体组织以及由此产生的个人对其他自然的关系。"[②] 这里，马克思从历史发展的角度肯定人的存在的意义，不是强调人的肉体组织的价值，而是突出人是历史创造者的价值，创造历史需要人的"肉身"，没有了"肉身"，不可能创造历史，但历史又不是"肉身"能够创造的，如果"肉身"能够创造，那么人与动物就不会有区别了。所以，通过对人创造历史前提的分析，说明人是"自为地存在着的存在物"，人是有自我意识的存在物，也就是说，人的生存具有超越性，即通过与外部自然世界的交往，以自己的意向与能力改变着交往的自然界，把自己从自然与动物世界中分离出来，为自己创造一种新的生存处境，体现着人的自由自觉存在者的本质。这就要求通过学校教育完善人的素质，培养人的主体意识，这是现代学校教育的使命。

结合上述分析，必须指出这三方面的认同是相互联系、密不可分的。自我认同是基础。任何一名学生，缺少正确评价自我的意识与能力，都难以成为一名合格的社会公民。但是，正确认识自我、完成自我认同的核心目标是把握人生的价值与意义，即我活着是为了什么，怎样让人度过有意义的一生？回答这个问题，要受到社会价值观的制约。因此，个人与社会、个体与群体关系成为教育主题，即教育要帮助个体完成社会认同。教育是社会的教育，教育既要满足每一个个体的需要，更要强调用科学知识与先进的价值观念引导、规范、约束受教育者的需要，比如引导受教育者关心社会、热爱社会，使受教育者形成群体意识、确立安身立命的群体归属感。个体认同与社会认同是最基本的，是公民参与社会生活的前提，但是，教育具有更重要的使命，这就是要求以实现人的全面发展为价值目标，高扬民主、自由、科学、文明的旗帜，建设公正、正义、民主、自由的人类社会，从而使人从更高层次上意识到人的存在的意义，为人的自由自觉本性的实现创造条件。

三、构建人的认同的教育策略

教育的对象是现实的人，学校教育的基本任务是使受教育者完成社会化，形成正确的

---

① 马克思.1844年经济学哲学手稿［A］.马克思恩格斯全集（第3卷）［A］.北京：人民出版社，2002：273.
② 马克思，恩格斯.德意志意识形态（节选）［A］.马克思恩格斯选集（第1卷）［C］.北京：人民出版社，1995：67.

自我意识和自我评价能力，与自身、社会、自然建立良好的交往关系，完成人的认同目标，这是现代教育的基本职责，由此规范着学校教育工作的重点与策略。

（一）建构学校的工作目标

从人的认同视角理解教育，给学校工作提出如下工作目标：

1. 培育学生良好的自我意识

自我意识是保持自己对自己的认识，把自己与别人区别开来，尤其是在群体中能够确保自己对自己有一个合理正确的评价。这种自己对自己的一种体认，既包括最基础的生理层面的体认，如身体状况、生理需求等客观内容，也包括对自己行为的评价，包括个人道德观念、自尊心、自信心等，这涉及个人的价值观。可见，使学生能够自觉意识到自己是谁，意义重大，它是开展学校教育活动的前提。当一名学生连自己都不能信任的时候，就很难称得上是"人"，因此，培养学生的自我意识，这是实现自我认同的基础。只有学生自我意识的确立，才能助于学生妥善处理在学习与生活过程中面临的各种问题。

从这一点上看，研究自我意识培养途径与策略是十分重要的工作。首先，培养自我意识不是纯粹的主观活动。在古代及中世纪的宗教教育思想中，把自我意识等同于某种理念或是神的启示，这样理解自我意识，是把自我意识抽象成概念活动、理智活动。其次，自我意识建立在人与对象物的交往活动中。与对象物的交往活动，使自我意识具有现实基础。再次，研究自我意识的目的是在教育活动中重视和确立个人价值的地位，从而消除个人与世界关系的疏离感，这使教师具有双重任务：既要避免自己与世界的疏离感，又要引导学生"回家"。

2. 建立调节自我冲突的规范系统

自我意识是自我认同的基础，但有时在个体与社会交往中出现个体冲突的现象。一旦发生冲突，个体能否正确地加以调节，避免冲突激化、升级，这就要求个体掌握一定的调节规范。但掌握规范，不能把它简单地理解成是去掌握一些调节人的活动的条条框框，甚至变成让学生可以死记硬背的知识点、概念体系。

3. 解决自我认同的动力问题

是什么因素推动个体与社会持续地保持良好的交往状态，以此确证个体是独立存在者。机械论与进化论的观点把人当做一架机器来研究，把人的复杂的活动简单地理解成是刺激与反应，人的活动动力是预定的，不可更改的。显然，具有知情意行的人不同于机器，一部机器的各部件只遵守力学定律，作用于这些部件的是外部力量。某些现代化机器（如计算机）中，也不过是晶体管和集成电路代替了螺母和螺栓，无论对机械器件如何组合，一旦组合固定后，都不能灵活地应对外部环境的变化，即使有变化，也无法产生情感、意志等非理性成分。

当视野超越传统的进化论或机械论观点后，就会把人本身看做是动力的源泉，这一点在后现代思想家中表现得特别突出，他们认为人是"创造性"存在物，每个人都体现着创造性力量，只是现代科学技术发展与社会管理机制成为人的自由自主发展的制约因素，使人感觉到所面对的他人都是一个潜在的竞争者，而不是合作者，压抑了人的创造性。[①]

[①] 汪晖，陈燕谷主编. 文化与公共性[C]. 北京：生活·读书·新知三联书店，1998.

4. 增强自我认同的表现能力

以上述三方面为基础，个人能够独立地处理面临的各种问题，是人的主体能力的具体化，换言之，独立地处理人与世界关系问题，是主体能力的具体体现，如果人的主体能力得到有效的表现，表明已经完成了人的自我认同的目的。

由此转换了对学生社会化问题的认识视角。不是讨论学生要接受多少感性的知识和参与社会活动（这里并不排除这一点），而是更强调接受感性知识、参与社会活动的前提与目的是为了什么。马克思早就提到了这一点。

社会生活是人类生活，但人类生活是十分丰富、复杂的，并不仅限于精神生活，也不能把社会看做是"实证科学"所能认知的、客观的、具体的现实存在，必须要返回到人的日常生活中，处理人与社会的关系，社会是"人类现实活动的产物。马克思以'劳动'这一范畴为例，说明即便是人类抽象的活动，其实都是人类现实活动产物。"劳动这个例子令人信服地表明，哪怕是最抽象的范畴，虽然正是由于它们的抽象而适用于一切时代，但是就这个抽象的规定性本身来说，同样是历史条件的产物，而且只有对于这些条件并在这些条件之内才具有充分的适用性。"① 马克思提出要以"实践"的观点去理解人与社会的关系，而实践的观点，是把人和对象世界融为一体，它不是强调人认识对象世界的知识与能力，也不是强调人对外部世界的改造，而是把对象世界、外部世界与人自身融为一体，在融为一体中，体现着人的本质力量。这种认识立场，就能批判直观唯物主义和唯心主义的观点。马克思指出直观唯物主义只是强调世界、社会，客观存在的事实，并作为人认识的被动客体，没有看到客观世界对人的影响，也没有指出人与客观世界之间建构的关系是复杂的，除了认识关系，还有伦理的、情感的、审美的等多重关系。而唯心主义强调人的主观作用，表面看，它肯定人的主观能动作用，实质则是否定人是真实客观的存在体，否定了世界的客观性。这两种观点的错误就在于把人简单地看做是理性的、具有理智的人，认为只要运用自我的思想观念或依靠外部神圣观念，就能培养人的健全人格。

因而，马克思肯定人与社会之间的互动关系，社会是属人的社会，人是社会中的人，人不可能游离在社会之外，社会是人成长与发展的土壤，这是理解人与社会关系的存在论观点，它把自我认同理解成是一个不断地展现人与社会交往的动态过程，有助于消除对人的认同的不正确观点，明确促进人的自我认同目标实现的要求与策略。

（二）学校的主要教育策略

围绕上述学校思路，要达到，促进人的认同实现的工作目标，学校应考虑采取下列几方面策略：

1. 实现自我认同的前提是尊重与满足人的需要

"人"不仅具有解剖学和生理学上的特性，而且要尊重人的心理需要、道德价值和审美等多方面的需求。所以，人从来都是由人自己得到改造，这种改造，绝不是停留在人的主观的观念领域，而是在改造外部客观世界过程中改造人的主观世界。要激发人改造自然与改造人自身的第一动机恰恰是人的需要，需要是引发人的活动最内在的动力（在拙著《创造活动论》中全面论述了需要与人的创造性活动的关系，指出需要是人的活动的原发

---

① 马克思. 1857—1858 年经济学手稿 [A]. 马克思恩格斯全集（第 30 卷）[C]. 北京：人民出版社，1995：46.

性力量，促使人与世界关系的建构，实现了人向世界的开放）。①

人的需要是现实的、复杂的、多层次的，简略地可以看做是三个层面的需要：最基本的需要是人的生理性需要，其次是人的物质性需要，最后是人的发展性需要（关于从人的需要特性讨论教育的特征，在拙著《教育哲学引论》中作了分析）。②

然而，过去研究教育活动，重点关注教育的社会功能与文化功能，以社会文化价值信仰系统、法律道德规范系统来规范学生的成长，未能妥善处理学生的个体需要。造成的教育问题是学生独立思考现象的缺失，创造性人才培养的困难。

其实，个体需要是教育活动得以发生的前提与基础，不这样理解，往往把教育看成是传授知识、培养技能的知识活动、认知活动，要么把教育理解成是神圣的，传授某种神圣的知识或信仰，要么就使教育受到实证主义思想的影响，排斥了价值观在教育中的地位。把教育看做是一种教会学生谋生技能的活动。

诚然，学校教育要重视个人需求，并不能否定教育的社会功能。而是指出，学校要处理个人与社会之间关系的着眼点是培养人的自我意识，只有正确的自我意识，才能摆正个人与社会的关系。因而，教育的重要任务是研究良好的自我意识的建立。

首先，全面完整地理解人的需要，这是关注人与社会关系的前提。

曾经一段时期的教育，倡导教育的核心主题是教会学生怎样做一个人。其实这是一个古老的教育话题。在古代教育，教育培养人学会做人，聚焦在人的德性完善上。如怎样培养自己的品格，怎样建立自己的人生观，从而能够在服务社会的过程中实现自己的美好人生。而工业革命以来的教育，又把关注焦点放在如何培养人的生活技能，把追求知识作为受教育的目的，以知识去建构人与社会关系，社会成了人的认识与改造的客体，社会处于人的对立面，而不是人与社会处于和谐关系之中。由此看来，正确分析人的需要合理性，是学校教育工作能否顺利开展的重要一环。

其次，人的需要满足必须是在现实的多元化的生活世界中完成的。

任何一个个体都是现实的生动的存在物，而这种现实的生动性，主要是通过现实生活环境的特殊性得到体现。杜威就此意义上强调学校是社会，"学校本身成为社会生活的一个形式，一个雏形的社会，并且与校外其他各种形式的共同经验彼此密切地相互影响。一切能发展有效地参与社会生活的能力的教育，都是道德的教育。这种教育塑造一种性格，不但能从事社会所必需的特定的行为，而且对生长所必需的继续不断的重新适应感兴趣"。③ 杜威看到了学校生活是整体社会的代表，反映着社会生活的共性，因而强调要克服纯粹理性的束缚，还原到现实的经验之中，人的成长是经验的改造。

这种观点存在的突出问题是未能把握社会生活中普遍性要求、普遍性原理对学生成长的约束与引导作用。这样，重视学生需要，强调教育是学生经验的改造，突出了教育中的学生个体发展的地位，而把个人发展和社会发展对立起来。所以，尊重学生的需要，促进学生个性发展，必须从具体的社会生活中考查学生，结合社会发展要求，满足学生的需求。吉登斯称此是"生活风格区"对个体需求的制约。"生活风格的选择和活动对个体而

---

① 舒志定．创造活动论［M］．长春：吉林人民出版社，2003：128．
② 舒志定．教育哲学引论［M］．北京：中国社会出版社，2007：第一章．
③〔美〕杜威（John Dewey）．民主主义与教育［M］．王承绪，译．北京：人民教育出版社，2001：379．

言经常是分割的:在一种场域中所遵循的行动模式,与其他场域中所采用的模式有不同程度的实质性变异。"① 吉登斯的"生活风格区"更明确地规定了人的成长现实性,这种现实性非常明确地指出人的存在与发展受到不断变化的社会环境的约束,任何人都是生活在有限的生活空间中,只是庞大的社会生活环境中的一个局部。这既是产生个体需要的基础,又是满足个体需要受到的制约因素。

2. 实现自我认同的基本条件是赋予人的自主权

自我认同的本质不是取决于个人能否对自己作出正确认识与评价,而是要求在人与人、人与社会、人与自然的交往范围中正确看待与评价自己、正确看待与评价别人。而这种评价,是现实的人与人之间关系的反映。因而,需要研究人是在怎样的处境中做到正确评价自己与别人。

使人避免处于强制与迫使的处境,享有独立自主权,这是前提。但这是什么样的自主权?哈耶克作了说明:"个人是否自由,并不取决于他可选择的范围大小,而取决于他能否期望按其现有的意图形成自己的行动途径,或者取决于他人是否有权力操纵各种条件以使他按照他人的意志而非行动者本人的意志行事。因此,自由预设了个人具有某种确获保障的私域(some assured private sphere),亦预设了他的生活环境中存有一系列情势是他人所不能干涉的。"② 这就是说,个人能否凭自己的能力或意志做出决定,或理智地坚持做出的决定,仅仅赋予个体能够自主决定见解的宽松环境是不够的,关键是要让个体能够自觉地意识应当做事情的时候能够坚持自己的见解与立场,这时候才能说个体是自主的、自由的。

所以,要促进个体自我认同,必须使个体真正享有独立的自由自主权。基于这一点反思当前的学校教育,它要求重置师生关系。传统教育活动中的师生关系,是"你教我学",教师的任务就是向学生传授既定的知识与技能,学生按教师要求去读、背、考。但这种"你教我学"的模式遭到批判,主要理由是它束缚了学生的独立思考能力,不利于学生发展自己的创造性才能。正是有这种认识,当前教育研究提出"对话"教学,引导学生阅读世界与文本,在过程中形成开放式的问题,厘清问题的冲突与混淆之处,以此达到自我反思、自主发展的目的。

3. 自我认同的最终目标是实现人的自由存在

人与社会交往,最终目的是为了让人过上幸福的生活。现代社会语境中的幸福,不是指解决人的吃穿住行问题,而是使人能自由地生活,让个人的意志和人的本质力量得到较好的发挥,避免使人陷入自然与社会环境的奴役之中,使人的身心和谐、健康。另一方面,现代社会中的个人总是存在着被"奴役"的风险之中。这种风险的最直接表现是社会信任机制的缺乏。其一是自我对自己的信任度的减弱。在迅速变化的现代社会环境中,个体要自己决定自己的人生价值,感觉困难和无奈,因而表现出对自己的不信任,失去信心。其二是个体对社会与群体的不信任感。个体与社会群体的交往,最主要目的是为了满足个体某种功利性目

---

① 〔英〕安东尼·吉登斯(Anthony Giddens). 现代性与自我认同[M]. 赵旭东,方文,译. 北京:生活·读书·新知三联书店,1998:95.
② 〔英〕弗里德利希·冯·哈耶克(Hayek Friedrich August). 自由秩序原理(上)[M]. 邓正来,译. 北京:生活·读书·新知三联书店,1997:6.

标,如获得金钱、地位或其他功利性目标。受功利性目标的驱动,在社会生活中,个体以功利性需求、功利性的立场去处理各种关系,除了自身确定的功利目标,外部世界对于个体来说,意义不大。这是极其典型的个体对群体的不信任。这种不信任感的出现,导致个体的片面发展,甚至是被功利性目的扭曲了人的生存方式,常言道"苟且偷生"是这种人生的一种写照。所以,重要的任务是解放个体,使人能够积极地利用各种条件促进自我实现。

四、人的认同与教师使命重构

学校教育要完成人的认同目标,教师是关键。这取决于教师对教育价值、教育目标以及教育内容的认识。

(一)现实社会生活为教育价值实现基础

人的认同是在现实社会中完成的。要立足于现实社会生活开展教育活动,把现实社会生活作为实现教育价值的客观基础。

但是,古代与近代教育观是用人的某种内在特性理解人的存在,比如某种神秘的观念,或者是人的理智,或者是情感,或者纯粹是人的欲望等。康德依凭人的纯粹理性谈论教育,认为教育是先天的人的知性之先验自由的产物。或者用一种更准确的方式来表述,就是:现象的本体论真理是纯粹先验想象力的产物。[1]

这一思路在当代西方思想界中仍有体现。比如研究自我认同的重要代表查尔斯·泰勒,就是在道德框架中研究自我,认为出现生存困境的原因是"善与意义"的缺失,因此,主张社会道德资源是培养人的主体性的关键,掌握了社会道德观念,便能确立或提升人的主体性。其实,这一观点存在的问题是十分明显的,把道德理念、伦理知识作为人的主体性确立的关键因素,这样,只是从观念层面理解人的主体性。

应该肯定,这些观点肯定了教育的价值,并设计了理想的教育价值目标,但是,没有认识到理想的教育价值目标是植根于现实社会生活之中。简言之,实现教育价值的主体是现实社会生活中的人,对教育价值的期待与设计,要受到人的社会生活方式的制约。处于什么样社会生活之中的人,就会形成什么样的生活态度、生活理想与价值目标。

所以,研究教育价值,必须研究人的教育需要,教育需要是教育工作的着眼点。只有坚持从现实人的现实生活出发,教育需要才是真实可靠的。也只有坚持这一点,才能够正确看待受教育者的个体差异,形成丰富多彩的个性化教育。

首先,重视受教育者的需要。

受教育者处于特定的社会生活环境中,产生了十分多样的教育需要。只有满足受教育者需要的教育活动,才能吸引受教育者积极主动地参与,并表现出教育活动中的主体地位,使教育价值得到实现。

其次,在现实社会中辨析教育需要。

受教育者到学校接受教育,直接利益需求是保障自身利益,目的是为了促进自己的知识、技能、品质的发展。如果一个人通过教育,既不能提高社会地位(如升入大学,在中国现阶段是改变社会地位极有效的途径),又不能提高谋职能力,这样的教育是很难受到

---

[1] 莫尔·马丁. 从笛卡尔到康德:科学世俗化的现代进程 [C](比利时)海尔曼·德·丹. 欧美哲学与宗教讲演录 [A]. 赵敦华,编. 北京:北京大学出版社,2000:67.

社会欢迎的。从这一角度说，满足受教育者的需要，是其选择学校接受教育的价值导向。这当然有自利主义的表现，不过，在市场社会背景下，有一定的合理性。当然，国家与学校对这种教育需求要采取措施加以调节、限制，如通过调整课程设置、优化培养目标等措施加以实现。但限制不等同于取消，毕竟提出了教育怎样符合社会民众具体的、多样化教育需求的要求，进而才能实现特色化办学、个性化教育的目标。

最后，立足现实社会生活，传播高尚的价值观，实现教育的精神价值目标。

教育重视引导和培育受教育者高尚的精神追求，使教育创造更高的精神价值。但在现阶段，由于社会竞争日趋激烈，就业压力增大，民众把追求物质财富、过上富裕的物质生活作为人生目标，因而，喜欢学校教育传授先进的科学知识，培养人的就业技能，使受教育者自力更生、自食其力，自觉或不自觉地成为社会财富的创造者，这一点无可厚非。但是，作为学校教育，更应承担传播高尚精神品质、弘扬先进文化的使命，也就是说，学校教育要使学生懂得人生意义，确立高尚的精神价值目标。

对人生意义的追问与思考，这是自我意识确立的重要表征。问题是我们要让学生学会对人生意义观的反思。这就要求学校教育结合现代社会生活的基本特点，采取多种有效的教育方法与途径，加强学生价值观教育，为个人终身发展提供理想与信仰目标，提升人生的生存境界与人生品质。

（二）确立塑造人的主体性为价值取向

首先，教育塑造人的主体性，教育使人成为"自觉"的人。

简言之，是指人对自己及对外在环境的主动意识、主体责任意识。只有使人具有这种主体意识与主体精神，才能正确处理人与自身、社会、自然之间的关系，人不会把它们当做满足自己目的的客观对象。从这一点上说，教育促进人主动地建构人与世界的互动关系，在互动中证明人类具有改造和探索现实世界的能力，也是在这种活动中证实人自身的存在，在证实自身存在的过程中显示着人的主观能动性。这种认识与改造世界的主观能动性与能力，是教育培养人的主体性的具体体现。

其实康德也提到这一点，他强调人的"实践原则"。但他的道德实践主要是以人的纯粹理性为依据。马克思则超越了这一点。马克思提出人的存在，不是抽象的纯粹理性的存在者，而是由人的感性活动及其创造物所构成的生活世界，生活世界是以人的感性活动为基础的，人类总是通过感性活动而逐渐地认识世界与改造世界，成为一个"为我"的世界，在这一过程中，人也成为自由的人。[①]

其次，教育塑造人的主体性，不是个人主义的教育。

教育完成人的认同，要重视受教育者社会责任感的培养。对此，当前学校教育面临着个人主义思想的挑战。学生以个人为中心，不关心集体，不主动参与公共事务等等现象，表明学校教育消除个人主义思想的紧迫性。因此，学校要旗帜鲜明地坚持社会核心价值观，培养学生关注群体、关心公共生活、关爱自然的公共品质。从这一角度说，教育促进人的认同，不是个人主义的教育。

---

① 分析教育出发点，关键是分析教育对象为何应是现实人，而这一教育出发点的确立，则能够批判性地分析古代教育、近代教育的局限，并展示当代教育研究的新空间。舒志定. 马克思教育思想人文特质探析[J]. 教育史研究，2004，(1)：63—67.

最后,确立与提升人的主体性的现实道路是教育与社会生活的结合。

培养与提升人的主体能力,是在各种现实社会关系交往中完成的,仅仅通过人的纯粹理性,不可能实现人的主体性。因此,教育不能寄希望于完善人性,也不可能通过改变某些观念达到人的"理性的共识",进而造就人的主体意识。只有现实的社会关系(政治的、思想的、经济的等等关系),才是确立、塑造个体主体性的客观基础。

(三)整体知识观作为教育内容的选择依据

培养人的主体性是教育的核心目标。因此,要研究实施人的主体性教育的基本条件。

提到这一问题,其实原因很简单。教育要传授各种知识与技能,但是,仅仅以学生掌握这些知识与技能作为衡量人的发展的尺度,这是没有意义的。正如康德所言,这是现象界的问题,现象界可以讨论知与不知,但不能揭示为何知。"数学上知识的扩大和不断新发明的可能性,它们的前途都是无止境的;同样通过连续的经验和经验通过理性统一,我们对自然界的新性质、新力量和法则将不断得到发现,这种前途也是无止境的。"[①] 让人知,在康德看来只是解决了人类理性的"是否无知"的问题,并没有解决人的"超验需求",解决这一问题,不是一个科学的问题,而是一个道德问题。因为,科学解决了人应付现实生活的能力问题,帮助人获得了求生的知识,但未必能给予人生存的智慧,它关涉着人的情感、价值、意志等因素,归结为一句话:教育要教会学生追寻意义,成为"自觉"的人,而不是"自然"人。

这就是说,通过教育,人成为"自觉"的存在,这对学校选择教育内容提出了要求。

一是必须坚持科学知识教育与价值教育的统一。

人的存在是整体性的存在,要与周围环境和谐共处,既需要通过科学知识去认识它们,避免人与环境交往的盲目性,更需要人的价值观、道德立场,避免出现人对环境的不友善的做法,但是,反思现在的教育,教育成为了"书写主义",培养的人成了只会识字、读书的人,出现了人的心理问题、人格扭曲等现象,用哲学语言说,人被某种目的(比如金钱、权力等)所束缚,成为满足某种目的的工具,只是实现某种目的的手段,使受教育者失去了追求价值、理想、自由的品性,人被"现实世俗化",实现某种世俗的功利目标成为指导与约束自身行为的准则。

二是不断探索传授教育内容的教学方式的改革。

坚持整体知识观指导开展教育活动,要研究传授教育内容的教学方式的改革,使灌输教育与创造性教育获得有机统一。要充分发挥学校灌输教育的积极作用。但是,学校不能变成"现代化工厂",生产标准化的"人才",因此,学校要充分调动教师与学生的积极性,以创造性教育为目标,通过对话教育、研究性教学等方式,培养具有创新意识、创造能力的人才。

五、人的认同引领教育的创新

完成人的认同目标,提出了学校教育变革的新任务与新思路。

第一,坚持教育的人文价值旨趣,传播先进价值观,引导人实现欲望取向的转变。

当前倡导素质教育,根本目标是培养真正的人,让人懂得人之为人的道理,从而为受

[①] 〔德〕康德(Lmmanuel Kant). 未来形而上学导论[M]. 庞景仁译. 北京:商务印书馆,1978:141—142.

教育者构筑美好的人生境界。

首先，确立人是教育出发点的基本观念。

人是教育出发点，但是，这个"人"，不能从生理属性或物理机体主义角度理解，把人看做一种自然生命体。其实，更需要把人理解成是价值的存在，即显现人的生命存在的意义，帮助人在认同自然生命的基础上，形成追求崇高精神目标的意识与能力，过着有意义的人生。所以，现代学校要把帮助学生确立人生尊严与价值观作为办学理念。只有这样，人才能真正摆脱物质的、经济的等世俗性功利目标的束缚，自己解放自己，成为自由的个体。如此使教育成为受教育者充分展现个人潜能，解放自己的有效载体，实现个人的全面发展，从而使教育完成了解放人的使命。

其次，教育内容要处理科学知识教育与人文知识教育的辩证关系。

传授科学知识，更要帮助受教育者确立高尚的人生价值观，这是学生从容面对多变、复杂的世界的需要。卡尔·波普尔提出了世界是开放又是多元的，"我们已经看到，把世界看做是封闭的物理系统是不能令人满意的，不论是严格决定论的系统，还是无论怎样都不是严格决定的而仅仅是随机的系统。因为根据这样的世界观，人类的创造性和人类的自由只能是幻想。企图利用量子论的不确定性也是不令人满意的，因为它导致机遇而不是自由，导致仓促的决定，而不是深思熟虑的决定。因此我在这里提供了对世界的不同看法，根据这种看法，物理世界是个开放系统。"[①] 概括而言，人的生存活动必须在自然界、人类社会中开放互动，不仅进行物质的交换，而且要进行价值观的交流与自觉反思，从而使个体得到发展。因此，教育的重要任务是帮助他们确立人生价值观，使他们确立对自然、社会及人自身的责任感。

第二，坚持以生为本的教育价值取向，在开放、民主、平等的教育环境中塑造主体性。

首先，确立以生为本的教育观。

确立以生为本的教育观，就要尊重学生，充分发挥教育在学生实现人生价值中的作用。因此，学校教育要关心学生，不能把学生当做是学习既成知识的容器，不能割裂学生与生活世界之间的联系。教师要重视学生所思所想所愿，要研究如何使传授的知识与学生已有的经验相融合，调动学生学习的积极性和兴趣。

其次，灵活处理教师在教育中的作用，运用多种教育手段，建立开放、平等、民主的教育环境。

以往教育未能足够重视这一点，学校教育以教材、课堂、教师为中心，听老师的话、听学校的话、听家长的话，被认为是测量学生是否优秀的重要尺度，因而，学生对自身生活的独特领悟不能受到重视，有时被教师指责是异想天开，被当做取笑的对象。杜威就批评过这种现象："教师不允许和不鼓励学生用多种方法应付所发生的问题，这是对学生的智力发展设置障碍，好像把眼罩套在马的眼睛上，把他们的眼光限制在教师所同意的道路上。但是，教师所以热衷于呆板的方法，其主要原因也许是因为用了呆板的方法能够取得迅速的、可以确切计量的和正确的结果。教师急于要求学生给他'答案'，是他们热衷于

---

① 〔英〕卡尔·波普（Popper Karl）. 客观知识——一个进化论的研究[M]. 舒炜光, 译. 上海: 上海译文出版社, 1987: 267.

采用刻板的机械的方法的主要原因。教师喜欢采用强迫的方法和高压的方法起于同样的根源，对学生的机灵、多样的理智兴趣产生同样的结果。"[1] 杜威揭示的问题实质是要求教育活动如何为学生开启思考的空间、如何鼓励学生进行独立思考、怎样培养学生独立判断的能力，从而既确立教师在教育中的主体地位，又能激发学生在学习中的主观能动性。

第三，坚持自主教育的优先地位，发挥学生的主体作用。

强调学生的自主学习，是对学生学习主体地位的重视，而且，学生主体地位必须要依赖学生自身的选择与实践才能得到实现，不是靠教师或外在某种权威所赋予，从这一角度说，自主教育的合理性，既是教育方法革新的体现，更是以生为本教育观的实质。

因此，强调学生自主学习，消除学生被动学习的现象，要建立民主和谐的校园环境，充分发挥学生学习主观能动性，积极利用学生的社会生活体验和生活经验，锻炼学生成为学习的主人。只有让学生在学校生活中形成良好的自我意识，才能培养学生正确认识社会、正确认识自然的能力，从而有助于实现自我认同，健康地成长为对社会有贡献的人才。

---

[1] 〔美〕杜威（John Dewey）. 民主主义与教育［M］. 王承绪，译. 北京：人民教育出版社，2001：192.

第四章 教师与体验

从康德提出人是目的的观点以来，人的发展确立为社会发展的目的已达成共识。因而，作为承担继承传统文化、创新科学知识、传播人类优秀文明的职能学校教育，要实现学校的教育职能，必须要服务、服从于促进人的发展的需要。应该说，人们对此的认识是清楚的。可是，要推动教育改革，培养优秀人才，需要思考一个最基本的议题：即教育为何能够促进人的发展，又是怎样促进人的发展，进而塑造合格的社会主体。

这是一个看起来十分清楚的问题，其实存在着认识困惑。比如从20世纪80年代末90年代初开始，我国教育研究的重点、教育改革的关键领域是应试教育向素质教育的转型。为什么要批评应试教育，构成应试教育的本质问题是什么，明确这些问题，是做好教育研究与推进教育改革的前提之一。显然，学生寻求考试好成绩、学校老师追求学生考上名牌大学，这不是引发批评的实质理由，真正的原因是过度追求考试分数出现了对教育理解的误区，即把学生看做是容纳知识的容器，只要不断地注入水（知识），就能够充满容器。那么，为什么会出现这种现象？当然可以从社会习俗、文化传统、教育体制、就业竞争、教育者素质等方面去寻求问题形成的原因以及解决答案。[①]

事实上，问题在于如何理解教育中的人。教育面对的人是具有丰富个性的现实存在者，即使是年龄尚小的小学生，也不能否定小学生看待世界的意识、能力与积极性。尽管他们对问题的理解与把握，与成人世界要求甚远或者是背道而驰的，但不能不重视他们参与生活的事实。也正是因为他们对社会生活的参与，加之外部的教育与引导，完成了自身作为一个人的建构任务。如此，要把握教育促进人的发展的目标，就要关注人是怎样实现发展目标，也就是要掌握理解人的发展的思想方式。曾经占主导地位的观点认为，把人的成长与知识学习等同起来，强调学校教育传授真理，强调学校教育的科学性，其实，这样的认识并不全面。原因在于不仅要"教"人做事、做人的目标，还要让人学会怎么去做事、怎么去做人，而后者更强调学生亲身的经历、体会与体验。只有这两方面的完整统一、相互联系、相互促进，才能达到学生成长的目标。基于此，提出体验及体验教育的基本观点，澄清体验与体验教育的实质，为教师解决教育活动中理论与实践分离提供思路。

[①] 胡锦涛在全国教育工作会议上讲话中指出，当前教育中存在的突出问题：有学上的问题基本解决，但上好学的问题依然突出，人民群众不断增长的多样化教育需求还不能得到很好满足；教育观念相对落后，内容方法比较陈旧，中小学生课业负担过重，素质教育推进困难；学生适应社会和就业创业能力不强，创新型、实用型、复合型人才紧缺；教育体制机制不完善，学校办学活力不足，教育结构和布局不尽合理，城乡、区域教育发展不平衡；教育投入不足，教育优先发展的战略地位尚未完全落实。胡锦涛全国教育工作会议上的讲话 [R] 教育部网站（www.moe.gov.cn）2010-07-13.

一、人在现实的社会生活中成长

提及体验及体验教育的原因，是源于认识人的成长规律的必然要求。从自然状态的人（自然的人或生理学、生物学意义上的人）变成一个社会人，达成人成为人（人之为人）的目标，是人在与世界的交往中完成的，这也是人超越动物界的重要特征。动物只是凭着本能生存，而人除了本能需求外，还有满足自身生命延续之外的其他需要，比如审美、道德、伦理等需要。正如马克思所说："动物是和它的生命活动直接同一的。动物不把自己同自己的生命活动区别开来。它就是自己的生命活动。人则使自己的生命活动本身变成自己的意志和自己意识的对象。"[①] 这就是说，动物是尊重"生命规律"（自然规律）进行活动，而人除此之外，还有其他的需求。

这样，人的生活中形成两大领域：一是类似动物那样生存的"生存世界"；二是超越动物世界进入属于人的"生活世界"，在这一世界中，是人对前一个"生存世界"的反思与超越。马克思把它概括成是人的生存的"两种尺度"。"动物只是按照它所属的那个种的尺度和需要来构造，而人懂得按照任何一个种的尺度来进行生产，并且懂得处处都把内在的尺度运用于对象；因此，人也按照美的规律来构造。"[②]

据此，马克思简明扼要地概括了人与动物的本质区别。动物的生存只是生存，即满足于自身生命延续的需要，马克思把它概括成是一种尺度，即它所属的那个物种的尺度，而人则不一样，人通过生存活动创造"世界"。这就是说，人的生存活动有两种尺度，除了像动物遵循物种固有尺度获取生存机会之外，人还有"内在的尺度"，即人要建构精神生活。

正是因为这样，动物只是一代又一代地复制自身，而没有自己的"历史"和"发展"，而人则不一样，人类不仅代代相传，而且创造了历史，发展了人类自身。正如海德格尔所说，这是人的生存，人能够自觉向未来筹划发展的方向，让人向着未来展开（即不断地渴求生存的勇气、能力、知识及物质条件等）。海德格尔曾经这样说："此在能够这样或那样地与之发生交涉的那个存在，此在无论如何总要以某种方式与之发生交涉的那个存在，我们称之为生存。这个存在者的本质规定不能靠列举关乎实事的'什么'来进行。"[③] 也就是说，生存总是体现为动态性质的"有待"成为某种事实，即从现在的"是"变成未来的"是"。这说明人的生存终将是未来完成时，人的生存将展现一个动态的完成过程，而不是已经被现在"规范"好、"规划"好的"存在"。

于是，我们得出这样的结论，要使人成为人，人是不可能脱离世界而存在的，只能在现实的社会生活中创造出来，而且，人与世界的关系，不仅说明人依赖世界而存在的事实，而且要强调人对世界的影响，是人赋予世界以"意义"的存在。"人以一种全面的方式，就是说，作为一个总体的人，占有自己的全面的本质。人对世界的任何一种人的关系——视觉、听觉、嗅觉、味觉、触觉、思维、直观、情感、愿望、活动、爱，——总之，他的个体的一切器官，正像在形式上直接是社会的器官的那些器官一样，是通过自己

---

① 马克思.1844年经济学哲学手稿[A].马克思恩格斯全集（第3卷）[C].北京：人民出版社，2002：273.
② 同上书，274.
③ 〔德〕海德格尔（Martin Heidegger）.存在与时间[M].陈嘉映，译.上海：上海三联书店，1999：15.

的对象性的关系,即通过自己同对象的关系而对对象的占有。"① 所以,人认识对象物,人与世界交往,不仅通过思维的方式,而且人把自身融入到交往对象之中,这种融入,包括人的认知、情感以及价值观等等,如马克思所说人是以全部感觉在对象世界中肯定自己。因而,问题是我们以什么样的思想方式与对象世界建立交往关系?"对象如何对他来说成为他的对象,这取决于对象的性质以及与之相适应的本质力量的性质;因为正是这种关系的规定性形成一种特殊的、现实的肯定方式。"②

由此可见,人生活在现实社会中,正是因为人的生活,改造了现实社会世界,不仅增加了(创造了)社会物质财富,而且创造了精神产品(精神财富)。同时,也正是因为人能够给予现实社会生活创造物质财富、精神财富,而不像动物那样只是消耗"财富",才真正实现人和人类社会的发展。

所以,把人培养成社会的主体,这是不同历史时期共同关注的课题。因而,寻求人的发展的道路、思路,成为理论家的工作重点。马克思在《关于费尔巴哈提纲》第一条就指出,旧唯物主义的缺点在于只是从客体的或者直观的形式理解现实,而没有看到人的"能动的""主观的"方面。"从前的一切唯物主义(包括费尔巴哈的唯物主义)的主要缺点是:对对象、现实、感性,只是从客体的或者直观的形式去理解,而不是把它们当做感性的人的活动、当做实践去理解,不是从主体方面去理解。因此,和唯物主义相反,能动的方面却被唯心主义抽象地发展了,当然唯心主义不知道现实的、感性的活动本身的。"③ 这样,马克思把解决人的问题的思路还原到现实的实践活动,还原到现实生活。

从现实生活理解人的本质以及人的发展规律,首先是肯定人的自然属性的客观性,它是人的存在与发展的基础。而历史上对人的种种观点则与此有关,比如古希腊思想家找准了人的某一方面因素当做人的最高本质,如理性,又如文艺复兴时期的人文主义教育传统中,把人的潜能激发看做是人文主义价值的追求目标。这首先是肯定人的潜能存在的必然性。只有如此,才谈得上对潜能的激发与提升。

与此相反,马克思对人的自然属性给予肯定,指出人的生存、发展要受到自然属性的约束,但是,没有把自然属性作为人的本质特征,认为人是最具有创造性的存在物,能够超越人的自然属性的局限,尽力改善人的生存与发展的条件。超越自然属性限制的创造性活动是人与外部世界的交往中才能完成。与外部世界交往,不仅产生了感觉器官可以触摸的物质形态的成果,而且形成了让感觉器官不能直接触摸得到的无形的成果,比如各种精神观念、风俗习惯、民族传统、意识形态、宗教信仰等。这一切构造了人的存在的复杂的社会交往网络,而正是这种交往网络,使人变成是一种现实的存在,体现人的存在的社会特性。

当然,对个人来说,人所处的复杂的交往网络与人的经验相联系,比如我的生活场景、我得到的物质财富等。因此,不能否定人在生活中获得与积累的经验是客观存在的,也不能否定经验将会对人参与交往活动发挥积极或消极作用,更不能因为经验要影响到人的行为,就把经验看做是人的本质因素,突出强调人的"主观性"的作用。马克思对此进

---

① 马克思.1844年经济学哲学手稿[A].马克思恩格斯全集(第3卷)[C].北京:人民出版社,2002:303.
② 同上书,304—305.
③ 马克思.关于费尔巴哈的提纲[A].马克思恩格斯选集(第1卷)[C].北京:人民出版社,1995:54.

行了批判。

马克思强调经验是次生的,是人与周围世界交往过程的产物,人与周围世界的交往关系才是决定性的、关键的。所以,在《关于费尔巴哈提纲》中明确指出:"人的思维是否具有客观的真理性,这不是一个理论的问题,而是一个实践的问题。人应该在实践中证明自己思维的真理性,即自己思维的现实性和力量,亦即自己思维的此岸性。"①

"构成关系"、"实践问题"等话语,表达了理解人的思路实现了转换,要求把人与人、人与社会之间构成的现实关系作为理解人的问题的基础,"实际上它指的是把人性看做人的个体的转换的现实来思考,至少要如实考虑人的个体的转换性,并不是指理想化地放在每个人的个体(作为形式或实体)内部的转换性,或是在人的个体外用于区分等级的转换性,而是存在于个体之间的,因为它们相互之间进行各种各样的作用"②。这种立场,使马克思与个人主义、自然主义的立场划出原则性界限。人既不是霍布斯、边沁所称的"单子",也不是奥古斯特·孔德所说的"伟大生命"。

马克思在《德意志意识形态》第一卷(费尔巴哈)中明确指出:"从直接生活的物质生产出发阐述现实的生产过程,把与同这种生产方式相联系的、它所产生的交往形式。即各个不同阶段上的市民社会理解为整个历史的基础,从市民社会作为国家的活动描述市民社会,同时从市民社会出发来阐明意识的所有各种不同理论的产物和形式,如宗教、哲学、道德等等,而且追溯它们产生的过程。"③人的思想、观念是在"直接生活的物质生产"基础上产生的,既不是启蒙思想家提出的人是精神的"灵性"的存在,也不是宗教认定的超验的"神圣性"存在,也不是凭"感官"生活的"感性存在",只盯着吃穿住,不关心物质需求之外的精神生活需求,这是对人的世俗化、庸俗化的理解。所以,马克思不仅肯定人的本质是社会关系,而且指出它包含着一种新的历史观,是社会存在决定着人的意识与观念的变革。

从历史观高度开辟了把握人自身的"对象、现实、感性"的正确道路,"不是从观念出发解释实践,而是从物质实践出发解释观念的东西,由此还可以得出下述结论:意识的一切形式和产物不是可以通过精神的批判来消灭的,不是可以通过把它们消融在'自我意识'中或转化为'幽灵'、'怪影'、'怪想'等等来消灭的,而只有通过实际地推翻这一切唯心主义谬论所由产生的现实的社会关系,才能把它们消灭。"④人的思想观念、人的感性活动,是在人的实践活动的基础上生成的,是属人的世界或人化的世界。

以上讨论表明,马克思对人的问题的认识指出了一条客观的、现实的道路,即人是生活在现实世界中,人与现实世界建立交往关系,从而获得、改造或创造自身的生存条件,实现人的生存与发展目标。

这种认识思路,实质上确立了从人与世界辩证关系的维度理解人的问题的思想方式。世界给予人的意义,不仅仅是替人的生存创造自然资源,它是人的生存、发展的根基。同样,人与世界交往的意义,也不是去认识世界、解释世界,把世界当做满足人的生存需要

---

① 马克思.关于费尔巴哈的提纲[A].马克思恩格斯选集(第1卷)[C].北京:人民出版社,1995:55.
② 〔法〕埃蒂安·巴利巴尔(Balibar Etienne).马克思的哲学[M].北京:中国人民大学出版社,2007:50.
③ 马克思恩格斯.德意志意识形态(节选)[A].马克思恩格斯选集(第1卷)[C].北京:人民出版社,1995:92.
④ 同上书,92.

的客观对象物。由此就凸现了强调人与世界交往关系的意义,既表明人是在世界中成长、发展,又表明人的主体性是与世界交往中构造完成的,不能脱离人与世界的交往关系谈论人的问题。这样,人的体验是建构人与世界交往关系的需要,也是完成人与世界交往关系的必然要求。

二、从超验到经验

事实上,对人与世界关系问题的讨论并不限于马克思。正如西方20世纪极为重要的哲学家之一恩斯特·卡西尔在其《人论》开篇中所说:"认识自我乃是哲学探究的最高目标——这看来是众所公认的。在各种不同哲学流派之间的一切争论中,这个目标始终未被改变和动摇过:它已被证明是阿基米德点,是一切思潮的牢固而不可动摇的中心。即使连最极端的怀疑论思想家也不否认认识自我的可能性和必要性。"① 虽然如卡西尔那样已经把"认识自我"当做是一项课题,但是,并不能保证找到一条理解人的正确道路。事实上,思想家们只是把个体身上某些特殊性——本能、理性、情感、空虚等作为决定人生存与发展的本质力量。因而,结合人的日常生活经验,对人与世界关系的思考,要么是世俗化,即对人自身积累的经验的"体验";要么是神圣化、超验化,即对人自身建构的抽象的、超验性的目标或价值的"体验",成为早期思想家关于世界、关于人生理论形成的基本动因。

比如在古希腊,世界本原是思想家们关注的核心问题,即世界、宇宙来自何处,又将复归何处。著名哲学家泰勒斯提出"水"是构成世界本原的因素,"万物是水","水"成为万物,是世界变化发展的"始基"。对泰勒斯把水作为解释世界本原因素的原因,黑格尔作了阐述:"客观本质、'实在'应该提高为自身反映自身的概念,甚至建立为概念,……因此哲学的开端便在于把世界认作水——一种有单纯的普遍性或一般流动性的东西。"② 探讨"世界本原"这样的话题,它本身是极具抽象性的概念,而"水"则是具体的、客观的存在,"水"又是人的日常生活乃至动植物生命体都不可或缺的重要物质,这便是"水"的重要性。所以,泰勒斯基于日常生活的感受,对各种生命体都产生紧密联系的具体事物当做世界的"本原",这一点体现着以泰勒斯为代表的思想家研究与解决问题的重要特征,即与自身的日常生活紧密相联,结合自身对世界的参与及感悟反思世界变革的根源以及人生的意义。③

联系人与世界的交往经验思考世界本原问题,面临着事物的具体性与世界本原因素的抽象性、普遍性的矛盾。也就是说,无论是泰勒斯还是其他思想家,提出世界本原因素是"水"或"火"或其他物质,它们都是具体、客观存在的"物质",然而,世界本原是人的感官不能直接感知的。这样,试图用具体的"事物"去阐述"某种抽象",为"抽象"的存在找到合理依据。这暴露出思想方式的变革。例如:毕达哥拉斯学派提出的"数",就是想从具体的、可变的事物中寻求不变的、具有普遍意义的因素,构成世界本原。这表明

---

① 〔德〕恩斯特·卡西尔(Emst Cassirer).人论[M].甘阳,译.上海:上海译文出版社,2003:3.
② 〔德〕黑格尔(Hegel).哲学史讲演录(第一卷)[M].北京:商务印书馆,1981:184.
③ 在古希腊早期思想家关于世界本原问题的解答思路中,除了泰勒斯归结是"水"之外,还有赫拉克利特的"火"、阿那克西米的"气"、毕达哥拉斯学派的"数"等。这些观点都有共同之处,即从人与世界交往的经验中求取答案,建构自身理解世界的思想。

着思想方式开始从具体向抽象的变化，也正是这一变化，人对世界的直接感受和亲身体验在思想发展中的作用，被渐渐地忽略或不受重视，相反，人更重视抽象的思辨、抽象的理性力量。在柏拉图思想中也能看到这一点。

柏拉图是古希腊最有影响的思想家之一。追求普遍的"善"、"正义"、"幸福"，是他确定的思想目标。然而，柏拉图指出"善"、"正义"、"幸福"，不是人的感官能够感知的，属于"理念世界"，它比人的感官可以感知的世界更有价值。对人来说，可感世界与理念世界之间不存在固定的、不可逾越的障碍。人们在感官感知的世界中发现一些行为要好于另一些行为时，这已经是对"善"、"正义"、"幸福"的不完全、不系统的洞见，这样，"在理念世界和经验感觉世界中，有一个不断交替的认识过程，这一认识过程可以同时提高我们对善的理念和对善的生活的洞见"。① 这样，理念世界中的善、正义、幸福等理念是普遍存在的，需要人运用理性、逻辑的概念分析才能把握得住，但是，它又是具体的，它存在于人们的感官世界之中，与人们的生活情境相关。因此，在柏拉图看来，一个掌握了具有普遍性理念的人，能够用这些理念去照亮生活，而依照理念照亮生活的人，又能够加深对理念的把握与领悟。对此，柏拉图用"洞穴"比喻加以阐述。

生活在"洞穴"中的人需要光源，"光源"代表着普遍的理念世界，黑暗的"洞穴"并不黑暗，因为有"光源"的照耀，循着"光源"，人能够走出"洞穴"。可见，理念世界的意义在于对人的引导与提升，促使人摆脱繁琐的世俗生活的约束，走向自主。柏拉图讲述这个"洞穴"寓言，昭示一个基本事实，这就是说要重视感官世界，并非是因为它是世俗的，或者是高贵的，而是因为它是理念世界的影子，是认识理念世界的基础，是达到追求理念世界最终目标的重要环节。因为柏拉图相信只有在感官世界中发现理念世界影子的人，才能真正地领悟到作为影子的感官世界与产生影子的"真实"的理念世界存在的合理性，才能把握理念世界。如此，也能够使这两者构成相互转化的关系。正是因为这一点，柏拉图回到雅典故乡创办的阿卡德学园时，十分强调几何学的重要性，做出了"不懂几何者莫入学园"的规定。

柏拉图通过划分感官世界与理念世界，旨在发展一条认识真理、认识知识的道路。作为理念世界，它超越具体的、个别存在的感官世界，感官世界就是按理念而被创造出来的。并且，柏拉图指出，人生下来以前就具有各种理性的知识，只是出生后被忘记了，因而，通过"回忆"，重新记起已经遗忘了的东西，就得到了认识和知识。柏拉图认为，学习就是回忆，认识是一种自我回忆的过程。在《理想国》中，柏拉图举了一个例子，往一个人的灵魂中灌输真理，就像给一个天生的瞎子以视力一样是不可能的。意思很明确，真理与人的思辨、理性有关，如果不通过人的理性思考，不通过人与人之间的对话与辩论，真理无法获得，人也不可能成为有责任感的存在物，不可能成为一个道德的主体。②

柏拉图关于人的认识形成与知识获取的构想，被以后的思想家所继承。亚里士多德虽然不同意柏拉图对理念的假设，但是，亚里士多德依然强调人的认识只能是客观存在的个别事物的形式，无法获得它的内容，亚里士多德认为这是"实体"的特征所决定的。第

---

① 〔挪威〕G. 希尔贝克（Gunnar Skirberkk），N. 伊耶（Nilsg）. 西方哲学史——从古希腊到二十世纪[M]. 童世骏，郁振华，刘进，译. 上海：上海译文出版社，2004：55.
② 〔德〕恩斯特·卡西尔（Emst Cassirer）. 人论[M]. 甘阳，译. 上海：上海译文出版社，2003：8—9.

一，实体不表述别的东西，而别的东西都表述实体；第二，实体不在其他东西之中，而其他东西都在实体之中；第三，实体是一个独立存在的个体；第四，实体是变中不变，是实际存在着的，而个别事物所呈现的具体特征，只是实体的属性，它是相对存在的。比如，一家书店留存在我脑子中的只是书店的形式，但是，感知到的书店与真实的书店是不一样的。这就是说，被感觉的对象存在于感觉着的主体中，因为感觉到的只是事物的形式，比如关于书店的一些属性，而真实的事物是客观存在的，不可能进入到人的思想之中。

在此意义上，亚里士多德既肯定人的感觉经验的重要性，它是对实体的主动感受与认识，另一方面又指出脱离人而独立存在的实体，能够借助人的理性，通过抽象过程，就能认识到事物存在的普遍形式。这样，亚里士多德把知识的获取过程看成一个从感觉经验到本质洞见的过程，一个朝向对本质和共相事物定义的抽象过程。尽管亚里士多德声称只有个别事物或实体是独立存在的，但他同时认为我们寻求的知识应该是关于普遍本质属性的知识。[①] 亚里士多德通过区分事物的形式与内容，既指出了人的认识的有限性，又阐明了人的认识的主动性特点，展示了他相信事物是可以被认知的理性主义立场。

除了柏拉图、亚里士多德外，古希腊、罗马社会产生了一批卓越的思想家，形成了一批卓越的思想财富。不论观点有怎样的差异，但是，联系自身对日常生活的感悟，从中揭示真理的秘密、阐发昭示世界存在普遍性规律的思想，则是古希腊、罗马社会的共同特征与留给后世的财富。有研究者作了评价："当时知识的进步未为成见所妨碍，科学也未为非科学的权威势力所阻滞。有知识的希腊人所以能保持宽容态度者，就因为他们是理性的朋友，并无权威支配着理性。无辩证的思想不能成立；人民不须承认所谓'天国'的东西，如小孩一般，也不须屈服他们的理解力于自认为永无错误的权威之前。"[②]

对人的理性的尊重，倡导思想自由的希腊、罗马传统，被中世纪宗教信仰所替代，进入到理性受束缚、思想被奴役、知识无进步的黑暗时期。直至 14 世纪，发端于意大利的文艺复兴运动，对人道主义生活和文化兴趣的复兴、复活，标志着与中世纪向往上帝和神的生活的告别，使个人理性被禁锢的状况得到解放，个人觉悟到自身独立存在的价值。这一时期的焦点聚焦在如何让人过着文明生活，一个占主导地位的认识是反对空谈，主张要研究人，强调要塑造人们的心灵、丰富人们的心灵。正如学者对人文主义特征作出的概括：通过文学来表现人的价值和人性的真实社会性。[③] 这样，文学、文化并不是一个抽象的知识体系，它是人与人之间的交谈，是完整的文明生活。所以，研究人，研究人的生活，才能了解人的本性，使人过上文明的生活。"我自问：知道飞禽、走兽、鱼蛇的特性，而对人的本性的无知，不知道我们从何处来，到何处去，以及为什么生活，这到底有什么好处？"[④] 由此兴起了人文主义实践与人文主义教育运动，即在关注完整的人的文艺复兴思想的驱动下，以古典人道主义思想创办教授希腊文与拉丁文古典名著的学校，试图实现完整的、符合人性的教育构想。

---

① 〔挪威〕G. 希尔贝克（Gunnar Skirberkk），N. 伊耶（Nilsg）. 西方哲学史——从古希腊到二十世纪 [M]. 童世骏，郁振华，刘进. 译. 上海：上海译文出版社，2004：80.
② 〔英〕伯里（J. B. Bury）. 思想自由史 [M]. 宋桂煌，译. 长春：吉林人民出版社，1999：24.
③ 〔意大利〕加林（Eugenio Garin）. 意大利人文主义 [M]. 李玉成，译. 北京：生活·读书·新知三联书店，1998：20.
④ 同上书，22.

有研究者描述了这一时期古典人道主义学校的基本特征:"在这些出色的古典人道主义学校中,其中一所是由意大利教育家维多里诺创办的、为他的赞助人曼图亚公爵建立的宫廷学校,教公爵的孩子和朝臣们的孩子学习古典语言和文学。学校也接受一些来自下层的孩子。维多里诺遵循古典人道主义的教育原则,试图培养受过良好且广泛教育的人……他相信为了达到这个远大的教育目标,必须教授包含着伦理学、历史、道德和各种人类智慧的古典作品。"[①] 古典人道主义学校坚信的教育理念,认为优秀的古典作品与个人道德成长是相互影响、相互促进的,这些优秀的古典作品是有教养的人的化身,蕴涵着有教养的人的卓越思想、高贵品质与人生经验。

可见,这一时期崇尚教育的人文理想、崇尚教育对人性的改造,塑造有思想的个体,立足点并不是人的认知能力,而是人能否阅读古典优秀作品以及与古典作品进行对话与理解的能力。

古典人道主义教育理念受到社会经济变革的冲击。在思想启蒙时期,再度凸现教育对人的关注。但是,这一次的关注与科学及理性密不可分。与文艺复兴时期相比较,启蒙运动重视科学的价值,塑造现代化社会的世界观和文化思潮,教育的重要功能在于培养人们按照自然法则生活,避免被社会文化异化。比如:夸美纽斯的教育思想中都把科学作为补充圣经、为人类提供了解上帝创造的这个世界的知识的工具。[②] 夸美纽斯通过对动植物的观察得出结论,植物和动物的生长有着内在的时间表,要遵循这个时间表,否则会拔苗助长。夸美纽斯由此提出教育遵循儿童的自然成长,并依此设计教育思想,阐述一系列的教育原则。

当然,夸美纽斯的自然主义教育思想提及了教育与儿童自身发展的适应性问题,但是,夸美纽斯仍旧坚持一个普遍性的、超验性的假设,即人生而具有的"神"的种子,而此后的一批启蒙思想家的教育思想拒绝或淡化了对这种超验"神性"因素的坚持,崇尚人的"理性"或"非理性",相信人依凭自身的力量能够塑造人类的命运,相信社会进步是可能的,相信人类能够重建或者重新设计社会、政治和经济环境,人类的未来能够取得持续的、直线式的进步。因而,教育使命及其价值在于塑造受教育者成为社会的"个体",即要培养人能够主动运用自身的理性或非理性因素,具有"自我决定"、完成"自我实现"的人。比如卢梭、裴斯泰洛齐以及以后的美国进步主义教育运动重视人的"感官"在教育中的作用,重视儿童运用感官开展学习,认为这是最有效率的学习方法。卢梭在教育小说《爱弥尔》中讲述了一个家庭教师怎样针对一个人从婴儿期到成年男人开展教育的故事。在这个教育故事中展示了卢梭的教育构想,指责与批判神学理论构成传统学校教育的认识前提,因为它把人看做是堕落的,需要被权威的老师们管教。因而,在《爱弥尔》中设计了"自然的"(乡村土地)教育环境,构想一个广阔的学习环境,替代以课本为主的封闭的、传统的学校与课堂,并且设计了与儿童成长阶段性相适应的教育内容与教育目标。比如卢梭提出,12岁之前的儿童是没有道德感且不理智的,这一时期更需要感官与身体上的训练,让儿童运用各种感官去认识与感知物体大小、形状的能力,而不是逼迫儿童去

---

① 〔美〕吉拉尔德·古特克(Gutek Gerald).教育学的历史与哲学基础——传记式介绍[M].缪莹,译.长沙:湖南教育出版社,2008:128.
② 同上书,167.

"读书"。

卢梭的教育思想成为西方世界最重要的教育思想的代表,它开启了以儿童为本的教育思想的潮流,积极意义是看到儿童在学习与促进自身发展中具有主动性、能动性的特征,使人对问题的认识发生重大转折,即走出了超验的视域而进入到人的经验世界。不过随之又产生新的矛盾与困惑,即如何平衡儿童的主动性与系统的、理论化的科学文化知识学习之间的关系。因为科学知识及社会文化发展是经过了数代人的努力并经过了实践检验的思想认识,它已经变成一种客观的事实存在,不能因为人的主动需求的变化而变化。由此也说明,把个人对生活世界中的经验或体验当做是知识获取的根本方法甚至是唯一的方法,是有局限的。

三、与生命相联系的体验

上文讨论提示,从"超验"视域回归人的"经验",从尊重神圣的存在物回归到对受教育者的尊重,这必定要使教育研究关注受教育者与生活的现实世界之间的关系。人的"体验"问题被纳入到教育研究框架中,并非偶然。

谈及"体验"(Erlebnis),此词来源于 erleben,即是由 er+leben 组成,er 指经历,leben 指生活,Erlebnis 就是经历生活。① 伽达默尔认为,在 18 世纪时,"体验"(Erlebnis)这个词还根本不存在,就连席勒和歌德也不知道这个词。这个词是对一个非常古老并在歌德时代就经常使用的词即"经历"一词的再构造,到了 19 世纪 70 年代才成为与"经历(Erleben)"这个词相区别的惯常用词。②

依据"经历"一词,伽达默尔对"体验"一词的内涵提出了看法。"经历"首先指发生的事情还在继续存在着。"由此出发,'经历'一词就具有一种用以把握某种实在东西的'直接性的特征'——这是与那种人们认为也知道、但缺乏由自身体验而来的证实的东西相反,因为后一种人们知道的东西或者是从他人那里获得,或者是道听途说,或者是推导、猜测或想象出来的。所经历的东西始终是自我经历的东西。"③ 体验是与个体直接相联系的,是某个对象物被主体所经历,对象物作为主体经历的结果,因而具有持续存在的特征,并且,对象物以体验的形式保存下来。这样,"体验"具有两方面意义:一方面是直接性,这种直接性先于所有解释、处理或传达而存在,并且只是为解释提供线索、为创作提供素材;另一方面是从直接性中获得的收获,即直接性留存下来的结果。④

可见,体验与人的直接经历相关,它是指个体与对象的一种直接关系。因此,这种独特体验不同于科学的经验,科学的经验一般指对人之外客观事物的经验,即对于作为对象的事物的经验,它的特点是可重复性和可证实性,反之,人的体验则是人与对象物交往关系中获得,它是不可重复的,是直接给予个别意识的东西。⑤

正是因为"体验"的独特性,狄尔泰把它与人的生命相联系,认为生命活动与科学活

---

① 洪汉鼎.诠释学——它的历史和当代发展[M].北京:人民出版社,2001:190.
② 〔德〕汉斯—格奥尔格·伽达默尔(Hanns-Georg Gadamer).真理与方法(上卷)[M].洪汉鼎,译.上海:上海译文出版社,2004:78.
③ 同上书,78.
④ 同上书,77—79.
⑤ 洪汉鼎.诠释学——它的历史和当代发展[M].北京:人民出版社,2001:111.

动不一样，生命活动是与人的内心世界、精神生活密切相连的，而它的客观化产物是人类历史。因而，认识人类历史问题，其实是一项研究人的生命的课题。故此，狄尔泰指出，我们不仅要研究人认识自然的能力，而且更需要研究人类自身，即人类自身及其社会历史，要建立一门研究历史世界以及人类世界的知识的学科，为人类认识自身、历史和社会的可能性做出认识论的证明。

按照狄尔泰研究的结果，研究历史世界的思想方式，不同于研究自然世界的思想方式，它不需要像研究自然世界里那样探究我们的概念与外在世界之所以符合的认识论基础，即解决认识论中所谓主体与客体的同一性问题。因为历史世界始终是一个由人的精神所创造的世界，[①] 是人的精神的客观化物。对它的研究，目标是发现人自身的本质。"我所理解的客观精神是这样一些不同的形式：在这些形式中，存在于个人之间的共同性已将自身客观化在感觉世界中。在这种客观精神中，过去对我们来说是不断持续的现在。客观精神的范围从共同体所建立的生活方式、交往形式以及目的性关系到道德、法律、宗教、艺术、科学和哲学。"[②] 这些"客观精神"是人类生命活动的产物，也是人类生命活动需要的营养，狄尔泰说："从我们呱呱坠地，我们就从这个客观精神世界获取营养。这个世界也是一个中介，通过它我们才得以理解他人及其生命表现。"[③] 这里，狄尔泰指出了个人生存与成长的"社会性"特征，即人是生存在"精神共同体"之中，通过对"精神共同体"的理解获得自身的"生命表现"。

进而，狄尔泰分析了人为了完成理解"精神共同体"的任务，经历着移入、模仿与重新体验的过程。他认为当任何一个人面对"精神共同体"之时，也就是个体生命与"精神共同体"建立关系时，这一阶段处于"移入"状态，如果这一状态中"产生了自己体验到的精神关系，那么，人们也将此称为从本己的自我向某种生命表现之总体的转移"。个人受到了"精神共同体"中的某部作品或某个事件的影响，接受了观点或思想，能够运用自身原有的思想、观点、情感去理解"精神共同体"中的某部作品或某个事件，"精神生命整体参与到理解之中。这种方式就是模仿或重新体验"。[④] 只有这样，"我们就与时间的历史并行，与一个发生在遥远国度的事件并行，或与我们周围的一个人的心灵中发生的事情并行"，[⑤] 由此也完成了"重新体验"，肯定了"精神共同体"是人的生存之基础与前提，而理解与体验则是人对"精神共同体"的觉察。如此，体验与精神共同体的关系，就不能简单地用逻辑公式表达出来，而是关注"精神共同体"给予人的意义，即要求人领会自身遭遇的"精神共同体"中某件作品或某个事件所包含的观念或思想，进而影响与渗透自身的心灵或精神。

可以说，狄尔泰强调体验与人的生命的联系。生命不仅是指自然生命，而且是指人的社会生命、文化生命，即人类共同体的命运。因此，体验的意义与价值就在于完成了人的生命精神与"精神共同体"所包含的他人精神生命的交往与共鸣。正如伽达默尔所说，狄

[①] 洪汉鼎. 诠释学——它的历史和当代发展[M]. 北京：人民出版社，2001：99.
[②] 〔德〕狄尔泰（Dilthey Wilhelm）. 对他人及其生命表现的理解[C]. 李超杰，译. 洪汉鼎，编. 理解与解释——诠释学经典文选[C]. 北京：东方出版社，2001：97.
[③] 同上.
[④] 同上书，103.
[⑤] 同上.

尔泰的"体验"是"一种返回","由于生命客观化于意义构成物中,因而一切对意义的理解,就是'一种返回。即由生命的客观化物返回到它们由之产生的富有生气的生命性中'。所以体验概念构成了对客体的一切知识的认识论基础"。①

体验也是胡塞尔哲学中的核心概念之一。胡塞尔确立的研究课题是要解决困惑思想史的难题:第一,认识如何能切中其对象。这关系到认识内容的本质问题。第二,作为认识可能性之条件的概念、范畴、逻辑形式的根源是什么。这关系到认识本质内容的意义的来源和形成机制。② 为解决这两个"认识"中的问题,胡塞尔把"意义"作为突破认识问题的切入点,进而认为获取"意义"更为重要,它是更为根本的东西,人可以通过"语言"加以表达,但是,这种表达会因人而异,是主观的。所以,"意义"的表达就与人的主体性相联系,人对意义的不同表达,反映着人的认识与"意义"以及人自身固有的思想方法密切相连。

胡塞尔正是在这一意义上提出了体验问题。他在《逻辑研究》中对体验概念作了这样的定义:"只要感知、想象表象和图像表象、概念思维的行为、猜测和怀疑、快乐和痛苦、希望和恐惧、期望和意愿等等在我们的意识中发生,它们就是'体验'或'意识内容'。"③ 体验是"意识中发生的",区分体验不是对对象的直观描述,而是需要对对象进行判断,区分对对象的感知与对象本身具有的客观属性之间的差异。比如"红色的花"。红色是花所具有的客观属性,人对"红色的花"的体验,感受到的是一种"红色"的存在,这说明人与红色的花之间有两种可能性:一是说明人完成了对红色的花(客观事物)的认识,即认知到人面对的客观事物是"红色的花";二是人从认识到"红色的花"这一客观事物中获得"红色"的感觉,但是,这种"红色"的感觉,可能是基于对红色的"感知",而不是对"红色"的描述与评价。如果只是"感知"到红色的花,那只是认识,有助于积累经验,形成知识,但缺乏对"红色的花"的情感依恋或价值评判。在此基础上,如果能够进一步从感知到评价与反思,这便是人的体验。

很清楚,胡塞尔论及体验,是要说明人对外界事物具有一种意识建构能力,而且这种建构活动,不仅仅是对客观事物的客观描述,因为这只是说出了客观事物的状态或属性,而且是作出一种判断与评价,是人运用自身已有的知识、情感、价值观、道德立场等,对感知的客观事物(对象)的重新建构。如此我们就能够理解这样的现象:在国内不少的旅游景点,经常能够看到"某某到此一游"之类的"留言","一游"表明"某某"经历过此地、来过此地,仅经历而已,也就是仅仅是认识了"此地",它并不能反映是否已经了解"此地"、理解"此地",更不是用自己的语言、思想解读"此地"。

在这一意义上,胡塞尔说"体验"是让事物显现而不是认知事物。"显现是被我们体

---

① 〔德〕汉斯—格奥尔格·伽达默尔(Hanns-Georg Gadamer). 真理与方法(上卷)[M]. 洪汉鼎,译. 上海:上海译文出版社,2004:85.
② 徐友渔,周国平,陈嘉映,尚杰. 语言与哲学——当代英美与德法传统比较研究[M]. 北京:生活·读书·新知三联书店,1996:121.
③ 〔德〕埃德蒙德·胡塞尔(E. Edmund Husserl). 逻辑研究(第二卷第一部分)[M]. 倪梁康,译. 上海:上海译文出版社,1998:382—383.

验到，它们隶属于意识联系，事物对我们显现出来，它们隶属于现象世界。"① 所以，要重视显现的事物与体验到显现之间的关系，显现本身并不能显现出来，它是被体验到的。而体验到的显现并不是事物本身，"前者是两个显现着的事物之间的关系，后者则是个别体验与体验复合之间的关系"。②

进而，胡塞尔提出要区别于通俗所说的体验概念。比如，我体验了1866年和1870年战争。这个"体验到"意味着一组外在过程，是由感知、判断和其他的行为组成的，这些过程成为对象性的显现，而且它是与经验性自我有关的客观存在的客体。而胡塞尔所强调的"体验"，虽然同样要把具体事物作为体验的对象，但是，它更强调自我意识所体验的东西，即体验不仅是指个体对某物的感受，而且包括对某物感受的当下化，达到显现某物的目的。

这样，至少两方面体现着胡塞尔重视"体验"的意义。一是对人的主体地位的再思考。人要成为主体，不是笛卡尔式地把"我思"作为决定主体的本质因素，也不是像莱布尼茨那样把人看做是单独存在的原子式的主体，决定主体的本质因素在于人对对象物建立互动关系，体验则是对这一关系实现的一种表达。二是"体验"呈现着人的主体能力，即"意识构造力"。因为对象物总是客观存在，对人而言，是被给予的，人不仅要感受对象物，而且要对感受的对象物进行重新谋划、取舍。"'我们的'知觉只通过对物的纯侧显作用本身才能达到物本身……而且从空间物（甚至在最广义上包括'被视物'）的本质中可得出的是，那样一种存在必然只能通过侧显在知觉中被给予。"③ 这种"知觉"并不是日常生活中常见的那种感官的接触、触摸，接触与触摸只是表明意识到了对象物、指向了某物，而胡塞尔强调它是一种"知觉构造能力"，目标不是去描述事物，而是描述事物本身如何显示出来（Dasein如何显示）。这种意向性构造能力包含四层含义：一是在意识生活中必须区分实项的内涵和意向的（非实项的）；二是被意指的对象（意向相关项）是一个可能多层次综合的结果，在这种综合中，繁多的意向活动聚合为一个对象意识的统一；三是围绕着被意指的对象，它是一个由非课题的一同被意指之物所组成的视域；四是指意识对被意指对象的自身给予或自身拥有的目的指向性。④ 下面的一个例子就能说明胡塞尔意向性概念的用意。⑤

意向　表　　象：黄河的表象（意义）
　　　 判　　断：中国的第二大河（意义）　　　黄河（对象）
经验　审美感受：祖国母亲（意义）

上述例子中，如果按胡塞尔所说"体验是意识构造能力"的观点分析，"黄河"是感知对象，可以通过认识关系肯定事物存在（黄河），这只是日常生活中所理解的"体验"关系，即认识了"黄河"、感知了"黄河"，"黄河"是作为一种客体被人所认识到的对象物。因此，后面两个步骤更能体现认知主体对认知对象（黄河）的知识、情感、道德、审

---

① 〔德〕埃德蒙德·胡塞尔（E. Edmund Husserl）. 逻辑研究（第二卷第一部分）[M]. 倪梁康，译. 上海：上海译文出版社，1998：385.
② 同上.
③ 〔德〕胡塞尔（E. Edmund Husserl）. 纯粹现象学通论[M]. 李幼蒸，译. 北京：商务印书馆，1996：119.
④ 倪梁康. 胡塞尔现象学概念通释[M]. 北京：生活·读书·新知三联书店，1999：250.
⑤ 尚杰. 胡塞尔的意向性概念[J]. 云南大学学报（社会科学版），2006（5）：20—30.

美等多方面的再加工，即通过判断与审美感受而显示黄河的意义。而把这些方面汇聚在一起，则是胡塞尔关注的"体验"。

四、从现实的人出发理解体验教育

上述简略陈述了不同历史时期不同思想家对"体验"的认识，从中发现不同思想家关注体验问题的共同旨趣，试图为人的主体地位的确立寻求合理性的根基，这为理解"体验"给予学校教育的意义提供多维度的视角。

古希腊思想家把超越现实个体的普遍性因素确立为人的存在的合理性依据，近代以来，人类克服宗教中"上帝"观念的束缚，从人自身的内在因素寻求人的主体性建构的理由，诸如人的潜能、理性等，作为自我存在、自我确立、自我发展、自我实现、自我救赎的根基。不论是文艺复兴时期的人文主义教育思想，还是启蒙运动的浪漫主义、自然主义教育思想，以及此后的要素主义、实用主义教育思想，一条非常清晰的教育思路是把个体看做是具有潜在理性能力的人，教育的目的在于启蒙，在于让每一个人成为合乎标准的理性主体。这样，受教育者变成是体验和理性思维的综合体，体验的意义与价值在于利用与激发自身的理性思维能力，找到一条通过求知以认识世界的路径。这一点是胡塞尔解释"体验"的核心。

事实上，教育塑造人的主体性，使之成为主体的人，这并没有错。然而，主体的成长，要依赖理性达到完善自身——比如获得知识、积累社会道德价值观念，但这一切都局限于人的认知领域——如果说对人的发展产生影响的话，主要是指人的认知能力的改进与改善。这样的理解思路，被称作是教育的认识论思路。如果坚持认识论思路，就会影响受教育者的成长，比如"书呆子"现象，核心问题是"有知识"但缺乏变革社会实践的能力。对此，有研究者提出了批评："如果理解为独白式的，则是子虚乌有。……我自己的同一性根本上依赖于我与他人的对话关系。"① 对此的批评是有意义的，但是，批评主体性确立的途径在于与"我与他人"的对话关系，局限于"意识形态"与"观念领域"，停滞在人的"自我意识"，显然没有揭示主体存在的社会基础。这一点多尔迈说得很清楚："在现代哲学用法中，'主体性'或'思维实体'往往主要是作为理论意识（甚至是先验意识）的一个同一语而出现的，因此人们把它解释为一种认识论的前提。然而，至少是从社会理论和政治理论的制高点来看，'现代性'似乎不单具有其对认知——认识论的自我之依赖性特征，而且也具有它关于实践主体或行动主体及人的主体之特征"。②

因此，提升人的主体能力，应该强调增强人的实践能力的重要价值。"体验"也是在此意义上使其从改善人的认识能力发展到增强人的生存能力。认识到生存，意味着理解体验及其学校教育思想方式的变革。因为生存的本质目标在于提高人与现实社会生活的交往能力，使人能够凭借自身的知识与技能确立自身的独立存在地位，从而承担促进社会变革与自身变革的职责。正如马克思指出把人返回到现实的社会生活中才能理解人的问题。

---

① 〔加〕查尔斯·泰勒（Charles Taylor）. 现代性之隐忧[M]. 程炼, 译. 北京：中央编译出版社, 2001：54—55.
② 〔美〕弗莱德·R. 多尔迈（Fred. R. Dallmayr）. 主体性的黄昏[M]. 万俊人等, 译. 上海：上海人民出版社, 1992：2.

"社会不是由个人构成,而是表示这些个人彼此发生的那些联系和关系的总和",[①] 这些"生产关系总合起来就构成为所谓社会关系,构成所谓社会,并且是构成一个处于一定历史发展阶段上的社会,具有独有的特征的社会"。[②] 马克思从社会维度把握人的存在与发展的本质,把人与社会的关系确定为考察人的主体地位的现实基础。这样,人要成为社会主体,"既不是从个人的意志,也不是从个人的直接本性中产生的,而是从那些使个人已成为社会的个人,成为由社会规定的个人的历史条件和关系中产生的"。[③] 这就是说,个体从自然人成长到社会人,成长为社会主体,既需要发挥个人内在的潜能,完善个人的内在素质,又需要发展人的社会交往能力,培育人的社会责任感与历史使命感。

可见,在马克思的视野中,完善个人内在素质,培育社会交往能力,是相辅相成、不可分割的关系。而这种"相辅相成"关系的实现,则是以人与世界交往关系的确立为前提。所以,着眼于人的社会本质的维度,以人与世界交往关系的建构为着眼点,是考察人的发展秘密的思想方式,由此也明确要求,人的存在与发展的本质特征把握体验的内涵及意义,是认识体验及体验教育的基本要求,从中确立了现代学校教育坚持学生为本的发展思路的理论前提。

人的发展,实质是人不断理解自己、理解周围世界的动态过程,是人与世界的交往过程。人确立与世界的交往关系,不仅获得关于自己或周围世界的科学知识,而且改善了人的心智、情意等主观因素。以这样的观点理解体验,体验是人自身生成、变化得以实现的媒介,用哲学的语言说,体验显示了人的生成性特点,它表示人在现实世界中,通过与周围世界的交往,反思世界、反思自身,改造着人的感官和人本身,还创造和形成着人与人之间的各种联系,促进了人的成长。

可以说,人的成长,通过感官的触摸或观看,以及通过言说等多种交流方式,与外在世界建立交往关系,这种交往关系,既是人的身体、人的感觉器官与外在对象直接接触的过程,又是人的主观世界与客观世界相互交融的过程。通俗地说,人与外部世界交流的过程中,不断地接受各种信息,综合信仰、价值、情感、知识等个体内在因素,学会反思、比较、判断并行动,是社会信仰、价值及知识与个体原有的信仰、价值、知识等因素进行互动、冲突、融合与整合的过程。

按这一思路理解学生的体验,就不会理解成是抽象的意识活动或纯粹的"精神观念"的活动,而是学生与周围世界及自身建立的认识、反思关系,即建立了决定学生日常生活中一言一行的最基础的生存结构——"意向性结构"。意向性结构是指体验是体验者与体验对象建立互动关系的过程,是人对一定对象的体验,但在尚未被人作为体验对象时,对象是客观的,是事实的存在状态,而一旦人与此建立互动关系,人既在感知事实,又在理解事实,不仅要用脑思考,甚至要依赖身体,与身、心、灵都有关系,这样,得到的不仅是 to know what、to know how(了解是什么、如何做)的知识,更是 to know why(了解为何做)的知识,这样的知识是整体的。

由此可说,任何个体的"体验"都涉及这样三方面:体验者、体验对象、体验结果。

[①] 马克思. 经济学手稿(1857—1858)[A]. 马克思恩格斯全集(30卷)[C]. 北京:人民出版社,1995:286.
[②] 马克思. 雇佣劳动与资本[A]. 马克思恩格斯全集(第6卷)[C]. 北京:人民出版社,1961:487.
[③] 马克思. 经济学手稿(1857—1858)[A]. 马克思恩格斯全集(31卷)[C]. 北京:人民出版社,1998:351.

例如，教师在课堂上说，丝绸是中国的特产。这里，教师揭示了一个事实，即教师呈现给学生的是事实性知识，学生通过听教师讲解、自己熟记、背诵这一知识点，了解并记住了这一知识点，掌握了这一客观知识。这样的教育活动，是知识传授活动，它的结果使学生得到了知识，但是，它仅仅让学生获得了具体的客观知识与客观事实（比如了解了"丝绸是中国的特产"）。显然，教育的目的远不止这一点，肯定要求学生在掌握知识点的基础上，能够领会什么。这种领会，既要使学生获得知识，又要引发学生价值、情感的变化，调节学生的精神生活。

因此，关注学生"体验"的意义便很清楚了，因为"体验"统一了事实与价值两方面的活动。正如胡塞尔曾用一个例子作了生动说明。他说人用右手触摸左手，感觉左手只是"物理的东西"，但与此同时，只要人动用一下情感，就会出现一种奇特的结果："现在我的左手也在感受我的右手，它就是有生命的，它在感觉。物理的东西获得了生命，或更准确地说，它保持为它原先之所是，事件没有使它变得丰富起来，但一种探索性的力量停留在它上面或栖居其中，因此，我触摸到了触摸，我的身体完成了'一种反思'。"① 身体、与身体相交往的对象物已经不是纯粹的客观物质材料，是人进行感觉、反思的"主观的客体"，因此，建立这样的交往活动，能够理解人与对象世界的交往关系，既需要依赖人的感官的感知，比如触摸某一物体，首先是通过感官与对象接触，得到的是感觉。其次要从感觉阶段进入判断阶段，可以凭经验完成，或者是凭科学知识，或者是凭借人的情感、价值观、信仰等等，但是，在日常生活中，要准确地完成判断行为，要提升判断水平，需要人把经验、知识、价值观、信仰、情感等方面内容相互融合在一起，所以说，人的活动是丰富的、复杂的、综合的。

这样，讨论体验，不可能脱离人的活动本身，否则只能把"体验"说成是人的"超验"活动。麦金尔太已经作了批评："理性的本质就在于制定普遍的、无条件的、具有内在一致性的原则。从而，合乎理性的道德所规定的原则能够也应该被所有人遵循，并独立于环境和条件，即能够被每一个有理性的行为者在任何场合中前后一致地遵循。因而，对一种准则的检验也就易于设计了，我们能不能一致地愿意每一个人都永远遵照它行动？"② 麦金尔太批评道德教育理性化、抽象化导致的问题，这对反思脱离实际成了抽象的教育活动也是富有意义的。所以，强调体验，实质就是强调人与对象物的互动，它渗透着人的思想、情感、知识与技能。这种互动过程，不只是观察关系、认识关系，也是人反思自身的活动，在反思中，人品味着自己的情感、生活，获得对自己生活的某种理解。

这样，教育重视学生的体验，实质是通过对日常生活的体验，慢慢地使学生体会到个体是在社会生活中成长与发展，个人的生命活动其实是社会性的成长过程，不可能脱离社会、群体、对象物而得到成长发展，这说明人是一种意向性的存在物。因此，教育重视体验，其实是关注学生在日常生活中形成的意向结构，要让学生意识到与周围世界交往活动的方式、向度和敏感性，既要使学生自觉地体验日常生活世界，不仅得到知识、发展技能，而且更根本的意义是促使自身对存在于世的生命本身的不断感悟，反思与关注人在世界中的意义，关注人与周围世界的和谐关系的构建，实现人的主体性。在这个意义上说，

---

① 〔法〕莫里斯·梅洛—庞蒂（Maurence Merleau Ponty）. 哲学赞词 [M]. 北京：商务印书馆，2000：151.
② 〔美〕麦金尔太（Alasdair Mac Intyre）. 德性之后 [M]. 北京：中国社会科学出版社，1995：59.

可以辨析以往对体验教育的认识误区。主要集中在三方面：①

（一）从语词的角度分析体验教育

认为学校教育不仅向学生传授知识，让学生掌握科学知识，培养学生的谋生技能，而且，学校教育更应培养学生热爱生活的情感，提高学生审美的品位，帮助学生过上幸福的生活。因此，有研究者认为，除了强调知识教育、技能教育外，还必须重视体验教育。体验教育与知识教育、技能教育不一样，它不是以人的理性作为决定教育活动的第一因素，而是发挥学生的日常生活感受、情感等因素在教育中的作用，突出人的感受性、人的感性因素的教育价值，甚至是把教育看做学生个人生活经验（私人经验）的翻版。②

（二）从教师与学生所处地位的角度分析体验教育

认为教育过程只强调教师的作用，学生就处于消极被动的地位，不利于学生创造性的培养。提出体验教育，就是要促进师生双方互动，吸引学生主动参与教育过程，目的是改变由教师控制课堂教学、独占课堂教学话语权、采用灌输训导式教育的教育模式，采取有力措施促使学生积极主动地参与学习，激发学生的学习积极性，提高学习效果。

（三）从教育方法的角度分析体验教育

指出体验教育是一种通过受教育者主动参与、反思利用自身已有经验进行教与学的教育活动，目的是克服传统教育方法把知识传授变成知识灌输的局限，倡导教育过程中激发学生的个性、天性，而这一点只有使学生积极参与才能实现。这种观点比较早的代表是自然主义的教育思想。自然主义、泛爱教育的一批代表人物强烈地批判中世纪教育压抑儿童天性，认为教育不仅要关注儿童的理性生活，而且要使儿童在教育中感受幸福与满足。这种认识到了19世纪初，对忽视儿童个性需求的教育被当做是传统教育而加以批判，"传统教育"中的儿童被当做是"知识的容器"，儿童在受教育过程中没有感受到快乐与乐趣。

关于体验教育的不同观点，虽然理解角度不一样，但是，共同目标是质疑教育中存在的问题，要消除没有生气的压抑学生主动性、创造性、个性发展的教育，这是有积极意义的。不过，这些观点只是提及了克服教育问题的某个方面，因而，有人提出完整把握体验教育的要求。

对此，必须分析清楚三个相关问题：谁在体验、怎么体验、体验什么。无疑，体验是人的体验，只有人才能经历体验，才能说出个人的体验与感受。因此，理解体验的本质特征，必须正确理解人以及人的活动。对人的不同理解，就会对体验产生不同的认识。这在思想史上已有表现。比如把人理解成是先验精神或观念的存在物，体验就纯粹是意识的、观念的变化，甚至导入神秘主义的泥坑，这是先验论的路线；如果从经验论观点理解人的体验，体验等同于人的自我经验的一部分，对体验的复述、表白，只是自我感觉、自我经

---

① 通过对近期体验教育研究的论文发现，强调体验教育的基本出发点是认为教育必须关注受教育者个人，检讨当前教育中的问题，从理论与实践两个维度指出教育问题产生的原因，是与近代以来理性主义、主知主义教育的指导直接有关。遵照这一理解思路，近期对体验教育的认识主要着眼在如何关注个体在教育中的地位，但是，"体验"本身是否合理缺少关注，换言之，首先要论述人的体验是否合理，进而论述在教育中是否合理，这样才能讨论教育需要体验。如研读这些论文能得到如上的体会。高伟.体验：教育哲学新的生长点[J].湖南师范大学学报社科版，2003（2）：3—8；王攀峰.试论走向生活体验的教育研究[J].教育科学，2003（5）：15—18；韩淑萍.体验：教育的生命[J].中国职业技术教育，2004（2）：12—15.

② 如刘惊铎的《道德体验论》（人民教育出版社，2003）一书，针对主知主义道德教育范式，提出体验是道德教育存在方式的基本观点，其实是区分了道德教育的不同类型。

验的陈述与描绘,直白地说,是人的感官经验的"复写"。这些认识体验教育的思想路线,主要区别是把人理解成是"先验的我"或"纯粹经验的我",在他们看来,人是一种"实体"(经验的或观念的),体验是人的"经验"的累积与再现,是"主观的、经验的"活动。自然的,有观点就据此提出要反对体验教育,认为讲体验教育就是在宣传教育中的主观主义,与教育的科学性原则发生冲突。

其实,学校教育转向对人的体验的重视,要把握五个方面特点:

第一,体验教育的主体是受教育者与教育者。

体验的范围或对象不限于每一位师生个人日常生活的亲身经历,它可以通过了解别人的生活经历获得某种感受,也可以是从某种世界观或教义中得到体验的源泉,但必须是自身参与。而这种参与,既包括学生,也包括教师,教育的任务是怎样使教师的体验与学生的体验做到融合。

第二,体验教育特别强调让学生在复杂的生活事件中进行判断。

人们对体验教育有一种误解,认为讲体验,就是要让学生完全进入真实的社会生活中,事实上,这是做不到的。但是,在教育过程中,可以根据学生的认知与价值判断能力等特点,为学生提供生活事件,设计相应的矛盾情境,使学生在矛盾与冲突中进行辨析,目标是让学生学会思考自己、思考人与周围世界的关系,既能习得科学知识,又能学会与周围世界的交往,懂得"生"的意义,但必须强调这一切并不排斥知识与技能学习的重要性。

第三,教师必须提倡各种措施、方式,创设学习情境,使学生乐于体验、喜爱体验,积极、主动地进入教师设计的情境之中。

教师以传授知识为基本职责,但知识蕴涵着创造者的刻苦钻研、屡经波折的历程,即使是自然科学知识,也隐藏着前人的智慧、情感和态度,即通俗所说的科学精神。所以,教师让学生"乐"于学习,在学习中体验"快乐",不是让感官放松的乐,而是教会学生在思考中感受快乐,在积极开动脑筋主动解决问题中体会成功的快乐。

第四,要引导学生各有所"乐"。

体验教育必须建立在个体基础上,强调个体差异。因此,教师允许学生乐自己所乐,也能尊重别人之所乐,这是十分重要的。有了这一点,能够培养学生谦虚的品质,能够培养学生主动参与讨论、尊重其他人意见的行为方式。

第五,体验的目标是使学生学会思考、学会学习,理性的说法是使学生呈现主体性。

从学生自身需要与视角理解体验教育,实质是让学生通过与对象物的交往,从中收获知识、发展技能、培育价值观,最终获得意义。正如日本教育学者佐藤学所说,"学习"是"关系重建",是建构意义,构筑"关系"的实践。[①] 所以,教师重视学生的体验,通过构建教育环境,使学生用自己的知识、情感、意志去感觉、评述对象物,体现学生的自主性、创造性和预见性,不断地提升心智训练的水准,建构人的主体性。

---

① 〔日〕佐藤学说学习的活动是建构客观世界意义的活动,是探索与塑造自我的活动,是编织自己同他人关系的活动。这就是说,学习这一实践是通过"叙述"客体、自身与他人,来建构意义,构筑"关系"的实践。〔日〕佐藤学(Manabu Sato).学习的快乐——走向对话[M].钟启泉,译.北京:教育科学出版社,2004:38.

五、体验教育的要求及其实现

不管怎样认识教育的社会功能与个人功能，教育活动的出发点是现实的人，这是无可指责的。[①] 现实的人是教育的出发点，而现实的人不是观念或思想的"化身"，替"现实的人"举办各种教育活动，需要依赖观念或精神交流，通过教育活动，需要变革受教育者的观念与精神信仰，确立教育者所期待的观念与精神信仰。但是，这只是教育活动的一部分内容（或者说是任务），它并不是教育目的本身。教育目的是实现人的全面发展。

所以，教育活动必须注意这样的事实：人是在现实的社会关系中实实在在地生活着，它既包含着人的精神生活（如宗教、道德、审美等等），也包括人的物质生产活动（如从事工业、农业的物质生产等），不管是精神生活，还是物质生活，其共同点是人与世界（包括人所处的外部物质世界，也包含着人的内部精神世界）建立对象性的交往关系。

结合人在现实的社会中生活、工作的基本特征，可以将人与世界的交往关系概括成这些内容：

（一）感知自身

在现实的日常生活与学校教育活动中，受教育者是第一参与者。任何一项教学内容，只是呈现在受教育者面前的一堆知识材料，需要受教育者积极参与、主动接受。但主动接受不能像饿汉狼吞虎咽食物那样吸收教学内容，饿汉只是吸收了食物、填满了肚子，在"吸收"（吃食）过程中缺少比较、选择与判断，虽然吃得很多、很快，但依然是被动吸收。所以，经常能够听到教师向自己提问："这一点学生听懂了吗？会做了吗？"学生也会问自己："我懂了吗？"提出类似的问题，已经不是"饿汉（学生）"对"食物（教学内容）"的态度，不是看做"我"必须吸纳的"食物"，而是"我与食物"的关系，我要思考这是否是我需要的"食物"，"我"总是带着一定的思考去朝向"食物"，与"食物"建立关系。

这一生活中的常例揭示了一个浅显的道理：任何一项活动，都需要自己亲身的参与，自己将自己当做思考的对象。只有这样，个人才能逐渐地意识到让自身独立活动的地位与价值，意识到自己需要与外界事物交往的过程中获得成熟与发展。因此，教育的重要任务是让学生对自身有一个正确的态度，客观地认识自己的能力、评价自己的处境，能够"处置自己"。

其实，这一点深受中国传统教育思想尤其是儒家教育思想的重视。孔子反复告诫"吾日省三身"、"三人行，必有我师"，一方面，它强调个人与群体是教育过程面临的基本的人际关系，这是所有教育者、受教育者都必须面对的；另一方面，它要求个体主动地融入到这些人际网络之中，而融入，是强调对交往对象认真思考与评析，不能盲目跟从，这一点被看做个体避免受外界干扰获得自身独立自主地位的基本要求和有效途径。

（二）感知物质性的对象物

生活在世上的任何一个人，都是唯一的、独立的，是别人不可替代的。肯定人的唯一性特征，并不是说人可以脱离外部的物质世界也能够生存。其实，物质生活资料是人之生存的基本需要。人要通过自身的活动与自然界建立关系，获得物质生活资料。对自然界的

[①] 舒志定.现实的人：教育的出发点——马克思教育思想当代价值的一个视角［J］.教育史研究，2003（1）：82—88.

认识与改造,是人类特有的本领。但人与自然对象进行交往,一方面人会以自身的需要不断地控制自然、支配自然,另一方面,必须明确,人不能无条件地成为自然的主体,否则会遭遇自然的报复。所以,使学生不断地体验与对象物的关系,既有助于学生认识到人的主体地位确立的条件,认识到人的价值是在认识与改造对象物的过程中才能实现,又要让学生明白人与对象物的交往关系是平等的,是权利、责任、义务的统一。

（三）感知信息，识别错误信息

现代社会是信息社会,符号充斥在日常生活之中,学校教育更是与符号建立了密切的关系。教会学生识别错误信息、抵制符号污染特别重要。

符号有利于人际交往,但是符号的人际交往功能出现了负面现象,是影响良好人际交往关系建立的障碍或陷阱。德国的罗兰·波斯纳称之是符号污染,并就此作了分析。他认为每一个符号过程都包括下列要素：发送者、接收者、语境、渠道、符号物、信息以及具备其能指和所指的代码。而这些资源中每一个要素都有可能被污染。比如人们一早起来查看邮箱时,却发现他们的重要邮件被淹没在广告信件的海洋里；是真是假、是对是错,很难分辨。

对符号污染的危害,罗兰·波斯纳说它危害了工业化国家人际交往的基础；它发作缓慢,不可探测,一经发现,已经为时已晚,几乎无法再去弥补损害；那些符号过程的初衷是为了使人际交往更加便利,但自相矛盾的是,最终恰恰是它们阻碍了人际交往。①

因此,教育学生如何正确辨别信息,积极主动地获取有益的信息,已经成为教育的重要使命。基于这一点的认识,不少国家、地区、学校都十分重视对学生的信息安全的教育。比如台湾在20世纪90年代初就提出开展信息素养教育的基本构想,指出信息素养教育的目标不是培养学生掌握获取信息的技能,而是要求具有信息的基本素养。这种情况在网络时代尤其重要。②

（四）感知他者

教育不可能脱离社会环境成为空中楼阁,教育必须关注学生的社会化,让学生进入社会、感受社会,成为社会的合格公民。要使学生能够感受社会,最基本的一条是要学会正确认识与评价他人。然而,在当前学校教育中,学生能够与他人建立交往关系,不是一件容易的事。如《新华日报》2004年8月10日报道,只有五六岁的两兄弟街头迷路,居然不要路人帮助,也不和路人搭话,"打死也不说",坚决要自己回家。其理由是："我们是怕被人拐卖了！"

这是因为,在日常教育（特别是家庭教育）中,我们常常告诫孩子："不要和陌生人说话。"看看,这就是教育所取得的显著成果！两个才不过五六岁的孩子竟然对整整一条街的人都失去了信任,这不能不引起我们的深思。

孩子拒绝和所有路人搭话这个举动,说明"不要和陌生人说话"的教育并没有教会孩子如何识别"好人"与"坏人",而是告诉孩子"一刀切"地把所有陌生人归入"坏人"的行列。这么做看似是为了不让孩子上当受骗,实际上是让孩子用充满怀疑和否定的目光看待世界,一遇到陌生人就已经在心理上将之一棍子打死！

---

① 〔德〕罗兰·波斯纳. 符号污染：对符号生态学的思考[J]. 国外社会科学, 2004 (4)：7—11.
② 舒志定. 网络视域中的教育合法性问题[J]. 教育科学, 2002 (5)：45—49.

实现人的全面发展，是我们的教育目的。但是，对于怎样理解人的全面发展，有不少争论。其实很简单，要使人获得全面发展，最基本的一点是使人确立与增强自信。自信不是孤立自己，有自信的人，也会对别人及社会充满着人道的关怀，把一切都看做是阳光的、富有童趣的。

当然，社会存在着邪恶的现象，这是无法回避的事实，学校教育也不能回避。但作为学校教育，不是去关注社会生活中有没有罪恶这样事实性的话题，而是思考如何去寻求救援的途径，比如上例中就涉及这个问题。其实，老人、警察、学校的老师、宾馆的服务生等等，这对迷路的小孩来说，都是可供选择的问路对象。我们不能仅仅教给孩子一个肯定或否定的答案，而是要教会孩子解决问题的方法，有些时候，这种方法就是在回答人生的大课题，人生并不是虚无的幻觉，到处都面临着问题，需要我们去寻找答案。

（五）感知崇高（如观念或神圣体）

在希腊教育思想中，教育目的是使人变得喜爱和谐优美、崇尚善与正义。但是，近代以来，过度张扬科学与理性，传授科学知识是教育活动的主旨。然而，除了可以观察、可以陈述、可以证实的科学知识外，还存在着不能被证实、难以被感官观察到的"经验事实"，比如德性观念、审美观念等内容，同样是学校应予重视的教育内容。有学者描述了这样的教育经历："去年，我院综合艺术系的一位德籍教授上了一堂有趣的摄影课。数十名学生被带到西湖边，闭上双眼，冥会烟波浩渺、山色有无之象。这种无视之观，是一种屏除目之所及的观照，一种'应会感神'，一种非景观化的、以身心相付的亲历和亲证。在这里，我们所触发的不是可分解还原的信息或者可教可学的知识，而是一种生存论层次上的遭遇与经受。"[①] 这样说并不是抽掉了教育活动的科学性而宣扬教育的神秘化，其实是反对对教育科学性原则的僵化理解，揭示教育怎样与人在日常生存活动中最基础东西的接近，它不是人的理性，也不是人对"肉身"的放纵，成为凭身体、凭感官生存的"新人类"，而是强调人在世上的整体生存，即身体不是器官的构造，精神也不是抽象的存在，而是达到身心的和谐，能够用理智追求生命价值，对生命价值作理性思考，进而理性地感受社会、人生、自然的庄严与美好，从而度过平凡而又崇高的一生。

对这个问题，尼采有过评论。尼采指出，人的精神仅仅是与解释过程有关，在这些过程中感觉的刺激以合适的形式得到加工。这种加工分为两种形式和阶段：第一种是用图像进行解释，这种解释通过创造比喻世界而告终，另一种形式是通过抽象的概念进行解释，这些概念的后果是破坏原先的比喻。面对形象的比喻，概念是僵硬的、抽象的公式，这些公式破坏了最早的现实经验的活动性。[②] 但尼采不是否定道德对人的意义，相反，他要求从生命存在的前提来阐述道德、意志的价值，以生命的立场发现"道德的国度"。因为生命不是想象出来的，但生命寻求道德的价值，不是解决生命怎样活的技能问题，而是要切实解决生命的意义与价值问题。

伽达默尔则从解释学转向的视角，总结了不同于实证方法的人文精神对于科学的内在价值。伽达默尔把这种语境方法称为体验，认为体验就是特定语境中与主体当下的背景信念、价值取向、时空情景相关的颖悟与认同。在他看来，真理既是此在的无蔽与澄明，那

---

① 许江. 大学的望境——论大学的建造与"大学"精神［J］. 读书，2006（8）：135—143.
② 〔德〕费迪南·费尔曼（Ferdinand Fellmann）. 生命哲学［M］. 北京：华夏出版社，2000：49.

对它的解蔽就要靠一定的机缘与它贴近。在这里，起决定作用的不是普遍法则，而是具体情境（situation），人们通过体验"走向事实本身"。

由此观之，培养人追求崇高、向往崇高的理想，获得善与美的修养，仅仅依赖崇高知识的传授是不能解决的，它是与个人相关的私人性的"经验"、感受，也正是由于它的私人性，一方面要依赖个人直接的参与，另一方面迫切需要学校发挥激发、引导的教育功能，将个体对崇高体验的私人性与建设社会文明的公共伦理得到统一，进而实现教育的社会价值。

上述从五个方面讨论了学校教育值得关注的学生体验、感知的内容，这五个方面是相互联系着的。对象物的感知、他者的感知，与感知自身是统一的。个体的我不是孤立地存在于对象物与他者之外，相反，正是由于他者与对象物的存在，才谈得上个体是独立存在的。

而感知崇高，则是人对精神生活的向往。尤其是现代教育，不仅仅是要传授先进的科学知识，使受教育者更好地在社会上谋生，而且要引导学生追求超越，向往崇高，向往着各种可能的生活。这一点，课程专家布卢姆早就强调教育要满足人的认知、情感、动作技能和人际技能学习的需要，认知只是其中的一部分内容。

因此，作为学校或教育者要积极地创设环境，引导学生学会体验，提升体验的层次。

1. 要培养学生形成不断反思日常生活、日常学习经历的习惯

体验是人的意识活动的重要特征，但不是像白日做梦那样纯粹的"意识"活动，而是以自身的日常生活、学习活动为对象，是对此的反思。因此，引导学生注意反省、学会反省，培养学生独立思考与判断的能力，才能丰富学生的体验经历，提升体验的层次。

为此，教师要寻找合适的反思材料，为学生准备有意义、有价值的反思内容，明确反思主题，逐渐深化反思主题，激发学生学习积极性，改变学生处于被动接受知识，被动学习的状态。其次，教师要安排适当的时间，使学生有时间进行反思。因为学生完成任何一次学习任务，都需要自己独立思考，或者与同学进行讨论，或者联系自己过去的学习经验进行比较，这都需要一定的时间，教师应给予一定的时间保证。

2. 教师要培育有效的学习团队，组织学生在群体中体验

学生学习，不仅仅是个体学习书面知识的能力，还包括向其他人群学习的能力，因此，通过人与人交往，促使学生获得并不断发展学习能力，这是教师必须要注意的。组织学生合作学习，教师也要根据学习内容，不断地扮演各种角色，检查各学习小组的活动情况，积极规范学生讨论主题，引导学生的思考路向，营造学习氛围，使学生自觉地学习与反思。因此，作为教师，第一，要观察与分析学生个人学习的动机，以及对知识与事物接受的态度、方式；第二，要明确团队学习的目标，制订每一个团队的学习计划；第三，定期进行个人与团队学习的考核、评估、鉴定。

3. 教师必须积极引导高尚的生活信念与价值理想

通过组织学生观赏高雅的音乐会、画展以及阅读名著等方式，既扩大学生的知识面，拓展视野，又能够使学生体验崇高与意义，教会学生不断思考人生的终极意义，使学生在学习生活中感受愉悦与幸福。但是，引导学生接受高雅艺术时，要以学生已有的欣赏水平或接受能力为基础，一点一点地提高学生品味艺术的水准。

4. 教师要改革与调整教学组织方式、教学方式

对中小学生来说，容易接受具体的、感性的学习内容，而对抽象的知识学习则会显示缺乏兴趣的现象。教师通过教学组织方式或教学方式的变化，有助于学生感受学习内容的新奇与乐趣。比如有教师在讲授《建筑——凝固的音乐》这篇说明文时，运用开放式教学思路，带领学生来到江南园林古猗园，让学生感受古猗园的亭台楼阁、曲径荷池、假山翠竹，在具体的建筑环境中感受建筑的美，建筑的艺术。[①]

5. 教师要适当安排有一定难度的学习内容，使学生遭受挫折，让他们在挫折中学会思考、促进成长

人贵有自知之明，但自知之明如何形成与培养？时下教育界比较鼓励对学生进行"赏识"，因而提出所谓"赏识"教育。不能否定，"赏识"学生，有助于学生增强学习自信心，激发学习兴趣。但一味强调"赏识"，未必是一件好事。因为学生生活在社会之中，社会面临着各种竞争与困难，它不仅需要知识、能力与技能，更需要学生学会面对挑战与困难，在每一次的失败中总结教训，使学生在挫折与困难中学会了解自己、欣赏自己，不失是一种有效的策略。因为面对挫折，学生会出现各种心理变化，也是对自己的能力、自信心的挑战，而每当发生这种情况的时候，学生已经进入反思、体验的过程。

---

① 谈芝佳. 强化学生在说明文学习中的情感体验 [J]. 新教育探索（教育参考编辑部），2004（4）：79—80.

第五章 教师与价值观教育

　　价值观教育是学校教育的重要任务,它决定着学校教育的发展方向以及人才培养的质量。世界教育改革聚焦的议题以及实施改革的理论假设与此有关。如果说 20 世纪 70 年代是"行为取向"的改革思路,重视教育教学效率,80 年代是"认知取向"的教育改革思路,重点强调学生自己创造知识和建构意义的能力,目标是消除"教师为中心、教材为中心、课堂为中心"的教育模式,倡导学生动手"做"以及探究性学习。而从 90 年代早期开始发生很大变化,即从关注学生知识学习转向培育学生道德素养、社会责任感,提出社会责任取向的教育改革立场,目的是把学生培养成更富有同情心的世界公民。[①] 如果依此观点,改善学生的道德修养及确立主流价值观,是把"社会责任取向"确立为学校教育改革的核心主题。如此就提出如何有效实施价值观教育的重要课题。

　　然而,社会环境变迁挑战与考验着学校的价值观教育。当前,全球化是不可回避的事实。全球化的重要特征是世界快速、广泛、深度的相互联结与交流,包括政治、经济与文化活动以及人员的流动,它已经成为影响学校教育改革与发展的社会因素。

　　全球化对学校教育产生的影响是多方面的。特别是它挑战了以国家为边界的学校体系,挑战的议题并不是讨论哪一个国家的学校体系最为完善,而是如何使各国学校传播世界主义、普世主义、民族主义等价值观念,培育学生成为超越民族与国家立场的"世界公民"。[②] 这需要慎思全球化时代的重要文化立场。即要求各种文明实体及其文化理念都有自己的生存权利,形成多元文化主义(multiculturalism)的文明格局。[③] 因而,推动或融入全球化发展进程,既要寻求不同文化与价值观的对话与交流,求同存异,又要避免因多元文化与价值观的交流造成传统文化价值观的混乱与失落,尤其是对经济、政治、社会发展处于劣势的国家或民族而言,多元文化主义的立场诱发了争取自身生存权、传承自身价值系统的困难。[④]

　　受全球化的驱动,一方面强调不同文化与价值观的对话与交流,求同存异;另一方面又面临着因多元文化与价值观交流造成的混乱与失落,面临着重建新价值观的困难。面对这些现象,学校教育坚持的态度与立场是:倡导社会核心价值观,积极主动吸收优质文化教育资源,弘扬与创新民族文化传统。

　　对此,一方面要明确学校价值观教育的目标与主要任务,坚守传播社会核心价值体系的使命;另一方面要分析学校价值观教育遇到的困难、原因及解决策略,实现学校完成文

[①] 〔美〕吉纳·E. 霍尔雪莱·M. 霍德. 实施变革:模式、原则与困境[M]. 吴晓玲, 译. 杭州:浙江教育出版社, 2004:25—26.
[②] 〔美〕迈克尔·W. 阿普尔. 被压迫者的声音[M]. 上海:华东师范大学出版社, 2008:271.
[③] 黄力之. 多元文化主义的悖论[J]. 哲学研究, 2003(9):36—42.
[④] 同上.

化继承、传播与创新的任务，促进学校价值观教育富有实效，更具创新精神。

一、学校要确立价值观教育的地位

多元文化现象的存在是与全球化密切相连的。全球化具有意识形态性，它试图根据一种比任何东西都更有效地服务于一些利益的新的全球想象来重新建构世界，[1] 这使全球化具有极强的渗透性和影响力。[2] 它不仅促进全球各地人员的往来，促进物质与技术的交往，而且促进异质文化之间的开放与交流，造成本土文化与异域文化的交流、冲突，使社会面临着多元价值观交融与文化认同的议题。如此使多元文化与全球化面临着吊诡境遇：一方面，全球化逐渐消除传统社会的"同构型"与"未分化性"特征，[3] 使社会走向开放与互动；另一方面，全球化引发了文化认同的新课题，避免"自身认同危机"的困难，成为全球化时代的一个核心问题。而规避"认同危机"，关键是正确理解、认同与接受文化价值观。[4]

因而，多元文化与多元文化观的冲突、交融的社会背景，向当前学校教育改革与发展提出了新要求，要求学校开展"泛文化的比较教育"、关注"弱势群体的教育"、推进"本土化教育"，[5] 切实解决文化交往与认同危机，是当前学校教育面临的紧迫课题。

不管学校教育处于怎样的社会、文化背景，都要求学校做到正确分析、认同与接受不同的文化价值理念，激发对民族文化的认同感和自豪感，自觉抵御西方文化价值观念的渗透，处理本土文化与异质文化之间的关系。[6] 这些工作的核心与基础是明确并坚持人才培养的标准。无疑，造就德才兼备、学问与智慧并举的社会公民是学校教育的使命。正如罗家伦所说："学问（Learning）与智慧（Wisdom），是有显然区别。学问是知识的聚集（Accumulation of knowledge），是一种滋养人生的原料，而智慧却是陶冶这原料的熔炉。学问好比是铁，而智慧是炼钢的电火。学问是寸积铢累而来的，常是各有疆域独自为政的。它可以吸收人生的兴趣，但是它本身却是人生的工具。智慧是一种透视、一种反思、一种远瞻；它是人生含蕴的一种放射性，它是从人生深处发出来的，同时它可以烛照人生的前途。"[7] 这段论述，指出了学校教育承担的多重功能。学校传授知识，让学生学会求知，这是学校的知识功能，它不应该替代学校的全部教育功能。事实上，学校要完成的更重要的使命是培养学生成为有智慧的人，懂得并自觉履行人生的职责与价值，使自己既有享受正当的物质生活的需要，又能主动追求精神生活的完善。

以此反思当前学校教育现状，自觉或不自觉地把学生考试分数、升学率认作是学校办学目标，结果，学校教育不是缺少"知识的教育"，而是缺失了涵养"人生道理"、培育"人生智慧"的教育。为此，要求从基础教育开始，让学生感受知识与智能、科学与人文

---

[1] 王宁，薛晓源编.全球化与后殖民批判[M].北京：中央编译出版社，1998：3.
[2] 〔美〕史蒂文森（Nick Stevenson）.文化与公民身份[M].陈志杰，译.长春：吉林出版集团有限责任公司，2007：119.
[3] 贺来."道德共识"与现代社会的命运[J].哲学研究，2001（5）：24—30.
[4] 赵汀阳.认同与文化自身认同[J].哲学研究，2003（7）：16—22.
[5] 刘世闵.全球化与本土化冲击下教育政策研究方法之趋势[J].教育资料与研究月刊，2008（83）：71—110.
[6] 于炳贵，郝良华.全球化进程中的国家文化安全问题[J].哲学研究，2002（7）：10—16.
[7] 罗家伦.写给青年——我的新人生观演讲[M].北京：中国人民大学出版社，2005：143.

的异同，启迪学生确立寻求智慧人生的理想，培养学生热爱知识、追求真理，也要培养学生热爱生活，追求智慧，避免培养"两脚书橱"、只知"死的学问"的学生。①

导致有学问而没有智慧的原因，罗家伦认为是对教育的不当理解。如果把教育理解成一种知识教授的方法与技术，关注人的认知能力的改进，这不是全面的、完整的教育。因为教育的价值就在于启发人的思想，所谓"不愤不启，不悱不发"。为此，他通过对孔子的"毋意、毋必、毋固、毋我"的观点的分析，表明他对教育要"培养什么样人"的理解。罗家伦认为孔子"四毋"的核心是要求人坚持客观态度，但又不能拘泥与固执，不能以自我为中心，不能妄自尊大，不能武断，最终做到不为万物所役。② 这就是说，孔子的"四毋"，与其说是一种方法，不如说是一种价值观念、思想方式，一种指导与规范人的待人接物、处世理事的价值理念。

可见，培育有学问（知识）又有智慧的社会公民，不可忽视价值观的作用。这一点在全球化背景下更值得关注。

全球化推动世界各国、各地区的交流与交往，它不仅是人员的往来，物质与技术的交往，而且是不同文化与价值观的交流，因而不可避免地造成本土文化与外来文化的交流、冲突的文化环境，提出了多元价值观交融、冲突的议题。对学校来说，至少有两点值得深思：一是全球化带来的价值多元化问题。比如当前国内对年轻人有一种划分，称他们是70后、80后、90后，这不只是时间的划分，而是表明处于不同年龄层次的年轻人具有不同的价值观。二是被诸多国家或公民称作是普适性价值观，比如民主、人权、文明等，它对学校教育产生着深刻影响。

其实，这两点是相互关联着的。学校价值观教育的类型、内容与学校教育思想的形成，都要受到第二点的约束，第一点是它的具体体现。如果对第二点产生不正确理解，就会产生不正确的行为。

应该肯定，民主、自由、人权等基本价值理念，是有利于人类整体进步与发展的价值理念，是构建现代社会文明制度的重要思想资源。一方面要强调关注与保护人的民主、自由、人权的权利，另一方面也要强调人要承担的社会责任，养成社会需要的、能够主动服务社会的健全人格。由此要求学校重视价值观教育，要以积极主动的姿态与世界各国的优秀价值观教育传统进行对话，求同存异，发挥它对培养优秀社会公民、建设社会先进文化的价值引导与启示作用，避免出现价值虚无主义，也要避免盲目信服西方社会倡导的"普世"价值观而丧失传承民族价值观的信心。因此，在当前全球化背景中，加强学校价值观教育，指导与规范青少年学生的理想与信念目标，促进学生的健康发展，意义重大。

二、变革中的学校价值观教育环境

就现阶段中国学校价值观教育而言，主要内容是实施政治价值观教育、道德价值观教育、知识价值观教育、宗教价值观教育、职业价值观教育，促进学生主动地、生动活泼地发展，着力提高学生服务国家服务人民的社会责任感、勇于探索的创新精神和善于解决问题的实践能力。

---

① 罗家伦. 写给青年——我的新人生观演讲［M］. 北京：中国人民大学出版社，2005：149.
② 同上书，147.

诚然不论哪一种价值观教育，都不能脱离特定的社会背景。由此要求人们研究多元文化与多元价值观对学校价值观教育产生的影响。

文化与人的活动密切相连，它是人类社会创造的成果。正如泰勒所说，文化是指人类创造的全部知识、信仰、艺术、道德、法律、风俗以及作为社会成员的人所掌握和接受的任何其他的才能和习惯的复合体。① 因此，研究社会文化价值观的变化与特征，要结合人类社会生活、生产方式的变化进行分析。就此，从全球化、市场经济、消费社会等三方面概述当前社会背景的基本特征，以此提供理解多元文化给予学校价值观教育难题的视域。

（一）全球化

不论是从广义还是狭义理解全球化概念，当前学校教育受到全球化的影响已是客观事实。比如建立海外学校、姐妹学校、招收外籍教师和学生等。这种情形特别是从 20 世纪 90 年代以来，成为教育发展的一种趋势。所以，全球化是观察与影响当前学校价值观教育的重要社会背景之一。

尽管有研究者指出当前全球化主要是经济全球化，"还远远没有达到谈论政治全球化、文化全球化的时候。因此，我们还看不到那令人神往的成为一种现实的社会存在的'人类共同体'和'地球村'"，② 但是，世界各国已经采取较多举措应对全球化对当前学校教育的挑战，比如实施富有各国特色与立场的人才争夺战略，这已经是基本事实。俄罗斯总统梅德韦杰夫在 2010 年强调，吸引海外科技人才是实现俄罗斯社会现代化的重要内容，计划用 5—7 年时间在莫斯科附近建设 370 公顷的科技城。加拿大设立"加拿大讲席教授项目"，吸引和挽留一流科学家，提高国际人才竞争力。日本计划将外国留学生人数从目前的 12 万人扩至 30 万人。欧盟 27 个成员国通过"蓝卡"计划，发放有效期为 1 至 4 年的工作和居留许可证，以吸引外国高技术人才。③

其实，回应全球化对当前学校教育的挑战与影响，重点与难点则是多元化价值观念造成学校价值观教育的吊诡现象。20 世纪初我国出现的"新"、"旧"教育的冲突与斗争，便是一例。当时一批受到欧洲启蒙思想影响的思想界、文化界、教育界的"先进分子"，主张学习西方建立社会民主政治制度，积极推行新式教育，开展文学革命等，但是，这些工作受制于传统价值观念约束，受到旧的教育势力、旧的观念的阻挠，致使上世纪初的"新式教育"举步维艰。田正平、陈胜对此作过专题研究，称作是"新教育的社会不适应"，并指出了产生这一问题的主要原因。认为新教育是西方近代工商业文明的产物，是与工商业生产和生活相适应的，不仅其教学内容与中国乡村生产和生活的实际差距很大，教育制度、教学方法、教学节奏等方面也与建立在小农生产基础上的中国乡村社会格格不入。新旧教育的冲突，支持与举办教育价值观的不同，则是解决冲突、避免冲突的原因。④ 正如舒新城的评述："我国现行之教育制度与方法，完全是工商业社会生活的产物。在国内的生产制度，仍以小农为本位，社会生产制度未变，即欲绝尘而奔，完全采用工商

---

① 〔加〕爱德华·泰勒（Talor Edward）. 原始文化 [M]. 连树声，译. 桂林：广西师范大学出版社，2005：1.
② 刘奔. 经济全球化时代的文化问题 [J] 哲学研究，2007（5）：3—8.
③ 郝平. 推进教育对外开放提高教育国际化水平 [J/ON]. 2011 年 3 月 14 日，取自 http：//www.chinadaily.com.cn
④ 田正平，陈胜. 清末及民国时期乡村教育的困境及其调适 [J]. 华中师范大学学报人文社科版，2008（5）：129—134.

业社会之教育制度，捍格不入，自系应有的结果。"①

所以，不承认或否定当前学校教育受到全球化影响是没有意义的。当然，只是指出全球化构成学校教育背景，并不能真正解决教育发展面临的问题。强调学校教育的全球化背景，是指出它不同于政治全球化与经济全球化，学校教育以追求真善美为目标，承担交流与传播先进科学知识、思想观念的任务，它是民主的、科学的、人道的、坚持文化宽容立场的公共空间。也因为学校教育的这些特点，有研究者认为学校是超越民族意识、国家观念的局限、追求普适价值目标的对话与沟通平台，承担培养"世界公民（康德语）"的使命。其实，这种观点隐含着现代学校价值观教育的困境：一方面要求学校积极充分地利用国际社会思想文化资源，另一方面要求学校自觉维护自身民族利益、传播国家意识形态与价值观。

由此观之，当前全球化对学校教育的影响以及构成因素的挑战，面临的问题是共同的，即学校既要开放，吸纳优秀文化资源，辩证对待不同价值观；又要传承民族文化，保存民族文化，因而务必坚守我国核心价值体系，传承与创新传统价值资源。②

（二）市场经济

中国从 20 世纪 80 年代起实施改革开放与市场经济建设已逾三十多年。市场经济主张的价值观是影响学校价值观教育的重要因素。

市场经济不是中国首倡，它与西方发达国家社会经济发展密切相连。它的发展，利弊共存。当然，一批思想家、政治家都在积极探求市场社会的制度设计、寻求社会治理理念的合理性、正当性。无论怎样评论市场经济与市场社会的利弊和历史贡献，有两点看法是能够达成共识，并对学校价值观教育产生深刻的影响。

一是尊重与维护个人的权利。

对个人权利与利益的重视，被一些思想家认作是市场社会的发展动力。著名的英格兰启蒙思想家弗格森（Ferguson Adan）就说为自己的私利考虑是人的智慧。③ 亚当·斯密在《国富论》中说发生经济行为的重要原因是人的私利，他举例说我们需要的食物和饮料，不是出自屠户、酿酒家或面包师的恩惠，而是出于个人自利的打算。

二是形成社会建设的公正、平等的价值理念。

有如罗素（J. J. Rousseau）指出，人是生而自由且平等的，但是，"最不幸的是：人类所有的进步，不断地使人类和它的原始状态背道而驰"。④ 基此，研究目标是如何建设一个平等的社会和一个人民享有自由和主权的共同体。亚当·斯密（Adam Smith）也认为，维护人的权利，实现自由竞争，只有在公平、正义的管理体制下，才有可能生长和维持。由此，他在《道德情操论》中指出："市政官员不仅被授予通过制止不义行为以保持社会安定的权力，而且被授予通过树立良好的纪律和阻止各种不道德、不合适的行为以促进国家繁荣昌盛的权力。因此，他可以制定法规，这些法规不仅禁止公众之间相互伤害，

---

① 吕达，刘立德. 舒新城教育论著选［C］. 北京：人民教育出版社，2004：437.
② 丰子义. 全球化与民族文化的发展［J］. 哲学研究，2001（3）：11—19.
③ ［英］弗格森（Ferguson Adan）. 文明社会史论［M］. 林本椿，王绍祥，译. 沈阳：辽宁教育出版社，1999：15.
④ ［英］罗素（J. J. Rousseau）. 论人类不平等的起源和基础［M］. 李常山，译. 北京：商务印书馆，1962：63.

而且要求我们在一定程度上相互行善。"① 制度、法律是一种限制与规范，包括它对不道德、不合适行为的制止、惩罚，因而，它也是一种消极的美德，它禁止公众之间伤害行为的发生，倡导相互行善。这是制度、法律建设的积极意义，这一点容易被忽视。也正因如此，市场经济带动的社会公平、公正的制度建设、法治建设，贡献极大。可谓没有制度与法律的规范，道德是脆弱的。

既要尊重个体的自由与权利，又要建立公正、平等、正义的市场社会，这一点也在中国市场经济建设中得到体现，并对社会价值观建设产生双重影响。一方面，三十余年的改革开放，在思想和制度两方面赋予个体以自主的权利和行动条件，为社会发展提供持续的活力和创造性，创建了社会现代化建设的中国特色道路（中国模式）。② 另一方面，在社会体制建设尚不完善、社会区域发展不平衡的背景下，市场社会倡导尊重个体自由与权利等观念，加上中国文化传统中注重家族利益的狭隘的"群体观"，反而有助于滋生个人主义思想，甚至为了个人利益而缺失社会责任感，急待"日常生活的道德化"，要求在"自主、团结以及追求幸福的主题引导下恢复积极的生活价值"③。

所以，要应对市场经济发展的需求，传授社会主流的、核心的价值理念，为社会全体成员塑造共同的价值理想与信念目标。同时，学校教育兼顾重视自身利益的现象，面对个体不正当的、消极的利益需求和价值观念，要采取切实有效的措施革新价值观教育方法，给予必要的引导、帮助，这是一项十分重要而又困难的课题。

（三）消费社会

"消费社会"已经成为一些西方学者普遍使用的概念。詹明信（Fredric Jameson）认为"消费主义"是晚期资本主义的特征之一，是后现代主义出现的重要原因。④

"消费"本来意义是指满足人的生存和发展实际需要，本质上是对消费品使用价值的消费。但是，"消费社会"所说的"消费"，"消费"不是人们的目的，而是通过消费追求商业价值与娱乐效果，甚至是为了达到显示人的身份、地位的目的。⑤ 这样，"消费""不在于满足实用和生存的需要，也不仅仅在于享乐，而主要在于向人们炫耀自己的财力、地位和身份。因此，这种'消费'的实质，是向人们传达某种社会优越感，以挑起人们的羡慕、尊敬和嫉妒"。⑥

这是对消费社会主要特征的描述。可见，"消费"的意图是为了显示"消费者"的身份、财富、权力、地位，崇拜物质财富的物质主义与追求享乐的虚无主义结合在一起。"今天，在我们周围，存在着一种由不断增长的物、服务和物质财富所构成的惊人的消费和丰富现象，它构成了人类自然环境中的一种根本变化。恰当地说，富裕的人们不再像过

---

① 〔英〕亚当·斯密（Adam Smith）. 道德情操论 [M]. 蒋自强等，译. 北京：商务印书馆，1997：100.
② 杨学功. 全球化与"中国模式"[J]. 学术界，2010（1）：30—41.
③ 〔英〕安东尼·吉登斯（Anthony Giddens）. 超越左与右——激进政治的未来 [M]. 李惠斌，杨雪冬，译. 北京：社会科学文献出版社，2000：239—240.
④ 〔美〕詹明信（Fredric Jameson）. 晚期资本主义的文化逻辑 [M]. 陈清侨等，译. 北京：生活·读书·新知三联书店，1997：418—419.
⑤ 〔法〕让·鲍德里亚（Jean Baudrillard）消费社会 [M]. 刘成富，全志钢，译. 南京：南京大学出版社，2008：73.
⑥ 王宁. 消费社会学 [M] 北京：社会科学文献出版社，2001：200.

去那样受到人的包围，而是被物所包围。"① 结果，在当代人中出现了物质财富的富裕者，他们同时也是精神生活的赤贫者。

根据上述理解"消费"的思路，"消费"不仅是一种生活方式，而且是一种价值观念、一种流行的大众文化、一种主导世界各国现代化建设的消费主义意识形态。法兰克福学派批判它是"文化工业"，不是为了满足人民大众的物质生活和精神生活的需要，而是以追求商业利润为价值目标的商业行为，"把物欲的满足、感官的享受作为人生追求的主要目标和最高价值。个人的自我满足和快乐的第一位的要求是占有和消费物质产品"。② 成为"文化工业"的消费，它变成影响人日常生活行为的"意识形态"，认为只有物质生活的丰富和感性欲望的满足才是重要的，才是人生意义和人生价值的实现。

事实上，"消费社会"的"意识形态"对学校教育产生着显著的负面影响。比如当前不少学校采用"量化"教育评价与考核。有学者指出，这种评价是学校"教育商品化"的具体体现。"一种有利于文化产品商品化的'量化'标准——SCL（科学引文索引）和SSCL（社会科学引文索引）成为学术评价的相当重要甚至最重要的标准。在这种标准下，淡化的是价值观、意识形态性、思想性方面的原则差异。这势必导致社会科学研究越来越遵循资本的经营方式，学术研究日益成为一种'投入—产出'关系，追求利润最大化成为理论工作的价值取向。"③

对学校评价问题的透视，表面看来是文化的商品化现象，实质是教师与学生主体性的缺失。简言之，教师与学生的思想和日常行为受制于"欲望逻辑"，④ 参与消费完全顺从于"某种编码"，消费不是人体自主自觉的行为，而是进入了一个"全面的编码价值生产交换系统中"，这是"用一种分类及价值的社会秩序取代了自然生理秩序"。⑤ 结果造成人的独立自主的思考意识和能力的缺乏。因此，应对"消费社会"，它提出的教育议题是如何避免被社会的"欲望逻辑"所"编码"，培育有个性的学生，能够独立思考、独立生活。

三、学校价值观教育的机遇与挑战

上面从全球化、市场经济、消费社会等三重维度分析了学校教育环境的变化，它对学校价值观教育构成了机遇与挑战。就机遇来说，主要表现在：

一是为学校价值观教育提供更加开阔的视野。

全球化推动了世界各国之间的相互交流，不同国家、地区、民族、宗教、文化等资源与文化历史积淀，拓展学校价值观教育的视野。正如联合国秘书长潘基文在上海出席第41届文化讲坛上阐述的"多元文化是机会不是威胁"的基本立场。他指出，全球化与多元化使这个世界的连接越来越紧密，文化的多元性变得越来越重要，它关涉人类生存与发展的共同命运。强调多元文化的积极意义，并不否定多元文化给人类共同生存带来的困

---

① 〔法〕让·鲍德里亚（Jean Baudrillard）消费社会［M］．刘成富，全志钢，译．南京：南京大学出版社，2008：1—2．
② 厉以宁．消费经济学［M］．北京：人民出版社，1984：116—117．
③ 刘奔．经济全球化时代的文化问题［J］哲学研究．2007（5）：3—8．
④ 〔法〕让·鲍德里亚（Jean Baudrillard）消费社会［M］．刘成富，全志钢，译．南京：南京大学出版社，2008：58．
⑤ 同上书，60—61．

难。而要促进多元文化和谐共存，必须做到三方面：首先是保持文化的多元性，其次是促进各种不同文明和文化之间的积极对话，最后是加强教育，确保年轻人参与到多元文化的活动中。①

二是为学校价值观教育集聚更加多样的资源。

漫长的人类历史发展中，世界各国创造了富有特色的文明资源。尤其是近代以来的社会工业化及其市场经济，经历数百年的探索与实践，创新了一批科学技术成果，推动了人类社会的科技、知识的进步，也建构了较为成熟的市场经济运行机制，改善了民众的日常生活。也正是因为这一点，西方社会构建的现代化愿景被世界各国认同，并逐步明晰社会发展的价值取向，即重视社会物质生产力的高度发展，改善民生，关注民众的生活质量，由此倡导与认同民主、自由、公正、正义的现代文化价值观。这些都是我国学校实施价值观教育需要学习、研究与借鉴的重要资源。

三是为学校价值观教育创新思路提供动力。

全球化带动了区域开放，市场经济带动了消费观念与生活方式的变革，这就要求增强学校价值观教育的创新意识与创新能力，迎接挑战。既要积极主动地研究学校价值观教育的好方法、好思路，又要主动接触国际社会关于价值观教育的好做法，在借鉴别国经验的基础上，探索适合学校特征、教师特长、学生特点的价值观教育策略。

诚然，变革的社会环境、开放的文化与价值观的交流与冲突，也给学校价值观教育带来了挑战。要求学校教育采取有效举措妥善处理多元价值观的交流与冲突，帮助学生正确认同当前社会倡导的核心价值理念，妥善处理民主主义、科学主义、功利主义、个人主义等价值观对学校教育的影响，进而达成对这些价值理念的正确认同。因此，对当前学校价值观教育来说，重要使命在于帮助年轻一代正确认同社会主义核心价值体系，接受社会主流价值观，避免被民主、自由等概念、名词迷惑，混淆了自身的价值观选择，进而产生危害社会的行为。

就此而言，坚守社会核心价值体系，创新学校价值观教育方法，切实提高学校价值观教育的效果，辨识普世价值的合理性，处理好普世价值和价值共识之间的关系，这是学校价值观教育面临的挑战，是刻不容缓的时代课题。

普世价值是在全球化的背景下，对发达国家倡导的价值观念的一种认同与接受，并且，认为这些价值观是先进的、合理的，可以不受民族、文化传统、经济制度、政治制度的限制而无条件地认同与接受。比如有观点认为普世价值是合理的，"以自由、理性和个人权利为核心的'启蒙价值'成为推动人类社会从传统走向现代的精神力量，成为现代性社会的价值基础。""批判普世价值的人士所反对的，不是普世价值这个概念，甚至也不是自由、民主、平等、人权这些价值理念；他们所反对的，是根据这些价值理念来设计和建设的制度。他们反对按照自由、民主、人权等价值理念来改革政治体制和社会体制。这才是问题的本质所在。"② 因而，十分重要的任务是要辨识普世价值的观点与立场是否合理，普世价值提倡的观点能否指导建设有中国特色的社会主义事业，能否被当做学校价值观教育组成部分加以传播与宣传。

---

① 曹静·潘基文在解放报业文化讲坛发表演讲：多元文化是机会不是威胁［N］.解放日报，2010-11-02 (1) (3) .
② 秦晓·秉承普世价值，开创中国道路［J/ON］.凤凰网财经讯息，2010-08-02.

要辨识普世价值的观点与立场是否合理，先要简单了解"普世"、"价值"与"价值观"的基本含义。"普世"是拉丁文 oecumenicus 的意译，最初来自于希腊文，意指有人居住的整个世界。现在一般将"普世"一词理解为存在于整个世代和世界。[1]

而价值内涵的规定，哲学的解释是指客体满足主体需要的属性，是客体给予主体的意义。"意义"又是与主体的需要直接相关的。离开主体与客体，就失去"价值"的基础。不同的主体，不一样的社会条件下，主体给予客体不同的需求，就会产生不同的价值评判。就此而言，价值总是具体的，总是与主客体密切相关的。而对长期社会生活中形成的一些价值观念，容易在这一社会生活中的人们间达成共识，形成具有共同性的价值观。价值观是人们关于价值和价值关系的观念，是人们对现实价值体系进行选择和追求的观念形态，是价值取向的反映。它既是人们对生活实践经验和价值选择活动的总结和概括，又具有规范人们当前价值活动的作用。这样，很多学者将普世价值等同于普适价值或普遍价值。如有学者提出普世价值是以具有普遍必然性的命题来表述，是适用于所有人、所有时间、所有地点的，不以任何条件为转移的永恒价值。[2] 也有研究者指出国内使用的"普世价值"概念是从"普遍伦理"概念演化而来的。20世纪60年代，西方出现了颓废派运动，为挽救社会的精神危机、道德危机，一些西方神学家发起了"全球伦理"运动。1989年2月巴黎召开的"世界宗教与人权"学术研讨会上，天主教著名的自由思想神学家孔汉思作了《没有宗教之间的和平就没有世界的和平》的学术报告，报告提出了这样的问题，在不同的宗教信仰的前提下，能否共同培育一种人道意识，建立"真实人性"的万国标准，从而寻求有利于世界和平的建议和应取的策略。[3] 受此影响，1993年在美国芝加哥举行6500位宗教界人士参加的"世界宗教会（Parliament of the Word's Religions）"上，孔汉思负责起草的《世界伦理宣言》得到大多数与会的团体与个人的同意。[4]

为应对全球性问题，联合国教科文组织于1997年建立了"普遍伦理计划"，3月中旬在巴黎举行了由12位哲学家参加的第一次会议，后又邀请了近30位哲学家在意大利拿波里续会，发表了对世界伦理的不同观点与看法。[5] 此后，又于1998年6月在北京召开"从中国传统伦理看普遍伦理"的亚洲地区专家会议，会上有学者提出了"普遍价值"这个概念。[6]

对这个问题的考察，关键不在于普世价值阐述了怎样的价值观点与价值立场，是否体现着人类社会共同的价值理想与价值目标，而是强调任何价值观点与价值立场都要受到社会历史文化条件的制约，需要结合中国特有的历史文化传统、思想方式加以创造性转化，进而探索并建构具有中国特色社会主义核心价值体系。

的确，不能否认，在人类社会发展历史中，产生一批能够被世界其他国家或地区人民

---

[1] 马晓彬，刘建伟."普世价值"研究述评[J]. 学术论坛，2010（4）：63—68.
[2] 马晓彬，刘建伟."普世价值"研究述评[J]. 学术论坛，2010（4）：63—68.
[3] 刘述先. 全球伦理与宗教对话[M]. 石家庄：河北人民出版社，2006：5—7.
[4] 同上书，15.
[5] 同上书，29—39.
[6] 当时，国内学界主要使用"全球伦理"、"世界伦理"、"普遍伦理"、"普遍价值"等概念，很少有人用"普世价值"。而在台湾，"普世价值"较早就被学界和政界使用。陈水扁在2000年和2004年两次"就职演说"中都使用了这个概念，他所说的"普世价值"，指的就是西方的自由、民主、人权。文平."普世价值"辨析[J]. 红旗文稿，2009（10）：4—10.

分享的精神财富、价值观念。但是，这与当前全球化语境中谈及的普世价值是两个不同的概念。普世价值是以抽象人性论为依据，以绝对的普遍化为方法的唯心主义价值观。在当代社会，所谓具有世界意义的普世价值，其实是被一些经济发达国家所操纵的强势话语霸权，结果，把他们的核心价值当做是普世价值。正如马克思、恩格斯所说："任何一个时代的统治思想始终都不过是统治阶级的思想。"①

事实上，价值观的产生、传播与认同，不是抽象的、凭空的，它是与特定的社会历史条件结合在一起的。这里可以用马克思描述人的本质的一句名言加以说明："人的本质不是单个人所固有的抽象物，在其现实性上，它是一切社会关系的总和。"② 这就是说，生活在社会中的任何一个个体，看起来是活生生的独立存在的个体，是其他人所不可替代的，但是，他的生活不可能脱离他所生活的环境，包括现实的物质环境、自然环境以及人文历史环境，这使人具有社会的、民族的、文化的特性。由此，马克思批判费尔巴哈抽象人性论存在的实质问题："理解为'类'，理解为一种内在的、无声的、把许多个人自然地联系起来的普遍性。"③ 正是因为这样，存在着绝对的、供世界各国民众适用的普世价值是不可能的，因为执行价值的主体是不可能同质的，主体受到社会政治、经济、文化传统的制约。晚年的恩格斯已经反思了这个问题，认为传播与宣传、实现理解共产主义，必须要注意社会历史条件。他针对不顾社会历史条件、各个国家具体情况而盲目主张共产主义思想的观点，提出了批评，指出："这在抽象的意义上是正确的，然而在实践中在大多数情况下不仅是无益的，甚至还要更坏。只要有产阶级不但自己不感到有任何解放的需要，而且还全力反对工人阶级的自我解放，工人阶级就应当单独地准备和实现社会革命……现在也还有不少人，站在不偏不倚的高高在上的立场向工人鼓吹一种凌驾于一切阶级对立和阶级斗争之上的社会主义，这些人如果不是还需要多多学习的新手，就是工人的最凶恶的敌人，披着羊皮的豺狼。"④

当然，否定普世价值的绝对存在，并不是说学校开展价值观教育必须闭门造车，或者是对境外价值观采取避而远之的态度与做法，甚至把它们当做"毒草"加以封杀。显然，这些认识与行为是不宜提倡的。对"普世价值"观点的不赞成，主要是因为它没有认识到价值观形成的社会基础，认识到价值观传播与接受要受到主体的限制，掩盖了一些发达国家推行普世价值的实质目的。

强调学校价值观教育要正确对待"普世价值观"，仍然要倡导尊重人类社会创造的文明价值观，要接受、继承与传播优秀价值观，我们称之为是价值认同、价值共识。这就承认在特定的社会历史背景下，对人类社会创造的优秀思想文化观念、社会制度文明进行交流、反思、比较与梳理，结合本民族文化传统与社会发展的特殊需求，进行创造性地吸收、改造，这是极其重要的价值观教育的任务。

强调价值共识是学校价值教育的重要任务，它与普世价值是不同的概念。价值共识是指批判性地认同不同民族创造的物质文明和精神文明，积极吸取合理的因素，同时，它以

---

① 马克思，恩格斯．共产党宣言［A］．马克思恩格斯选集（第1卷）［C］．北京：人民出版社，1995：292.
② 马克思．关于费尔巴哈的提纲［A］．马克思恩格斯选集（第1卷）［C］．北京：人民出版社，1995：56.
③ 同上书，56.
④ 恩格斯．《英国工人阶级状况》1892年德文第二版序言［A］．马克思恩格斯选集（第4卷）［C］．北京：人民出版社，1995：423—424.

服务、融合本民族价值观为前提，以实现境外价值资源的本土化为目标。这就要求学校教育重视宣传、传播境外优秀价值观，挖掘优秀价值思想资源，使之在年轻一代身上加以继承与发扬，也就是要完成在全球化背景下培育中华民族文化发展的个性的使命，要探索在现代化文化追寻中保持对中华文化传统血脉认同的使命。[①]

例如当前学校价值观教育不可能回避社会政治、经济发展中的重大命题，比如关于社会民主、人权、平等、公正、正义等问题，这些问题在不同国家有不同的解决措施，实施不同国家特点的制度模式，对当前中国的改革开放与社会主义实践来说，同样需要建设民主、富强、文明、自由与公正的和谐社会，但是，必须指出，学校价值观教育中要给学生讲清这些价值观的合理性、进步性，也必须分析这些价值观应用的条件与历史文化背景，这就使价值共识、价值认同与普世价值的泛化有了显著的区别。

因此，无论全球化背景下各国之间价值观的交流与冲突存在多么大的困难，开放办学，面向国际社会，积极参与国际社会的文化交流、相互学习，这都是十分需要的。

四、学校价值观教育实践中的难题

上文讨论当前学校价值观教育的重要社会背景，主要有三方面目的：一是说明当前学校开展价值观教育要结合社会发展状况，研究学校价值观教育的内容、思路，使之更具时代性、现实性；二是说明当前学校价值观教育面临的问题、难题是必然的，它是多元价值观交流与融合过程中的必然产物；三是说明当前学校坚持创新的思路、方法开展价值观教育，使之更富有成效。

基于这样的认识，这一部分内容是从学校价值观教育实践的视角探讨价值观教育面临的难题。我们围绕学校政治价值观教育、知识价值观教育、道德价值观教育与社会价值观教育四方面概述价值观教育难题。

（一）知识价值观与人文教育的弱势

传授科学知识与人文知识，学校教育不可偏于某一方面。但是，现代科学技术、科学知识、科技成果在全球经济互动、市场竞争力、消费品的生产中的作用是不可替代的，一批世界首富如微软的比尔·盖茨、苹果的乔布斯等都与高科技密切相连。因而，社会、家长、学生思想中容易受到科学主义价值观的影响。所谓科学主义，采用冯·赖特的说法是指："科学与技术本身能够解决下述问题，即科学进步在多大程度上应对人类历史上新时代的生活方式负责，并且如何使我们去适应这种生活方式。使人成为万物之灵的人的理性能力，最终将使人成为其命运的主人。"[②]

相信科学给予人类社会发展产生进步作用，这并没有错。如果把科学价值只限于工具价值，那么，对科学的信心就会变成"危机"，就会是"一个严重的幻觉"。[③] 马克斯·韦伯（Max Webe）具体分析了这种社会的特点。他说现代社会是用一种"新型的控制"代替了"先前的"（宗教）"权威"的控制，"倡导一种对于私人生活和公共生活各个领域的

[①] 邹广文. 全球化、文化个性与文化主权 [J]. 贵州社会科学，2010 (1)：8—10.

[②] 〔芬兰〕冯·赖特. 知识之树 [M]. 陈波等，译. 北京：生活·读书·新知三联书店，2003：18.

[③] 同上.

一切行为都加以管理的控制方式",是为个人设置"理性的牢笼"。①

如果照韦伯的分析,这种控制的特点是标准化、均质化、规范化,即依据一种标准训练人的思想与行为方式,把人放置在规则和规定之下,人只能根据既有规则,在已有规定范围内活动,社会就像一张合理化的大网,人的情绪、情感等感性需求被压制了,甚至是被否定了,到了最后,"专家没有灵魂,纵欲者没有心肝;这个废物幻想着它自己已达到了前所未有的文明程度"。②

这种"科学主义"的价值立场,迫使学校自觉或不自觉地偏向科学知识教育,影响了人文学科建设和人文知识的教育。比如:学校开设社会急需的科学、技术课程,培养社会急需的技术人才,采用统一化、标准化的师生管理模式等。不能否定,学校教育要传授给学生现代科学知识,让学生掌握生活与生存的技能,然而,在追求科学知识的同时,不能轻视甚至无视人文教育的价值,淡化人文教育,淡化民族传统价值观的教育,就会影响民族认同、影响对传统文化价值观的认同。

(二)道德价值观与功利主义的价值取向

道德是用来调节人的行为的。不同的道德价值观,对人的行为的善与恶会作出不同的评判。什么样的行为在道德上是对的或正确的行为?什么样的行为在道德上是错的或不正确的行为?换言之,行为本身是依据什么来决定其对与错的?在市场经济社会,深受功利主义思想的影响,把实际功效或利益作为评价行为合理性的依据或标准。③

功利主义思想与行为方式有它的合理性。特别是市场经济的形成与发展,是功利主义思想存在的社会基础。市场经济既是一种经济运行机制、社会的经济制度,又是影响社会与民众日常生活的价值理念,比如效率观念、时间观念、成本观念、竞争观念、自主经营观念等,它们推动着市场经济的发展。当然,现代市场经济也带来了消极的、与文明生活方式很不一致的思想观念,比如注重实际效益而带来的小市民意识,注重成本核算而导致的功利主义观念等。概括地说,市场经济为当代中国社会创造和解放了生产力,但是,市场经济的功利主义思想观念造成人的精神生活中的理想主义淡化,现实功利主义情绪的滋生。

《中国青年报》公布的一项调查成果显示,首届"免费师范生"仅2%愿去农村。2007年国家实施"免费师范生"政策,目的是为农村地区培养一批优秀教师。然而4年前签订协议愿意做一名农村教师,可4年过去,面临毕业时,这批"免费师范生"的择业意向与当初的意向发生很大变化。调查资料表明,在就业地点的意向上,有42.8%的学生选择大城市就业,选择中小城市的占46.6%,选择城镇的占8.7%,选择农村的只占2%。在就业方向意向上,高居首位的是"事业单位",占了70%,选择在"企业"和"政府部门"就业的学生各占15%。调查还显示,仅31.9%的学生选择从事教学类职业。这一调查数据显示与国家实行"免费师范生"政策,鼓励年轻学生从事教育行业,支持农村和落后地区的教育事业,促进教育公平的初衷相差甚远。④

---

① 〔德〕马克斯·韦伯(Max Webe).新教伦理与资本主义精神[M].于晓,陈维纲,译.北京:生活·读书·新知三联书店,1987:24.
② 同上书,143.
③ 龚群.现代伦理学[M].北京:中国人民大学出版社,2010:67.
④ 甘丽华,党波涛.首届免费师范生仅2%愿去农村[N].中国青年报,2011-03-12(3).

这一调查也说明了这样的事实：在社会变革背景下，人们对思想观念、价值观念的选择和认同，其主动性越来越强烈与迫切，民众对现实日常社会生活的关注，民众考虑问题、安排自己的日常生活更加务实、更加功利。这使鼓励、激励民众追求高尚的精神生活、确立远大的人生理想显得非常困难。

（三）政治价值观与责任感教育的难题

民主、自由是启蒙时代以来被崇尚的最具有影响力的社会价值观之一。受民主思想、民主实践影响的学校教育，营造民主、自由的校园生活氛围，尊重学生独立人格，鼓励学生独立思考。

当学校为学生健康成长创造民主、自由的文化氛围时，也必须强调学生应该承担履行民主权利的社会责任。因此，学校的教育任务，既要教育学生追求民主，懂得运用民主权利，又要求学生确立责任意识，把权利与责任紧紧地结合在一起。尽管当前世界是多元文化，不同文化对人的意义、人的社会责任感做出不同的规定，但是，对追求社会民主、保障人的基本权利、增强人的社会责任感的认识是一致的。

比如《南方周末》报于2008年7月31日第E30版上发表一篇剑桥大学刘瑜讲师写的《福利国家的限度》的文章。文章陈述英国工党政府发布了《福利改革绿皮书》，这是英国60年来福利制度的最大改革。引起改革的动因并非是国家经济的衰退，而是"福利"养了一批不劳动、不愿承担社会责任的公民。据文章介绍，英国有540万适龄人口没有工作（英国人口6000万），其中270万在领病残救济，162万领失业救济，80万单亲家庭受到资助。政府经济顾问戴维·弗雷德（David Freud）估算，在270万病残救济对象中，有近200万根本就不应该享受福利，只有70万左右是真正严重的病残者。因而，工党改革就是将那些能工作的打回到就业市场去。英国福利政策中出现的现象，说明人与社会之间的基本问题：即社会要为个人发展创造条件，让每一个人过上美好生活，同时，个人要承担社会责任，实现个人责任与福利政策的协调发展。

虽然此类现象出现在英国福利制度中，但是，加强公民的社会责任感教育，同样是当前中国学校教育的一项紧迫任务。比如《中国青年报》曾刊发一篇调查文章，乌鲁木齐市某中学高一（8）班的43名学生制作了500份调查问卷，调查对象涉及乌市的23所中学，调查问卷的主题内容是：学生们如何看待社会责任感、爱国热情和家庭感受等问题。学习的动力是什么？对这个问题，419名同学的选择是"为了自己将来的生活工作和家庭而学习"，占到近84%。只有81名学生选择为了祖国的富强和社会的发展而努力学习。对如何看待"天下兴亡，匹夫有责"这个问题，有30名学生认为国家观念可淡化，有136名学生认为个人自由无须强求，有229名学生认为应该热爱国家，只有105名学生认为热爱祖国是基本的道德准则。对于自己崇拜的偶像，像杨振宁一样的科学家，只有20名学生崇拜，有106名学生崇拜歌星，134名学生崇拜的对象是自己，崇拜父母的有190人。[①]

诚然，这个调查资料只是针对乌鲁木齐市部分中学的中学生，但是它说明急需我们重视的一个教育问题，学生的自主意识、个人意识、权利意识并不薄弱，而每一个个体要承担社会责任、培育对社会履行义务的公共质量，却存在着较多问题。

因此，鼓励师生追求民主，尊重与赋予师生基本权利，更应该注重培养师生的社会责

---

① 张雪红，李润．中学生社会责任感缺失令人忧［N］．中国青年报，2006-01-23．

任,增强个体参与社会公共事务的自觉性、主动性。

（四）社会价值观教育与群体认同的困惑

随着全球文化交流的日益频繁,以及市场经济的助推,并没有减弱个人主义思想对学校教育的负面影响,其中之一是学生过度关注自我的利益,未能处理自我与群体的辩证关系,结果,学生个体（自我）与集体（社会）之间的认同变得十分困难。

造成青少年学生受个人主义思想影响的原因是多方面的,其中学校教育环境是十分重要的因素。江苏省一份调查显示,高中学生每天睡眠不足8小时的人数比例高达97.4%,只有6—7小时的占49.2%,除体育课之外,从不锻炼的人数占25.1%,每周锻炼时间少于或等于2小时的占43%,锻炼时间在2—4小时的占22.2%,4小时以上的仅占8.8%。① 这一教育现象的出现,与学校给青少年学生创建"考试还是考试"的成长环境密切相关。在这种"教育环境"中生活、学习的学生,摆在他们面前最主要的任务是学习、考试、上重点学校、上"名牌"大学。学生对接受教育的"意义、价值"的认识,容易被简化成是"学习知识"、"参加考试"、"找到好工作",甚至把掌握知识、考上名牌大学理解成是自我价值的实现。处于为考试取得好的学习成绩的校园家庭乃至社会生活环境中,给予学生是沉重的心理压力,这是诱发学生心理问题、行为障碍的重要原因。生活在如此的教育环境中,很难想象学生能够自觉、主动地思考国家大事、学会关心集体,树立为民族、国家发展而读书的人生理想。

学校教育是通过每一个教育环节落实国家教育方针、培养目标,让个体意识到作为一名社会公民的意义,如此才能实现教育价值。因此,学校办学思想、办学行为,直接影响到学生对人生价值与意义的认识与理解。培养思想健康、品格端正、学业有成的青少年,需要为青少年学生健康成长营造良好的环境,重点包括读书学习环境、审美环境、生活环境以及人际交往环境,以此帮助学生完成知识与精神的启蒙,培养学生关怀社会、自然、人生的基本素养。联合国教科文组织（UNESCO）早在20世纪70年代就提出现代教育要培养人学会关心、学会发展,要进行"充分而全面的培养",避免"人格的分裂"。② 曾任美国教育哲学学会主席的内尔·诺丁斯也提出了"关心教育"的"教育理念",核心是替学生建构一个情境,比如对话,目标是要求教师关注、倾听、理解学生的需求,接纳学生的感受,使每一位学生接受教师的鼓励去探讨人生重大问题,懂得体察关怀自己与他人的重要性,让学生主动地了解别人的想法与需求,不能以自我为中心,要学会反省与检测自己的行为。③

所以,让学生掌握知识,改进学生的认知能力,实现学校教育的认知目标,这是学校教育工作的目标之一,在此基础上,要求学生关心群体、关心社会,培养学生对国家、民族、他人、自然环境的同情、热爱,这是当前学校教育必须重视的教育基本目标。一是要帮助学生正确处理个人与社会的认同问题。核心是使学生牢固地树立"我是中国人"的认同感,真正做到爱国、爱家。二是帮助学生正确处理个人与环境的关系,培养人对自然的

---

① 胡百良. 还青少年良好的宽松的成长环境——一位退休老校长的来信[N]. 中国教育报,2007-03-27.
② 联合国教科文组织（UNESCO）. 学会生存——教育世界的今天和明天[M]. 华东师范大学比较教育研究所,译. 北京:教育科学出版社,1996:193.
③ 〔美〕内尔·诺丁斯（Nel Noddings）. 学会关心——教育的另一种模式[M]. 于天龙,译. 北京:教育科学出版社,2003:71.

伦理、道德责任，确立人的尊严、自然的尊严，赋予自然的"人道关怀"，避免人的精神生活被物欲所充斥，保持人对物质生活的享用与追求精神世界之间的平衡。三是帮助学生正确处理自我的关系、处理与他人的关系，使自己身心健康，同时学会与他人的交往，尊重他人，具有基本的人道主义素养。

五、学校价值观教育难题破解要求

多元文化与多元价值观的社会环境下，学生价值观选择的多元化倾向与表现已是客观现实。解决这个问题，除了创新价值观教育方法，让学生愿意接受学校传播与教授的价值观，更为关键的工作是确立学校价值观教育的内容与目标，使学生能够对多种价值观作出明确的选择，辨识哪些是优秀的、合理的成分，需要继续传承与发扬，哪些是需要更新、调整的价值观，在此基础上，研究采用哪些方法实现价值观的教育目的。

（一）坚守社会核心价值观，确立正确的价值观

学校实施价值观教育的核心目标是培养社会建设人才。因而，坚守社会核心价值观，把学校建设成为传播、研究社会主流价值观的坚强阵地，这就要求以社会核心价值观引领受教育者，通过学科教学、社会生产实践等途径，确保学生身心健康发展，成为有知识、有理想、德才兼备的社会公民，为他们在社会生活中成长为品德优秀、才能卓越的优秀人才奠定基础。

因此，实施核心价值观教育，要求学校坚持传播社会核心价值体系，履行知识传承、创造知识、服务社会的基本功能。因为任何社会都必定有核心价值体系作为共同导向，否则社会就无法和谐存在和发展。当然，不同社会形态有不同的核心价值体系，这种价值体系的形成，归根到底取决于各社会形态存在和发展的客观要求。社会主义社会必须有自己的核心价值体系，它是学校开展教育价值观的思想资源。党的十六届六中全会通过的《中共中央关于构建社会主义和谐社会若干重大问题的决定》中深刻地揭示了社会主义核心价值体系内涵，阐述了社会主义核心价值体系的基本内容，它是指坚持马克思主义指导思想，坚持中国特色社会主义共同理想，坚持以爱国主义为核心的民族精神和以改革创新为核心的时代精神和坚持社会主义荣辱观。

因此，学校要坚持社会主义核心价值体系的核心地位，以社会主义核心价值观为学校价值观教育的指导思想和行动准则，积极响应多元文化与价值观念的挑战。

首先，要求学校创新地开展优秀传统文化教育。价值观是文化的核心要素。传统的、民族的价值观，与传统文化紧密地融合在一起。通过学习传统文化，了解与掌握民族价值观，这是一条有效地教育措施。因此，学校通过开设传统文化教育课程，或者举办主题讲座，或者开展其他喜闻乐见的教育活动，让学生认识与了解传统文化，喜欢传统文化；

其次，学校办学思想与办学理念要体现对传统文化的坚守与弘扬，并落实在学校教育的全过程中，包括学校校园环境布置、学校管理制度的建立等；以此达到对学生潜移默化的教育作用；

再次，选择传统文化中的合理资源，加强学生日常行为规范教育。使学生从小养成关心他人、关心社会的行为规范；

最后，利用东西方价值观的合理成分，培育学生成为健全的现代社会主体。学校要研究如何在中国传统文化语境中开展欧洲启蒙运动倡导的民主、人权、公共理性、社会责任

等价值观的教育,增强学生的社会责任感,培育健全的社会主体。比如如何更有效地开展志愿者活动、服务社区的公益活动等,使学生懂得处理权利与义务的辩证关系,使学生既能够自觉维护、尊重个人的合法权利,又能够兼顾社会群体利益,避免出现极端的个人主义,也要避免出现以民主、自由为借口的反社会、反群体的价值虚无主义行为。

(二) 坚持正确的历史观,培育多元文化交往新思维,拓展学校价值观教育视野

面对全球化、市场经济带来的多元价值观的挑战,确立正确的历史观,培育多元文化交往新思维。这是指要从历史发展的维度理解与评价不同民族、国家、人民创造的文化价值观资源,对不同价值观采取客观公正的态度,对境外民族的发展、世界文明的进步保持理性的态度;同时,也要站在历史发展的维度,从盲目排外、仇外的封闭思维向开放的、多元的思维方式转变,进而合理地选择价值观教育资源,推动学校价值观教育的创新与发展。

然而,有意思的是,曾有一段时期,教育被"天下中央"、"宇宙"意识所主导,域外、境外的一切被看做是不可思议的或者是落后、低级的,郑观应在《盛世危言》中的说法就十分典型:"学校者,人才所由出,人才者,国势所由强,故泰西之强,强于学,非强于人也。我则欲与之争强,非徒在枪炮战舰也,强在学中国之学,而又学其所学也。今之学其学者,不过粗通文字语言,为一己谋衣食,彼自有其精微广大之处,何尝稍微藩篱?故善学者,必先明本末,更明大本末而后可言西学。"[①] 郑观应的言语中,对西方的认识,仍然站在"天朝大国"的优先地位上看待西方文明,把中西差异定位在"技艺"的高低。这种思想方式在当前处理多元文化与多元价值观的交流中,应予避免。

也有一段时期,则是十分崇拜西方发达国家的现代化成果,出现了对西方社会倡导的历史进步论确信不疑的现象。

历史进步论是主导西方历史发展的核心理念,它相信历史是进步的、永恒的,最终必定导向世界一统的格局。20世纪80年代末90年代初,西方又传来了历史终结论(如福山)的主张,世界历史并不是真的"终结"了,而是希望西方依赖科技理性取得社会进步的思想与观念在全世界得到普及,成为指导世界进步的普遍原则,以此消灭发展中国家对世界文化贡献的权利,消灭各民族发展民族文化、地域文化的可能性。

因此,在推进学校价值观教育实践中,教师坚守历史唯物主义的立场,以高度的社会责任感指导文化传播、宣传与渗透工作。能够在多样性文化的相互交融与变化中,做到既不崇外,也不保守;坚持实事求是的思想路线,密切结合当时、当地的社会生活实际,将历史与现实、事实与知识文本(如教科书、各种媒介材料带来的多种信息等)有机地统一起来,引导学生确立辩证思维方式,正确理解代表民族精神、民族气节和民族前进方向的藏于身边、藏于民间的,点点滴滴文化成果;要用创新性思路和方法,关注社会文化的变革,采用学生愿意接受的方式和手段去宣传、渗透,加强先进价值观宣传效果。

(三) 学校价值观教育要以人的发展为主旨

以人的发展为主旨的学校价值观教育,就是要坚持现实的人是教育活动出发点的教育立场。因为在教育思想史上很早就提出教育要关注人。早期的希腊教育思想家以及孔子的教育思想,都注重教育改造人性的作用,教育价值是塑造与完善人的德性。不过是,这些

---

① 郑观应·盛世危言[A]·中国近代教育思想资料选编·教育思想[C]·上海:上海教育出版社,1997:84.

教育思想的实质是以抽象人性论为认识理论与思想基础,没有认识到社会性是人的本质特征,把人的权利、尊严看做是一成不变的,是超越历史的,人成了生活在真空中的人。在这种人性论思想方式的影响下,寄希望于学校是教育理想的天堂,并不关注学校教育内容是否与社会生活的实际相联系,并不关注受教育者能否提高参与社会的实际能力。

马克思对这个问题提出了批评。认为脱离人的社会本质讨论人的权利与人的发展,是思想家虚构的幻影。因为人不是脱离社会依靠纯粹观念武装的"精神"人,不是自然哲学家构想只有自然属性的生物人。只有强调从现实社会生活中考察人的全面发展的现实性与可能性,坚持教育与生产劳动的结合,是教育实现人的全面发展的基本途径。

当然,实现教育价值的人,是生活在现实社会中,满足吃穿行等等生理性需要,是人的最基本的生活目标,要注意到它的存在的合理性。同时,我们要看到人追求超越性目标的内在需求,包括人对宗教的需求、对艺术的需求等超越物质层面的精神生活目标。这表明学校是传播知识、培育技能、交流思想、陶冶情操的教育场所,是使受教育者在学校生活中获取知识并分享精神产品的成长乐园。

(四)坚持价值观教育的层次性目标,丰富价值观教育的内容与类型

每一位学生成长的生活环境各不相同,学生个体差异是客观存在的。学校教育就要坚持以人为本,尊重差异,尊重个人自主发展的意愿与选择,为培育具有社会主体意识的公民营造良好的人文环境。首先要加强日常行为规范教育,使学生能够自觉意识到作为社会大家庭中一名成员,务必遵守公共秩序,履行社会的公共道德。其次要提高价值观教育层次,要使学生树立敬业、乐业的意识和奉献精神。最后要引导学生走向道德奉献、道德楷模的阶段。

当然,要结合不同的学生个体确立价值观教育层次递进目标。同时,要求学校不断丰富价值观教育的内容,主动应对社会环境变化的特点,因地制宜开展不同类型的价值观教育,丰富价值观教育内容。

1. 经济价值观的引导

义与利是一对矛盾。尤其是现代市场经济,学校不可能回避经济价值观教育,关键是引导学生树立正确的利益观、物质观、财富观,做财富的主人,而不能变成金钱的奴隶。

2. 知识价值观的教育

知识传授是学校教育的重要目标。因而,需要对学生进行知识价值观的教育,它意在使学生知道知识是从哪里来的,又知道为什么需要知识、怎样运用知识服务社会。

3. 弘扬与传播核心道德价值观

核心道德价值观教育的重点是帮助受教育者确立信仰。德国哲学家雅斯贝尔斯对教育本质的论述,是值得我们慎思。他说"教育须有信仰,没有信仰就不成其为教育,而只是教学的技术而已。……教育,不能没有虔敬之心,否则最多只是一种劝学的态度,对终极价值和绝对真理的虔敬是一切教育的本质,缺少对'绝对'的热情,人就不能生存,或者人就活得不像一个人,一切就变得没有意义。"[①]

4. 艺术价值的陶冶

组织学生学习与欣赏艺术作品,激发学生思考"超越人生"的意义,这是艺术教育的

---

① 〔德〕雅斯贝尔斯(Karl Jaspers). 什么是教育[M]. 北京:生活·读书·新知三联书店. 1991:44.

独特价值,是培养健康人生不可缺少的。雅斯贝尔斯曾说过:"艺术可以帮助纯粹观照的内容成为形象。欣赏艺术作品可以带来震撼、神驰、愉快和慰藉,这是理性所根本不能望其项背的,艺术作为完满的观照语言而无懈可击。"① 因此,学校重视音乐、美术课程的教学,通过开设艺术作品欣赏课程或讲座,提高学生审美意识和审美能力。

(五) 深化学校校本课程建设,探索科学教育与人文教育新思路

学校的知识教育变成只是重视科学知识的教育,针对这一现象,要求学校坚持科学教育与人文教育协调发展。对此,不少学校探索通过组织学生参加社会志愿活动、社会公益活动、参观科技馆等活动,试图协调科学教育与人文教育。此外,应该在学校课程建设中探索科学与人文教育的统合,把科学教育与人文教育的统合发展作为学校课程建设的指导理念与行动原则,使科学与人文知识价值观的教育占据学校教育的中心地位。比如复旦大学第二附属中学(初级中学)依托复旦大学开展科学与人文相融合的校本课程改革与探索,构建富有特色的学校文化。该校姜乃振校长概括了主要做法:第一,专家讲座。比如教导处设置"专家论坛",邀请复旦大学生命科学系、化学系、中文系、艺术教研室等院士、教授给学生作学科的普及性讲座。第二,成立智囊团。学校自1998年起成立家长委员会,家长委员会起到智囊团的作用。第三,学校实行的"分层教学"、"先放后收拢"、"团体心理辅导在分层教学中的运用"等教学改革项目和教育研究课题研究,推进学校课程建设。第四,参与指导学生课外学习兴趣小组。例如生物兴趣小组,成立至今已十来年,参加"中学生壳牌美净环境科学大赛"几乎年年得金牌,最典型的是屈铭志同学,进二附中参加生物兴趣小组并燃起求知的火花后,有机会就往他父亲所在的复旦大学生命科学院实验中心跑,借助那里的设备及技术力量的支持,屈铭志完成了课题'废电池对水螅生长的影响',先因之获得全国'明天小小科学家'的荣誉称号,后赴美国参加国际大赛,获国际英特尔少年英才一等奖。②

(六) 加强教师队伍建设,提高学校教育质量,实现教育价值

实现教育价值,教师要以身作则,负起身教与言教的责任。孔子说:"其身正,不令而行。其身不正,虽令不从。"(《论语·子路》) 因此,加强教师队伍建设,尤其是要加强教师职业道德教育,改善教师职业修养,这对保证学校价值观教育的正确方向,提高学校教育质量,十分关键。

首先,要重视加强校长队伍建设,切实提高校长执行社会核心价值观的能力。解决校长价值观问题,有助于校长提升思想境界,引领学校办学方向,保障学校持续发展,也有助于培养一支努力奉献教育事业、敬业有为的教师队伍,保证学校教育目标实现。

其次,要创造教师继续教育的机会,让教师通过不断的学习,改善知识结构,有助于解决思想认识中的困惑,提高对不同价值观进行比较、评判、选择的能力。为此,要求教师加强社会主义核心价值观的学习;加强辩证唯物主义和历史唯物主义理论的学习,促使教师坚定正确的世界观、人生观、价值观,增强抵制唯心主义、拜金主义、个人主义、封建迷信及各种伪科学的自觉性;加强爱岗敬业、热爱学生、教书育人、为人师表的教育,

---

① 〔德〕雅斯贝尔斯(Karl Jaspers). 什么是教育[M]. 北京:生活·读书·新知三联书店. 1991:94.
② 姜乃振(2005)在大学城背景下建设我们的课程文化. 2011年3月29日取自复旦大学第二附属中学网站(http://www.2fz.fudan.edu.cn/mofei_list.asp?id=394).

增强教师的事业心和责任感；加强素质教育思想的学习，更新教育观念；加强教育法律法规的学习，提高教师依法从教水平；开展心理健康教育咨询活动，提高教师的心理素质。

最后，要努力宣传优秀教师的典型案例和先进事迹，营造教书育人的良好氛围。特别是教师身边的优秀教师，他们的事迹可信可学。对他们事迹的宣传，既是弘扬先进，又是以教师的教育实践为案例，对怎样成为一名优秀教师作出生动的阐释。

第二部分

回归本真的教师

在前一部分基础上，把"教师"作为研究对象，通过辨识教师的教育功能、文化使命、教育信念、教育行为等议题，对"教师是什么"作寻根究底的阐析。第六章是教师教育功能的总体描述，第七、八章是讨论教师的文化使命与教育信念，也是对教育功能作专题式阐述，以更加完整、全面地理解教师是什么，第九章落实到对教师教育行为的分析，即理想的教师、好教师应该怎么做。

第六章　教师的教育功能

"功能"一般指事物或方法所产生的作用。按此理解教师的教育功能，意指教师在教育活动中产生的意义与作用。"在不同层面对教育发展及维护的贡献"。[①] 正是因为教师履行了教育职责、实现了教师的教育功能，也就确证了教师在教育活动中的地位。因此，培养教师，促使教师成长为优秀、卓越的教师，明确自身的教育功能，是一项重要的任务。

一、人的培养与教师的教育功能

教师职业被称作是太阳底下最崇高的事业，教师是人类灵魂的工程师。对这样的说法，虽然人们有不同的看法，[②] 但已经流传甚广，体现着对教师教育功能的一种认可。

诚然，这只是一个比喻的说法。但不能据此回避怎样培养人的问题。问题的核心是教师怎样解决人的培养问题，从而成为塑造人全面发展的"工程师"。

对此，人们以往把它当做是明了的问题，认为这些问题已经非常清楚了，甚至指出：如果教师不认识受教育者，怎么能够开展教育活动？换句话说，教师从事教育教学工作，不可能不认识自己任教的学生。似乎这样的责问是没有道理的。然而，正是这种自以为已经解决了的问题，我们本应该认真思考与研究的问题却转变成了"常识"，人们对此熟视无睹了。至少表现在这些方面：

（一）仅仅把学生当做是教师职业活动的对象

学生是教师职业活动的对象。如果以这样的思路理解学生，并不是说没有道理。不过，认真思考这一判断，存在的问题是明显的。因为，只是把学生当做工作对象，教师会把自身的意志、想法、观念强加于学生，学生只是被动而不是主动的存在，最终影响学生主动性、自觉性的养成。

其实，每一个学生都是独立的个体，有着自身独特的生活经历、生活感悟，形成了属于自身的理解生活、理解生命、理解社会的观念与视野。或许他们的认识、观点是不妥当的。但是，教师必须去面对、去了解学生的所思所想，与学生面对面地交流，去引导与沟通学生表达内心想法。

（二）对怎样实现学生发展的途径缺乏完整、全面的认识

教育要促进学生的发展。这一点认识是清楚的。但是，在实际教育工作中，容易出现窄化"发展"内涵的认识现象，结果，把学生的发展等同于学生认知能力的发展，把学生

---

① 郑燕祥.教育范式转变效能保证 [M].上海：上海教育出版社，2006：31.
② 把教师比喻成是灵魂的"工程师"的观点受到了质疑。理由是强调"工程师"工作特点是科学规范、客观准确，体现科学性，而教育要体现科学性，也要提倡人文性，尤其是教师，要求关注学生的个性差异，培养学生身心健康、和谐发展。

看做是需要教师灌输知识的容器,作为接受教育的学生,其主要责任是在教师的组织、安排下接受知识、获得技能。

对此,有研究者指出,教师对学生发展目标以及怎样促进学生发展途径的认识依然是"工业时代"而非"信息时代"。与"工业时代"相适应的教师人才观、教育观的特点在于:以分数为主,以课程内容为主,以常模为主的测验,以团体为主的知识灌输,非真实性的评量,竞争性的学习,教室作为主要的学习场地,教师如知识贩卖者,无意义的忘记,以隔绝的阅读和写作技巧为主,以书本为学习的工具。①

而信息时代学习与教育环境发生重大变革。有研究者用生动的故事阐释了这样的变革:"请大家看一张图,学校全球化得益于两个关键技术:一个是带宽将更宽,任何行业都未像教育这样对声、文、图有这样大的需求;另一个是虚拟现实技术,上课只需将网络设备穿戴在身上。这是当今世界100所大学发起的一个计划——建设开放式教育平台,牛津、剑桥、斯坦福等著名大学参与其中。发起者认为,2020年以后学校不会在校内招生,教室分布在全世界,学生听课亦在不同地方。"② 这则故事暗喻着信息时代与工业时代的学校教育有着本质性的区别,它特别关注培养学生的创新能力。如果用形象的语句描述信息时代教育,它的重要特征是从劳动密集型向资金密集型转变、从本地交通密集型教育向全国交流密集型教育转变、从小规模教育向大规模教育转变、从自然垄断向自由竞争转变。③

但是,为应对信息技术的变革要求,学校教育也存在着不少问题。一是对信息科学技术的理解并不全面与完整。其实,信息科学技术应该包括信息获得、信息传输、信息处理等内容。而人类面临的新问题,是如何用新的IT技术获取自然本身的信息,这是一切科学探索活动和工程技术活动成功的基础和前提。④ 二是没有准确把握信息科学技术对人的能力发展提出的特殊要求。正如戴汝为院士提出,信息技术从某种意义上说是对人类思维的一种扩展,然而它主要基于逻辑思维,这有可能造成对学生的形象思维训练不足。注意逻辑思维与形象思维结合,有助于培养创新型人才。⑤

(三) 教师照本宣科,教育模式陈旧,教学方式僵化

教师受到应试教育观念、目标的影响,以及学校行政管理体制的约束,教师的教育方式追求规范、统一、标准,比如采用统一的教材、统一的评价方法,虽然鼓励教师开展研究性教学、提倡校本教研、教育教学创新,但是,学校课程主体是统一规范的国家课程,学校教学时间主要用于完成国家规定的基础型课程的教学任务,有的学校、教师甚至只是保证基础型课程中的"主课(与应试有关)"的教学任务,如音乐、美术、体育等课程被当做是"副课",不受重视。同时,教师的教育与教学活动基本上局限在学校校园之内。虽然学生的学习有教师的引导、指导、教导,但仅限于从教科书和教师指定的相关学习材料中学习标准化的课程,即使增加研究性课程、探究性课程,要做到100%的学生参与,适合所有学生个性特点与学习兴趣,受到师资、场地、办学资金等方面制约,困难也很

---

① 操太圣,卢乃桂. 伙伴协作与教师赋权——教师专业发展新视角 [M]. 北京:教育科学出版社,2007:3.
② 朱广菁. 信息时代教育直面几大困惑 [N]. 大众科技报,2007-05-31(A01).
③ J. H. 斯奈德. 走向信息时代的教育变革 [J]. 韩敏,编译. 上海教育科研,2003(3):28—31.
④ 朱广菁. 信息时代教育直面几大困惑 [N]. 大众科技报,2007-06-5(A01).
⑤ 同上.

大。在此情形下，学生关注自己的考试成绩，他们的学习经验主要是从制度化学习过程或指定书本中获得的，远离快速变化的全球情境。另外，学习只是在既定的时间框架中发生在学校内的一种活动，毕业似乎就意味着学生学习的终结。[①]

《国家中长期教育改革和发展规划纲要》已经指出了这一问题：教育观念相对落后，内容方法比较陈旧，中小学生课业负担过重，素质教育推进困难；学生适应社会和就业创业能力不强，创新型、实用型、复合型人才紧缺。[②] 教师不敢创新，也不能创新，逐渐消失创新性地开展教育工作、富有个性地开展教育工作的激情与动机，相反，遵循大致相同的教育理论与教学模式，教师的工作是"照本宣科"。

对此，《国家中长期教育改革和发展规划纲要》中明确提出今后教育发展的目标：树立全面发展观念，树立人人成才观念，面向全体学生，促进学生成长成才。树立多样化人才观念，尊重个人选择，鼓励个性发展，不拘一格培养人才。注重学思结合。倡导启发式、探究式、讨论式、参与式教学，帮助学生学会学习。激发学生的好奇心，培养学生的兴趣爱好，营造独立思考、自由探索、勇于创新的良好环境。注重知行统一。坚持教育教学与生产劳动、社会实践相结合。开发实践课程和活动课程，增强学生科学实验、生产实习和技能实训的成效。充分利用社会教育资源，开展各种课外及校外活动。注重因材施教。关注学生不同特点和个性差异，发展每一个学生的优势潜能。推进分层教学、走班制、学分制、导师制等教学管理制度改革。建立学习困难学生的帮助机制。改进优异学生培养方式。在跳级、转学、转换专业以及选修更高学段课程等方面给予支持和指导。[③] 要切实完成《国家中长期教育改革和发展规划纲要》提出的教育改革目标，需要创新教育思想、变革教育观念、探索更加灵活多样、适合学生发展需要的教育方法。

（四）不能全面、客观认识与把握"学生对教师的期望"

在日常教育活动中，比较受关注的是教师对学生的期望，通过赋予学生期望，激励学生的学习动机、动力，提高学习绩效，比如应用罗森塔尔的期望效应是较为典型的一例。可以说，在现实教育活动中，教师对学生的期望是普遍存在的，即使不受学生欢迎的教师，也会对学生提出要求，比如上课不讲话、不做小动作、集中注意力听课等。其实，不仅要研究教师对学生的期望，而且教师要关注学生对自己的期望，即学生希望老师带给学生什么。

理解与把握学生对教师的期望，是教师完成职责的认识前提。假设一位教师不知道学生需要自己做什么，怎样做才能让学生满意与喜欢，就难以与学生建立良好的互动、交往关系，会影响教师工作的开展。研究者指出，学生对优秀教师的期望有这样几方面：热情、备课充分、幽默、公正、把学生当做独立的个体、及时把批改过的作业分发下去。[④]

但是，对学生给予教师的期望，不一定每一位教师都会去关注与研究。正如托德·威特克尔在《优秀教师一定要注意的14件事》一书中指出，这是优秀教师和拙劣教师的区别。优秀教师不仅能够对学生提出高的期望，也能结合学生对自己的期望，对自身提出更

[①] 郑燕祥. 教育范式转变效能保证 [M]. 上海：上海教育出版社，2006：34.
[②] 国家中长期教育改革和发展规划纲要（2010—2020年）教育部网站 www.moe.gov.cn
[③] 同上.
[④] 〔英〕安杰拉·索迪（Angela Thody），〔英〕巴巴拉·格雷（Barbara Gray），〔英〕德里克·鲍登（Derek Bowden）. 成功教师的教育策略 [M]. 杨秀治，谢艳红，译. 北京：北京师范大学出版社，2007：6.

高的期望。① 而拙劣教师，则把教育当做是一种"应付"，对自己没有什么更高的目标与严格的要求。

其实，出现这种现象，与学校管理教师的常见做法密切相关。目标管理是学校日常管理时常采用的管理举措。采用目标管理，做法比较简单，即学校提出明确的工作目标，如果教师达到了目标，则被看做是一位好教师，学校被看做是有办学质量和办学效能的。当然，不能否定学校设立切实可行的办学目标的意义。但是，作为教师，更应该从学生发展需要的角度考虑教师工作的着力点，不是"我要求学生怎么做"，而是"学生希望我怎么做"。这样说并不是强调学生所思所想所需都是正确的、合理的，而是强调通过学生对教师提出了怎样的需求的分析，建立教师与学生良好的互动关系。如果按照"教师要求学生怎么做"的思想方式开展教育活动，以此建立的师生交往关系是凸现教师权威、学生被动的地位。

这些认识遮蔽了教师对自身从事的职业活动本质意义的理解与把握，影响到对教师教育功能的分析。所以，明晰这些问题，是领会教师的教育功能的基础。

二、揭示教师教育功能的认识基础

阐释教师教育功能的第一步必须分析以往是怎样看待教育活动中的教育对象，即把教育对象看做是被动接受教师传授的知识，还是看做是教育活动的积极参与者。

在以往的教育活动中，虽然强调教育必须满足于人的需要，促进受教育者的完善。但必须明确什么是人的完善，是人的自然属性的生理发展，还是人的思想、意识的发展，使学生从不懂事到"知书达理"，从知道满足于人的生理需要的"自然的人"到追求精神财富的"有知识的人"、"智慧的人"。不能否认，以此理解教育对受教育者的作用，是有一定道理的。但要注意，它至多是具体化地描述人的生理器官的变化，或者是人的心理的发展。因而，我们需要超越这样的认识，更深入一层地揭示人的身心发展的基础。

所谓揭示基础，是要阐明促进人的生理、心理发展的前提。我们认为这个前提就是人本身。但这里说人本身，并不是把人看做只具有生理属性的人，或是社会属性的人，或是精神属性的人，而是通过"人是在与世界交往中的存在者"的视角，寻找统一人的自然属性、社会属性、精神属性的基础，即人之所以被称作是人的基础，从而确证教育之于人的发展的意义。

简言之，认识人、理解人，必须在人的交往活动中完成，而要使交往变得合理，交往双方要有共同的、能够达成一致的背景，否则认识对方就变成一种主观的想象，即把人之外的存在物当成是自身意识活动的对象，甚至是意识活动的产物。要避免出现这样的认识，以人与对象物建构交往关系的思路理解交往对象，"交往对象"就不再是脱离个人而独立存在的"客观物"，这是十分重要的工作。哈贝马斯（Jurgen Habermas）在这层意义上提示了人的活动需要涉及三重关系：①话语与作为现存物的总体性的"外在世界"的关系；②话语与作为所有被规范化调整了的人际关系之总体性的社会世界的关系；③话语与

---

① 〔美〕托德·威特克尔（Todd Whitaker）. 优秀教师一定要注意的14件事［M］. 赵菲菲，译. 北京：中国青年出版社，2006.

作为言说者意向经验之总体性的"特殊的内在世界"的关系。① 梳理这三重关系，哈贝马斯的意思是表明，要使交往双方获得沟通、达成共识，取得交往的成功，前提是把双方置于共识的情境之中。

哈贝马斯提及的这些层面，实质上揭示了人作为存在者的基本结构，人是在世界中生存，人与世界构成一个整体，不能将人从生活世界整体中抽离出来，看做是孤立的个体，世界只是作为人的认识对象而存在，相反，人是在与世界交往中造就了自身，不能把人从人与他人、人与世界的关联中彻底地割裂。因此，教育者的重要任务，是在教育活动中为教育者与受教育者构造共识的情境，使受教育者在此情境中不仅得到知识与技能，而且能够领悟人生的意义。正如罗蒂所说："教育必须自文化适应始。于是追求客观性和对客观性存于其中的社会实践的自觉认识，是成为有教养的必不可少的第一步。我们应当首先把自己看做自在，然后才在某一时刻把自己看成自为。"②

这样，认识教育功能的思路被凸现出来，通过教师的教育活动，向受教育者传授知识、评析生活经验，改善学生认知能力，提高认识事物的水平，而最终目标是让学生意识到人之为人的责任、意义。简言之，教师通过建构教育情境，借助各种方式让受教育者感受、体验到自身作为一个社会人的存在。

这既呈现了教育促使人完善的目标，又是教师促进学生发展需要选择的教育途径。其实，这一点被教师们称作是人的思想意识与情感发展的体验模式，而且表明，即使是接受新知的受教育者，也是不断地融合原有的"视野"，③ 是新思想、意识、观念与原有的观念冲突与交锋的结果。所以，一个人获得"知识"，掌握"读、写、算"的基本技能，不能等同于实现了人的发展目的。因为，知识获得，它要依赖于人的这种体验反思的能力，同时，知识获取"量"的多少，并不能完全反映一个人的成长状态，知识再多，也未必能够成为一名优秀人才，相反，可能出现这样的情况，知识成为造成社会灾难的一个因素。

例一：爱护小动物是德国儿童接受的善良教育的第一课。孩子刚刚学会走路，不少德国家庭就特意为孩子喂养了各种小动物，并让孩子在亲自照料小动物的过程中，学会体贴入微地照顾弱小生命。幼儿园也饲养了各种小动物，由孩子们轮流负责喂养，还要求孩子们注意观察小动物的成长、发育和游戏，有条件的还须作好"饲养记录"，此外，利用自己积蓄的零花钱来"领养"动物园里的动物，或捐款挽救濒临灭绝动物是德国小学生热衷的活动。④

亲近小动物，让小孩从中获得关于动物的知识（关于动物本身的知识，是自然科学研究对象，由此而得到的动物知识，是理论化、概念化的知识，是理性的活动），这不能成为这项活动的最终目的，要通过小孩与动物之间建立关系，逐步让小孩喜欢、接纳小动

---

① 〔德〕哈贝马斯（Jurgen Habermas）．交往与社会进化［M］．张博树，译．重庆：重庆出版社，1989：69．
② 理查·罗蒂．无镜的哲学［A］．洪汉鼎主编．理解与解释：诠释学经典文存［C］．李幼蒸，译．北京：东方出版社，2001：560．
③ 伽达默尔（Hans-Georg Gadamer）说当解释者克服了文本中混乱的地方，从而帮助读者理解了文本，他或她本人的退回并不是任何否定意义上的消失，相反，它是这样地进入交流，以致文本的视野与读者的视野之间的张力消失了。将这一现象称为"视野融合（Horizontverschmelzung）"．〔德〕伽达默尔（Hans-Georg Gadamer）．文本与解释［A］．载于严平编选．伽达默尔集［C］．刘乃银，译．上海：上海远东出版社，1997：71．
④ 唐若水．走近德国的"善良教育"［N］．光明日报（世界周刊版），2002-07-26．

物，进而能够把小动物看做与自己一样，能够从"动物"的角度思考问题，而这个角度，仅仅靠掌握一堆理论知识是做不到的。另一方面，如果小孩获得了对动物的情感，能够从动物角度思考问题，对小孩来说，这已经不是一种能力或知识，而是学会了如何让自己与周围世界共存，经验到个人与周围世界的关系，这种共存关系的获得，仅仅依赖于一句话、一个定义、一些概念是不可能解决的。所以，让儿童亲近动物，是儿童完成了一个体验周围世界的过程，这一过程使儿童得到了这样的结果：对人与动物关系的认知、感受与体验，具体地说，使儿童认识到世界——动物——人（小孩自己）之间的关系，体验了动物赋予自己的乐趣或满足了自己某些需求，同时，也明确了人应该怎样与动物建立交往关系。其实，这已经进入到人与世界关系的感受与体验之中。

而且，对教师来说，希望通过类似的交往活动，使儿童学会把"对动物的理解"迁移到其他问题的解决上，比如处理同学关系、师生关系等等。因此，这一教育活动，它已经超越了纯粹传授关于动物知识的教育，儿童从中的收获，不仅仅是学习了饲养动物的知识，而且建立了对动物的关怀之情，这是人之在世最基本的态度，也是教育实现人的发展的目的。有了这一点，人会激起对事物的关心、关注，自然就会培养自己成为一名主动的学习者、探究者，如果做到了这一点，离人才培养目标的实现就不远了。但是，以往对此却忽略或遗忘了。

因此，应该把"人与世界建构关系"作为是理解教育促进人的发展的思想方式，其核心是促使人在与世界交往过程中形成良好的自我意识、自我选择与自我行动的能力。这一点与古代中国传统教育思想确立的"学做人"的教育目的有联系也有区别。就联系而言，两者都关注到教育与人的日常生活之间关系，区别在于，传统教育倡导"学做人"，是学习"道德"之学，是对人的德性要求。所谓"君子谋道不谋食"、"君子忧道不忧贫"（《论语·卫灵公篇》）。

三、教师教育功能是如何误读的

基于此，第二步就必须分析教育活动中教师是怎样把人"遗忘"的，致使学校教育变成是纯粹的"知识传授"活动。这里仅从三方面的表现作简单陈述。

（一）对"求知"的误读

教育中为"求知而求知"已是普遍且严重的现象。与此相应，"你教我学"也成为学校教师从事教育教学工作的代名词。

如此重视"求知"，与学校教育传授科学知识、追求真理的误读有关。教育追求真理，传播先进的科学文化知识，这的确是教育的任务。关键在于正确处理人的发展与追求真理之间的关系，不能把"追求真理"当做是教育的目的，而受教育者的发展变成是实现"追求真理"目的的手段。事实上，学校教育的一切都要服务于人的发展，人是学校教育的目的而不是手段。

教育活动要传授科学知识，教会受教育者追求真理，这一点是符合受教育者和社会的需要的。但是，在具体的教育活动中，绝对不能把真理信仰僵化、教条化。虽然，教育中要做到言必称真理，但是，不能分离"人与真理"的关系，不能以关心真理、关心未来为借口，替代对生动的、具有多样性需求的个人的重视。如教师总是喜欢向受教育者提问"你不学习，将来怎么办"，以此督促受教育者学习，把受教育者为何要读书的动机定位在将来的某种目的,类似的话是经常能听到的:"等你学完了这门课,你就能……",教育仿佛是为了将来会发生的某个东西做准备,而将来是什么,中小学生的认识是十分模糊的。

问题的另一方面,生活在现实世界中的学生,有自身的思维特点、思维兴趣及想象空间,怎样避免因为追求真理、信仰真理而遮蔽了对学生个体性、特殊性的关注。对这个问题,浪漫主义、自然主义的教育理想试图退回到"田园牧歌"式的学校教育状态,规避文化的客观性、整体性对个体发展的"侵略"。当然,这种教育思路缺失了与社会现实的联系,并不可取。但是,它对学校因为"重视真理"教育所隐含问题的思考,则值得重视,其意义在于提示教育者不能消失对学生在世状况的关注,既主张培育与重视学生对学习真理的兴趣,增强受教育者的信心,又强调教师不能疏远受教育者,要多方面关心受教育者。

下例所述之事是对此最好的注解,要研究教育活动怎样与受教育者已有生活经验相结合,因为这些生活经验影响着学生的认知、情感的发展。

例二:这是当时还是11岁女孩(蒋方舟)写的一本书中的一则材料:今天老师讲了一首诗歌,主要是讲哥俩在山坡上做作业,忽然飞机来播种子(他们好像生活经验蛮丰富的,只是不是观光旅游新马泰的飞机),由种子联想到一片树林,由树林联想到枕木,由枕木联想到铁路,房屋,梁柁,他们两兄弟,将来要在风雪中,拿着电锯高歌。老师讲到这儿,……,还问:"这篇课文写得好不好啊?"我想:"哼!种子刚刚撒下来,就拿电锯等着呢。还说写得好。那种手笔,都是大人教的,什么手在把荒山抚摩哟,什么金色的细雨哟。乱抒情,呕死人了!"①

诚然,教育应具有追求真理、服务将来社会的理念,但将来是现在的延伸,一旦忘记了现在的人,不仅仅是忘记了物理意义上的时间尺度的"现在",实际上是对自身当下生命活动的舍弃,这种舍弃所引发的结果,最明显地表现出两方面:一是将自己掩蔽起来,开始学说假话、谎话,以求得别人的认同;二是不知道怎样关心自己的生命活动,使当下生命活动需要的与未来的理想难以调和,出现了行为上的迷茫。②

(二)"逻辑化"的学习

依赖于逻辑、概念的手段设计教学方法,把教育活动变成了逻辑推理、记忆概念的过程。教学被称为"特殊的认识过程",既是认识过程,把"教育"演化成是"知识"的学习,变成是一个概念、逻辑的推导过程。马里坦(Jacques Maritain)说教育是一项浩大的、神圣的工作,但是,由于从"纯粹科学的人类观"出发理解教育中的人,结果"教育甚至比我们想象中要更简陋"。他说"纯粹科学的人类观"是将测量与观察的资料结合在一起,不考虑本质的问题,也无须考虑本质的问题,无须解释"是否有灵魂?人是自由的,还是被命定的?价值与事实,孰轻孰重"等与科学领域无关的问题,"总之,纯粹的科学人类理论是现象观而非考虑其终极实体(ultimate reality)"。③

---

① 蒋方舟. 正在发育 [M]. 西安:陕西师范大学出版社,2001:81.
② 现代教育中出现的这一问题,我称之为是教育现代性,并认为,整理教育观点、看法时,首先就要清理教育现代性对教育的观念与教育行为的影响. 舒志定. 通识教育:防御教育现代性的一种选择 [J]. 昆明理工大学学报·哲社版,2002(4):84—88. 舒志定. 文本的敞开性与教师权威的瓦解 [J]. 教育理论与实践,2003(6):37—40.
③ 〔法〕马里坦(Jacques Maritain). 十字路口的教育——通识教育的理论基础 [M]. 简成熙,译. 台北:五南图书出版公司,1996:7.

马里坦指责教育不能受"纯粹科学的人类观"的规范，因为教育要关注人的本性、人的价值需要等，这些不是自然科学能够给予解决的。因为自然科学"忽略了这些存在的问题（being-as-such）只显现出其认知的观察与测量领域而已"。[①] 受此影响，教育出现这样的例子：比如学生向老师提问"什么是科学"，老师通常先解释"科学"的定义，再辅以一些例子，老师的教学算是结束了，学生也了解了"什么是科学"。如果考试，学生们也能回答"科学是什么"。但事实上，学生从这一科学定义中获得了什么？获得的只是对科学定义、科学概念的理性认识、结果是，那些记住了"科学定义"的学生，考试就能够得到分数；没有记住的，考试就得不到分数。因此需要进一步追问：以这种方式得到好分数的学生，虽然得到了好分数，但是，这个"好分数"对个人的整体发展产生怎样的作用？学校教育除了让学生取得考试好分数，还应让学生得到什么？

无疑，从某种角度说，个人发展的重要特征是让学生敞开思想的空间，培育学生的思考问题、独立解决问题的能力。尤其是对低学龄的受教育者来说，除了强调传授的知识符合"真"的要求外，更要强调教师能够向学生提供动手、动脑条件及空间。如果老师按上述"科学是什么"这样的教学思路进行教学活动，会束缚学生的思想空间，换言之，老师只是教给了学生关于"什么是科学"的概念。请看例三：

例三：有两个美国科学家做过一个有趣的实验。他们在两个玻璃瓶里各放进5只苍蝇和5只蜜蜂。然后将玻璃瓶的底部对着有亮光的一方，而将开口朝向暗的一方。几小时之后，科学家发现，5只苍蝇全都在玻璃瓶后端找到出路，而那5只蜜蜂则全都撞死了。蜜蜂为什么找不到出口？通过观察发现，蜜蜂依经验认定：有光源的地方才是出口，它们每次都用尽了力量撞向光源，而同伴的牺牲也不能唤醒它们，在寻找出口时，也不会互相帮助。（单祥双，2002）[②]

蜜蜂死在瓶中，并不是因为蜜蜂不知道只有找到出口才能存活的道理（知识）。其实，要存活，就要走出瓶子，这只是一个知识点。"蜜蜂"懂得这个"知识点"，因为它循着光源寻找出口。问题是，如何在最现实的环境条件下运用"这个知识点"，蜜蜂不能回答这个问题。蜜蜂只是知道有出口才能走出瓶子的知识，出口总是与光源相联系，因而就会顺着光源去寻找。然而，当蜜蜂处在材料所描述的环境时，就需要把"知识"转化成"能力"，即在特殊情况下用有效的办法寻找瓶口。而且，实施这个办法，得不到别人的救助，只能依靠自己知道的知识转化成克服困境的能力，使自己得以存活。遗憾的是，蜜蜂没有解决。如果以此审察我们的教育活动，似乎我们也是强调传授"找到瓶口"这样一个概念，是在从事这样的"科学"知识教育。

事实上，人生活于世界之中。掌握与了解类似于"找到瓶口才能存活"的知识，这是人的认知活动。除了认知活动之外，尚有道德、审美的需要。而道德、审美的需要与认知活动存在差异。认知活动主要是通过概念解释的方式"认识事物"，揭示事物"是什么"，而满足后两者的需要，可以看做是受教育者意义的成长，意义成长涵盖了受教育者认知的经验，是受教育者超越认知发展的更高层次的人的发展目标。因此，这种需求未必与具体

[①] 〔法〕马里坦（Jacques Maritain）．十字路口的教育——通识教育的理论基础[M]．简成熙，译．台北：五南图书出版公司，1996：7．
[②] 单祥双．蜜蜂为什么找不到出口[N]．光明日报（科技周刊版），2002-11-22．

的一件事物完全对应，可以透过事物本身揭示事物背后隐藏的更深一层的意义。所以，教师的教育活动中，事实性的认识、道德需求与审美判断都应保持统一，不可分离。

由此要克服与避免使学校教育变成纯粹是知识的教育，而缺失对学生运用知识的能力的培养以及道德与审美的教育归结一点，就是要求学校能够以学生发展为着眼点，实现从教向学的转变，培养学生主动学习、全面发展。这项工作要从小学生开始抓起，逐步提升学生自主学习的能力。在这一意义上说，美国哲学家、教育家杜威倡导"做中学"，破除课堂中心、教材中心、教师中心的"三个中心"，是有积极意义的。当然，提倡鼓励学生自主学习、自主探究，更要重视教师积极主动的作用。

（三）成人话语的僭越

在教育过程中，教师希望用理想的社会角色作为目标与依据，规范受教育者的行为，应该肯定"榜样"教育的示范效应。但是，出现了值得关注的问题，这就是受教育者过早地用成人社会的价值观念规范自身行为，在规范过程中使受教育者的行为表现出"成人特征"。这种教育现象、教育问题的实质是用"社会角色"遮蔽了个体的独立存在，失去了培育青少年特有的思维能力、个性特征的可能性。

教育是不断地构造、重塑人的过程，期待人的潜能的充分实现。把受教育者看做是一个独立的个体，不能过早地用成人世界中的某一个社会角色来规范受教育者的意识与行为。换言之，教育最基本的要求，是使受教育者具有正直、忠诚、善良、正义的品性，成为具有德性的人。这样，不管将来做什么工作，扮演什么样的社会角色，都能够完成角色所赋予的职责。

这就是说，虽然受教育者是各不相同的，有各自的特殊性，但教育者的根本使命是要挖掘个体的潜能，培养人的独立性、自主性，展现个人对社会、事物、人生的良好看法，使受教育者成为有主体意识的人。通俗地说，"朽木不可雕"，前提是"木"，"木"决定着能否雕与雕什么，因此教育首先是要塑造"木"，而不是雕刻家完成后的某一种雕刻作品，作品已经是形式的东西，关键是质料。而受教育者是一块质料，质料有质料特有的思维方式、个性特征，教师的任务不是去否定这些特殊性，而是怎样引导、培养。同样值得关注的是蒋方舟在《正在发育》中的一段描写，正说明不适宜地某种社会角色接受的价值观去教育受教育者所隐含的问题。

例四：唐老师常常与唐夫人在路上散步，还推着一个小车，里面装着个小弟弟。杨非雪、冯圆、我，争着跑上去，逗小弟弟："哟，好好玩呀！""哟，好可爱呀！""哟，好漂亮啊！"唐老师和唐夫人走远了以后，我们纷纷对小弟弟说三道四："发现了吧？他有点对眼！""嗯，还留了一撮毛。""跟我们班宇文宇一样的！""好看吧？""不好看。"①

这里所反映的一则"事实"，不是一群小学生对某事某物的评论，而是反映着小学生是怎样按"社会角色"的范式去评论某事某物。结果，类似于《皇帝的新装》中小孩说真话的现象被剥夺了，而这种剥夺不是一下子完成的，而是有一个过程，这个过程中，教育扮演着十分重要的作用。换言之，教育只关心传授既定的知识与某种道理，教授孩子们去认同、接受。下例中就说明这一个现象。

例五：《文汇报》刊登朱华贤《学生可以不喜欢课文吗？》的文章说，最近一个时期，

---

① 蒋方舟. 正在发育 [M]. 西安：陕西师范大学出版社，2001：51.

许多小学语文教师会在朗读课文后问学生："你最喜欢这篇课文的哪一段或哪几个句子?"据说以此来体现学生的自主性。有次,文章的作者去旁听一堂语文课,一位小学生面对教师的提问,却说"都不喜欢"。为此,教师批评他自以为是。课后学生告诉作者,课文中的小珊迪都快要死了,还记着那一点钱,他不相信。①

在这一材料中,使我们想起陶行知呼唤的教育理想:教育要教人求真、学做真人。但什么是"真"?"真"不仅仅是指教学内容的科学性,还应该包括提供受教育者想象的真实可靠的环境,只有这样的环境,受教育者才会真实地想、真实地做,才会成为"真人"。而这个真实的环境,不是一堆知识或概念能够建构起来的,只有在受教育者最切近的生活世界中,依赖于受教育者对事物的切身体悟与感受,才能逐渐地丰富起来。

当然,这样说并不是对学校注重向受教育者传授如何成功地扮演社会角色的教育重要性的否定,这里提出的问题是,不是讨论要不要这种教育,不是讨论这种教育的内容是什么,而是强调人是社会角色的实际承担者,这是前提。因此,学校开展社会角色的教育,基础工作必须是进行"做人"的教育,其次是讨论将来扮演什么角色。

四、对教师教育功能的一种阐释

以上述讨论为基点,认识与分析教师的教育功能,实质是确证教师存在的合法性,②这种"合法性",是依赖受教育者而得到确证。所以,通过培育受教育者成为独立主体意识的存在者,这是教师应发挥的最为根本的教育功能。

概言之,教师教育功能主要体现在:为学生全面发展奠定基础,搭建有助于学生健全人格培养、良好德行塑造的平台。这个平台既要解决"教育应是什么"的"应然目标",又要解决"教育怎么做"、"教育是什么"的"实然目标"。前者是从目的论的角度理解教育,使受教育者通过接受教育,能够自觉地检讨自身的观念、行为,自觉领悟人生的意义、确立人生的理想。后者讨论如何实现这样的教育目的。这两方面反映着教师的职责、作用,反映着教师的教育功能。具体体现四方面:

(一)促进受教育者培养具有反省人生、塑造自我意识的功能

教育是人的教育,关键是让学生意识到自己是一个独立的人。因此,教师的基本职责是帮助受教育者领悟人之为人的历程,使受教育者成为自主自律的个体、有主体意识的个人,不至于使受教育者成为只具备一些知识或某种技能的片面人,帮助受教育者具有反省人生的意识。

教育培养能够自觉反省人生的人,原因在于,能够反省人生的受教育者,意味着他们向往美好人生,是基于主动反省后作出的选择,而不是主观的臆想。这样的受教育者,称得上是智、情、意、行的和谐统一,显示着个体内心世界的不断丰富与完善、崇尚美好与自由的精神生活目标的逐渐达成。由此而言,教师以培养人具有反省人生、塑造自我意识为价值尺度,实质是以塑造具有自主意识、独立处事的主体意识的人为尺度,这是对"人的教育"命题的真实理解。

---

① 朱华贤,谢震霖.学生可以不喜欢课文吗?[N].文汇报,2002-07-29(9).
② 教育与教师的合法性,主要是省思建立在理性与知识基础上的教育出现的困境,以此阐明教育与教师存在的意义,以及如何更好地发挥教师的作用.舒志定.网络视域中的教育合法性问题[J].教育科学,2002(4):45—49.

教育培养能够自觉反省的人，在现代社会尤其重要。现代社会科技日新月异，在此背景下，对人的专业水平、生产的专业化要求都在不断提升之中，很自然，人的知识、技能越来越专业化，社会生产组织方式也越来越专业化。但也出现了人的主体意识衰弱的现象，最明显的特征是人的"非人化"，即把人当做是实现某种目的的手段。

应该肯定，专业化水平的提高，不论是对个人还是对社会都是十分有利的。这既是社会发展的要求，也是个人得以维持生存的基本途径。但是，提高人的专业知识与技能，提高劳动效率与产品质量，必须要考虑"做事的意义"，经常询问"做这件事"是否有价值或是否值得做，以此检讨自己的行为，养成健康人格，"止于至善"。

诚然，这里提及的"至善"，不仅是指道德意义上的德性完善，而且是从社会主体的角度使自身成为独立的主体、承担社会的职责。这就是教育应该确立的人的培养目标，即培养能够"反省人生"的人，避免使自己在信息时代成为一种"符号标志"、"专家系统"。①

其实，联合国教科文组织在《学会生存》的报告中反思教育造成"人的分裂"问题："目前教育青年人的方式，对于青年人的训练，人们接收的大量信息——这一切都有助于人格的分裂。为了训练的目的，一个人的理智认识方面已经被分割得支离破碎，而其他方面不是被遗忘，就是被忽视；不是被还原到一种胚胎状态，就是随它在无政府状态下发展。"② 所以，提出"培养完人"的教育使命，"完人"意味着"把一个人在体力、智力、情绪、伦理各方面的因素综合起来"，"这并不是说，获得知识、掌握研究与表达思想的工具，在人的发展中是不重要的"，应该说，除此之外，还有其他："一个人的观察、测验和对经验与知识进行分类的能力；在讨论过程中表达自己和听取别人意见的能力；从事系统怀疑的能力；不断增进阅读的能力；把科学精神和诗情意境相结合以探索世界的能力。"这种培养"完人的教育"，表现出受教育者善于克服对教师的过度依赖心理，确立自主学习、独立思考的意识，同时，教师也在逐渐地改变对受教育者的态度，把受教育者转变成是教师教育活动的合作者、教育资源的开发者，进而为受教育者正确评价自己、表现自己提供条件。

如上要求，教师要培养受教育者具有反省人生的意识，具有反思、改造人生的能力，从目的论上说，不是为了反思的能力，而是运用反思手段，使受教育者确立人之为人的基本信仰，而且明确地认识到，这种信仰绝不是一个虚无、幻想，已经体现在自身与他人、自身与社会、自身与自然环境的交往沟通中，而这一交往关系的建立，表明受教育者形成的主体意识集中体现在两方面：一是对现实社会关系的理性思考，追求普遍性的知识、价值信仰；二是如何使这些信仰在现实活动中得到体现，从理性思考的领域走向生活实践领域，使人过上正义、美好的生活。由此，我们以反思人生的功能为立足点，对教师教育实践提出两方面工作目标：一是培养具有独立思想的意识与能力的受教育者，二是培养能够自觉、主动地介入社会的受教育者。

---

① 〔英〕安东尼·吉登斯（Anthony Giddens）. 现代性与自我认同［M］. 赵旭东，译. 北京：生活·读书·新知三联书店，1998：15.
② 联合国教科文组织国际教育发展委员会（UNESCO）. 学会生存——教育世界的今天和明天［M］. 华东师范大学比较教育研究所，译. 北京：教育科学出版社，1996：193.

(二) 培养受教育者具有独立思考与质询问题的思想化功能

通过教育，使受教育者不仅能用知识去决定自身的行动，而且能够用知识去思考采取这样行动的理由，培养受教育者具有自主学习的能力，具有自主思考的意识，我们称之为促进受教育者思想化的功能。

"思想"一般意指"可以表现为通过概念的联系，概括地说明现象的本质和规律的理论原理，也可能表现为观点的综合的理论体系"，[①] 它总是以新颖、深刻、理论体系等为主要特征。这是说，"思想比知识"有了更深一层的发展，要求受教育者以各种方式主动地把已知的知识进行组合，进而使知识点相互融合，能够运用相关学科领域、相关专业的知识去思考某一个问题，而不是"就事论事"，从而以创造性方式解决面对的各种学习问题或是生活问题。如果一个受教育者掌握了相当多的知识，但不能根据不同情况主动地把相关知识灵活融合，这样的教育就是"死教育"。所以，教育活动不仅要教给受教育者知识，让受教育者成为"有知识"的人，而且更应培养"有思想"、"能思想"的人，必须使受教育者成为教育、自我教育的主体，积极、主动、创造性地学习。英国哲学家洛克（John Locke）就此作了生动的描述："一个人自己毫无真才实学，却填满了他人的思想和词语，可以说世界上再也没有哪一件事比这更可笑了。其结果肯定是徒然的，使自己的空虚欲盖弥彰，内心里面没有一点优雅的因素。"因而，洛克肯定地说："我所针对和反对的是他们被迫去熟记教给他们的许许多多作家的作品。我认为这种办法没有一点好处，特别是对他们将来所从事的工作。"[②]

教师要竭力促成人是有思想的存在者，实际上要求受教育者不能把读书、学习的受教育过程简单地等同于认知活动，因为认知主要是依赖于人的逻辑判断、分析，解决"是什么"的问题，比如学习技术知识是为了找工作，这样，人掌握了技术知识，也是一种认识过程，即获得了类似于"什么是技术"这样一些概念性知识。事实上，培养有思想、能思想的人，关键是要有价值的介入，它规定着"思想"的方向，使"思想者"能主动地承担"思想"的责任。有如让-弗·利奥塔（Jean-Francois Lyotard）对人的崇高性呼唤："时代的使命仍然是内在崇高的使命，暗示无法显示的东西的使命。"[③]

因此，教育培养能思想的受教育者，就是要把如何学、学什么，为何学、何处学、何时学等方面统摄起来，逐步引导受教育者对学习知识的能力和目的有清晰的认识与思考，达到如有的学者[④]所提出的目标：（1）知能建构学习能力：包括知识的记忆、理解及综合、分析与技能原操作练习；（2）沟通学习能力：人与人之间经过互动、观点分合及省思的沟通学习，达到观点转化、知识技能进展及观点更新；（3）批判思考能力：不仅在知识、理性、技能学习时具有批判质疑的精神，并进行深层思考，也对社区、社会、制度等进行批判，参与集体行动以解决问题、改造社会。

培养受教育者具有"思想"的能力，学会主动"思想"，更重要原因是要抵御多元文

---

① 中国大百科全书委员会编.思想[A].载于中国大百科全书编委会编.中国大百科全书（哲学2卷）[C].北京：中国大百科全书出版社，1987：832.
② 〔英〕洛克（John Locke）.绅士的教育[M].方晋，译.西安：西安出版社，1999：246.
③ 〔法〕让-弗·利奥塔（Jean-Francois Lyotard）.呈现无法显示的东西——崇高[A].载于钱善行主编.后现代主义[C].赵一凡等，译.北京：社会科学文献出版社，1999：20.
④ 郭丽玲.学习型小区中小区妈妈终身学习的内容[J].社会教育学刊，1999（28）：47—70.

化、多元价值观的挑战，使学生能够从混杂、多元的价值观中找到正确的方向，避免受庸俗文化的侵害。因而，教师的工作目标是使学生的学习变得有意义，培养学生成为有高尚情趣的现代人。在日常教育教学活动中，教师要让学生了解课堂、课本知识的学习与他们生活的联系，提高学生的学习兴趣，也应该让学生看到他们的学习的现实意义或者他们所学内容的实用性，以此增强学生的学习动力。① 例如，学校的自然科学教师举行科学展览会，向家长和社区展示学生在教师指导下做的实验等。通过这些活动，让学生的学习变得更有意义。

（三）培养受教育者具有主动介入社会交往的意识和能力的社会化功能

一切教育行动必须是在群体中进行，即使是个性化教育，因材施教，也是基于群体才能谈得上是个性化。因此，培养受教育者具有结群的能力、具有社会交往的能力与意识，是教师最重要的任务。但这里所说的群体意识，不是指具体的社交能力，而是培养具有使群体形成共同的价值观、达成共识的能力。在这层意义上说，促进受教育者的社会化是教师的重要功能。

教师要造就能够独立思考的受教育者，同时要求他们能够将思考所获得的理论用于指导个人的社会生活。教师就要着眼于培养受教育者能够用正确的理论指导生活实践的能力，从而能够幸福地生活。但人的幸福生活，不是个别人的生活，它要求个体素质提高与社会发展的协调与和谐，个人完善与社会进步是一致的。因而，个人的幸福生活与社会命运成了理论研究与反思的课题。"现代人类与其说是苦于缺少知识和科学真理，未能充分洞察客观世界的奥秘，不如说是苦于不善于用科学技术成果造福于人，不了解人的本性，未能充分洞察人的内心生活的奥秘。"② 强调改善人和社会的生存境况，寻找人与社会共同解放的出路，是建设未来社会的价值理想。

以此概述教师的"社会化"功能，不是简单地从字面上理解教师要融合教育与社会的需求，使教育培养的人能够适应社会需要，而是从根本上指出这种融合的价值基础，要以个体与社会持续发展的基本价值信念为指导，培养具有独立的主体意识的受教育者，具有自觉地服务社会的主动性与奉献精神。

教师具有培养促进，所以，受教育者主动介入社会的意识与能力的功能，是指培养具有独立人格和自主精神的社会公民，要"关注个体和集体水平上的人类的自我实现"，③由此建构真正的民主教育、自由教育，培养有创造能力的受教育者。但这一切不是把受教育者的个体从社会群体中脱离出来，而是把教师的当代使命定位在如何促进和变革教育的社会关系、促进个人和社会共同发展的目标上，消除社会与个人的对立，既能优先地使个人得到自由发展，同时，又不是纯粹个别人的孤立发展，而是社会全体成员的普遍发展。"保持一个人的首创精神和创造力而不放弃把它放在真实生活中的需要；传递文化而不用现成的模式去压抑他；鼓励他发挥他的天才、能力和个人的表达方式，而不助长他的个人

---

① 〔美〕约翰·G.加布里埃尔.有效的教师领导手册[M].王永华，李梅珍，译.北京：教育科学出版社，2009：124—125.
② 欧阳谦.人的主体性和人解放[M].济南：山东文艺出版社，1986：3.
③ 陈友松.当代西方教育哲学[M].北京：教育科学出版社，1982：228.

主义；密切注意每一个人的独特性，而不忽视创造也是一种集体活动。"①

这样，已经展示出教师与社会互动的实质："发展个人意识；为自由的、合乎道德的选择提供机会；鼓励发展自我认识；发展自我责任感；唤醒个人承诺感。"② 从而有助于培养生动的、具体的个人，确保个人和社会和谐发展目标的实现。

（四）习得知识、发展技能的知识化功能

传授知识、改善受教育者的知识结构，是教育目标对教师教育工作提出的具体要求。它要求教师认真"授业"，不论是技巧的，还是若干知识点，必须让受教育者理解、记住、熟练所学的内容，以帮助受教育者明白"这是什么"，知道"这事怎么做"的知识、技能，成为一名专门人才。基此，概括成是教师的知识化功能，这是最能够直观把握的教师教育功能。

首先，要求教师提供给受教育者一般教育（general education）。这种教育的前提是认为所有受教育者都有获得知识与技能的必要，而且一般教育旨在帮助受教育者认识他所处的环境、理解所生存的世界，并逐步地训练他在各种场合、各种活动中能够运用所学基本知识的能力。

其次，教师要有职业意识。要求教师重视教学、关心教学，必须把教学工作看做是来自于自身生命活动的内在要求，要经常地思考什么是好的教学活动，如何提高教学的质量。

以上概述了教师应承担的四个层次的教育功能，这四个层次的教育功能是内在联系着的。反省人生的功能是根本，决定着其他功能的实现，思想化功能是反省人生功能的必然要求，也是保证反省人生功能的实现。而做到这两方面，有助于提升人的社会交往能力，成为真正的社会人。但要实现这些功能，不能排除知识的作用，受教育者掌握一定的知识，更有助于反省人生、成为思想者。因此，满足受教育者知识的习得，是实现其他功能的必要准备，但知识传授，又要以其他功能的实现为前提，以避免出现知识、技能的消极效应。

可见，对这四种功能的阐述，是立足在受教育者健全人格养的着眼点上，既肯定受教育者接受学校教育是为了得到知识、习得技能，是知识的训练；又强调这种训练不是把受教育者当成接受知识的容器，而是要求受教育者懂得为何做，在思考做什么与为什么做的过程中自觉地承担起反省人生、质疑社会的职责，成为有德性的人。

五、教师教育功能与教育家塑造

上文提及教师四大功能，实质是论及作为教师如何培养人的问题。其实很简单，即按照社会发展和学生身心发展的特点，提供学生需要的教育，促进学生身心健康发展。然而，在现实的学校教育中，教师的精力与焦点都集中在提高学生的学习成绩、提高学生的考试分数上。当然，不能否定学生取得优异的学科考试成绩的积极意义，但是，优异的学科考试成绩的获得，与人的全面发展并不完全一致（如平常所说书呆子、高分低能等）。

---

① 〔英〕沛西·能（Percy Nunn）. 国民的教育［A］. 载于瞿葆奎主编. 英国教育改革［C］. 夏孝川，译. 北京：人民教育出版社，1993：36.
② 联合国教科文组织国际教育发展委员会（UNESCO）. 学会生存——教育世界的今天和明天［M］. 华东师范大学比较教育研究所，译. 北京：教育科学出版社，1996：188.

作为教师，理应关注人的发展，在人的发展的前提下，关注学生学科考试成绩的进步。

尽管人的发展与学科考试成绩相互关系的道理并不难懂，但是在教育实践中遭遇诸多困难。原因是多方面的，既有教育系统外部的社会原因，也有教育系统自身的原因，尤其是教师队伍整体素质的问题。基于这一点分析，我们认为实现教师的教育功能，必须加强教师队伍建设，培养一支能够履行教师职责、数量充足、品质卓越的教师队伍，进而造就一批教育家，最终实现教育家办学的理想。

加强教师队伍建设，培养教育家，是党和国家领导人提出的教师队伍建设目标。胡锦涛总书记在2007年8月31日接见全国优秀教师的座谈会上对教师提出了四点希望：一是希望广大教师爱岗敬业、关爱学生，切实承担教育者的社会责任，满怀对受教育者的真心关爱，是党和人民对广大教师的基本要求。二是希望广大教师刻苦钻研、严谨笃学。教师是知识的重要传播者和创造者。要成为合格的教育者，就必须不断学习、不断充实自己。教师要崇尚科学精神，树立终身学习理念，如饥似渴地学习新知识、新技能、新技术，拓宽知识视野，更新知识结构，不断提高教学质量和教书育人本领。三是希望广大教师勇于创新、奋发进取。教师从事的是创造性工作。教师富有创新精神，才能培养出创新人才。广大教师要踊跃投身教育创新实践，积极探索教育教学规律，更新教育观念，改革教学内容、方法、手段，注重培育学生的主动精神，鼓励学生的创造性思维，引导学生在发掘兴趣和潜能的基础上全面发展，努力培养适应社会主义现代化建设需要、具有创新精神和实践能力的一代新人。四是希望广大教师淡泊名利、志存高远。要求教师自觉坚持社会主义核心价值体系，带头实践社会主义荣辱观，不断加强师德修养，把个人理想、本职工作与祖国发展、人民幸福紧密联系在一起，树立高尚的道德情操和精神追求，甘为人梯，乐于奉献，静下心来教书，潜下心来育人，努力做受学生爱戴、让人民满意的教师。

国务院总理温家宝多次提及教育家办学。2010年1月11日至2月6日期间，为制定《国家中长期教育改革和发展规划纲要》，听取社会各界人士的意见和建议，温家宝总理在中南海先后五次主持召开座谈会。在座谈会上，温家宝总理多次强调，要实现教育的科学发展，必须敢于冲破传统观念和体制机制的束缚，通过改革使教育发展更加符合时代发展的需要，倡导教育家办学。①

2010年7月13日至14日，中共中央、国务院在北京召开全国教育工作会议。温家宝总理作了《强国必强教，强国先强教》的重要讲话，在讲话中又一次指出"要倡导教育家办学"。因为"教育的发展有其自身的规律。一个好老师，可以教出一批好孩子；一个好校长，可以成就一所好学校；一批教育家，可以影响国家和民族的未来。我国教育事业要兴旺发达，一个重要条件就是让真正懂教育的人来办教育。因为他们尊重、敬畏教育的价值和规律，拥有系统的教育理论和丰富的实践经验，对教育充满热爱并深深扎根于教学第一线。……努力培养和造就一大批献身教育事业、具有先进教育理念和独特办学风格的人民教育家。这是振兴我国教育事业的希望所在"。②

对于教育家办学，温家宝从三方面明确规定了教育家办学的基本内涵："我这里所说的教育家，他们可能不是某些专业的专家，但是他们第一热爱教育，第二懂得教育，第三

---

① 佚名·温家宝：必须敢于冲破传统观念束缚 倡导教育家办学［J/ON］．中国新闻网，2010-02-07．
② 温家宝．强国必强教 强国先强教［J/ON］．新华网，2010-08-31．

要站在教育的第一线,不是一时而是终身。"① 这三点,简明扼要地阐述了教师、校长成为教育家的基本要求。要成为教育家的教师或校长,必须拥有先进的教育理念、独到的教育思想,懂得教育、熟悉、理解教育规律,并能够始终坚守教育第一线,敏于创新、勤于反思,真正做到"育人"而非"造人",更不能把自己变成"知识产品加工厂"的"工人"、"技师"。如此,教师方能真正做到因材施教,回归教育的真谛。

(一)牢固树立社会主义核心价值观,坚守教育信仰,塑造教师高尚品质

在教育发展史上,涌现了无数教育家。尽管这些教育家从事着不同学科的教育教学与学校管理工作,但是,他们把教育看做是自身生命的一部分,毕生奉献教育所体现出来的教育信仰与高贵品质,却是共同的特征。比如20世纪50年代就蜚声全国教育战线的霍懋征,坚持"没有爱就没有教育"的座右铭,从教几十年,感化了无数学生。可以说,不管学生有多调皮,只要进入霍懋征的班,都会很快转变过来。

而且,具有教育信仰与高尚人格的教师培养了坚强的意志,能够积极主动地克服教育实践中面临的困难和问题,并能长期坚持。譬如苏霍姆林斯基,担任校长二十多年,每天都能听课,与老师一起讨论教学工作,每天坚持读书与撰写教育日记。

立足教育实践,才能把自己造就成"教育家",余家菊先生通过对"教育"概念的阐述,论述了这一点,他说教育是"向上事业","教育为人类之所以成为人类者,而向上心之发展,则又教育之所以成为教育者也"。因此,他要求教育者要立志、勤奋与有恒。"吾国言教育者,首重立志","志立矣,又必须实际追求之而后能有所得,故吾国言教者又特重乎勤。勤也者,自动努力,无荒无忘之谓也。……吾国言教育者,又特重乎恒。恒也者,继续努力之谓也"。② 由此言之,从教师到教育家,对教育的信念与理想执著的追求与努力是必不可少的,滴水成石,铁杵磨针,对立志成为教育家的教师来说,依然有效。

(二)变革教师的教育理念,拓展教育视野,提升思想境界

思想是行动的指南,教育家是创造与传播、实践教育思想的杰出代表,是研究和变革教育问题的学问家。所谓"学问",曾子说:"君子必由基业,问必以其序。"李政道也说过:"学问者就是去学如何提问。"所以,成为教育家的实践逻辑必然是:从教育实践中提出问题,运用教育理论解答问题,对解答教育问题达成的成果进行系统概括构成教育思想。

所以,要求教师结合自身日常教育工作,加强教育理论修养,掌握比较系统的教育思想,而且能够运用先进的教育理论反思与提炼教育经验,形成属于自己的教育主张、教育理论。比如杜威,运用儿童中心论的基本观点去推动教育实践,在实践中丰富与完善实用主义教育思想。《给教师一百条建议》一书,让教师读起来非常亲切、生动,原因是它来自教育实践,是对教育经验的理性思考。陶行知也是如此,在亲自办学的基础上,著书立说,构建生活教育理论框架。

如果教师无法把自身的教育经验变成系统完整的教育主张、教育理论,这样的教师还不能被称为是教育家,只能说是一名优秀教师、优秀教育工作者。因此,激发教师的求知欲,学习和掌握先进的教育思想,这是决定他们能否主动进行教育创新、提出有价值的教育主张、教育思想的前提。

---

① 温家宝.大学最好不要设立行政级别 让教育家办学[J/ON].新华网,2010-02-27.
② 余家菊.教育哲学论稿[M].武汉:华中师范大学出版社,2008:7.

(三) 加强教育科研工作的指导，增强教师教育理论的创新能力

优秀教师都是在教育实践中成长起来的，离开教室和讲台的教师不可能成为名师，也不可能提出属于自己的、闪烁教育智慧的理论观点。因此，加强教师队伍建设，促进教师专业进步，就要培养教师独立治学的精神，钻研教育工作，创新性地开展教育工作，掌握教育规律，成为有思想的教育实践者。

鼓励与支持教师进行教育科研，是极其重要的工作，要提倡教师开展教育科研，在研究中促进自身专业成长，在研究中提升教育质量。

教师教育活动面对生动的个人，知道如何教比知道教什么更加重要。要懂得如何教，可以通过阅读专家著作、听别的教师或专家的讲授获得，但借助这些途径或方法得到的只是关于如何教的知识，它是概念化、理论化的，未必能够有针对性地解决教育实践中面临的各种教育问题。因而主张教师直接参与教育实践，学会反思与比较教育实践，获得的知识是属于教师自身的知识，是教师内在的，不完全是由外界赋予的。

为此，强调教师通过研究与反思教育实践获得成长，其目标就是将教师面临的每一次教育实践活动作为教师反思自身工作、形成自身教育观念、阐发教育思想的实例。教师能够经常这样做，就会重新理解自身的教育实践，在他们看来，教师教育实践显得生动而又丰富，是教育思想发育的重要基地。

强调教师在教育实践中开展教育理论研究，在教育理论研究中深化教育实践，这也有助于解决长期困惑教师成长的一个思想认识问题，即如何做到教育理论与教育实践的有机结合。其实，教师掌握的教育理论具有普遍性的特征，它往往不是针对某一个具体的教育实践问题，主要是解决教育的共性问题。如果教师按教育理论去反思自身的教育工作，基本做法是用普遍性的理论去评述具体的教育问题，以此寻找解决思路与方法，这种思路当然很重要。不过，我们也应该看到，教育实践是极其丰富多样的，而且当前的社会文化、经济生活及社会客观环境处在变革之中，学校教育面临的新课题，未必是已有的教育理论都能解决的。简单地说，教育理论的"普遍性"是相对而言的，它会受到一定的限制。因此，鼓励教师从具体、生动的教育个案中寻求普遍意义的教育理论，对教育问题进行理论的阐述。这样，教师们在日常教育实践中，能够从十分多样甚至有些混乱的教育问题中理清思路，这是教师在教育实践中进行的创造性工作。

(四) 加强师资培养基地建设，为教育家的成长准备人才库

要造就一支名师队伍，必须以造就足够数量的优秀教师为前提。这要求在全社会大力宣传教育家，吸引一批优秀青年学生报考师范院校，也要对已经从事教师工作的年轻教师给予帮助，提出严格要求，搭建成长舞台，促进他们快速成长。

因此，怎样大面积地提高在职教师的整体素质，进而促使一批优秀教师脱颖而出，这是教师教育面临的新课题。对此，国家十分重视教师在职培训工作。早在1996年，全国师范教育会议的主题报告《大力办好师范教育，加强教师队伍建设，为实现跨世纪教育发展目标而奋斗》中提出"加大投入是落实师范教育优先发展的条件保障"，"要深入开展教师培养工作，必须加大投入，保证中小学教师培养培训工作，保证九年义务教育的顺利实施。办好师范教育是政府的责任，财政拨款是师范教育办学经费的主渠道"。

教育部在《关于"十五"期间教师教育改革与发展的意见》中明确提出确保教师教育事业的经费需求，要求建立投资于教师教育就是投资于基础教育和投资未来的观念。中小学教师继续教育经费以政府财政拨款为主，多渠道筹措，任职学校和教师个人合理分担培训成本。明显改善师范院校及培训机构的办学条件。各级各类师范院校及独立设置的教师培训机构的校舍、图书资料、教学仪器设备、文化设施均应达到国家规定标准，有条件的地方应进一步提高办学条件的建设标准。

随着《面向21世纪教育振兴行动计划》、《2003—2007年教育振兴行动计划》的实施，教育部组织了"中小学教师继续教育工程"，开展全国中小学教师岗位培训、骨干教师培训，取得了显著成效。2003年9月又实施全国教师教育网络联盟计划，采用远程教育手段，整合优质教师教育资源，高质量、高效益地培训教师。

2010年，中央财政安排5.5亿元专项资金，实施"中小学教师国家级培训计划"。通过实施"国培计划"，旨在发挥示范引领、"雪中送炭"和促进改革的作用。通过实施"国培计划"，培训一批"种子"教师，使他们在推进素质教育和教师培训方面发挥骨干示范作用；开发教师培训优质资源，创新教师培训模式和方法，推动全国大规模中小学教师培训的开展；重点支持中西部农村教师培训，引导和鼓励地方完善教师培训体系，加大农村教师培训力度，显著提高农村教师队伍素质；促进教师教育改革，推动高等师范院校面向基础教育，服务基础教育。[①]

在上述政策指导和引领下，教师队伍建设取得显著成绩。据了解，2009年全国普通中小学共有专任教师1064.01万人。其中，城市教师218.07万人，县镇教师372.99万人，农村教师472.95万人。县镇以下中小学教师占到79.5%。中青年教师成为中小学教师的主体。35岁以下的小学、初中、高中教师分别占到42.69%、51.29%、54.96%。其中教师队伍学历合格率显著进一步提高。小学、初中、高中专任教师的学历合格率分别达到了99.4%、98.29%、93.61%。其中，农村小学、初中、高中专任教师的学历合格率分别达到了99.12%、97.52%、89.47%。在新增教师中，具有大学专科、本科学历的教师成为主体。[②] 而2010年实施的"国培计划"，教师培训导向性更加明确，效果更加显著。全国共遴选了165所高水平院校和机构承担培训任务。通过探索置换脱产研修、"影子教师"和教师远程培训等模式，形成了一大批国家级优质培训资源，培训了115万名教师，其中，农村教师占95%以上。[③]

这说明，在中小学教师学历达标任务基本完成的前提下，教师在职培训面临的挑战更大、任务更为艰巨、困难更多。只有转变观念，创新性地开展教师培训工作，面向全体教师，构建全体教师专业成长的学习共同体，提供学习与研讨的平台，形成良好的学风、教风，改善教师队伍整体素质，才能使优秀教师脱颖而出，为教育家成长构造氛围、培育人才梯队。

---

① 教育部．财政部关于实施"中小学教师国家级培训计划"的通知（教师［2010］4号）［R/ON］．教育部网站 www.moe.edu.cn
② 陈丽平．教师法施行16年来中青年教师成主力 教师学历合格率超九成［N］．法制日报，2010-09-09．
③ 张婷，陈强．教育部财政部召开"国培计划"总结交流会［N］．中国教育报，2011-04-01．

第七章 教师的文化使命

关于"文化"的定义十分多样与丰富。"文化"的英语单词是 culture，来源于拉丁语 cultura，是指耕种、居住、练习与敬神。著名的人类学家爱德华·泰勒在《原始文化》一书中论述的"文化"定义得到了广泛认同。在其著作发表一百多年之后，依然是谈论文化概念不可绕开的观点。在对文化的定义中，泰勒认为，如果从民族学意义上说，文化或文明是包括全部的知识、信仰、艺术、道德、法律、风俗以及作为社会成员的人所掌握和接受的任何其他的才能和习惯的复合体。[①] 这一关于"文化"的定义，抓住了世界上各民族、各地区创造的复杂多样的文化的共性、普遍性的特征，肯定了多样、复杂的文化之中蕴涵着文化的本质性、共同性的因素，这使文化研究变得可能，也是文化得以传播、扩散、甚至是奴役他人的借口。

在汉语世界中，"文化"一词出现得比较早，《易经》中说："文明以止，人文也。观乎天文，以察时变；观乎人文，以化成天下。"汉代许慎在《说文解字》中写道："文，错画也，修饰也；化，教行也，变也。"在他们看来，文化是与人的日常生活密切相关的，既指人的精神生活层面的内容，也指人所创造的物质产品、社会制度等。

概述地说，一般从广义与狭义两个层面解释文化。广义的文化概念，指人类在改造世界的实践活动中形成的物质和精神财富的总和。狭义的文化概念，特指上层建筑中的思想、道德、艺术以及意识形态等因素，包括世界观、历史观、伦理观、审美观等。无论是广义的理解，还是狭义的理解，文化都是民族的灵魂，是增强国家、民族认同感与凝聚力的不竭源泉，是推动国家、民族持续发展的强大力量。正如梁漱溟在《东西文化及其哲学》一书中所说，文化"不过是那一民族生活的样法罢了"。[②]

任何一名教师都是生存于特定的社会文化之中。社会文化影响着教师的成长与发展。教师也会对社会文化的传播、继承、创新产生作用，培养一批批的学生，是实现社会文化传承、创新的重要载体。因此，梳理文化对教师角色、职责的影响，以及利用文化资源促进教师专业成长，建设卓越的教师文化，是教师教育的基本议题。

一、探寻我国教师的文化特征

教师生活在特定文化之中。不同区域、民族的文化存在着一定差异，这种差异不仅表现在人的日常生活方式、生产方式，而且还影响到更加深层、更为稳定的价值观。生活在

[①] 〔英〕爱德华·泰勒（Edward. W. Said）. 原始文化：神话、哲学、宗教、语言、艺术和习俗发展之研究 [M]. 连树声等，译. 桂林：广西师范大学，2005：1.
[②] 梁漱溟. 东西文化及其哲学 [A]. 曹锦清，编选. 儒学复兴之路——梁漱溟文选 [C]. 上海：上海远东出版社，1994：15.

一定环境中的教师,要受到这一区域文化的影响,比如地缘文化、人种文化、区域制度文化等,表现着不同文化背景下教师教育理念、生活方式、行为方式、思想方式的差异。进而,这种差异会影响学校日常教育活动,影响教师自身的专业发展。因此,研讨教师的文化特征,要扬弃不适应社会与人的发展需要的文化因素,寻求并建构有助于教师专业发展与学校教育发展的文化资源。

(一) 政学相通的职业价值取向

具有现代意义的教师培养机构建立在近代。尽管古代中国没有建立培养教师的专门机构。但是,不能据此否定古代没有"教师"。其实,古人早就确立"师"的地位,所谓"天地君亲师"。"师"者地位为何如此受宠?这与教师的职业取向、职业定位有关。

在古代中国社会,教育、学校、教师与政治的关系极其密切。早在西周时代,官师是合一的,至春秋而天子失官,学校不修,官师之学分裂为私家之学。如《左传》中记载,昭公十七年,仲尼曰:天子失官,学在四夷。① 至春秋,官学衰弱而私学获得发展,例如孔子就开门授徒发展私立教育,不过,孔子感谓"世衰道微",希望通过教育重建礼乐规范,培养内圣外王之士,维系社会秩序。故而,孔子认为人生最大的义务是努力增进其人格,并把教育理想确定为培育圣贤之士,以造就一批修身、齐家、治国、平天下的"立功、立言、立德"之"君子"、"贤士"与"圣人","教育之功,至于尽物性,参天地,则不独为一时一世之人群谋矣",② 追求培育"圣贤之士"的教育,突出教育的"道德立场"与"伦理价值取向",没有把知识与技能传授(知识教育)作为教育之大事,但是,它也为教育与政治联姻奠定了认识基础。

政学相通,孔子自身的言行便是典型。孔子一生出入于政学之间,首创"学而优则仕"的目标。其思想理念渊源于西周初期的人文思想。当时已经出现从畏天命到重人事的转变,实现从原始神话、原始宗教的思想方式到哲学思考的过渡。当然,孔子对这一时期的人文思想进行了创新性继承,表现在对道德与伦理价值在人与社会治理中的中心地位的凸现。孔子说:"知及之,仁不能守之。虽得之,必失之。"显然,孔子强调内在德行的修养比外在知识的追求更为重要,所谓"修己以敬"、"修己以安人"。这个"知",本质意向是要"知人"。在此也提出另一个问题,即"修己"的目的。很清楚,修己是为了"平天下",即由"内圣"而至"外王"。"外王"则必须参与政治活动。"政者,正也。子帅以正,孰敢不正?"这一点说明了道德与政治的关系。由此,有研究者指出,"孔子不仅以道德通贯知识,更以道德提升政治,他所提倡的是'道德政治'"。③ 这为传统知识分子的人生取向、职业规范厘定了路标。

此后,政学相通不仅是一种职业选择的指导思想,而且是知识分子实现人生使命、社会责任感的内在要求。开启富有特色的教育传统。"一直承传到现代,还有不少典型的政学家,时而为师,时而为官,官场得意便不为师;官场失意,才再为师。"④ 同时,随着封建帝制的不断完善,为政学相通创设制度保障。科举制度是政学相通持续存在的保障制

---

① 柳诒徵. 中国文化史(上)[M]. 上海:中国大百科全书出版社,1988:217.
② 同上书,244.
③ 黄俊杰. 儒学传统与文化创新[M]. 台北:东大图书股份有限公司,1986:9.
④ 严元章. 中国教育思想源流[M]. 北京:生活·读书·新知三联书店,1993:159.

度之一。

延续千年的科举制度,它既是筛选读书人读书绩效的考试制度,也是帝王统治集团制定的人才选拔机制,也成为一条实现"学而优则仕"目标的捷径。但是,随着社会发展,其弊病日益严重。《明史·选举志二》中曾有论述:"专取四子书及《易》、《书》、《诗》、《春秋》、《礼记》五经命题试士,盖太祖与刘基所定。其文略仿宋经义,然代古人语气为之。体用排偶,谓之八股,通谓之制义。"在这种制度下,教师饱受"伦理准则,忠君和重视礼仪这些观念的影响"。经考试制度选拔的人才,"成了政府最强有力的支持者而不是批评者",因此,科举制度"所引起的学业的显赫地位加上传统的政治官职的显赫地位,使得在中世纪贵族的权力消退以后中国社会因教育长期分为两大阶层。在科举重文、重史和学究的科目也可能使统治集团有过于学究、书卷气和好古的倾向,而影响他们具备一些更实用的素质"。①

这种"学而优则仕"、"政学相通"的价值取向,对教师队伍建设产生负面影响,"一来名师流失,二来学术人才流失,许多名师名学者都半路出家,都没有达到充分的成熟"。② 当然,政学相通的价值取向也有积极意义。从小培养爱国热情与志向,积极献身政治活动,甚至以生命来捍卫祖国、民族尊严,是教师的骄傲。

(二)诠注经典的职业活动方式

古代所谓为师职责,主要是学习与传播"正统"的儒家伦理道德思想,主要采用注解及诠释经典的方式来表达或建立自己的思想体系。这种传承思想、表达思想的方式,与西方思想家的做法有很大的区别。尽管西方思想研究中非常注重对传统经典文本的继承,甚至言必称希腊,但是这种"继承"与中国"注解式继承"是有区别的。正如有研究者指出,"西方思想家对柏拉图哲学是'抽象的继承',而不是'具体的继承'。他们在思辨路数上从柏拉图汲取灵感,但注解柏拉图并不是他们建立思想体系的根本方式。反观中国的学术传统,我们立刻可以发现,先秦时代所形成的几部经典一直是中国思想家思考宇宙、国家、社会、人生诸般问题的一套基本文献,而历代许多大思想家、大学问家也常常透过对这些基本文献的注解诠释来提出他们的思想体系"。③ 这种观点已对古代中国"为师者"的学习与研究方式作了概述。对此,只要通观中国学术史发展的传统,诠注经典的研究方式有一段清晰的发展历史。

诠注经典的学术与思想工作范式由孔子开其端,经过子思、孟子等人的发挥,到《四书》(《论语》、《孟子》、《大学》、《中庸》)时期形成完整的理论构架,并以极简明扼要的语言表述出来,所谓"天命之谓性,率性之谓道,修道之谓教"。此后经过董仲舒的"罢黜百家,独尊儒术",学习与研究、诠注儒家经典便是知识分子的主要任务与学习及知识研究的方式。韩愈在《师说》中的概括更加简明扼要,把"传道、授业、解惑"规定为教师的职责,这也成为流传最广、影响最深远的教师职责的观点之一。

究其原因,一方面是儒家思想的内在要求。孔子虽然自称十五而志于学,但是"述而不作",因而,孔子倡导和从事的教育既非实用知识传递,也不是联系实际的理论思考,

---

① 许倬云.中国文化与世界文化[M].贵阳:贵州人民出版社,1991:84.
② 严元章.中国教育思想源流[M]北京:生活·读书·新知三联书店,1993:161.
③ 黄俊杰.儒学传统与文化创新[M].台北:东大图书股份有限公司,1986:46.

而是要求对经典的"书斋式"、"经院式"讨论,所谓坐而论道,期望通过书斋式讨论达到个人道德人格完善的目的,同时实现以"礼"治理社会秩序的目标。

对此,传承儒家思想的思想家认为传统儒家是义理之学,着意阐扬其中的心性之学。在他们看来,传统儒家的伦理道德主张是建构在道德形而上学基础之上的,是由天道及至人道,进而形成制约人的日常生活与行为方式的规范律令,它是"坚持人道主义方向,并且倡导一种人道主义的生活方式"的"为己之学"。

另一方面是受到人才选拔制度和考试制度的制约。科举取士,独尊儒术,决定了教师的"传道、授业、解惑"的内容、范围与特点,社会要求教师按照科举制度的内容教育学生,学生无条件地接受。也正是因为这一点,即使是在汉武帝独尊儒术之后,用一种文化专制主义来代替教师文化的自由传播,仍然没有使中国传统教育陷入中断状态,相反,注释和宣扬儒家经典成了教师、教育及天下读书人的一种"正职",是增强文化自信心、坚守文化传承使命的基本条件。

此外,教师乃至整个社会的知识分子群体不是一个独立的社会阶级,依附于统治集团,通过诠注经典获得统治阶级的信任,是他们的生存之道。如唐代京师学校,皆隶属于国子监,学校分类为国子、太学、四门、律学、书学、算学等,但学生却以阶级分之。据《唐六典》记载:"国子博士掌管文武三品以上及国公子孙从三品以上曾孙之为生者,……太学博士掌教文武官五品以上及郡县公子孙三品曾孙之为生者,……四门博士掌教文武官七品以上及侯伯子男之为生者,若庶人子为俊士生者,……律学博士、书学博士、算学博士掌教文武官八品以下及庶人子之为生者。"[①] 而且,对每类学校招生名额及修业年限都作了详尽规定。《新唐书·选举志》:"国子学,生三百人;太学,生五百人;四门学,生千三百人;律学,生五十人;书学,生三十人;算学,生三十人,……凡生,限年十四以上、十九以下;律学十八以上、二十五以下。"《唐六典》:"国子生五分其经以为之业,习《周礼》、《仪礼》、《礼记》、《毛诗》、《春秋》、《谷梁》、《公羊》各一年半;《周易》、《毛诗》、《周礼》、《仪礼》各二年;《礼记》、《左氏春秋》各三年;其习经有假者,命习隶书,并《国语》、《说文》、《字林》、《三仓》、《尔雅》。""太学生五分其经以为之业,每经各百人。""四门分经同太学","律学生以律令为专业,格式法例亦兼习之";"书学生以《石经》、《说文》、《字林》为专业,余字书兼习之。《石经》三体书限三年业成,《说文》二年,《字林》一年。""算学生二分其经以为之业,习《九章》、《海岛》、《孙子》、《五曹》、《张邱建》、《夏侯阳》、《周髀》十有五人,习《缀术》、《缉古》十有五人。《孙子》、《五曹》共限一年业成,《九章》、《海岛》共三年。《张邱建》、《夏侯阳》各一年,《周髀》、《五经算》共一年,《缀术》四年,《缉古》一年。"[②] 这些记载显示当时社会对教育的重视,而且教学内容、教育组织形态较为完备。

以上述记载为例,可以清晰地看到,传统中国社会重视教育,设置教育机构,但教学与学习方式;教学与学习内容、教学目标与学习者成才目标等等,都围绕着"读圣贤书"、"考科举求功名"的模式。所谓"非专为讲学之地,故终唐之世,人悉骛于科名,而唐之

---

① 柳诒徵. 中国文化史(下)[M]. 上海:中国大百科全书出版社,1988:445.
② 同上.

科目亦特备",即按科举取士设置诸如秀才、明经、进士、俊士、明法、明字、明算等科目。①

当然,对教师只读读"圣贤书"、注释经书而不求甚解的学风提出批评。有不少思想家提出要反对守旧,积极创新。特别是明清以来的一些进步思想家,反对模仿、守旧,要求创新,但在传统的体制下,力量毕竟是微弱了一点。

(三) 崇尚德性之学缺失科学理性的知识观

中国是有深厚文化积累的国家,但一般认为中国是缺乏科学理性的国家。怀德海在《科学与近代世界》中说:"从文明的历史和影响的广泛看来,中国的文明是世界上自古以来最伟大的文明,中国人就个人的情况来说,从事研究的禀赋是无可置疑的,然而中国科学毕竟是微不足道的。"②对这个现象,研究者指出这是中国古代科技发展的文化缺陷,并把它概括为四方面:小农经济及其社会结构的落后性、科学技术的致用性和依附性、有机自然观的超前性以及经验科技观的滞后性。③这些文化缺陷是制约我国古代科学理性发展极其重要的原因。

正是古代中国特有的文化特质,古代虽然创造了有重大影响的科技成果,但是,这些成果被"实用化"。事实上,天、数、地、农、医等五大领域体现着中国科学发展的突出成就,而且有不少成果在世界上属先进行列。如古代中国的天文学、中国历法、天文观察仪器等都走在世界前面。但是,即使是先进的科学技术成果,在转化到日常生活或者继续深化研究时,受政治化需求的制约,体现着实用倾向。④究其原因,美国学者许倬云认为有三条:"第一,各科目都只局限在一个范围,甚至数学除了实用的计算和用于天文之外,并没有再应用于其他方面;第二,中国的知识分子从事科学活动,大部分在政府中任职,他们有自己的任务,没有余力和时间注意其他方面;第三,中国的科学再也没有和工艺结合,两者之间没有回馈的作用。"⑤

虽有科学、技术的发展,但终究没有培育科学理性及理性精神。这种文化背景影响到知识学习的目的及对学习知识的内容的选择,一个重要特征就表现在偏向于人文知识的选择上,终极取向是官学合一。所以,有学者把早期中国知识分子确定为"官员型",而区别于西欧偏重于知识可以出售的律师医生型及印度的祭师型。⑥

官员型为导向,偏重德性之学,淡化科学理性。有两点非常突出:

一是指教育传承文化的道德功利主义取向。社会要求及教师教育目的是使人成为道德的人,以便能够做到行君子之水,积圣人之德。"故君子尊德性而道问学,致广大而尽精微,极高明而道中庸,温故知新,敦厚以崇礼(《礼记·中庸篇》)。""君子谋道不谋食"、"君子忧道不忧贫(《论语·卫灵公篇》)。"这里把教育理想和教育任务规定为培养"有道德君子",这并没有错,主要问题是道德标准绝对化,评价教育及其教师业绩的依据是道德标准,而忽视科学理性的重要价值。

---

① 柳诒徵. 中国文化史(下)[M]. 上海: 中国大百科全书出版社, 1988: 447.
② [英] A. N. 怀特海(A. White head). 科学与近代世界 [M]. 何钦, 译. 北京: 商务印书馆, 1959: 6.
③ 段治文. 中国近代科技文化史论 [M]. 杭州: 浙江大学出版社, 1996: 21—28.
④ 同上书, 24.
⑤ 许倬云. 中国文化与世界文化 [M]. 贵阳: 贵州人民出版社, 1991: 84.
⑥ 同上书, 90.

二是指"学而优则仕"的教育人才观。把君子—做官—贤人政治作为社会理想,为此培养人才是教育的崇高使命。这样的人才的标准与特点是什么?孔子曾说"君子不器",孟子说要做到"富贵不能淫,贫贱不能移,威武不能屈(《孟子·滕文公下》)"。

所以,中国封建士大夫阶层一直崇尚"先天下之忧而忧,后天下之乐而乐","天下兴亡,匹夫有责"。这样的人才教育理想一直延续到明末清初。柳诒徵先生认为:"清代学校教育,率沿明制。在清季未兴学堂以前,其所谓学校,即科举之初基,固无当于教育,然其学分大、中、小,官有教授、教谕等,亦近世学校名义之所沿也。"①

(四)宗法家族利益取向的身份价值观

宗法制度是中国文化的一大特点。中国封建社会长期以来采用以家庭为单位的农业、手工业小生产经营方式,形成了中国传统文化中特有的家族观念,而宗族、家族以至国家都执行森严有序的社会等级身份制度。所谓身份,即对人的社会地位的规定,具有两层含义,其一是指社会身份,这种身份规定了人在家族中的地位;其二是指政治身份,规定了人在社会政治制度中的地位。而社会的评价,往往是根据人的身份,正如鲁迅对此所作的批评:"儿子在未说话之前就已错了。"

这种身份观念对我国教师的影响是极其深刻的。从负面影响看,首先,形成了不平等的师生关系。强调师道尊严,不尊重学生,对学生缺乏平等、友善的态度;其次,采用"我教你学"的灌输式教学方式,教学方式缺乏民主,过度张扬教师权威地位;再次,在教学内容组织上,围绕科举,实施《四书》、《五经》等传统经籍的教育注重形式而不务实,注重人文学科而轻视科学知识的教学,轻视农、工、商等技术性、生产性教学内容的传授;最后,教育目的是提高人的身份即社会地位,追求功名,以便荣耀故里。

以宗法家族为基础的教师身份观,对教师职业活动也有积极影响。首先是注重内省。身份便是荣誉,为了获得身份,需要通过不断地自我省察等方式完善自己,就这一点而言,古代不少先贤圣哲都强调道德上的自我完善,培育和发扬自强不息的进取精神,这构成了中华文化的优秀内核之一。美国学者埃德温·赖肖尔在《中国论》(1992年版)中指出:"中国若能完成政治,特别是文化精神上的独立,就意味着区别于近代西方物质文明的新文明可以形成","中国将在最短的瞬间,向全人类展现其全新的希望,中国就能占据第一级的地位"。

其次是提倡慎言力行,注意教书与育人的结合。慎言力行,是中国文化对教师的基本要求。孔子主张"先行其言而后从之",其目的是确立教师威望,维护师者尊严。这尊严从何而来,要求教师严格检点言行举止。同时,教师慎言力行是受制于政治目的。中国古代可以说是师在王宫、学在王宫,师与学完全是为统治阶级服务的,所谓"管、教、养、卫"四大项目。从隋唐科举取士到清朝之末,读书便是为了考试,考试为了做官,教与学具有显著的政治化实用倾向。一方面独尊儒术,大兴文字狱,禁锢思想,钳制舆论,实行文化专制;另一方面,又以科举为手段网罗人才。当时不少读书人为了求得功名,挤进仕途,投靠社会上各种有权有势之人为师,因此社会中出现了"有句读之师,有举业之师,有主考之师,有分房之师,有荐举之师,有投拜之师"的现象。②尽管社会中出现众多的

---

① 柳诒徵.中国文化史[M].上海:中国大百科全书出版社,1988:732.
② 黄宗羲.黄犁洲文集[M].北京:中华书局,1959:478.

"为师者",往往是为追逐功名,把"慎言力行"变得十分功利,甚至是庸俗、腐朽、落后。

教师慎言力行,仍有启迪意义。作为教师,既要肩负教育学生之责,又要立身行事,自强不息,孜孜不倦。台湾学者洪伯温提出现代教师品德修养的"和风(为人和善之风度)、和谐(彼此和好)、和睦(亲切友好)"的观点不无道理。[①]

(五)恪守儒家文化正统地位养成闭锁性的文化心态

由于长期封建专制和独尊儒学的传统,不利于教师独立自主的精神品格的养成,个体追求思想自由、坚守知识分子独立的品格以及创造能力都受到极大的压制和摧残。[②] "中国的知识分子是和农业联结在一起,是和国家机构联结在一起,是和社会的统御运作联结在一起,却不与专业的知识联结在一起,尤其不和实用的知识联结在一起。"[③]

在明清之际,一些进步思想家、学者发出了批判封建教育的呼唤。如戴震提出"理学杀人"的抗议,顾炎武在《程文》中认为:"文章无定格,立一格而后为文,其文不足言矣。唐之取士以赋,而赋之末流,最为冗滥。宋之取士以论策,而论策之弊,亦复如之。明之取士以经义,而经义之不成文,又有甚于前代者。皆以程文格式为之,故日趋而下。"[④] 黄宗羲称"科举盛而学术衰","时文充塞宇宙,经史之学,折而尽入于俗学矣",士人追求富贵利禄,以研读时文为获取名利的捷径,而将心思精力"俱用于揣摩抄袭之中"。"嗟乎!学士抚揣应制之资,一变为鬻良杂苦之术,使举世尽蹈于诡谲之途而不觉,时文之弊一至此乎!"[⑤] 一直到新文化运动,才引起激烈冲突,故被称作是"人性的解放"的新文化运动对于消除封闭心态产生积极意义。

以上简要概述了中国教师的文化特征,从中可以看出,文化是影响教师成长的重要因素,是教师成长的巨大推动力。同时,通过教师坚持不懈的著书立说与人才培育等工作,实现文化的传承、传播、创新的目的。因此,研究文化与教师的关系,尤其是研究中国文化境遇中怎样有效地促进教师专业发展,又能实现中国文化的传承与振兴,这是研究教师教育的基础性课题。

二、理想教师建构的文化元素

上述内容讨论了教师成长受到文化的影响,体现出明显的"文化"特征。也正是因为文化对教师成长产生重要影响,在分析推动当代教师专业发展中,不可不重视文化的作用。因而,在结合上述讨论的基础上,进一步分析中国文化对构造理想教师及其对推动当代教师专业发展的作用。

(一)确立教师发展目标的依据

文化是个整体性概念,其中社会价值观念是极其重要的组成部分,价值观念成了社

---

① 洪伯温. 谈教师素养与在职进修 [J]. 今日教育. (台湾),1984 (60):6.
② 余英时先生概述与分析了中国古代知识分子的"虚假性"的文化特征。他说中国知识分子虽然重视"修身",但是不能因此肯定他们人人都在精神修养上有了真实的造诣,结果"修身"既入于利禄之途就必然不免要流为虚伪。余英时. 士与中国文化 [M]. 上海:上海人民出版社,1987:127.
③ 许倬云. 中国文化与世界文化 [M]. 贵阳:贵州人民出版社,1991:69.
④ 顾炎武.《日知录集释》卷十六 [M]. 上海:上海扫叶山房,1928.
⑤ 黄宗羲. 黄梨洲文集 [M]. 北京:中华书局,1959:344.

成员的行为准则。如孔子提出的"仁"的目标,"仁"既是社会道德目标,又是一种推动力,刺激着社会成员持久的努力。

正是有文化价值目标的激励,不少教师才为此作了毕生的努力。如陶行知先生认为,"好的乡村教师第一有农夫的身手,第二有科学的头脑,第三有改造社会的精神。……这种教师就是改造乡村生活的灵魂"。① 又如张伯苓,15岁考取北洋水师学堂,受总教习严复思想影响,学到了大量的西方科学和文化知识,使他对祖国命运极为关注。黄炎培,自小受儒学教育,18岁时在姑父家接触《天演论》,24岁在南洋公学特班受蔡元培的新文化教育,接受了教育救国的理想。

(二) 厘定教师专业发展的方向

通过"反省"自身达到自我完善,是孔子倡导的个人成长模式。"己欲立而立人,己欲达而达人",从自己出发,推己及人。当然,从自己出发,是以"仁、义、礼、智、信"为标准,是有明确的道德方向,如此才能"推己及人"。杜维明先生对孔子"克己复礼为仁"的分析,也论证了这一点。他认为"克己""意味着人应在伦理道德的范围内使自身臻于完善","复礼""是要使人们按'礼'来行动,它不是消极的顺应而是积极的干预"。② 如此凸现古代圣贤之士开拓的一条个体自我完善的道路。一方面肯定个人的成长是可能的,只要确立"仁义礼智信"的目标;另一方面个人的成长是通过个体内心完善而实现成长目标。就如孟子所说,人能通过自我努力而达到完美的境界,而这种自我努力基于意志的力量,指出艰难的人格磨炼可能是一件苦尽甜来的幸事。"天将降大任于斯人也,必先苦其心志,劳其筋骨,饿其体肤,空乏其身,行拂乱其所为,所以动心忍性,增益其所不能。"孟子提出"心的自我修养"与人的发展互为关联的观点是有启示意义的,其学说与孔子学说相交融,被后来的宋明理学称作"身心之学"。

"身心之学"的基本思路是强调自我修养是知识获取的途径,同时,指出通过自我修养达到人的完善,这不同于黑格尔所说的是人的精神运动过程,人的发展也不是纯粹、抽象的自我意识的产物。正如杜维明所评论的:"用人的整个身心去思考,并不是去思考某些外在的真理,而是对人的生命本质的察、味、认、会、证、验的一种方法。在反省的后面是一个挖掘和钻研的过程,这一过程必然引导人们意识到自我不是一个精神的产物,而是一个经验的存在。"③ "不是精神的产物而是经验的存在",这使坚持宋明理学的思想家认为,现在所发生的一切不仅是个人智慧的表现,更重要的是,它是历史使命的完成和历代相沿而形成的传统的复兴。

儒家的这种修身、齐家、治国、平天下的观点,长期发展而成为一种民族性的文化——心理结构,成为汉民族的一种无意识的集体原型现象,④ 历代知识分子以此为"做人"准则,以承担历史责任和人生义务为荣光。

(三) 构建富有特色的教育价值观

学校教育是培养人的社会活动。因而,设计学校教育,就应该考虑教育是否能够满足

---

① 陶行知教育文选[M]. 北京:教育科学出版社,1981:52.
② 杜维明. 人性与自我修养[M]. 北京:中国和平出版社,1988:4—5.
③ 同上书,97.
④ 李泽厚. 中国古代思想史论[M]. 北京:人民出版社,1986:32.

人的需要，以及能够在多大程度上满足人的需要，这就构成了教育的价值问题。对教育价值的不同认识，形成了教育价值观。任何社会发展时期，都会形成教育价值观。只是受到社会政治、经济及文化传统的规约，教育价值观未必完全统一。

就中国传统社会政治与文化情境而言，由于社会环境、历史条件的局限，中国传统学校教育价值观包含着消极的内容，需要改造与扬弃。但是，不能据此否定传统教育价值观中极具特色与意义的成分。

1. 以人为中心的教育个体价值观

传统中国社会对教育的定位，既不注重知识传授，也不注重职业训练，而是注重实现理想人格的培育，即能够做到"博施于民而济众（《论语·雍也》）"。孔子就说"人不知而不愠，不亦君子乎（《论语·学而》）"。这是说人格塑造在传统儒家教育思想中占了十分重要的地位，它是设计教育价值的出发点。

就此，钱穆概述了中国传统教育中蕴涵的精神与理想，"创始于三千年前的周公，完成于两千五百年前的孔子"，传统教育的价值追求，"并不专为传授知识，更不专为训练职业，亦不专为幼年、青年乃至中年以下人而设。此项教育的主要对象，乃为全社会，亦可说为全人类"。① 的确，注重人的德性完善，以达成知性知天之目的，是传统教育的价值追求。

为实现人格完善的教育价值观，传统儒家设计了一套与"人生"而不是与"书本"相关的教育构想。② 有如孟子所说："尽其心者，知其性。知其性，则知天矣。"因此，重要任务是让人能够"知其性"，"由此为本，根据人类生命大全体之终极理想，来尽量发展此自然先天性，使达于其最高可能，此即人文后天之性。使自然先天，化成人文后天，使人文后天，完成自然先天"。③ 这就是传统儒家教育设定的培养内有道德修养、知识能力，外有社会影响力的通士、君子、圣人。④

2. 以学为主体的教学价值观

学生是教育的对象。既是对象，便容易理解成是被教育者灌输或改造的对象。然而，儒家教育传统中则非常重视"学"的地位，教育不是从"教"出发而是从"学"出发。《论语》第一句话就是"学而时习之，不亦乐乎"，既点出了"学"与"习"关系，而且强调了在"时习"的背景下感受到"悦"。无疑，孔子对"学"与"习"的重视。"学"这个字在《论语》里出现了六十多次，而中国第一篇教育论文，不以"教记"为题，却称为《学记》，也都反映出教育以学为主，不以教为主。孔子自己也说十五而志于学。唯有不断地"学"、主动地"学"，方能长进。

不仅儒家意识到这一点，而且道家的老子也提出类似的看法，他在《道德经》中提到，"为学日益，为道日损。损之又损，以至于无为，无为而无不为"。意思是说，只有不断地"学"、持续地"学"，才是不断接近"道"的唯一选择。

倡导教育中重学不重教，重自学不重施教，这是很好的传统。只是到汉代的董仲舒，

---

① 钱穆. 国史新论［M］. 北京：生活·读书·新知三联书店，2001：217.
② 严元章. 中国教育思想源流［M］. 北京：生活·读书·新知三联书店，1993：58.
③ 钱穆. 国史新论［M］. 北京：生活·读书·新知三联书店 2001：221.
④ 张世欣. 道德教育的四大境界——中国古代德育学派的比较研究［M］. 杭州：浙江教育出版社，2003：228—229.

他的"讲诵"使"重学"向着"重教"的格局变化。① 不过,在以后的教育中逐渐使"重学"传统得到了重视与发扬。②

3. 文以载道的教师职业价值观

《学记》中写道:"凡学之道,严师为难。师严然后道尊,道尊然后民知敬学。"虽然这句话表述简洁,但是,它深刻地阐述了为"师"的职责。"师"之职责在于传"道"与弘"道",而弘"道"之意图在于促进"民知敬学"。这一点韩愈在《师说》中说得更明白:"道之所存,师之所存。"

可见,把"道"与职业价值观联结在一起,是否承担传道、弘道之职能,则是评判教师职业价值的基本标准。孔子早就讲到,"吾道一以贯之",所以他说"君子务本,本立而道生"。务本即为修养德性,完善自我。

也正是因为教师坚持以传道、弘道为本,使传统中国教育形成一个极其鲜明的价值立场,即坚守民族文化传统的意识与观念。

4. 化民易俗的教育社会价值观

传统儒家教育理想不仅要培养具有良好道德修养的圣贤之士,企盼通过教育促进个人的道德自我的构建,而且更关注个人自我道德完善产生的社会效应,即要以德"化成天下"。《大学》说:"大学之道,在明明德,在亲民,在止于至善。"《学记》说得更清楚:"足以化民易俗,近者说服,而远者怀之,此大学之道也。"教育要提升人的道德水平,并鼓励与支持有道德修养的受教育者去从政入仕,建设一个政治清明、社会有序、经济兴旺、人际和谐的社会,突出政治生活、社会生活中的人文价值和道德意蕴,以保证天下安定,社会的发展。③

(四)提供教师专业发展的知识资源

知识素养是教师成长的基本条件。中国历史上积淀的丰厚文化财富,是教师专业成长的知识资源。钱穆在论述"中国教育学"时谈及了这一点。他说中国教育学有一个区别于西方教育学的特点,即是对传统的尊重、对师者的尊重。而这种尊重,不只是伦理或道德责任的角度的尊重,而是变成后人或后辈自我学习、自我成长的学习资源。例如他在评述朱熹时说:"著作等身,而主要精力所在,乃在其四书与诸经之注释。但朱子生平,特未有自创一说、自传一道之著作。乃为中国后代一大儒,又最为一大教育家。"④ 没有现代教育学意义上的课程,没有作为人才培养的独立设置的学校,也没有明确的人才培养的年限,但是,通过书院或讲学的途径,实现了知识的传承,实现了一代又一代知识人的成长。这不能不说是传统的典籍给予个体成长的价值。

三、文化传统与教师专业成长

前面的内容主要是从文化传统角度理解教师,阐述了教师职责、使命及其文化对教师

---

① 严元章. 中国教育思想源流[M]. 北京:生活·读书·新知三联书店,1993:95.
② 由汉至唐,一般教育家常注意在教授方面,即如何教法,而宋代教育家则专注意在学习方面,即如何学法。所谓如何学法,即教学者以怎样做一个人的法子,要从自己的身上及所处的环境中实地体验出来。陈青之. 中国教育史[M]. 北京:东方出版社,2008:192.
③ 张世欣. 道德教育的四大境界——中国古代德育学派的比较研究[M]. 杭州:浙江教育出版社,2003:244.
④ 钱穆. 现代中国学术论衡[M]. 北京:生活·读书·新知三联书店,2001:178.

专业发展的意义。但是，随着社会的快速发展、全球化带来的多元文化和价值观的冲击，中国文化面临着继承与创新的新挑战。在此背景下，作为承担文化传承、创新使命的中国教师，怎样从传统文化中汲取营养，实现自身的专业成长，从而更好地完成教育的文化使命，这是值得关注、需要深入研究的课题。

（一）教师成长扎根在文化传统之中

文化是人的文化，是人所创造的，但人又被文化所创造，人与文化是互动的。培养教师及教师成长，不能忽视文化的作用。也就是说，文化构成着教师专业发展的前提与基础，正如伽达默尔（Hans-Georg Gadamer）所说的这是一种"文化成见"。问题是，要持什么样立场看待影响人的成长（教师专业发展）的文化。

对这个问题，有两种观点较为典型。一是否定传统文化的作用，宣扬域外文化的优越性。特别是社会重视科学、技术的作用，往往把科学技术等同于西方文化，认为要掌握科学与技术，就必须学习西方。另一种观点则认为要"回归传统"，认为中国教师成长的"根"在中国文化传统中。因此倡导文化的本土化、教育的本土化。

事实上，这两种观点对教师专业化都会产生影响。要分析上述看法是否合理，前提是如何看待文化传统。因为任何一名中国教师已经沉浸在文化传统之中。这样，讨论要不要文化传统是没有意义的，关键是确立什么样的传统观，以此明确理解文化传统的基本思路与立场。

对于传统观，在黑格尔看来，"传统"不是管家婆，而是生命的洋溢，有如一道洪流，离开它的源头愈远，它膨胀得愈大。黑格尔观点中充满着认识的辩证法，肯定了传统必须是历史的，是沉积在民族整体意识和行为方式之中，成为世代相传的流动生命力；又肯定传统是当下的，与现实活动着的人相联系，是现实的人在具体的生活劳作中表现出来的。

黑格尔说得比较灰色，新儒家的代表之一徐复观解释传统的思路简单明了。他说传统的实质是文化建设的古今问题，因为传统一般说是指某一集团或某一民族代代相传的生活方式和观念。从时间上说，传统是连续的；从空间上说，传统属于某一特定集团，有其统一性。进而他指出认识传统的五个因素：一是民族性。民族性问题，不是主张狭隘的民族主义或地方主义，而是在文化传统中寻找积极的因素。二是社会性。文化传统弥漫在社会之中，任何人都不可能回避传统问题。三是历史性。传统也是处于变化之中，传统中的内容不是亘古不变的，而是处在不断的调整与变化之中。四是实践性。传统并不是思辨的，而是与人的实际生活联系在一起。如儒家传统能够持续下来的重要原因，是把儒家要义贯穿在人伦日用之间，通过家庭成员的身教，通过不会看书、念书的老百姓的身体力行来实现。五是秩序性。传统是一种调节个人和群体共同生活的秩序，儒家特别强调个人在人群中、在天地之中的秩序。

从这五方面描述文化传统，既静态地刻画了文化传统存在于人的日常生活周围，潜移默化地影响着人的日常生活，又动态地展示了文化传统是在继承中实现变革，在变革中实现文化的承传与发展。这说明文化传统是富有活力的，而且它深入到普通老百姓的日常生活。也是凭借这一点，文化传统绵绵不绝。

由此肯定，教师是社会成员中的一分子，不可能脱离社会及其文化传统而变成生活在没有文化传统影响的"净室"之中。教师的培养、教师素质的完善，要考虑文化给予的影响。对于中国教师来说，一方面，要研究怎样使历史悠久的文化资源对教师专业发展产生积极影响，使教师熟知文化传统，并且逐渐养成深厚的文化底蕴。这就要求我们明确文化传统对教师成长的积极意义，研究怎样把文化传统中优秀内容渗透到教师教育工作中，使之成为塑造教师品质的资源。另一方面，要提高教师对文化传统的鉴别力、批判反思的建设能力。文化传统中有些内容、观点已经不适应当前社会变革与进步发展的需要，这就需要教师养成宽容的文化心态，主动地革除不合理成分，推进文化传统的"创造性的转化"（林毓生语），即有分析地接受文化传统，有选择地继承，并能结合当代社会实际与科学技术发展的客观情况，进行综合创新，更好地发挥文化传统对教师专业成长的积极作用。

（二）文化传统中关注生命的论旨

教师成长扎根在文化传统之中，这就需要在文化传统中寻找有助于教师专业发展的积极因素。要解决这个问题，首要工作是从整体上明确我国文化传统的独特品格，分析它对改善教师素质的可能性。

我国文化传统与西方文化有着不同的品格与特点。梁漱溟就将西方、中国、印度列为三种不同路向的文化，认为三种文化解决三大问题：一是对自然界的征服问题；二是人与人之间的关系问题即道德问题；三是人的终极关怀问题，也就是宗教问题。梁漱溟认为中国文化代表着第二条路向，它的核心是对人类道德情感的体认，是一种文化自觉，但这种自觉不是依赖理智的、逻辑的、概念的分析，只能靠直觉的体悟。因为理智的对象是客观存在的外在世界，是外在世界的具体事物，解决对事物"真"的认识。但认识与把握事物，不仅要认识"真"，更要认识与把握"善"与"美"。这样，至少要重视直觉认识的两种功能：一是认知功能，二是道德实践功能。关键是后者，即道德实践，也就是要求学会修身养性，学会处世做人，强调人应该崇义重德，以德育人，以德齐家，以德醒世，做到"修身、齐家、治国、平天下"。难怪有学者认为中国文化传统的根本是"德性文化"、"圣人文化"，这是不无道理的。

然而，我们仅注意到中国文化崇尚德性这一点是不够的，因为西方文化同样关注德的问题。西哲有谚："知识即是美德。"柏拉图在《理想国》中专门讨论公正、美德等概念，以及对治国的作用。既然中西方文化传统中都关注德的问题，因此我们就要讨论中西方文化关注德的思维方式是否一致，如果有区别，这种区别对今天提高教师自身素质是否有帮助。

不难发现，在作为中国文化传统的两大学派儒家与道家的视野里，都以生命为根本，对生命充满着敬畏感，存在着天人之际与人的生命意义的渴求，也即是要寻求人生存于世的最本真的终极根据，而这种依据是在天、地、人三者的融合中才能实现。而这三者，又以人为中心去建构，如儒家所言，"天何言哉？四时行焉，百物生焉"，"致中和，天地位焉，万物育焉"。道家说得更彻底，"人法地，地法天，天法道，道法自然"。如果不以此为规范，则会使人处于名利、情欲之争中。因而，要求人在现实生活中修身养性、安身立命。如《论语》中多次提到"巧言令色，鲜矣仁"，强调仁乃立人之本，人之为人，重要的是本，本立而道生。"子曰：'参乎！吾道一以贯之。'曾子曰：'唯。'子出，门人问：'何谓也？'曾子曰：'夫子之道，忠恕而已矣。'《论语·里仁》"

显然，孔子是在人的日常活动中理解人的价值。这样，从"人的世俗生活"考察人的价值认识，揭示了对人的问题思考的重要视角：从人的生存基础（实际的生活体验）去理解人，从人与自身、人与社会、人与天地（自然）的关系中理解人的活动，使人最大限度地摆脱功名利禄的诱惑和束缚,获得心灵的净化和人格的自主独立,追求理想人格境界,这是孔子设计的道德人生目标的实现途径。

不妨看一下儒家经典《大学》第一章:

> 大学之道,在明明德,在亲民,在止于至善。知止而后有定,定而后能静,静而后能安,安而后能虑,虑而后能得。物有本末,事有终始,知所先后,则近道矣。古之欲明明德于天下者,先治其国;欲治其国者,先齐其家;欲齐其家者,先修其身;欲修其身者,先正其心;欲正其心者,先诚其意;欲诚其意者,先致其知;致知在格物。物格而后知至,知至而后意诚,意诚而后心正,心正而后身修,身修而后家齐,家齐而后国治,国治而后天下平。自天子以至于庶人,一是皆以修身为本。

以上论述表明,治国平天下与修身齐家是能够统一的。而且,儒家强调"反身求己"的自我转化的内在道路,认为越是有自我修养的人,越能不断扩展个人的外部交往关系,越能拓展认识世界与改造世界的能力。

对这样的思想,杜维明从"自我、群体、自然和上天"四个层面指出儒家精神,他认为儒家的自我不是一个静态的结构,这四个方面是相互转化的,是开放系统。它与个人主义的自我观是截然不同的。个人主义自我观是把自我与世界对立起来,把自我脱离于世界之外变成是一个抽象的存在。而儒家的自我注重从外部世界反思自身、修养自身,"在儒家看来,真正的自我转化必然涉及积累的符号系统(即文化),涉及对社会的同理共鸣,涉及自然的生命力和上天的创造力,自我转化需要从中开发精神资源。"[①]

"反身求己"的自我反思是教师专业发展的策略选择。但"反思",与教师对实际社会生活的切身体验密切相关。因而,教师的反思,并不是变成对生活的经验总结,而是基于道德伦理立场,对自己人生活动的自觉批判。那么,怎样反思,反思的动力、目标、途径有哪些,这就需要在梳理文化传统中寻求有益的资源。

怎样梳理文化传统,为教师专业发展提供积极作用,不同研究者提出不同的思路。牟宗三提出返本开新,成中英则主张对传统文化进行本体阐释等思路。但是,我们尤其关注"文化传统之本",即挖掘文化传统形成的基础。而上文讨论正是揭示了这一点,即指出关注日常生活是构成这一文化性格的基础,不过,对"日常生活"绝不能作世俗化、形而下的理解,把它简单地等同社会政治生活、物质生活,我们着力要指出的是,这是一种境界,如孔子所说,"从心所欲,不逾矩",不逾矩表明人与人、人与自然之间的交融合一关系的构建,这实际上是在终极意义上开启了一个好学、进德的境界,[②] 而这样的境界无法用概念、用约定俗成的某种框架去解释,恰恰相反,它需要生命的体悟,是对意义的无限阐发。

这样,如果从关注人的生存基础的视角解读教师专业发展,使我们重新认识教师专业发展的本质特征,即教师专业发展不是以知识更新、技能发展为最终目标,恰恰相反,教师专业发展应该是教师人格的净化与提升,是教师逐渐超越世俗事务,进入到一种新的精神境界,即能够把教职当做个人生命价值实现的处所,而不仅仅把教职当成是谋生的手

---

① 杜维明.儒教[M].陈静,译.上海:上海古籍出版社,2008:6.
② 张祥龙.海德格尔思想与中国天道——终极视域的开启与交融[M].北京:生活·读书·新知三联书店,1996:254.

段。因而，通过以上讨论可以知道，我们要在文化传统中发现积极因素，关键是吸取文化传统的本质因素，以此作为实现教师专业发展目标的基本路向，其实，这些因素恰恰也是西方国家在推进教师专业发展工作中希望解决的难题。

（三）关注生命作为教师专业发展的价值维度

为此，我们必须注意到文化传统中关注生命的基本特点。以此为基点，寻求文化传统的合理因素，促进教师专业发展。

1. 关注生命，追求理想人格，是教师专业发展应予期待的境界

提高教师专业水平，可以从教师专业知识、技能等方面作出规定。[①] 但我们认为，最根本的一条是要明确促进教师专业发展意义，即为何要不断地促使教师专业发展，而不是先解决怎样促进教师专业发展（也就是说，教师专业发展需要采用哪些方法或途径）。

因此，思考中国文化传统对人之存在意义的求索，这对理解教师专业发展目标是有启示的。在文化传统中，对人生价值的设定并没有离开人本身，而是扎根于人的现实生命之中。换言之，寻求人生价值，不是把它置于超现实的彼岸世界、超验世界，而是立足在现实生活世界之中。比如中国文化传统中，尽管设定人人成尧舜的理想，但是，如何成为"尧舜"，最终实现人生的理想，其路径选择有别于西方社会的宗教道路，它并不提倡对上帝的忏悔，恰恰主张是在日常生活世界中，通过自我反省而实现。这就是说，一方面提供了人的发展理想目标，即至圣至贤（内圣外王），另一方面又指出了一条"现实"的实现道路，既不是在超验世界中通过忏悔成为神圣，也不是研究自然科学，依赖实验、证明等客观过程来经验"道"，而是如古人所主张，"天视自我民视，天听自我民听（《尚书·泰誓》）"。这是说，关键是要天人相互感应，"合一"、"合德"，乃至于"天地人"三者相参互补，成就理想人格。

杜维明概括成这样几方面：①儒家社会的基本信念在于坚信，通过把个人的自我修养当做集体的行为，就能够改善人的生存状态。自身利益总是一种深受珍视的价值，但是家庭、邻里、学校和工作场合的互助往往被认为是理所当然的。②因为在儒家的观点中，个人并不是孤立的个体，而是关系的中心。③家庭的凝聚力是"有机的"社会的黏合剂。④小学和中学教育的目的不仅在于获取实用的知识，也在于人格塑造。⑤法律对于维持社会秩序是必要的，但是把社会联结在一起的是"礼"，是责任意识而不是权利要求。[②]

杜维明的分析，对理想人格的内涵、特征、实现途径、教育要求都作了完整的概括。他的讨论也非常清楚地指出人格完善是人的"责任"而不是"权利"，人必须在自己的日常生活中实现自己的完善。因而，使社会年轻人从小确立人格完善的理想，是教育的使命，即教育关注如何使人成为有德性的人（道德生命）。孔子说，"弟子入则孝，出则悌，主忠信，泛爱众而亲仁"，这就与西方教育有重大区别。

西方教育传统中，极其显著的特点是强调理性在教育中作用，注重传授确切可靠的知识。比如学校教育实行分学科、分专业教育，目的是以知识充实人的心智，发展人的技

---

① 如国际教育局在1935年提出中学教师的专业培训时指出："在提高未来中学教师普通知识培训的同时，要进一步抓住机会以改进他们的专业准备和理论教育学准备。"但对"专业准备"主要讨论了专业知识与专业技能等内容。见赵中建主译. 第5号建议 中学教师的专业培训（1935年）[C]. 全球教育发展的历史轨迹——国际教育大会60年建议书[A]. 北京：教育科学出版社，1999：28.
② 杜维明. 儒教[M]. 陈静，译. 上海：上海古籍出版社，2008：145.

能，倡导教育为人的求职谋生服务。文艺复兴之后，把知识、理性理解成是现代化的动力，西方教育更加重视科学与理性。尽管科学与理性对学校教育存在与发展产生积极作用，但是，也出现了消极影响，这一点，正如不少西方学者对学校教育作出的批评，认为学校与教育被科技理性主宰，学校变成是培养规格化人才的"生产线"。对此，钱穆的评判是中肯的："今人又盛言科技。庄子曰：'技进而道。'孔子曰：'志于道，据于德，依于仁，游于艺。'是中国古人无论儒道两家，莫不以道为本，以技与艺为末。志道明道行道，是其本。技与艺，皆包含在道之中。游于一艺可相分别，会通和合，则皆一道。……而西方人则知有技有艺而不知有道，也可谓西方人乃认技与艺即是道。即如近代之核武器，乃西方之尖端科技，大量杀人，也即道。……是哲学也成一技，而非道。一切学术合成一无道，则多技也合成无技。"①

因而，在我国文化传统中寻求有助于教师专业发展的资源是一项十分有意义工作。最有价值的是，立足于现实生命的维度理解教师专业发展，开辟教师自我发展的道路，有助于教师关注自身、关注学生，进而能够避免把教师与学生理解成是传授科学知识的工具，由此才能领悟韩愈所说"传道、授业、解惑"的真义。

同时，我们应该看到，实现教师专业发展目标，成为一名优秀教师，关键是确立理想的人格境界。如果从终极关怀意义上理解教师、理解教育活动，不会把教师职业活动看做是一种技能性工作，变成教师实现谋生目的的一种手段，也不会把教师专业目标确定为知识更新、知识结构的完善。

这样，我们从双重目标理解教师专业发展，即教师专业发展的事实特性与价值特性。就事实特性而言，是指教师寻求知识更新、提高教育技能，把自己培养成喜欢教职又会传授知识的教师，这是提高教师专业水平的事实要求，也是最基本要求。如果在此基础上，教师把教育活动作为一种境界加以追求，有如孟子所言，"得天下英才而教育之，乃人生一大快乐"，这是教师专业发展的价值特性。受教师专业发展价值特性的导引，教师自觉关注生命，关注现实的社会，使教师专业发展超越世俗功利，导向个体生命的完满。这应该是教师专业发展的事实导向与价值导向双重统一的基本内容。

由此说，实现完整、统一的教师人格是教师专业发展的目标之一。因为"人生教育总任务的发展，应该是主行的教育与主知的教育配合发展；尽全力去培养道德与技艺同时兼顾的新人才，更高明而又更精明的新人才，也就是仁者与智者合体的新人才"。② 因此，务必把教师专业发展理解为人格塑造持续的整体过程。这一整体过程就表现为是"通过真诚地培养'大体'而实现自我这一任务的存在的信守（existential commitment）。为了获得自我的体知，这种信守包含一种不息的为己之学的过程。作为日常功课的组成部分，自我的反省和自讼是一种经常性的行为"。③ 在这个意义上说，个体人格塑造是一种朝着目标而不断变革的动态的常新的过程。

2. 关注生命而形成的忧患意识，是推动教师专业发展的内在动力

至今，从国家政策到普通教师，对要不要实现教师专业化的认识是清楚的。然而，怎

---

① 钱穆. 现代中国学术论衡 [M]. 北京：生活·读书·新知三联书店，2001：43.
② 严元章. 中国教育思想源流 [M]. 北京：生活·读书·新知三联书店，1993：57.
③ 杜维明. 东亚价值与多元现代性 [M]. 北京：中国社会科学出版社，2001：187.

样把实现专业发展目标变成是教师的自觉行动？对此的认识并不清晰与统一。

概览当前主要做法，希望通过一系列的外部措施，推动教师专业发展是代表性的观点。比如实行教师资格证书制度、提高教师经济待遇等。这些举措和制度建设，的确有助于教师专业发展。但是，不能不注意到这样的情况，有些教师对自身实现专业发展的动机与目标，不是出于完善自身、提高自己的需要，而是受到某种外部需要的推动（如教师参与进修学习要考虑是否能够与职称晋升直接相关、是否能够得到学位等等），如果教师专业发展目标是为了满足这种需要，教师实现专业发展的动力是不可能持久的。因为，一旦教师实现所期待的目标，就会弱化或消失进一步改善自身素质的动力。因而，就要考虑怎样使教师专业发展的动力来自教师自身内在需要，变成教师自觉行为，同时又能保证教师专业发展目的的正当性、合理性。

无疑，要使教师专业发展的动力真正变为教师完善自身素质的自觉行为，正如古人所说要自觉"省思"，"吾日三省吾身——为人谋而不忠乎？与朋友交而不信乎？传不习乎？（《论语·学而》）"。省思的目的，是提倡人不为物役，争取内心自由，希望自己不要看重身外之物，完成心与性的修养。如果按这种思维理解人的职业活动，职业活动就变成是生命的一部分，即职业不是谋生的，而被看做是教师实现生命价值的场所，是个人生命力勃发与价值实现的载体。

因而，按此思维方式理解教师专业发展，是基于能否实现自身生命价值的忧虑与危机感，这种对生命的忧虑成了不断进取的动力源泉。相反，没有这种危机感，人就会丧失进取心，正如古人所说"生于忧患而死于安乐"。而事实上，要使教师专业发展能够持续进行，达到不断完善的目的，恰恰需要这种动力。

因为忧患意识实质上是人类的一种精神自觉，它不同于宗教意识。宗教，尤其是原始宗教，往往是起源于人的恐惧、绝望，是因为无法把握自然界威力、人自身生老病死等现象，而感到自身的无能与渺小，进而放弃自身的责任，依凭外在的神为自己作决定。

但忧患意识有着本质的不同。它肯定人在自然面前的信心与能力，意识到人的力量，实际上蕴涵着一种坚强的意志和奋发的精神。徐复观就此作了区别："'忧患'与恐怖、绝望的最大不同之点，在于忧患心理的形成，乃是从当事者对吉凶成败的深思熟虑而来的远见；在这种远见中，主要发现了吉凶成败与当事者行为的密切关系，及当事者在行为上所应负的责任。忧患正是由这种责任感来的要以己力突破困难而尚未突破时的心理状态。所以忧患意识，乃人类精神开始直接对事物发生责任感的表现，也即是精神上开始有了人的自觉的表现。"[①] 徐复观认定出现在先秦的忧患意识挣脱了原始宗教的束缚，表现出一种素朴的人文精神。正是这种忧患意识，构成中国人文创造的基本动力。并且，他肯定这种忧患意识发展到孔子已经获得质的飞跃，即重在凸现人的生命价值。孔子常说君子要"忧道不忧贫"，要"性与天道"的贯通，要"已欲立而立人，已欲达而达人（《论语·雍也》）"。可以说，对忧患意识的坚持，是中国传统文化中一条极具典型意义的精神路向。

其实，认识忧患意识，就其核心而言，关键是坚持两点："一方面，是对自己人格的建立及知识的追求，发出无限的要求。另一方面，是对他人毫无条件地感到有应尽的无限

[①] 徐复观.中国人性论史·先秦篇[M].上海：上海三联书店，2001：19.

的责任。……即是要求成己而同时即是成物的精神状态。"① 这样的精神追求，不断地推动着社会文明的发展。因此，忧患意识也成为中华民族特有的价值追求与精神支柱。《易传》中说："天行健，君子以自强不息。"孔子也说："三军可夺帅也，匹夫不可夺志也。"孟子则提出要养"浩然之气"。而这一文化传统品质，在今天使之转化成人的主体意识、主体精神，呈现新时代的特征，则是提升教师品质的宝贵的精神财富，是教师专业发展的内在动力。

（1）来自教师的内在需求。

人为何要成圣成贤，这取决于人对天道自觉的体认。孔子说："仪封人请见。曰：君子之至于斯也。吾未尝不得见也。从者见之，出曰：二三子何患于丧乎？天下之无道也久矣。天将以夫子为木铎（《论语·八佾》）。"显然，孔子的观点是明确的，既要使人自觉使命不可违抗，又要积极寻求实现使命的路径，二者间的张力构成了人不断地"下学上达"的动力，"默而识之，学而不厌，诲人不倦，何有于我哉？（《论语·述而》）"因而，教师的"学"，是源自不断反省自身使命，而自身的使命不是来源于宗教式的先知启示，不可接近而神圣化，也不是先验地存于人身上的，而是自我体知与觉悟不断深化的结果。

（2）这种动力是持久的②。

《论语·里仁》中说"苟志仁矣，无恶也"。只要心向往之，品质问题自然能够解决，"仁"之所以能够贯穿一切行为、活动、态度、人生，并非因为它是道德律令，而是"仁"帮助人自觉地塑造一种情理结构，孔子说："富与贵，是人之所欲也；不以其道得之，不处也。贫与贱，是人之所恶也；不以其道得之，不去也。君子去仁，恶乎成名？君子无终食之间违仁，造次必于是，颠沛必于是（《论语·里仁》）。"孟子说得更明白，他认为人能通过自我努力而达到完美的境界，而这种自我努力是基于意志的力量，指出艰难的人格磨炼可能是一件苦尽甘来的幸事。于是他说："天将降大任于斯人也，必先苦其心志，劳其筋骨，饿其体肤，空乏其身，行拂乱其所为，所以动心忍性，增益其所不能。"

3. 明确"尊德性，道问学"的发展路径

教师专业发展不能离开教师知识结构的充实、更新与完善，但是，以什么样的知识态度去获取知识，是教师专业发展首先要解决的问题。在中国文化传统中，把求知与德性结合起来，提出了求知的基本路向，认为研究学问必须是人的，不能离开人来谈论学术，不主张为学术而学术。相反，学术活动应该做到如孟子所言的"尽心知性，尽性知天"。如果离心、离己，就谈不上是人的学问，故中国知识人最看重的是"为己之学"、"为己之教"。由此形成了知识人的"尊德性，道问学"的传统。钱穆就此把中国传统学问的做法分析成三大系统：即人统、事统、学统。对此，他在《有关学问之系统》一文中作了论述：

"第一系统是'人统'，其系统中心是一人。中国人说：'学者所以学做人也。'一切学问，主要用意在学如何做人，如何做一个有理想有价值的人。第二系统是'事统'，即以事业为其学问系统之中心者。此即所谓'学以致用'。第三系统是'学统'，此即以学问本

---

① 黄克剑，林少敏. 徐复观集 [A]. 北京：群言出版社，1993：261—262.
② 教师成长的文化动力，曾作文进行了专题探讨，请参见舒志定. 教师成长文化动力论 [J]. 教育导刊，1998（2—3）.

身为系统者,近代中国人常讲'为学问而学问'即属此系统。"[1]

不难发现,中国传统中最重视"人统",正如《大学》开篇所说:"大学之道在明明德,在于亲民,在止于至善。"这就与西方重知识的传统有所区别,即使如牛津学者纽曼(John H. Cardinal Newman)所言大学的理想,也只是把大学看做是教学的场所,是一个保存文化传统的地方,是培养人才的场所,可以看到这一观点更多地受到古希腊文化观念的影响。又如洪堡德(Wilhelm Vom Humboldt)改革柏林大学,也把求索真理当做是教师必须不断进行科学研究的基本理由,而真理是知性思维的对象,因而说,他的学术自由的理想仍然停留在知识论的认识框架内。

当然,这样说并不否定西方教育重知识传统的优越性,而是说,仅仅通过掌握某些实证科学知识是难以真正实现教师专业发展的目标,教师专业发展,除了实证科学知识之外,更需要德性之知、闻见之知、体验之知,最终达到养成"正人"的目的。由此确认教师专业发展拟应选择的路径:

(1) 注重好学。求知是促进人的发展的基础。关键要确定求什么"知"。自然科学探索自然知识,宗教寻求超越,但我国文化传统的"知"是对生命的反思,反思个体的有限性,以及与周围世界的共存关系,重要的是能培养一种人生态度。故《大学》中说:"古之欲明明德于天下者",必"先致其知,致知在格物"。对知本身的觉悟,是人的德性。知之为知之,不知为不知,是为知。老子也说知不知,上也。

(2) 注重言行一致。学问的三大系统是内在关联的,要求从人统向事统、学统的发展,因而不仅要"知",更要"行",把理想化为具体的活动。孟子说:"万物皆备于我,反身而诚,乐莫大焉。(《孟子·尽心上》)。"为何要"反身"?是要确立个人形象,形象本身就具有教育意义,因而就十分重视身教。孔子说:"其身正,不令而行,其身不正,虽令不从(《论语·子路》)。"重视言行一致,重视身教,这对要求教师专业发展与日常教育活动相结合,在推动教育实践中体现教师专业发展成果。也就是说,学习科学理论,提高学历水平,只能说具备了一名合格教师所需要的专业知识,因而更需要掌握人文知识,求索人类活动的价值目标,谋求知识与生命热情的完满结合。[2]

(3) 培养关心他人和社会的整体意识。中国的先哲们把社会看成是一个有机整体,要求社会成员关心他人,视天下兴亡为匹夫之责。这种爱人如己的高尚恕道,注重整个社会和谐发展的群体意识,是教师专业发展过程中不可或缺的,也应该成为教师推进专业发展水平的方法。换言之,教师专业发展,不仅完善个人的素质,不仅仅是个人行为,而且必须渗透历史使命感、社会责任感,把个体的完善与社会、群体的进步结合起来。

(4) 教师专业发展必须立足在日常生活过程中完成。尊德性,道问学,看起来有乌托邦色彩,但实际上指出了学者能够成就学问的路径,即在其日常生活世界中完成,要求教

---

[1] 金耀基.大学之理念[M].北京:生活·读书·新知三联书店,2001:16.
[2] 〔英〕怀特海(Aifrd North Whitehead)就提到教育与知识传授的关系,他说,仅传授空泛无益的知识是微不足道的,实际上是有害的,知识的重要意义在于它的应用。智力的发展离不开兴趣。兴趣是专注和颖悟的先决条件。因而教育(尤其是大学教育)存在的意义是在知识和追求生命的热情之间架起桥梁,不能藐视人生,否则就使教育变成破坏个性平衡发展的专业化趋势,这是"知识禁欲主义",与中世纪的宗教禁欲主义是同样的货色。可参阅怀特海.教育的目的[M].北京:生活·读书·新知三联书店,2002:56—57,137;怀特海.教育漫谈[A]. 怀特海文录[C].杭州:浙江文艺出版社,1999:89—171.

师超越自我中心，不断地与他人对话，与周围社会、自然融合，使教师自觉地协调人与自身、社会、自然的关系，培养教师学会合作、学会关心、具有爱心的品性，以期克服教师自卑、忌妒等不健康心理，塑造健康的人格。①

（四）辩证看待文化传统对教师专业发展的影响

在看到文化传统对教师专业化所产生积极作用的同时，也不能不看到文化传统中对教师素质完善的负面影响。

中国文化传统在历史发展过程中对中华民族的生存、发展起了重要的作用。但也应认识到，文化传统中有着与现代社会、经济、文化建设不相适应的弱点，这种弱点已或多或少地影响我国教师队伍的建设，这对提高教师队伍的素质，建设一支数量充足、质量优异的师资队伍产生着负面影响。概括而言，有三方面的负面影响值得重视：

1. 教师对客观真理尊重不够

文化传统中比较主张教师个体的道德自觉，关心人的价值、意义等人文性目标，而缺乏类似西方社会倡导的理性精神与求实态度，因而容易使教师屈服权威，丧失寻求真理的客观立场。

2. 学统与政统的合一，"学而优则仕"的价值目标影响教师队伍稳定

不能否定，自古至今，有一批优秀名师著书立说、培育后人，值得后人颂扬。但是，在官学合一、以"官"为尊的文化传统与人才评价导向下，一批"名师"向往"为官"生活，这对名师名学者的成长是不利的。"只有终身为师，才符合'教不倦'的优美风范；也只有'教不倦'，才符合现代的'专业精神'。"② 只有这样，名师不再流失，并且得到充分成长的机会，从而有可能出现名师如云的格局，学生也由于得到德高望重、学业精深的名师的教诲、爱护，人才辈出，指日可待。

3. 文化传统中把生命价值等级化，不利于对创新性人才的培养

受等级观念的影响，使师道尊严走向消极的一面，导致不对等、不民主的师生关系的出现，压抑了学生心理、情感、意志的需要，不利于创新教育的开展，不利于创新性人才的培养。

四、面向多元文化的教师职能

全球化拓展了人类活动空间，增加了人流、物流、信息流、资本流的跨国流动，出现了文化与价值观念多元化的格局。这种格局的出现，对一个国家、民族的教育发展来说，有积极的作用，比如为教育提供更丰富的思想资源、文化资源，有助于教育内容、教育形式的创新。但是，不能否定或忽视教育面临的危机。因此，提出一个现实课题：针对变化的世界，在多元文化中传承先进文化，教师扮演的角色要求：

---

① 教师心理健康问题已被称作是"一个无法回避的话题"（如《检察日报》2002年6月25日）。因此，要探讨教师心理健康问题的原因，提出应对策略。但这一原因应该从教师与社会的互动关系中去探讨。弗洛姆（Erich Fromm）、马尔库塞（Herbert Marcus）、哈贝马斯（Jurgen Habermas）等人认为，在现时代，科学技术对人的奴役广泛地侵入到人的日常生活世界，造成人的焦虑、不安、孤独等各类精神疾病，使人成为单向度的人。为此，他们提出要在生活世界中完成"个人与社会认同"的策略，但他们的问题是把人看做抽象的、主观的、理性的。

② 严元章. 中国教育思想源流 [M]. 北京：生活·读书·新知三联书店，1993：162.

(一)教师是先进文化价值观的弘扬者

改革开放推动了社会经济的迅速发展,也使社会发展面临着新的挑战。首先是社会经济运行方式的变革,带来了民众的思想意识、行为方式、生活观念等方面的变化,在日常社会生活中,随处都能看到公众对文化生活的多样化选择,促使文化呈现多元化和差异化的趋向。其次,网络的冲击,使全球文化交流变成了"平面化"的格局。利用网络,民众有可能获取来自全球各地的各种文化信息,使全球文化交流、传播突破了传统的领土疆域的限制,制造着一种越来越一致的全球意识和全球文化。再次,面向所有人的文化多样性,使个人对多样性文化的选择自由度越来越高,人的创造性得到了空前的激发,创造文化的能动性、人的生产力得到了前所未有的发展。

与此同时,文化交流与文化建设面临着矛盾和困难,这主要是受到世界政治经济的约束。处于边缘地位的发展中国家及其人民受到国际资本力量的控制,而处于中心地位的资本强国受到资本力量的支配,必须不断输出资本才能解决本国的重重矛盾,由此造成层出不穷的国际冲突与文明冲突,引发了开放与闭关、交流与封闭的矛盾,出现了不同的文化交往态度。采用封闭的文化保守主义,排斥域外文化的交流,这既不现实,也是不可能的;相反,对任何一种异己文化采用接纳,坚持文化多元化发展,这也是不可能的,"单一文化主义通过压迫窒息了其他文化,而多元文化主义使我们走向文化的战争(可预见的结果是弱者的溃败),或者使我们背负上文化隔离的罪名,这从长远来看也是令人窒息的"。①

由此说,面对多元文化,教师不只是传授知识,需要以现实、时代发展的需要,对文化进行反思、研究、选择,立足于我国社会经济发展的需求,从中国传统文化中寻求积极的内容,并在此基础上进行理论的升华和创造,为文化建设创造价值支点。

内尔·诺丁斯就提到如何在教育中认识和解决"文化罪恶"的问题。她说的文化罪恶是指给人类带来伤害,而在各种不同时期或地区却可能被接受或拒绝的实践活动。②有些行为或观点在一定的环境中并不会被认为是错误或是罪恶的,但确实是有背人道原则的行为。比如奴隶制,在当时社会中,是一种普遍性的制度,而在今天看来,这是一种落后愚昧的制度。内尔·诺丁斯的"文化罪恶",实质是提出了一个非常现实的问题,即多元文化、多种价值观,要求教师作出抉择,以便向学生传授既适应社会发展需要又能被学生接受的价值观,这是一项十分紧迫又十分困难的任务。

对此,有观点认为教师要传授世界共有的价值观念,培育全球人的普世价值观。如哈贝马斯就主张抛弃民族国家政策,采取"没有世界政府的世界内政",通向一条"后民族民主道路"。他说这既不是"全球同化",也不是"纯粹的共处",而是一种团结他者的模式。

其实,放弃民族的、本国文化传统的立场,寻求世界大同的"普遍的价值观"是不现实的。大量的事实已经证明了这一点。近些年美国发动的伊拉克战争、英国伦敦地铁爆炸案等,充分说明放下民族利益召开圆桌会议走向世界大同不是一件容易的事。这要求我国教育工作着眼民族、国家利益的需求,积极寻求优秀的文化资源,培育学生的民族责任

---

① 雷蒙·潘尼卡.文化间哲学引论[J].新华文摘,2005(10):153—156.
② 〔美〕内尔·诺丁斯(Nel Noddings).学会关心——教育的另一种模式.北京:教育科学出版社,2003:76.

感、全球意识。

由此要求教师确立文化反思意识，坚持弘扬优秀传统文化的立场。对此，近些年开展一系列工作，重视加强教师职业道德建设及学生思想品德教育工作，重视向学生进行优秀民族文化知识教育，建设先进的校园文化，以先进的文化陶冶人。如上海杨浦区打虎山路第一小学第二分校对全校学生进行礼的教育——中华节庆教育。每到中华民俗节日时，全校各个年级都会开展民俗教育，让学生了解节庆的基本习俗，感受中华民族传统文化的历史。以前，重阳节到来时，问学生重阳节是什么节日时，大部分学生根本不知道什么是"重阳节"，有的学生知道重阳节，也仅仅知道这是一个敬老日。现在，随便问学校哪个年级的学生，他们都能说出重阳节的由来和风俗。一年级学习"重阳与习俗"，二年级学习"重阳与菊花"，三年级学习"重阳与敬老"，四年级学习"重阳与父亲节和母亲节"，五年级学习"重阳与登山"，学校根据不同年级的学生进行分层教育，让学生了解更多的民俗节日的由来和风俗。除了重阳节，学校还将清明节、端午节、中秋节等节日都剖析开，进行分层教育，培养学生的文明行为习惯、基础道德和民族精神（《新闻晚报》2005年1月23日）。

（二）教师是文化价值观的预警者

教师坚持宣扬先进文化，有时未必会被学生认可，出现了个人对文化价值观念的认同危机，非常明显表现在三方面：

一是个体与群体关系处理的困难。

自古至今，我国学校教育坚持个体服从集体（群体），甚至为了集体利益而牺牲个人利益。但是，在市场经济背景下，随着东西方文化交流渠道的拓宽，保护和尊重个人地位与个人利益的观念并不陌生，并且认为法律保护是要保护正当个人利益。这样，难免使个人主义与集体主义教育形成了一对矛盾。因此，如何在新的社会政治经济发展环境中正确处理与尊重个人的主体性、独立性、创造性与坚持集体主义教育立场，这是教育中面临的一对矛盾。

二是个体自我认同的困难。

现代社会生活变化多端，比如个人会面临着选择什么工作，明天是否会面临失业、解雇等问题，还有日常生活中人与人的交往关系，是否都是诚实可靠还是彼此"利用"等，存在着许多不确定性。正如社会学家吉登斯说，现代社会中人的身份都是即时的、跳跃的东西，因而又出现了古老的问题：我是谁？我从哪里来，到哪里去？我为何要做这些事？诸如此类问题，已经深刻地影响着学生的思想方式，面临着自我认同的困难。

三是个体自由与个体道德自律的困难。

市场经济社会给个体提供了自由的权利，创造了自由的空间，比如我国大学生"婚禁"的解除，但是，允许学生有这方面的自由，学生们能否自觉遵守恋爱、婚姻道德，问题不少。

简略陈述上述三方面困难，说明多元化文化交往环境中，学生的价值观念存在着冲突，发生着多种多样的变化，需要教师面向学生的日常生活世界，善于捕捉学生的需求，积极采取有效措施加以引导与规范，以避免出现学生对集体价值观认同危机现象。

英国科学知识社会学家布鲁尔在《知识和社会意象》一书中强调，"人们对概念的运用，并不是像一列火车沿着预先铺好的铁轨运行那样进行的。意义并不是预先形成的，它是被人们当做不断地利用的用法而从社会角度构想出来的","从原则上说,每一种运用概念的活动都是可以协商的"。① 布鲁尔的说法提供了一条思路,从文化多元化中进行选择,一方面教师不能采用强迫的手段强制受教育者接受与服从,教师只能采取有效的教育教学策略,使受教育者从内心深处理解应该选择的文化知识,理解文化,解决这个问题的关键,是理解文化产生的意义,包含对民族、国家及个人的。受教育者要从文化中获得意义,教师的角色是解释与协调,帮助学生理解文化,进而自觉地选择文化。另一方面,教师要时刻关注学生的思想、价值观念、生活方式等方面的变化,考查学生价值观念变化的特点,建立学生价值观念变化的预警机制,及时有效地做好学生的思想教育工作。

多样性的文化生活背景,使利益成为调节日常生活行为的重要标尺。教师的重要任务是帮助学生确立正确的利益观,掌握正确的利益评价思路。教师要及时变革与调整教育教学方法,变革依据是要思考运用怎样的教学方法构建与学生相互交往的空间。这些问题已引起了重视:一是必须重视学生的生活空间,学生的生活环境是教育的重要资源。

二是采用言谈、对话的教育。早有学者提出要从语言教育向谈话教育发展,因为每一种语言只有在交流中才变得有意义,"这种语言使用是在双方交替地连续说话中,即交谈中进行的。只有在交谈中才会出现完满的语言。因此,所有语言教育必须从谈话教育出发,从培养谈话能力和意愿的教育出发"。② 谈话教育的首要任务是"培养学生坦诚说话的勇气及准备倾听他人意见并承认双方原则上平等的勇气",③ 由此"产生了教育的一个伟大职责:教育人类进行对话,培养其对话的兴趣和能力。这是教育为拯救受难的人类应做的贡献。人类的命运直接取决于教育能否在这方面取得成功"。④

三是提供学生体悟的机会。培养学生的自主能力、创新能力,健全学生的人格是一个潜移默化的过程,也就是说,有潜力与个性品质的培养,如果寄希望于教师的教达到目的,那样的可能性并不大。这就要求教师在教育活动中增加大量机会,以供学生去领悟。别尔嘉耶夫从宗教哲学的观点讨论了知识教育与信仰教育的不同教育方法。他认为人的世界分为可见世界与不可见世界,前者是知识的领域,是可以得到证实的,所以经验论或唯理论及以后的实证主义所主张的就是这种知识观,但人仅具有这种知识是不够的,功利主义、实用主义等理论观点都注意到了这一点。因此还需要对不可见世界的知识,这就是信仰,知识与信仰有着深刻的内在关联性。

(三) 教师是文化价值观的批评者

现代社会不断地走向开放与多元,网络环境就是一个开放的平台。开放的环境,使学生们获取各种信息更为便捷,大多数学生往往按照个人的兴趣、立场选择信息、文化价值观,这就要求教师提供开放的信息环境,对学生进行引导,教学生学会选择与批判,在这一意义上,教师成为文化的批评者。

教师成为文化批评者,实质是解决教育是什么的问题。当然,这个问题较为深奥,换成通俗一点的说法,首先是明确教育目的、教育任务。在以往的认识中,教育就是把社会

---

① 〔英〕布鲁尔(David Bloor)等. 知识和社会意象 [M]. 上海:东方出版社,2001:3.
② 〔德〕O. F. 博尔诺夫(otto Friedrich Bollnow). 教育人类学 [M]. 李其龙,等,译. 上海:华东师范大学出版社,1999:109.
③ 同上书,111.
④ 同上.

要求通过教育者传递给受教育者，以此影响受教育者的思想观念与行为方式，"由于社会的授职贯穿于每个承担者的一生，因此需要一种造就接班人的教育，通过这种教育使他们有能力接替因某些社会成员年老和死亡而空缺的位置"。①

要完成这一教育目标，教师要研究学生兴趣与需要，提供适合学生合理需要的教育，也要纠正学生不合理的需要，引导学生健康向上。有研究者把它称作是培养学生的"判断力"。"教育的主要任务是，面对所有这些无意中起作用的或是有意识造成的影响，帮助人们保持独立性，发展他们的抵抗能力，以对付企图从外部'操纵'他们的种种影响，并使之有能力独立地并出于自己的责任感而采取某种态度"，②要积极倡导"判断能力的教育"，但这种判断能力的教育并不是随意的，必须要有条件，"对每个判断必须负责，它必须经得起批判质疑"，要检验"每次表达的见解所依赖的客观依据"，"判断力教育同时也是实事求是的、客观的教育"，它的最终目的是使受教育者从"坚强性格和实事求是这两者之间的结合中期望发展自己的能力，使之懂得在自己作出辨别时摆脱现代世俗的压力，把自己培养成一个认真而自我负责的人"。③

教师要成为文化价值观的批评者，更重要原因在于教师要实施创造性教育、培养创造性人才。黄全愈在《素质教育在美国》中通过区分人的行为特征讨论创造教育问题。他说："创造性只能培养，不能教！创造性就像种子一样，它需要一定的环境，……教育工作者就是要去创造这样一种适合培养学生创造性的环境。"④而这种环境对发展学生个人的自主能力、判断处理事务能力是十分必要的。风笑天通过对独生子女青少年社会化过程（与非独生子女比较）的研究，也有类似发现，指出性格及行为特征上，"懒惰"是独生子女青少年的明显不足，此外，"动手能力差"、"责任心差"也是其弱点。究其原因，独生子女的生活基本上是由家长安排，比如独自去医院、书店等，独生子女很少做这些事情。⑤ 所以，教师要具有批判反思的能力，为学生营造成长环境，以引导青少年学生能够在多元文化背景中作出正确、合理选择与判断的能力。

（四）教师是文化的组织者、引导者

现代社会文化传播手段、途径、工具越来越多样化，也越来越便捷。伴随文化传播，还要着力宣扬审美情趣，弘扬文化品位，文化改变着人们的生活方式。詹姆信对此作过评论："美感的生产已经完全被吸纳在商品生产的总体过程之中。也就是说，商品社会的规律驱使我们不断生产日新月异的货品（从服装到喷射机产品，一概永无止境地翻新），务求以更快的速度把生产成本赚回，并且把利润不断地翻新下去。在这种资本主义晚期阶段经济规律的统辖之下，美感的创造、实验与翻新也必须受到诸多限制。在社会整体的生产关系中，美的生产也就愈来愈受到经济结构的种种规范而必须改变其基本的社会文化角色

---

① 〔德〕O.F.博尔诺夫（otto Friedrich Bollnow）.教育人类学［M］.李其龙等，译.上海：华东师范大学出版社，1999：114.
② 同上书，115.
③ 同上书，120.
④ 黄全愈.素质教育在美国［M］.广州：广东教育出版社，1999：30.
⑤ 风笑天.独生子女青少年的社会化过程及其结果［J］.中国社会科学，2000（6）：118—131.

和功能。"①

因此,社会改革开放带来了文化的多元化,采取强硬措施让学生接受什么或反对什么,这是十分困难的,也不符合现代社会发展的要求。由此就给教师提出了新课题,即要帮助学生关心尊重世界文化,理解异域文化,教育学生正确吸收不同的文化价值观。

青少年学生可塑性强,接受新事物、新思想、新观念比较快,个人与外界保持开放的态势,在与外界互动中,完成了行为方式、生活观念以及思想品德的建构。但是,青少年学生也有明显的弱点,思想、性格、行为方式变化快,不稳定。为此,禁止生活在文化多样性环境中的青少年学生接触文化多样性,利用教师、教育机构的权威进行封闭式灌输教育,会引起青年学生的抵触,甚至收到逆反效果。

针对社会文化与青少年学生这两方面特点,教师要坚持宽容的胸怀,积极地吸收世界优秀的文化成果,向学生进行介绍,在介绍中确立主流价值观,逐步培养学生积极向上的文化心态,老师成为学生吸收先进文化、培养先进价值观的组织者、引导者。

教师是学生学习多元文化的引导者,要密切联系学生的思想实际,从学生的认知能力、价值判断能力出发,既不能放任自流,又不能"一朝被蛇咬,十年怕井绳",而要以积极态度,通过多种方法介绍与评述多样文化,帮助学生确立正确的文化价值观。

教师是学生学习多元文化的引导者,要以建设和发展的态度指导文化内容的选择,将积极、健康、科学的文化知识介绍给学生,同时,要求选择供学生学习的文化知识内容做到逐步深入。此外,教师也要积极地向学生进行信息媒介教育。互联网是多元化交流与碰撞的重要媒介,使用互联网使不同文化间沟通与交流变得十分便捷,现代人不可能不接触互联网,这就要求教师向学生宣传互联网使用的知识,提高防止互联网被文化垃圾污染的能力。这一问题引起了各国的重视。

如英国学校的电脑教育强调教导学生如何在各种不同情况下将电脑当做工具使用,并且能够养成具有独立判断"如何使用电脑,何时使用电脑"的能力,故课程中并未涵盖传统的程序设计内容。因此,英国国家课程设计的资讯科技教育目标是:希望学生能具备使用资讯科技工具的能力,能分析、处理并展示资讯。学生应掌握的能力包括:使用资讯资源及资讯科技工具去解决问题;使用电脑系统、套装软件等资讯资源及工具支持不同的学习;了解在生活及社会中使用资讯科技的意义。

德国小学阶段实施开放性的资讯教育,依据不同地区的教育政策而实施不同的资讯教育。德国小学阶段学生以学习传统阅读、写作能力为主,电脑及教育软件主要运用于阅读写作、数学、科学等科目。到了20世纪90年代,资讯科技成为所有中学生的必修科目。资讯科技的教育目标是:①资讯科技:基本结构及定义;电脑及外部设备的操作;解决问题的演算法。②日常生活实用:使用及控制的可能性;电子资料处理的发展。③社会及经济影响:微电子普及的影响,资讯科技的良机与危机;相关理论的发展;资料及人格的保护。德国正在从事其他资讯科技在教育上的应用研究,如广域网/局域网、多媒体、远程教学的应用等。

"全民计算机计划"是法国资讯教育的重要计划之一。该计划为全法国学校购置了电

---

① 〔美〕詹姆信(Fredric Jameson).晚期资本主义的文化逻辑[M].陈清侨等,译.上海:上海三联书店,1997:429.

脑设备，加强软件的研制与教师的训练，并将教学重心放在一些应用软件如文书处理、电子表及多媒体等的应用上。在中学的电脑整合教学中，其应用情况如下：①电脑用来当做物理、化学甚至地质、生物等科目的实验室工具，协助获取、计算、分析数据等工作；②把电脑当做音乐课的一种新式电子教学方式；③使用电脑查询数据库，使用 CD-ROM，上网查阅信息；④接收卫星影像作为教育用途，如历史、地理、生物、物理、地学都有需要。[①]

面对文化全球化背景中的现代学校，既要弘扬优秀的民族文化，又要吸收境外文化资源，经过综合创新，形成一种新的富有时代特色的中国文化，由此要求研究学校及教师在文化建设中扮演新的角色。上文的思考，只是作些初步的探索，以期能深入讨论。

---

① 佚名. 欧亚中小学资讯教育概况［J/ON］. 全国教师教育网络联盟（http://www.jswl.cn/xiang.asp）20110512.

第八章　教师的教育信念

在当前推进教育改革、提高教师队伍素质的进程中，有一种流俗的观点认为，只要拥有一定的知识与教育教学技能，就合乎教师职业资格。其实这种观点隐含着风险。问题是把知识与教师职业画等号，造成教师对自身职业的模糊认同。其实，作为一名教师，要成为一名合格的教师乃至成长为卓越教师，除了要掌握所任教学科的专业知识、教育学科知识外，教师确立教育信念对做好教育工作是至关重要的。

因为教师是从事教育工作的主体，教师抱着怎样的教育信念，直接影响教育行为，影响教育质量。因而，分析教师教育信念是什么以及应该是什么，这是一项有意义的课题。由此需要讨论五方面相互关联的问题：一是怎样谈及教师的教育信念；二是教师的角色体认是把握教育信念的基础；三是明晰教育信念的认识前提；四是阐释教育信念的实质；五是确定教育信念的目标。

一、基于教育把握方式的教师教育信念

教师专业成长是不断发展、变革的过程。无论是教育研究专家还是一线教师，对此已经有了清晰的认识。正如美国学者费斯勒（Ralph Fessler）和克里斯坦森（Judith C. Christensen）在《教师职业生涯周期——教师专业发展指导》一书中得出的结论。作者通过考察教师专业生涯周期的早期观点、20世纪70年代以及20世纪80年代以来的理论观点，指出教师职业生涯经历"职前教育期、职初期、能力建构期、热情与成长期、职业挫折期、职业稳定期、职业消退期、职业离岗期"等8个阶段，并围绕"8个阶段"建构"教师专业生涯发展周期模型"。研究者不仅指出教师职业发展经历的不同阶段，而且指出每一个阶段教师对自身职业关注的重点是不一样的，它对教师职业素养的要求也是有区别的。尽管有区别，有一点是贯穿教师职业发展的全过程，即需要对教师专业发展提供个性化支持体系，意图在于帮助教师增强职业活动的能力、技能以及信心，克服教师职业生涯中的困难与危机。[①]

也有研究者指出教师是一名反思者。从反思这一角度区分教师成长的特点，成为研究教师专业发展的一条重要思路。研究者指出，教师专业发展处于不同阶段，教师"反思"的重点领域是不同的，而教师"反思"关注重点的变化，也会影响教师专业发展水平的提升。一般而言，教师反思有三大领域：首先是关注"生存技巧"（课堂教学管理技巧）的反思；其次是教学内容和教学方法的反思；最后是儿童学习素质、兴趣及投入感的反思。

---

① 〔美〕费斯勒（Ralph Fessler），克里斯坦森（Judith C. Christensen）. 教师职业生涯周期——教师专业发展指导［M］. 董丽敏等，译. 北京：中国轻工业出版社，2005：245.

教师的反思能力和水平是随着教师实际工作经验的增加而不断提升的。① 比如处于反思"生存技巧"阶段的教师，教师反思焦点是课堂教学秩序、课堂教学技巧，目标在于让学生认可与接受自己的课堂教学工作。正如通俗所说，教师先要站稳讲台。

基于教师专业发展阶段的理论研究，探讨教师应具备的基本素质，建立教师资格标准，已经成为世界各国重要的教育改革举措。比如英国在新世纪颁布实施《英国合格教师专业标准与教师职前培训要求》、《新教师专业标准》、《资深教师专业标准》以及《高级技能教师专业标准》等文件，重视教师的专业品质、专业知识、专业技能。② 其实，这项工作不仅引起英国的重视，其他国家对此也形成了共识。比如《新西兰教师教育毕业生标准》中就规定了教师的专业价值观（Professional Values），认为教师教育毕业生应与学习者和学习团队的其他成员发展积极的关系；教师教育毕业生要立志于献身本职业。③

可见，教育改革与提升教育质量，聚焦在什么是理想的教师以及怎样有效培养教师等基本问题。实际上，理想的教师的内涵是十分丰富的，包括教师的专业知识、专业技能和专业态度。而且，必须看到"理想教师"的成长是一个不断发展的过程。正是这一发展过程，它需要教师对自身从事的职业活动做出持续的、持久的投入与关注，甚至这种投入的重要性超过了教师的知识与技能。正如《周易》所说，"天行健，君子以自强不息；地势坤，君子以厚德载物"。如果一个教师缺少对教育的长期专注、投入与付出，要确保自身专业发展的持续性，是有困难的。由此提出问题：教师为什么能够持续地投入自身的职业活动，是什么力量驱动教师投入教育、支撑教师不断地持续投入？这里就涉及教师的教育信念问题，期待培养教师对自身职业活动充满着"上善若水"的情怀，实现教师对职业活动的热情与忠诚。④

的确，对教师的教育信念，引起了不少教育研究者的兴趣，并提出了看法，主要集中在"教师对一定教育事业、教育理论及基本教育主张、原则的确认和信奉"。⑤ 也有研究者从教师专业化角度阐述教师教育信念，认为教育信念是教师专业发展的重要内容，是教师专业结构的有机组成部分。教师教育信念是指教师对教育、学生以及学习等的基本看法。

也有研究者认为教师专业发展是一项"系统工程"，不是某一项因素决定教师专业发展，专业发展是多因素互相作用的结果，而这种多因素重点体现在三个层面的内容，即专业知识、专业技能、专业信念。其中，教师的教育信念在教师专业结构中位于较高层次，它统摄着教师专业结构的其他方面。因此，教师形成科学的教育信念，并能够坚定教育信念，这是一种较深层次的教师专业发展。⑥ 这一观点是把教师专业信念与专业知识、专业技能进行了区分，把专业信念作为教师专业发展的决定因素。究其思路提出的根源，是从

---

① 李婉玲. 教师发展——理论与实践 [M]. 台北: 五南图书出版股份有限公司, 2005: 5.
② Training and Development Agency for Schools. Professional Standards for Teachers: Why Sit Still in Your. Career [EB/OL]. http://www.tda.gov.uk/teachers/professionalstan-dards, 2011-3-6.
③ New Zealand Teachers Council. Graduating Teacher Stan-dards: Aotearoa New Zealand. [EB/OL]. http://www.teacher-scouncil.govt.nz/education/gts/gts-poster.rtf, 2008-6-23.
④ "上善若水"出自《道德经》。全句是"上善若水，水善利万物而不争，处众人之所恶，故几于道"。
⑤ 文雪. 教师的教育信念及其养成 [J]. 当代教育科学, 2010 (9): 29—32.
⑥ 黄正平. 教育信念: 教师专业发展的内在要求 [J]. 当代教育论坛, 2002 (4): 74—76.

教师道德层面理解专业信念，强调教师专业发展的道德指标与尺度，并且指出道德在教师专业发展占据优先地位。

上述关于教师教育信念的理解提出各种不同观点，有助于进一步深化对教师教育信念的作用及意义的认识，对推动教师教育信念的研究是有积极作用的。同时需要强调，虽然各种观点表述不同，但是，关于定义教师教育信念的思想方式、认识基础是共同的，主要是从道德立场肯定教师对教育工作应该坚持的一种态度与行为倾向。有研究者指出这是一种聚焦于教师的文化价值观、信念和态度的理论研究范式。① 这样理解教师教育信念，要求教师确立教育信念，容易被看做是一种道德说教，不易被教师接受。

就此，需要反思"信念"问题的认识历史，从"知识与信念"相互关系的角度阐述教师教育信念的理解思路，以及坚持教师教育信念的基本要求。

的确，在人类思想发展历程中，信念问题是早期古希腊思想家研究、关注以及要着力阐明的课题。其中柏拉图对"知识与信念"的论述影响深远。他的主要思路是把世界分成两个世界，一是感官可以接触的世界，另一是感官不可接触的超验的世界，这是柏拉图所说的"理念世界"，并且它是永恒不变的、普遍的、绝对的存在。"知识"就是对后一世界的认识与把握，也就是对永恒不变的事物本身的认识。在《国家篇》中说："喜欢声色的人所喜欢的乃是和谐的声调，鲜艳的色彩，美丽的形象以及由这些所构成的东西。但是他们的心智却不能认识和喜爱美的理念本身。"② 因而，感官接触的、变化的、暂时的、现象的东西就不是知识，是意见。意见是变化的，不是真实的认识，但是，并不是所有的意见都是知识，也并不是所有的意见都不是知识。柏拉图从意见到知识，列出了知识发展的四个层次：知识、理智、信念、想象。前两者为理性，后两者为意见。③ 基于此，柏拉图提出了关于知识的一个经典性定义：知识是经过证实了的真的信念。

柏拉图的"知识"定义，对后世理解"知识"定义产生深远影响，即确立了以"知识"成立条件来定义"知识"的思路。把"知识"看做是得到证明或辩护的真信念。以此定义知识，指出构成"知识"的三个要素，即以命题表示的真实陈述，对这个命题陈述的确信或信念，对这个信念的合理性的证明。在这个定义中，信念包含在知识之中，"知"意味着"信"，如此，"知识"的真实性就是信念的合理性，"真"是"信"的基础与依据。

哲学家斯宾诺莎就把信念当做知识的一种，在《伦理学》一书中提出了三种知识：感性知识、理性知识和直观知识。感性知识是零碎的经验或传闻，理性知识是由一个真知识推知另一真知识，由一事物的本质推知另一事物本质的推理知识。直观知识是最高级、最完善的知识。它纯粹是由某一形式本质的正确观念出发，达到对事物本质的正确知识。④ 斯宾诺莎在另一部著作《神·人及其幸福论》中又对这三种知识的性质进行认定，认为"第一种知识我们称之为意见，第二种知识我们称之为信仰。而第三种就是我们称之为清晰的知识的东西。但是我们所说的清晰的知识，它不是由我们理性的确信产生的，而是通

---

① 谢翌，马云鹏. 教师信念的形成和变革[J]. 比较教育研究，2007 (6).
② 北京大学"哲学系外国哲学史"教研室. 古希腊罗马哲学[M]. 北京：商务印书馆，1961：92.
③ 同上书，205.
④ 〔荷兰〕斯宾诺莎. 伦理学[M]. 贺麟，译. 北京：商务印书馆，1983：80.

过我们对事物自身的感受和享受产生的"。① 这里，斯宾诺莎把信念当做知识的一种。

但是，在休谟看来，知识与信念不是一回事。对一些事物获得观念或知识，未必就会相信它，比如上帝的观念。我们可以得出诸多关于上帝的观念，但是，对上帝的观念中，是否意味着我们一定相信它的存在，相信上帝存在是一个事实。"一个对象的观念是对于这个对象的信念的一个必需的部分，但并不是它的全部。我们可以相像许多我们并不相信它们的事物"。② 这就是说，不管我们是否相信，我们依然可能会对事物有很多种观念，在对事物存在许多可能的观念的前提下，如果我们是相信，甚至是坚信（比如相信上帝是存在的），这样，对事物（上帝）的观念的理解方式、想象事物（比如上帝）的存在方式就会发生变化，比如我们经常这样说，"这个事情就是这样的"。而这种改变对事物的想象方式、理解方式的便是信念。因此，休谟说信念是"和现前一个印象关联着的或联结着的一个生动的观念"。③ 它的作用在于"给我们的观念一种附加的强烈和活泼程度"。④ 在这里，休谟所说的信念没有知识真实性作依据，它与知识的真实性是无关的，而是建立在习惯的、非理性的心理基础之上。⑤ "我们不是理性所决定，而是由习惯或联想原则所决定"。⑥ 休谟把信念从知识中分离出来，意义在于重视了人的非理性因素，比如人的主观性、价值等。这些因素对促进知识发现、推动知识进步起着重要作用。

休谟之后，又有一批思想家反对知识与信念的分离，从知识的真实性、科学性的维度论述信念问题。康德肯定信念和知识的关联性，认为信念是主观上的确信，知识是主客观上都有充足根据的认识。实用主义哲学家皮尔士则认为信念是思维的功能之一，思维的功能是确立信念。而现象学创始人胡塞尔要克服纯粹在知识论或认识论范畴内讨论信念，试图把信念问题与人的日常生活相联系，信念不是来自个人本身的某种思想意识或观念，它同样是一个主体间性问题，即主体与主体相互关联的"社会关系"视角是探究信念问题的前提。"在我们经验中本源地给予的东西，并不是其他人的我本身，不是他的体验或他的表象本身，也不是那个属于他本己本质的东西。如果其他人本己本质的东西是直接可通达的话，那么它只能是我本己本质的东西"。⑦

上述关于知识与信念二者关系的讨论，无论是坚持何种观点与立场，实质上关系着人与交往对象的把握方式。概括地说，人类有两种主要方式把握对象物：科学的和人文的。科学的方式把握人与世界的关系，它的特点是运用逻辑的演绎寻求"精确、完备、可靠"的结论，在这种"结论"（真理）面前，不会因为人的意志、情感、道德立场而发生变化。而人文的方式则是"价值的"、"道德的"、"审美的"，它会因为人的价值需求的变化、审美能力的迁移而发生变化，它表示人与交往对象建立一种"应该如何"而不是"事实是如何"的关系，这是一种"价值"的关系。

---

① 〔荷兰〕斯宾诺莎（Benedictus Spinoza）. 神、人及其幸福简论［M］. 洪汉鼎，孙祖培，译. 北京：商务印书馆，1987：184—185.
② 〔英〕休谟（David Hume）. 人性论（上）［M］. 关文运，译. 北京：商务印书馆，1980：112.
③ 同上书，114.
④ 同上.
⑤ 雷红霞. 西方哲学中知识与信念关系探析［J］. 哲学研究，2004（1）：49—52.
⑥ 〔英〕休谟（David Hume）. 人性论（上）［M］. 关文运，译. 北京：商务印书馆，1980：115.
⑦ 〔德〕胡塞尔（E. Edmund Husserl）. 第五沉思//胡塞尔选集（下）［M］. 张宪，译. 上海：上海三联书店，1997：895.

由此顺着知识与信念关系的视角思索教师教育信念问题，其实也是谈论教师对学校教育的把握方式，它同样不能缺失科学与人文两种方式。也就是说，教师认识与理解学校教育，要坚持正确的、合理的科学与人文取向，二者不可偏废。

一是着眼于探究教育科学知识、揭示教育规律为目标把握教师与教育的关系。

这种把握方式的特点是依赖概念、逻辑的分析与判断，建构系统化、规范化的教育科学知识，把教育变成是一个由多种学科知识搭建的"理论体系"。同时，运用这些知识成果改造教师的职业技能，比如培育或提高计算的能力、了解学生心理变化的能力、与学生对话交往的能力等。以这种方式把握教育，既会形成零散的、不系统的知识或观点，如上文所说类似柏拉图的"意见"，是"个人知识"；又会形成系统化、理论化的科学知识。其中，科学知识是这种把握方式的典范性成果，它准确、客观揭示教育的本质及其变化规律。当掌握了这种关于教育的科学知识，就易于传播及被同行接受。因此，教师提高自身的职业水平，必须掌握这些知识并且对教育知识深信不疑。

二是以社会的形式把握教育，建立教师与教育的关系。

社会性是教师开展教育活动的本质特征。这是因为，任何一位教师都是社会中的教师，所从事的教育活动都是社会中的教育活动。因此，任何一名教师，当步入学校或课堂之时，已经不是纯粹的、独立的个体，相反，必须以社会主体的形式参与教育、感受教育、理解教育。只有这样，教师对自己所从事的学校教育工作就不会感觉到是生硬的、冷冰冰的、机械的"技能活动"，不会把教育当做纯粹是"客观的科学知识的传授活动"，而是以传承人类优秀文化遗产和精神财富的使命、形象与学生建立"人与人的交往关系"，无疑，使这种交往关系不是按照世俗功利主义原则建立起来的，体现教师对教育的敬畏，确保教师做到静下心来教书，潜下心来育人。

就此而言，教育是理想的、乌托邦的，是基于人性的，它的目的是致力于使人成为有智慧的人。就如怀特海所批评的，"当我们把智力教育看做仅仅是获得机械呆板的大脑能力，看做仅仅在于对有用的原理作系统的叙述，那么就不可能有任何进步"，[①] 在这种情况下，可能会教会学生掌握各种学科知识，但是，学生未必能够灵活运用这些知识解决生活问题。对此，怀特海提出教育目的："教育便是引导个体去领悟生活的艺术，我所说的生活的艺术，是指人的各种活动的最完美的实现，它表现了充满生命力的个体在面对环境时所具有的潜力。"[②]

上述提及把握"教育"的两种方式，是内在关联着的、不可分离的。后者着眼于纯粹精神生活的层面，体现教师的教育理想、教育价值、教育情感、教育意志，它使教师能够保持对教育的激情和理想，不致使教育工作等同现代化工厂生产某种产品。而前者则体现着教师的教育知识、教育科学，要求教师确立教育的科学态度、科学方法，使教师遵循教育发展基本规律，避免因违背科学规律影响教育质量。可见，只有二者统一，才能使教师从事的教育活动既有正确的科学取向，又富有人文关怀；既尊重教育科学、按教育规律办事、突出教育效率，又能提升人的道德水平、发展人的情感与艺术素养。如此，教师会把

---

① 〔英〕怀特海（Alfred North Whitehead）.教育的目的［M］.徐汝舟，译.北京：生活·读书·新知三联书店，2002：53.
② 同上书，69.

自己的职业活动（比如每一节课堂教学）看做是向学生展示一个活生生的人的生活世界的教育机会，让学生进入科学知识学习的殿堂，又是培育情感、体验道德关怀与提升审美素养的乐园，于学生及教师自身来说，教与学的生活，不再是抽象的、枯燥的、乏味的"道德说教"或知识学习的复印机，而是在师生互动的、轻松的、愉悦的氛围中实现学生真善美的和谐发展。

所以，讨论教师的教育信念要着眼于这样两个方面。如果面对着一名对教育充满希望、满腔热情地从事教育工作的教师，不能否定这位教师具有良好的师德，只是要使这位教师取得好的教育绩效，还要强调教育方法的科学化与艺术化，仅仅只有"满腔热情"，这只能说为创造优质教育提供一种可能。同样，如果一位教师已经"学富五车"，但是，缺失对教育的忠诚、对学生的爱心，缺失对教育事业发展的信心、恒心与毅力，要成为一名优秀教师，乃至于成为一名教育家，也是不现实的。对此，已有研究者指出，要成为好老师，信念重于教学技巧。和老师的工作有关的信念中，最重要的是认为我们应该将注意力放在学生的学习上，而不是自己到底教授了哪些内容。和每个老师本身都有关的最关键信念，则认为改变和改良是一个持续的旅程，而不是一连串没有关联的事件。[①]

由此认为教师教育信念包含着相互联系的三部分内容：

首先，教师角色信念。这是对教师职业的一种自觉认同，并为扮演好教师角色完成认识与心理准备。

其次，教师的教育知识信念。教育知识是指教师对教育活动规律、特点、内容、方式等基本知识的了解、掌握与应用，是教师建构教育信念的基础。掌握关于教育规律的知识，了解教育特点与要求，正确掌握使用研究教育、总结教育经验的方法，这样，教师从事教育活动是科学的、规范的。因此，研究教师专业发展的知识结构的特点、内容及改善途径，前提是要对教育知识坚信不疑。

最后，教师的教育价值信念。它是解决教师为什么要从教的基本认识。只要解决了这一认识问题，教师会把教育看做是自身生命活动的一部分，对教育保持一份神圣的敬畏心志，能够积极主动地关心教育、热爱教育。既能增强教师从事教育活动的动力，又能保证教育活动的正确方向。

二、领悟教师角色的传统规定

分析教师角色特征，是了解与认识教师教育信念的内在要求。这里通过考察、介绍中国传统社会对教师角色的规定，从中揭示教师角色的当代要求，为教师教育信念的确立开启认识路线。

古代中国社会对教师角色的规定，讨论教师角色具体有哪些要求，这不是最主要的课题，相反，需要阐明古代中国理解教师角色的思想方式，揭示认识教师角色的理论基础，解决决定教师做什么及应做什么的基本理由。

在此，我们有必要反思古代中国思想的形成、孕育特点。在中国古代产生了不少对后世产生影响的思想家，尽管他们观点各异、理论研究志趣有别，但是，在思想认识上也存

[①]〔美〕吉舍莉·马丁·尼普（Giselle O. Martin-Kniep）. 成为更好的老师：8个教学创新构想的实践［M］. 陈佩正，译. 台北：远流出版事业股份有限公司，2002：139.

在着共通之处,比如追求人格完善、崇尚生命的意义,阐明"天道"是实现人格完善与生命意义的根源。这是古代思想家阐述人格、道德、生命意义等问题的宇宙论立场。可以说,宇宙论是古代中国思想家用于解释世事、人事的理论假设。同样,对教师角色的认识,也受到"天人同构"宇宙论思想方式的约束。因此,分析古代中国思想家运用宇宙论思想方式阐释教师角色,是一条值得重视的思考路径,而以往的教师角色研究,未能给予足够重视。

其实,古代中国人有非常浓厚的宇宙意识。不过,这里的宇宙意识不是指对宇宙的自然科学研究,研究它的生成、运行、变化的特点、规律,形成关于宇宙的科学观念与科学知识,而是从人文角度解释宇宙,将宇宙人格化,把天理解成能喜能怒、能作威作福的主宰。如《诗经·大明》中说"有命自天,命此文王"。

最典型的观点是对天的认识。在古代中国人看来,天是神秘而又神圣的,代表着"道"与"权威"的渊源地。如孔子说"天生德于予",孟子说要"尽心知性,尽性知天"。

古代中国人对天的认识,就认识内容分析,"天"是人得以生存的背景与依据,并且按照天的变化与存在的合理性,解释人的价值观的构成内容与生活方式的基本要求。国内有研究者指出从人的生存特点阐释古代对"天"的理解:结合人的自然存在,阐述自然之天;结合人的社会存在,天成了治理社会的依据;结合人的精神存在,天是一种心性,所谓义理之天。[①] 这就是说,古代中国人把"天"与人性、人的责任联系在一起,它是决定人生实践的依据,离开天,就无法言说人的职责、人的使命、人的光荣。[②] 这样,对天的认识赋予神圣化,正是因为天是神圣的,要求人知天、敬天、知"道",由此把"天"作为影响人的日常生活的根本因素,比如人在日常生活中面临的善与恶、快乐与痛苦、幸福与灾难等现象或问题,都与"天"有关,因而要求人无条件敬天、顺天。正因为从人的生存特征阐释"天",解读"宇宙",有研究者对此给予积极评价,认为古代中国思想纯智性的要求和实验精神不如西方,心灵的开发和对生命的体验又不如佛教,但是,古代中国思想具有"内外兼顾,主客统一,是人文主义的一个典型",[③] 这是中国古代思想独特的灵魂。

这样,人要尊天而行,替天行道。《论语·子罕》中就说:"天之将丧斯文也,后死者不得与斯文也。天之未丧斯文也,匡人其如予何!"文化变迁、个人兴衰,皆与天有关。天是君权的依据,帝王是授天之命,帝王便是天子,天子所作所为皆是依天而行。

对此,最典型的观点是由汉儒董仲舒提出。他将天看做包容自然与社会的一切,从自然现象的演化到现实社会的政治治理,以及百姓交往的道德规范,都用"天的意志"加以阐述,以此论证儒学的合法性和帝王统治的合理性、必然性。《春秋繁露·郊语》中说"天者百神之大君也"。"天"是董仲舒理论的本体。韦政通认为,董仲舒的天人合一思想相当混杂,"作为群物之祖的天,有宇宙论的意义,联上阴阳、五行、四时、方位等理论,足可以组成一套相当完整的自然哲学的系统。作为道之大原的天,有本体论的意义,这方

---

① 庞朴.作为生存背景的天人合一论[A].刘小枫主编.康德与启蒙[C].北京:华夏出版社,2004:158—164.
② 天人合一的思想观念,从商周时就逐渐形成,并将宇宙论系统地用于解释人世实事,被后世所沿袭,最典型的说法是董仲舒的"天人合一"理论。这一理论认为天的自然现象与地上的人事互相对应,譬如,人有三百六十个骨节,正相当于天之三百六十度,人的仁义与天的阴阳亦相感应等。
③ 韦政通.中国思想史(上)[M].上海:上海书店出版社,2003:13.

面的发展远不及宇宙论。作为仁惠百姓的天,是属于德化的天的理论,这一部分可以与先秦的道德形而上学相整合。当然,他的天人关系论的核心部分是感应论,以及感应论的社会政治功能"。① 韦政通对"天人合一"的阐释清楚表明,提出"天人合一"的目标,不是为了认识、研究、理解"天"本身,而是强调天是一种主宰,决定着人类行为与思想观念。这种将自然与人文互动的解释思路,深刻地影响到以后的中国文化发展。

如唐代柳宗元说天是"彼上而玄者,世谓之天;下而黄者,世谓之地(《柳河东集·天说》)"。到了宋代,天依然是最高的实体。张载称天即是太虚,"天大无外(《正蒙·太和》)",天是无限的物质世界。程颢以理言天,以为天就是理。"天者,理也(《程氏遗书卷十一》)",这样将理、性、天合而为一,又说"性即理也(《程氏遗书卷二十二上》)"。明代王阳明强调心即是天,"心即天,言心则与天地万物皆举之矣(《答李明德》)"。"心即道,道即天,知心则知道知天(《传习录卷上》)"。

可见,古代中国人确立"天人合一"、"天人同构"的思想方式,至于这一思想方式本身是否合理,不是这一章的研究核心,这里只是指出"天人合一"的宇宙论,不仅是极其重要的思想方式,而且它是指导与规范古代中国人的生活方式、社会伦理与意识形态,影响甚至制约着人的教育活动。教师作为教育活动的重要主体,其做什么、应该做什么、如何做等等方面隐含着宇宙论的意蕴,对此作些分析是十分有意思的话题。

(一) 道统政统合一的布道者角色

万物依天而行,"天"无所不能、无所不在,它代表着万物运行更替,表示物物联系与时序交错,这与西方观念有差异,他们注重对各个事物进行研究,形成各门学科,如天文学、地理学、生物学等学科。而古代中国思想家则强调整体与统合,《中庸》中就说:"今夫天,斯昭昭之多,及其无穷也,日月星辰系焉,万物覆焉,今夫地,一撮土之多,及其广厚,载华岳而不重,振河海而不泄,万物载焉"。这里非常强调时序的更替,万物的交错,并以这种时间意识阐述人、事发生理由以及过程,要求人的基本职责是尽己之性、尽人之性、尽物之性,使天、地、人各安其位。在此意义上说,人能够"赞天地之化育,可以与天地参矣"。只有如此,人才是有责任感的,而人的责任感,不仅是完成个人利益,关键是履行群体的利益、社会的利益。这就不难理解古人要求教师之责在教三德、三行。

《师氏》:"以三德教国子。一曰至德以为道本,二曰敏德以为行本,三曰孝德以知逆恶。教三行,一曰孝行以亲父母,二曰友行以尊贤良,三曰顺行以事师长。"②

"笃信善学,守死善道。危邦不入,乱邦不居。天下有道则见,无道则隐。邦有道,贫且贱焉,耻也;邦无道,富且贵焉,耻也。"(《论语·泰伯》)

"君子谋道不谋食。耕也,馁在其中矣;学也,禄在其中矣。君子忧道不忧贫。"(《论语·卫灵公》)

从这一点看,要求教师超越个人利益得失,通过授德、授道,起到提升受教育者德性的典范作用,更具有理想主义色彩,"士不可以不弘毅,任重而道远。仁以为己任,不亦重乎?死而后已,不亦远乎?(《论语·泰伯》)"这样,施教者以弘道为使命,践行正道,

---

① 韦政通. 中国思想史(上)[M]. 上海:上海书店出版社,2003:320.
② 转引柳诒徵. 中国文化史(上)[M]. 北京:中国大百科全书出版社. 1988:148.

树立楷模。

由于人的日常生活处于变化之中，面临着新的社会生活，积累起新的生活经验，因而，强调教师弘道时要考虑对象，研究接受者的思想道德状态。徐复观曾对孔子因材施教观点进行评论，指出"《论语》中的'仁'，孔子常对应于发问者在人格上的层级不同，对'仁'的指陈，也有其差异。但这不是平列性的差异，而是层级性差异。平列性差异，当然彼此间也可以发生左右互相影响的关联，但这常常是不同事物间的外在关联。层级性的差异，则不论由下向上通，或由上向下落，乃至一个立体的完整生命体的内在关联"。①

事实上，这样的认识思路逐渐成为影响与决定民族、国家生存与发展的重要思想基础。正如列文森在《儒教中国及其现代命运》中所说："儒教是中国的特有国性，剥夺了它，国家将会灭亡，民族也不会继续存在。他们经常引用犹太人的历史来鼓舞中国，引用墨西哥人则因西班牙化和放弃他们自己的宗教，正日益失去活力，成为其他民族的模仿品。"②列文森关注儒教的命运，认为历史上掌握儒教命运的主体是帝王将相，而帝王将相又是儒教读书人的代表。因此，国家要求教师传授儒教之道，不仅传授儒家的教义与儒家经典知识，而且传授着对儒家传统和国家、民族的精神认同。

这是对其积极意义的肯定。的确，把教师角色与天道相联系，固然增强了教职的神圣性，提高了地位，但是，教师弘"道"，不是传递西方意义的民主、平等，也不是为上帝而传递各种教义，不是宗教意义上的神性论，而是内圣外王的理想人格，是达到天人合一、万物一体的精神境界。

（二）知行合一的实践者角色

"天地良心"是流传极广的一句俗语。它把理想人格的培育，看做是天的意志，反过来说，具有理想人格的人，他能够感悟"天"的意志，领会"天"的旨意，达到人心与天地万物的沟通。钱穆曾通过列举文学、艺术、绘画、书法等中国文化成就、艺术成果，认为共同特征，都体现着心物沟通的追求。③

"中国文学主要亦为自达其一心之情意。学文学者，主要亦在以己心上通于文学作家之心。如屈原《离骚》，此非自达其己心之情意乎。读《离骚》者，亦贵能对己心情意自修自养，以上通于屈原之心之情意，《离骚》之可贵在此。"

"次言艺术，凡艺术应皆寓有心，尤其以中国艺术为然。如音乐，自古诗三百首以下，中国文学即与音乐相结合。……中国人之歌唱与吹奏，每以一人之独歌独吹独奏为主，以其易见此歌唱吹奏者之心。"

"次言绘画。中国人画山水，贵能画出作画者心中之山水。如画禽鸟花木，亦贵画出画家心中之禽鸟与花木。……故中国人作画，每题曰写意，非专画外界之物，乃兼画一己意中之物。此亦见心物之相通。"

"次言书法，乃中国特有之艺术，而书法尤见画家之人品与性情，即书家之心亦随其书而见。故必知如何养心，乃知如何作字。而练习书法，亦为中国人修心养性一妙道。"

钱穆以文学、艺术、绘画、书法等为例进行鉴赏与分析，说明心物沟通思想已经贯穿

---

① 徐复观. 中国人性论史——先秦篇[M]. 上海：上海三联书店，2001：再版序第2—3.
② 列文森. 儒教中国及其现代命运[M]. 北京：中国社会科学出版社，2000：163.
③ 钱穆. 现代中国学术论衡[M]. 北京：生活·读书·新知三联书店，2001：73—75.

在古代中国人的日常生活之中，要求人在一事、一物的思与行中体现着对宇宙的思考，而且，把对宇宙的思考作为规范人际关系、社会关系的"道德律令"。这种思考模式与思想路径，如果按现代自然科学知识来判断，是不合乎科学常识的。但是，它提供了一条思考人的责任、人的使命的思路，它是对人为什么要承担使命与责任的基本理由的洞察，具有本体性的意蕴。但是，它又不同于古希腊思想家的思考方法。

古希腊思想方式的显著一点，是突出理性在探求世界本源因素方面的作用。① 他们认为，知识是最重要的德性，追求知识与真理，目标是达到对自然、世界的终极把握。而在古代中国，强调"天人合一"，"普天之下，莫非王土，率土之滨，莫非王臣"，《庄子·天下》更言，"以天为宗，以德为本"。所以，古代中国追求天与人的合一，不仅在形式上做到人与自然的统一，而且要求运用自然的"神灵"主导人的现实日常生活。

就此，杜维明作过评述："儒家学者主要关心的就是成为圣人，而且正如上面已经提到的，儒家的圣人象征着最可信、最真实、最诚实的人。从儒家的观点来看，成圣的最终基础和实际力量存在于人的本性之中，因此成圣的道路就是一个以此时此地的人的存在状态为出发点的持续不断的自我转化过程。这个过程是一个逐渐包容的过程，是寻求自我结构与人的自然结构最终与宇宙的结构合为一体的过程。"② 杜维明的结论很清楚，如何使个人与宇宙合而为一，实现人格的完美，"帮助人们在具体的生活中成为一个整体的存在。归根结底，它就是一个人性化的过程"。所以，心物沟通，不只是人认识物、理解物的过程，而是将物参与到自身的完善过程之中，在与物的交往中敞开人自身，使人的力量、人性得到展示。

因此，要求教师做到知行合一。因为教育是使人至善为目标，它既要使人通过得到知识而"成才"，又要使人具有德性修养而"成人"。这说明教师工作是一项提升德性修养水平的人生实践。孔子就说"吾尝终日以思，无益，不如学也"。孟子也言得天下英才而教育之，乃人生一大快乐。这样，作为人生的道德实践的教育，知识教育、知识学习不是教师的教与学生的学的根本目的而是把教育看做是完善德性修养的过程。所以，学是"效也"，是"觉也"。如此将学与行获得统一，学在行中，行也是学，在知与行的统一中，完成自我的转化。

（三）道德优先的示范者角色

一直以来，中国人讲究经世致用，讲究建功立业，"支持他们生活最强烈的因素是用世，是直接参与政治并影响社会，他们对政治社会有强烈的责任感、使命感，能遇明主采纳他们的意见、实现他们的抱负，才是人生最大的愿望"。③ 如果达不成这个"愿望"，则退而求其次，或教授门徒，或修身养性，以求安心立命之道。正如孟子所说，"穷则独善

---

① 舒志定. 人的存在与教育——马克思教育思想的当代价值 [M]. 上海：学林出版社，2004：第一章.
② 杜维明. 人性与自我修养 [M]. 北京：中国和平出版社，1988：80.
③ 韦政通. 中国思想史（上）[M]. 上海：上海书店出版社，2003：11.

其身，达则兼济天下"。这种思想方式被研究者称作是实践（实用）理性，① 受此影响，把宇宙论与人的日常道德生活连成一体，它成为解释社会伦理、规定教师道德示范者角色的依据。

人与物不同，人是受命于天，能为仁义，而且必须行仁义。所以，古代中国思想家理解人性，不管是持哪一种人性论，与天道观、宇宙论是有关联的。即使主张性恶论，也主张人性是需要改善，而且是能够改善的，理由是基于天道的力量。所以，古人说"天命之谓性"、"天降大任于斯人也"。

既然为天下行道是使命，如果做到了，那就是达到了"明德于天下"的人生理想。"先治其国，欲治其国者，先齐其家，欲齐家者，先修其身，欲修其身者，先正其心，欲正其心者，先诚其意"。天下、国、家、身，联成一体，构建了一条健全心智、塑造理想人格的路径，把宏大的宇宙与心灵道德的诉求合成一体，使之成为事物存在以及人的日常生活合理性与合目的性的依据，建构了人伦秩序与社会道德的逻辑框架。

对此，牟宗三有解释："人物之别不以降衷与天命判，而以能不能推判。人能推而能实有此天命流行之体以为己性，则就其为性之为先天而定然的言，亦即等于天所命也。是则天命之流行于人而命于人不独命人之存在，而且命以超越的义理当然之性也。物不能推，则物即不能实有天所命者以为己性，结果物只有物质结构之性，惰性，或本能之性，而不能有'道德的创造性'之性，是则就此性言，物既不能吸纳而实有之，天对之亦即无所命也。然其个体之存在仍是天命流行之体之所实现（生化），此亦是'天命'也。此则天只命其有个体之存在，而不能命其有'道德的创造性'之性也（不能命是因物不能推而不能命）。就物言，只能说'天命之谓在'，或说气化之谓物质结构之性，或惰性，或本能之性。"②

这是说，人与物的重大区别，人源于天命，是道德的存在。因而任务是传道，并且把"传道"放在优先地位，是谓"修道之谓教"。但道不离性，性不离天，是故必须"修身"，以明白天道之理，这就需要"学"。孔子曰："十室之邑，必有忠信如丘者焉，不如丘之好学也。"忠信与天命相关，但领会天命，则需要"学"。所以，学而时习之，不亦乐乎？故此要"学不厌，教不倦"。孔子十有五而志于学，三十而立是也。孔子七十，始曰："从心所欲不逾矩"，故古代中国人教人为学，不在意学习多少实用的知识、技能，至关重要的功能是领悟"天命"，即为道，而且将道施于具体的政治与社会生活之中，完成修身、齐家、治国、平天下之使命。钱穆评论这一点说，如果说中国有教，其教当谓之心教。信者乃己之心，所信亦同此心。③ 所以，中国人之教，以心之亲为先，以心之敬为后。知其亲，仁也。知其敬，则为智。而教亲教敬，则重在行，行之真实不虚，则礼是矣。④

---

① 李泽厚先生提出这种思想方式是"实践理论"或"实用理性"的倾向或态度。它指的是一种理性精神或理性态度，不是用某种神秘的狂热而是用冷静的、现实的、合理的态度来解说和对待事物和传统，不是禁欲或纵欲式地扼杀或放任情感欲望，而是用理智来引导、满足、节制情欲，不是对人对己的虚无主义或利己主义，而是在人道和人格的追求中取得某种平衡。它是儒学甚至是中国整个文化心理的一个重要的民族特征。李泽厚. 中国古代思想史论［M］. 北京：人民出版社，1986：29.
② 牟宗三. 心体与性体［M］. 上海：上海古籍出版社，1999：200—201.
③ 钱穆. 现代中国学术论衡［M］. 北京：生活·读书·新知三联书店，2001：8.
④ 同上书，10.

与此比照，古希腊思想家也重视教育对人的德性改善与培育的价值。但是，古希腊的苏格拉底、柏拉图等思想家理解的"德性"是指人承担的职责，比如马，如果是赛马，它的德性在于速度，因为通过速度取胜；如果是作为运输工具的马，主要用途是载物，那么它的德性在于力量。因此，讨论人的德性，意味着人所能有的各个方面的优点，包括道德、心智、肉体等各方面，简言之，人的美德在于能尽其所能，实现人之为人的真正潜能。比如教师的优秀在于教得好，铁匠的优秀体现在能制作出好的工具。《奥德赛》对主人公的描述中就很清楚地反映了这一点。这位主人公既是一名伟大的战士，又是一位足智多谋的策划者，同时还是一名机敏的演说家，勇气十足，充满智慧，同时，他知道自己必须默默忍受神所降临的一切，因此，他既会造船又会驾船，还会犁地、掷铁饼、拳击、摔跤、赛跑等，这样的人就成了希腊的英雄。可见，评判英雄的依据是他是否完整地实现了一个人的社会职能，这也是英雄的意义所在。[①] 这就很清楚了，在希腊人看来，具有德性的人，便是一个完整的人。一个完整的人，就不会出现身体与心灵分离的现象。也是在此意义上，希腊人追求、崇尚体育运动的目的，不仅是为了锻炼身体，而且是为了达到心智锻炼的目的。

而中国古代思想家倡导的"德性优先"，主要是关注怎样有效地解决现实生活中的问题。孔子说："敬鬼神而远之，可谓知矣。"这个"知"不是思辨理性的"知"，正是实践理性的"知"。[②] 所以，孔子又说："知之者不如好之者，好之者不如乐之者。"知、好与乐，反映孔子对人生境界的设计与理想，最终是导向人生的道德境界，而达至"乐"的境界，则建立在"知"的基础上。无疑，达到了这些境界，人就是道德的存在。要达到人生境界，从"知"入手，及至成为"乐之者"，这是一条儒家设计的德性完善之路。

因而，知礼修德是教师基本素质要求与形象特征。但教师为何需要知礼修德？对这一答案的求索，是基于对宇宙的认识，是以认识宇宙论的思想方式规定"道与德"。《中庸》中就有解释："致中和，天地位焉，万物育焉。"说明人的德性与天地互为一体，因而理解德是什么，人为何需要德，这很难用一堆逻辑、概念进行规定，而是需要人身临其境进行体验、领悟，"身在其中所悟"。对德的这种理解，不仅指明培养人的德性的基础，而且强调了培育人的德性的途径。

因此，教师要传授科学知识，也要追问人生。这里的"为师之道"，更多是从道义与德性而言，不只是科学意义上的。不过，"师"的地位被突出了。张横渠有言："为天地立心，为生民立命，为往圣继绝学，为万世开太平。"这样已经说得很明白了。师之所以为师，要始终超越于一己或一家一族的利害得失，寻求最根本的要素，"志于道"是知识人的毕生追求与行为准则。

这可以从孔子十五岁志于学的目的中得到启示。孔子的学习目的，在《论语》中多处有提及。这里引用一例以说明：樊迟请学稼、学为圃。子曰："吾不如老农。""吾不如老圃。"樊迟出。子曰："小人哉，樊须也；上好礼，则民莫敢不敬；上好义，则民莫敢不服；上好信，则民莫敢不用情。夫如是，则四方之民襁负其子而至矣，焉用稼？"（《论

---

① 〔英〕H. D. F. 基托（H. D. F. Kitto）. 希腊人 [M]. 北京：徐卫翔，黄韬，译. 上海：世纪出版集团上海人民出版社，2006：166.
② 李泽厚. 中国古代思想史论 [M]. 北京：人民出版社，1986：30.

语·子路》）。如何理解孔子对"学稼"与"学圃"等"技"的轻视？在孔子看来，"技"并非治国安邦的最关键的内容与知识，它可以在日常生活中感受到，无须为师者传授，如果要学，教师要传授的知识，则必须是"人生之学"，就要学如"平治天下的大道"，"士志于道，而耻恶衣恶食者，未足与议也《论语·里仁》）"及"志于道，据于德，依于仁，游于艺（《论语·述而》）"的"道"，都是如此。孔子教育学生的目标，不是仅想替国家培育好的国民，更不是专门培植学术人才或者是科学技术人才、工程技术人员，而是想造就一批多才多艺、德性高尚的君子、圣人，从事治国安邦之大策。所以，就教育性质而论，孔子的教育是"政治"教育。

（四）至善天下的官员角色

在中国古代，把帝王看做天子，帝王遵循天的意志治理国家，以广播仁爱之心，承载天下为己任的使命。如果天子逆天的意志而行，违天之命，则天下无序，百姓造反，替天行道。天道成了完美道德、生命价值实现的依据。

所以，为了表示对天的敬意与尊重，抱定为天下行善之决心，即使是帝王不配持"受命之符"，民众也要承天命，起义与造反方式，以驱除"有辱天命"的天子。因此，为天下国家建功立业，是知识人抱定的人生信念，是关怀人生的最基本出发点。《中庸》中就说："君子动而世为天下道，行而世为天下法，言而世为天下则"，孟子也说："思天下之民，匹夫匹妇有不被尧舜之泽者，若己推而内之沟中，其自任以天下之重如此。（《孟子·万章上》）"孟子的"自任以天下之重"，成了知识分子职责与社会角色的一种价值规定，而这种"自任"的内涵是以"忧国忧民"为其特色。它对以后的知识分子与教育活动产生深刻而持久的影响。比如范仲淹就道出"先天下之忧而忧，后天下之乐而乐"，而类似的例子不胜枚举。

其实这规定了教师角色的职责。中国传统中，关于师的说法是很多的，比如军师之师、各式能工巧匠的师傅、乐师画师等，最主要的是"以吏为师"，即是说古代中国教师是官师合一，官员型教师是古代教师最有典型性的角色特征。这符合古代中国人对天的认识。人是社会性存在，对不同类型人要进行管理与治理，这需要寻找一定的治理依据，替天行道是最基本原则。但并不是社会中所有人能做此事，因为人被划分为两类，劳力者与劳心者。无疑，"师"者属于后一种。

在古代语境意义上说"天地君亲师士农工商"，师的地位十分突出。尽管古代没有专门的教师培养机构，但不管当时教师来源如何，教师与政治的关系极其密切。这从教师名称的演化中就能看到这一点。比如杨宽就认为古代师与军事有关，大学源于军事需要，师由军官转换而来。"西周大学的教学内容以礼乐和射御为主要"，他说："当时贵族生活中必要的知识和技能，有所谓'六艺'：礼、乐、射、御、书、数，但是，因为'国之大事，惟祀与戎'，他们是以礼乐和射御为主的。"[①] 接着他举证说明，西周大学教师称为"师氏"，即因最初的大学教师是由称"师氏"的高级军官担任之故，不但如此，古时教师尊称为"夫子"起源于"千夫长"、"百夫长"之类的军官名称。

---

① 杨宽．我国古代大学的特点及其起源[J]．转引余英时．士与中国文化[M]．上海：上海人民出版社，1987：22.

余英时认为上述说法有一定道理，但不全面。① 他说周代重视武力，其特色在于"文之以礼乐"。比如"射"，不纯粹是军事训练，其中含有培养"君子"精神的意味。所以孔子说："君子无所争，必也射乎！揖让而升，下而饮。其争也君子。(《论语·八佾》)""射不主皮，为力不同科，古之道也。(《论语·八佾》)"

这是对教师名称的一种说法，但是，它强调了教师承袭"天命"的身份特征。有研究者指出其合理性，认为在中国专制封建统治制度中，以科举制度为阶梯，把官与学相融合，出现中国特色的"官学"结合的知识阶层（当然包括教师），所以有学者把早期中国知识分子确定为"官员型"，而区别于西欧的偏重于知识可以出售的律师医生型、印度的偏重祭师型。②

随着社会的发展，教师的身份要求带来了负面现象。把关心政治、参与政治转变成从政求官，并把追求"从政"作为唯一的人生理想，一心只求功名利禄，这样的学术文化观念对文化和科学繁荣产生负面影响。美国学者许倬云认为有三条："第一，各科目都只局限在一个范围，甚至数学除了实用的计算和用于天文之外，并没有再应用于其他方面；第二，中国的知识分子从事科学活动的，大部分在政府中任职，他们有自己的任务，没有余力和时间注意其他方面；第三，中国的科学再也没有和工艺结合，两者之间没有回馈的作用。"③

官员型成为教师角色导向，也有积极意义。中国有一大批爱国教师，生于忧患，献身政治活动，甚至以生命来捍卫祖国、民族尊严，当然值得尊敬和学习，在现在的教师培养和教育中，仍然要坚持这一点。这里有两层意思需要正确客观的评判：一是教师具有强烈的社会道德理想，即"学而优则仕"，把君子—做官—贤人政治作为教师人生价值目标。孔子曾说"君子不器"，于是，教师在学问追求上是重"道"轻"器"，在社会价值评判上，接受"君子劳心，小人劳力"，希望人人出入于政学之间。二是政学结合，寻求道德意义，有积极作用，但是往往以丧失知识分子独立地位为代价。一个文化模式的突破，要靠知识分子，因此知识分子尤其是教师，要永远准备自我批判、自我修正，在科学和人文两大文化体系中不断拓展新的知识领域。

三、前提：关注人生的教育信念

从上文讨论可知，教师角色承载着厚重的道德责任与伦理使命，试图把教育工作融入到民族生存与社会意识形态构建之中，既寻求超验的生命价值目标，又关注现实的世俗社会生活，承担济世救危之使命。如此规定教师角色，教师是在追寻教育的意义与价值，这就有别于把教师看做是承担教育学生考取高分的角色。如果能够这样理解教师角色、认同教师角色，实质是追问与解答教育的意义。完成这项工作，也是教师教育信念的完成。

这样，教师教育信念的确立，与教育意义的认同是一致的。而谈及教育意义，必须要谈及意义的主体（人）。因而，确立教育信念，必须考察意义的主体。这样，教育者与受教育者便被纳入到视野。脱离教育者与受教育者谈论"意义"，"意义"便失去了承载的主

---

① 余英时.士与中国文化[M].上海：上海人民出版社.1987：23.
② 许倬云.中国文化与世界文化[M].贵阳：贵州人民出版社，1991：90.
③ 同上书，92.

体,正如常言说"对牛弹琴"。

就此而言,教育意义是指教育活动对人来说意味着什么,是教育要满足于人解决什么、怎样解决的意识、需要的一种意向性表现。而人对教育的意向性(教育需要)是多方面的、多类型的,比如提高人的读书、识字的能力,改善人的谋生技能等等。但必须指出,人对教育的诸多意向性中,属于基础与核心的意向则是人对"人"的信仰。因为让受教育者获得知识、技能,它解决了受教育者的认知问题,应该在此基础上,能够让受教育者以认知与技能为手段,不断地赋予认知对象以新的意义,而这个新的意义是由认知主体主动赋予的。所以,教育的意义必须从人本身着眼。那么,人通过教育活动,从中获得的意义是什么?我们认为,人从教育中获得意义,终极目标是让人能够理解人、理解社会、理解自然,懂得人之在世的意义,这就使教育构成了一条敞开获得生存并提升生存境界的通道,是人寄予教育的信念。

教育提升人的生存境界,使人觉悟人之在世的意义。但靠什么达此目的?古希腊的犬儒主义者选择了"身体"作为达到意义的载体。他们,以自身对原始生活和身体都难以忍受的形式来体悟真理,在现世生活中抛弃世俗的偏见与社会习俗,以便活出生命的原始真理。

对犬儒主义的观点,柏拉图并不认同,而是认为人的德性完善及其意义实现,存在于超验的他者世界中,不是在生活世界本身之中。为此,他强调心灵的教育,认为只有心灵教育才能达成对正义的把握。在《理想国》中,柏拉图特别论述了心灵的塑造是教育的意义。

"一个人做了坏事没被发现因而逃避了惩罚对他能有什么益处呢?他逃避了处罚不是只有变得更坏吗?如果他被捉住受了惩罚,他的兽性部分不就平服了驯化了吗?他的人性部分不就被释放了自由了吗?他的整个心灵不就在确立其最善部分的天性时,获得了节制和正义(与智慧一起),从而达到了一种难能可贵的状态吗?虽然人的身体在得到了力和美(和健康结合在一起的)时,也能达到一种可贵的状态,但心灵的这种状态是比身体的这种状态更为可贵得多的,就像心灵比身体可贵得多一样。"[①]

心灵比身体可贵,身体只是肉身的感性存在,它只是感受性的、粗俗的,即使是健壮的身体,也仅仅是满足人的感性的生存活动,唯有心灵的圆满,才具有超越性,因而促使心灵的圆满,是教育意义的本真追求。

然而,孔子对此看法不同。《论语》开篇第一句就说:

"学而时习之,不亦乐乎?"

《论语》的第一句话就提出"学"的问题,说明孔子非常重视学,强调"学"对人的意义。但是,从这句话中,孔子没有用概念、定义的方式去理解与规定"学什么"、"如何学",这样,看起来并不清楚孔子所说的学是指什么。正是因为它没有给出确定的答案,这才显示孔子思考问题的思想方式变化与创新。即要求把"学"与人生相联结,"学"使"人能弘道"。这样,才能使人感受"悦",才能明白"悦"的原因。

可见,这样的"学",不是以掌握具体的科学知识为目标,而是使受教育者懂得人生意义,使之成为道德人生。张祥龙就此作了解读。他认为孔子关注有智慧的人,根本就没

---

① 〔古希腊〕柏拉图(Plato).理想国[M].郭斌和,张竹明,译.北京:商务印书馆,1986:385.

有什么离开"发生"与"时机"的现成实在和真诚状态。因此，对最终实在的理解，不是一个通过思辨去把握理念实体的问题，也不只是一个通过瑜伽实践而体验内在的出神入化状态的问题，而是一个通过恰到好处的"艺"行而进入被激发的构成态。① 所以，孔子的"好学"，绝非只是出于希腊人那种据说是能引发科学精神的"好奇"，也不是为了把人培养得博学多能，而是为了"入乐境而得至乐"。正如《论语》中所说：

"子贡曰：夫子之文章，可得而闻也；夫子之言性与天道，不可得而闻也。"

所以，孔子的学，已经转化成对人的生命境界的领悟：

"子曰：饭蔬食饮水，曲肱而枕之，乐也在其中矣。不义而富且贵，于我如浮云。"

因此，只有从开拓人生境界的维度，才能感悟孔子"学"的意蕴，而这恰恰是时下教育活动应该追求的目标。教育是为人开拓人生境界，受教育的结果是帮助人去理解人生，进而提升境界。

由此理解教育，挖掘了教育活动本身的意义，实质是阐明与揭示教育活动得以存在的基础，这一基础恰恰是人的生存活动本身。所谓生存活动本身，即是说要通过教育活动呼唤人的生存的最原初状态，最原初状态，绝非是人无知无觉的状态，或者是洛克、卢梭所构想的人的自然本性，而是使人自觉其是一个人，并使自己真正成为一个人，而不至于成为一名"社会角色化"的人。真正的人，就是没有被各种社会世俗因素所遮蔽着的，完全敞开着人的本性、理想与追求，从更高角度说，是使人性与天性获得沟通，有如《大学》中所言的"明德"、"亲民"、"止善"。

从这一层次揭示人的教育信念，要明确教育信念包含的三方面要求：

第一，教育是培养人的活动。其目标是让人能够自觉明白人之为人的道理，从而为受教育者构筑美好人生（如古希腊所言是人的幸福人生、正义人生、善的人生）。

第二，教育是培养人的活动，教育也是解放人的活动。教育为人塑造境界，境界并不是虚空、虚无的，不是在可见的物质世界层面之外寻找一种"虚拟的寄托"，如果这样认识，就走向了形而上学路径。事实上，教育是帮助人从"受奴役"的异化状态向着充分展现个人潜能的自由人的状态发展，以此完成教育解放人的使命。

第三，教育是培养人的活动，教育活动不只是规范，即规定受教育者做什么与不能做什么，相反，教育应该为受教育者开启思考的空间，使受教育者自由地思考、想象。

四、核心：坚守教育解放人的信念

上述提出教育信念的三方面要求，在现代社会变得特别有意义。因为现代社会既为人的成长创造诸多条件，又使人容易陷入种种不自由的困境之中。海德格尔就说，现代人对科学技术的评价，还停留在古希腊的认识立场，认同古希腊关于技术就代表着人控制自然的一种能力的观点。海德格尔认为，这样的认识使技术丧失客观基础，变成人的主观产物。而他认为技术本质上是敞开、展现、显露，不断地替人打开新的视域，主张要扭转把技术看做是人控制自然力量的认识，使人避免受到技术力量的控制，避免使人变成技术的"奴隶"。

---

① 张祥龙.海德格尔思想与中国天道——终极视域的开启与交融[M].北京：生活·读书·新知三联书店，1996：246.

提出澄明人的本真存在的任务，是海德格尔论述人与技术关系的目的。在海德格尔看来，掌握一些技术知识并不能使人成为本真的人，因为，有一些人掌握了技术、知识而变得为所欲为，甚至用技术与知识制造各种灾难。由此就要求掌握技术与知识的同时，掌握并培养关于技术应用的道德、价值立场。也就是说，学校教育既要传授知识、培育技能，更需要传递意义与价值。

事实也是如此。任何一个真正称得上具有主体品质的人，绝不仅仅知道如何去治理自然，怎样去处理人与人、人与自然、人与社会的种种关系，而且懂得掌握技术处理事物的意义。这是学校教育要解决的科学、技术、知识与人性融合的课题。对此，海德格尔提出从艺术、诗中寻找答案，但是，最终并没有解决这一课题，因为人性不同于动物的本性，动物本性是由与生俱来的本能规定的，但人的本质却是生成的，是在人的活动中历史地构成的。对此，马克思提出了解决这个课题的思路。马克思早已对人的本质作出了科学的解答，提出教育与生产劳动结合是造就人的全面发展、消除人的异化处境的基本构想。

马克思的思路是主张回到人的具体生活实践。通过剖析商品生产，揭示商品—劳动—工人异化—社会制度之间的内在关系，指出异化劳动是造成人的异化的根源。如果人处于异化状态之中，人是不自由的。不自由不是指选择"要不要劳动"的不自由，也不是指人对劳动的条件、对象一无所知而变得盲目、盲从，而是指人在劳动中的主动性、创造性受到压抑或已经消失，劳动不再是人的自觉自愿的行为，而是为了生命活动和繁衍被迫去劳动。因此，教育的关键任务是使人能够重新觉悟已经被资本主义劳动所异化的处境，领悟由异化所导致的人的本质意义的迷失。这样，解决现实的人的生存境遇、消除人的异化是一切问题的核心。

基于此理解，马克思坚持在"生产劳动"中解决教育问题，教育要与生产劳动相结合，既要避免使教育活动成为纯粹精神的、抽象的思辨活动，又要反对把教育当做谋生求职的工具，这是教育应该具有的基本价值目标。[①] 由此，"教育是什么"、"教育做什么"等基本问题已经清楚地展示，即教育通过传授科学知识、培育技能、改造思想观念，提高人的自主、自觉的意识与能力，从而克服受奴役、不"自由"的异化处境，完成教育实现人的解放的目的。确立教育实现人的"解放"的信念，具有下列的特点：

1. 认清教育价值目标的基本内涵

教育实现人的解放，给予人自主权，使人能够自我支配，这不是人的解放的实质性目标，而个体生命完善是教育实现人的解放的基本主旨。生命不是抽象的，也不是某种具体的实体，如果变成某种实体，生命仅仅等同于个人肉体的存在，变成对生命的一种流俗的理解。所以，以生命视角反省教育的意义，教育以满足个体对生之意义的理解与渴望为价值目标。

2. 切准教育价值目标的现实尺度

这里所说"教育价值目标的现实尺度"，指教育价值目标对现实教育活动提出的规范要求，以此指导现实的教育活动。

要规范教育活动，必须找到规范的依据、尺度。无疑，这一尺度只能是现实的人，而人的本质是社会关系的总和，社会性是人的本质特征。即便是自然科学的教育，也应从人

---

① 舒志定. 论马克思教育思想的当代价值[J]. 河北师范大学学报·教科版，2007（5）.

的社会存在角度确立价值目标，即结合科学知识的传授，培养科学的精神、科学的态度、科学的思维方式等。这些内容是科学教育的重要组成部分，而且是科学教育所特有的。但是，它必须落实在现实的人的需要以及促进现实的人的发展上，否则就会出现怀特海在《科学与近代世界》中批评科学教育变成"专家训练法"的情形，"这些人在特殊的思想领域中专业化，因而在个人所专门的范围内不断增进知识"，它隐藏着一个危机，即科学的进步、事业的进步，只是局限在某一专业的某一角落的进步，而且，科学知识教育变成是"偏重于知识的分析和求得公式化的材料"。①

所以，从现实角度理解、阐释与实现教育价值目标，教师要关注学生不断变化着的需要，辨识需要的合理与否，并加以积极的引导，提升需要层次，最终促使学生成为社会生活的主动构建者，成为在生活世界中进行具体历史活动的实践者。

3. 把握教育的开放性、差异性原则

古代教育以本体论为原则，教育是使人达致"理念"的途径。近代教育强调教育的认知功能，教育成为生产"知识者"的"工具"，受教育者任务是掌握科学知识或是某种精神观念，受教育者成为了一个抽象的"理性体"，遮掩了人的非理性的存在，瓦解了人的丰富性。其实，这都是片面的、狭窄的观点。

所以，强调教育的价值目标，就是要从人的存在本身去理解教育，教育的价值便是为了人的存在。多尔对此的说明是十分恰当的："什么是设计后现代课程的标准（criteria）呢？我们可用什么标准来评价后现代课程的质量呢——一种形成性的而不是预先界定的，不确定的但却有界限的课程，一种探索'产生于上帝笑声回音的迷人的想象王国'并由不断扩展的'局部普遍性（local universalities）网络所构成的课程'。"② 多尔由此提出划分后现代教育与现代教育的界限在于对教育价值的认识。后现代教育不再把追求同一个目标作为价值目标，而是强调师生的对话、反思与差异，通过一个人与环境、与他人、与文化的反思性相互作用形成自我感的方式，教师不再占有教育话语的霸主地位，扮演真理代言人的角色，相反，教师是助产士，是学生求知与情感发展的服务者。③ 因此，所谓开发人的潜能，实质是培养人对自身的认识与评价、建构的能力，但这种建构不是近代理性视野中的自我主观精神（思维）活动，如笛卡儿的理性自我，成为一种抽象的、概念的、逻辑的的主体，而是"组织、组合、探究、启发性地运用某物的能力。它的框架是开放的"。④ 这是说人的潜能的实现是在与世界建构活动中得到释放，但是，建构活动的完成，不仅受到人的主观情感、情绪及愿望的约束，而且受到人的意识活动之外的社会结构的制约，体现着人和社会体制构成的结构是一种客观性的存在。

---

① 〔英〕A. N. 怀特海（A. N. Whitehend）. 科学与近代世界［M］. 何钦，译. 北京：商务印书馆，1959：188—189.
② 〔美〕小威廉姆 E. 多尔（Doll. W. E. Jr）. 后现代课程观［M］. 北京：教育科学出版社，2000：250.
③ 教育解放学生的本质力量，核心是瓦解对教师权威的认识，所谓瓦解，并非简单地否定教师在教育活动中的主导作用，而是重新解读教师的主导作用，关键是让教师在开启学生的思维空间、倡导学生自由思想方面发挥主导作用，这已是现代教育的使命。请参阅：舒志定. 文本的敞开性与教师权威的瓦解［J］. 教育理论与实践，2003（2）.
④ 〔英〕小威廉姆 E. 多尔（Doll. W. E. Jr）. 后现代课程观［M］. 北京：教育科学出版社，2000：254.

五、路径：把握教育的行动目标

从上述讨论可知，教育既要培养人获得追求未知世界、未来世界的知识与能力，又要教会人对待现实社会生活的意识、态度与立场，即解决学生自觉意识到"我与世界"的关系，并能积极主动地改造世界。当然，受过教育者与未受教育者的"改造""做法"是有区别的，区别的实质是受到了不一样的信仰与价值观念的制约。在此意义上，正如孔子所说"君子不器"。不器，不能简单地理解成是对一些应用性知识、技艺性知识采取鄙视态度，如果这样理解，则证明是受到实用理性观念的支配。然而，我们主张既要传授实用理性，同时也要发挥理论理性优势，把理论理性与实用理性结合起来。这个问题，苏格拉底提出"怎样才能生活得最好的智慧"中已经作了回答。表面看来是设想与渴求把真理与智慧看做是最高的生活理想，实质上则是寻求自我的关切，以及随之而来的课题是改善自我所处的社会。这样，教育人"改造"社会，前提是要掌握与领会宇宙普遍性的规律，以此指导个人的具体行动。

柏拉图也是在这一意义上反对空谈不务实的生活态度。"它通过破坏记忆的培育而使得心灵软弱；它通过对人的智慧的空想而使人自我膨胀，如果没有记忆，智慧就是浅薄与短暂的；它在认识论上是不恰当的，因为由于被从解释与辩护它的作者中孤立出来，因此它就无法回答质问并无助地遭受错误的阐述；最后，书面词语在形而上学意义上说是下等的，是口头交流的无生命的图像，因此与铭刻在心灵中的思想词语相差两个等级。"①

亚里士多德也作过类似的论述。"思辨的思考则不是实践和创制的，真与假就是善与恶（这就是一切思考的功用）。而实践和思考的真理要和正确欲望相一致。"② 亚里士多德把人的活动作出了纯粹科学、技术或应用科学和实践智慧之区分，需要分清理论知识与技术知识、德性之知与技术之知之间的差异与联系，目的是强调有德性的行为才是合理的，才能确保过上幸福生活。也就是说，科学、技术是真理性知识，还需要掌握善的知识，即德性之知。

亚里士多德的论述中，规定教育是培养人的行动能力，人的行动能力，不仅是劳动技能，而且还有伦理实践，这就需要实践之知。由此开启了一条通过教育致力于人的行动能力培养的传统。当然，对行动能力的理解存在着差异。早期的教育是以培养人的信仰目标为前提，即人的行为是受信仰制约的。中世纪教育是把信仰目标超越于理智之上，文艺复兴伊始，开始摧毁信仰在教育中的地位，直至启蒙运动。但又出现新问题，过于张扬理智，出现了信仰的失落，导致物欲横行，人性迷失。于是，人们又得重新思考信仰的地位。

杜威坦率地说，教育应当帮助每个学生选择人生的事业，而民主社会的教育，应面向所有的公民，教育应当培养和训练学生的思想习惯，发展他们群体交往的能力，成为一名具有民主生活能力的人。因此，他拒绝把教育看做是促成一个"固定的、现成的、已完成的自我"的观念，主张教育是没有目的的，这个目的就是成长本身，教育活动是要促成人继续不断地生存，这是生活的本质。因为生活的延续只有不断地更新才能达到，如此，生

---

① 〔美〕理查德·舒斯特曼（Richard Shusterman）. 哲学实践 [M]. 北京：北京大学出版社，2002：20 注1.
② 〔古希腊〕亚里士多德（Aristottle）. 尼各马科. 伦理学 [M]. 北京：中国社会科学出版社，1999：123.

活便是一个自我更新的过程。如果给教育规定一个外在的目的，则使不断更新的生活变得呆板、无生气，"这种目的不能在特定情境下激发智慧，不过是从外面发出的做这样那样事情的命令。这种目的并不直接和现在的活动发生联系，它是遥远的，这与以达到目的的手段没有关系。这种目的不能启发一个更自由、更平衡的活动，反而阻碍活动的进行。在教育上，由于这些从外面强加的目的的流行，才强调为遥远的将来作准备的教育观点，使教师和学生的工作都变成机械的、奴隶性的工作"。① 杜威所设定的教育功能，关心教育能否有助于个人的"自我改造"，一个人必须与自我的陋习、偏见不断地作战，以便使自己具有更强的可塑性、创造性，"不断地使自己成为成长与扩展的自由的自我"。从杜威对自我可塑性的追求中，看到教育对人的行动能力的关注，但他把人的行动看做是人的本性，这样的判断体现着主观色彩，没有揭示人具有可塑性的缘由，没有回答人的可塑性是教育的结果还是教育的前提。

哈贝马斯则以交往理性来揭示人的发展的可能性。"行为主体间的交互性正是这样一种观点，在交往行为中，一种至少是不彻底的交互关系乃是通过被卷入各方之间的人际联系得以建立的。"② 所以，在哈贝马斯看来，交互性并不仅仅是交往中的某一方积极地表示出交往的行动，而是说交互性提供了交往的结构，因而不是简单地讨论交往行为是否发生了，而是要讨论交往行为是怎样发生的，即"呈示事实、建立合法的人际关系、表达言说者自身的主体性"，③ 由此要组成的交往结构必须依赖于人的"交往资质"，"看它是真实的还是不真实的，正确的还是不正确的，真诚的还是不真诚的"，因此行为者的行为要有效，必须是在这一交往结构中进行：每个言语行为都与之发生关系的现实领域；在特定交往模式中占优势的言说者的态度；由以建立与现实之联系的有效性要求；语法性句子在其与现实的联系中承担的一般性功能。④

所以，既要强调教育培养人的行动能力，又要明确教育提倡的行动目标是什么。行动，不只是指"做"，它包含着"做之所以做之事"及"做何以做"的基本缘由。这就要求通过自我认识、自我批判和自我控制来改善自己，帮助自己成为真善美统一人格的人。蔡元培对此问题的思考值得重视。他从美感教育角度阐述教育具有确立人的行动目标的基本使命。他将世界划分成"现象世界"与"实体世界"，认为只有后者是绝对的、无时空的、可以直观把握的，而前者则正好相反。而美感教育为这两者之间的联结建立桥梁，"以破人我之见，去利害得失之计较"，因为美感教育具有其他任何教育方式与方法所缺乏的普遍性与超越性，它利于道德的增进、人性的解放目的的实现。

因此，使人具有行动能力的教育，要教育学生具备使自己与面对的世界融合的主动性、创造性，这样就提出教育要达成的行动目标的主要内容：

第一，教育的行动目标，使受教育者敞开自身，把自身融合到世界之中。

敞开自身，是促使受教育者拥有敏锐的心智，广阔的识见，能够洞悉潜能与别人未发现之事，即举一反三，触类旁通。一个只信权威、只听教师与书本、无独立思考能力的人

---

① 〔美〕杜威（John Dowey）. 民主主义与教育 [M]. 北京：人民教育出版社，2001：122.
② 〔德〕哈贝马斯（Jürgen Habermas）. 交往与社会进化 [M]. 重庆：重庆出版社，1989：91.
③ 同上书，69.
④ 同上.

是无法提出问题、开展创造性学习与工作的。因此，敞开自身，是学生具有独立精神与独立行为能力具体体现。

第二，教育的行动目标，是要保持思想观念与行动之间的张力。

所谓思想与行动的张力，是指行动的世界与思想之间的差异。人们承认这种差异，就会有沟通的需求，而沟通的前提是要考虑沟通的目的与价值。这就需要教育受教育者确立一种关怀意识，即对社会进步、享有美好人生的信念的关怀。唯此，才能确保个人敞开自身的方向。

因此，一方面强调人要具备应对变化的各种准备。人类的生活世界依赖于不断进步的科学技术，科学技术的新进展，促进人的思想观念、行为方式的变革，以应对日益增加的变化的压力。另一方面，在应对变化中寻求不变的价值信念，包括对真理、人类道德价值以及对人类、对人生与世界的真诚信念，从而在实现行动中改革世界、适应自然。

第三，教育的行动目标，使个人完善与社会改造相整合，切实提升人的主体能力。

受教育者不仅要知道做什么与怎样做，而且要养成批判与反思的能力。教育是以塑造人为目的的，但教育所塑造的人，不是自私自利的人，而是把个人主动地融入社会群体之中，具有鲜明的集体观念。首先是因为人是社会之中的人，人的社会性是人的本质属性；其次，强调人的社会性并不抹杀人的独立性，而只有在健全的社会中，人的独立性才能得到真正实现；再次，主张个人要关怀群体，但同样主张社会要尊重每个人的差异性，不因为主张人的社会性就片面强调社会的同一化、均衡化。结合这三方面，实现个人完善与社会完善的统一，本质是倡导人的人文关怀。

第四，教育的行动目标，必须正确处理知识传授与态度、意志品质培育的关系。

联合国教科文组织的《从现在到 2000 年教育内容全球展望》[①] 一书中就把态度和技能列作第一目标，而把知识列作教育第三目标。这样的目标并不是否定学校教育传授先进科学文化知识的价值，而是指出，现代学校教育要重视人的知识与能力的培养，最终是要塑造受教育者的健全人格，成为具有批判精神、独立思考能力的行动者。

由上所论可知，教育的信念目标是理解教育的基础与前提，阐明人与教育关系的性质，明确教育要培养的人是什么样的人，由此衍生教育的价值目标。可见，价值目标是信念目标的具体化，是教师教育信念的构成要素之一，也是最关键要素。它决定着学校教育行动的方向，使教师妥善处理怎么教与为什么教之间的关系，起到规范教师教育行动目标的作用。因此，行动目标是受信念目标与价值目标的约束，是信仰目标、价值目标的必然要求与具体实现。

---

① 〔罗马尼亚〕S. 拉塞克（Shapour Rassekh）〔伊朗〕G. 维迪努（Groege Vaideanu）. 从现在到 2000 年教育内容全球展望［M］. 北京：教育科学出版社，1996：144—148.

第九章 教师的教育行为

无论怎样分析教育的概念与内涵，研究教育的主题在于揭示"希望受教育者达到的人格状态（目的）和特定教育活动和教育制度（手段）之间的关系"。[①] 这个判断中揭示了对教育关系的重视，即研究受教育者与教育制度、教育手段等构成的关系，如果有利于受教育者的关系，则是合理的、正当的教育活动。

如果循着这样的思路分析教育绩效，研究如何提高教育质量，必然要关注师生关系。它是教育关系中最基本的关系，是建构教育目的与教育活动和教育制度之间关系的主体。因而，研究师生关系是一项关乎教育成效的课题。

当然，师生关系构成主体是教师和学生，这使教育活动更具灵活性、多样性与变化性。在这一意义上，研究者指出教育中的师生关系是社会互动关系的一部分，教育者和受教育者可以被认为是一个心理—社会反馈系统。[②] 一方面，教师的教育行为是一种复杂的行为，另一方面，影响教育行为的因素是多方面的。1973 年霍尔（Hall）和他的同事提出"关注为本的采用模式"（Concerns-based Adoption Model，CBAM），研究教师行为与教育变革之间的关系，讨论教师行为对教育变革的影响。模式主要考察教师行为的三个方面，包括教师的关注发展、教师的行为发展以及使用创新形貌（Innovation Configuration，IC）的技术。[③] 因此，研究教师教育行为。以规范教师的教育行为，支持与鼓励教师教育行为的创新，是一项十分有意义的课题。

一、研究的缘由及问题的质询

对教师教育行为的研究，引起了教育理论工作者和一线教师的兴趣。研究者较一致地认为教师教育行为研究有助于促进教师专业化水平的发展、提高教师的教育工作质量。因此，这部分简要分析教师教育行为研究的意义以及研究思路中存在的主要问题。

（一）研究教师教育行为的缘由

从 20 世纪末、21 世纪初兴起的基础教育课程改革，提出课程改革的具体目标，其中规定课程改革：

要改变课程内容"难、繁、偏、旧"和过于注重书本知识的现状，加强课程内容与学生生活以及现代社会和科技发展的联系，关注学生的学习兴趣和经验，精选终身学习必备的基础知识和技能。改变课程实施过于强调接受学习、死记硬背、机械训练的现状，倡导

[①] 〔德〕沃尔夫冈·布列钦卡（Wolfgang Brezinka）. 教育知识的哲学 [M]. 杨明全，宋时春，译. 上海：华东师范大学出版社，2006：54.

[②] 同上书，59.

[③] 转引冯生尧，谢瑶妮. 教育改革中教师的行为发展 [J]. 华南师范大学学报（社会科学版），2004（2）：122—127.

学生主动参与、乐于探究、勤于动手，培养学生搜集和处理信息的能力、获取新知识的能力、分析和解决问题的能力以及交流与合作的能力（教育部《基础教育课程改革纲要（试行）》）。

《基础教育课程改革纲要（试行）》的颁布以及实施，成为新世纪我国基础教育走向新进程的纲领性文件。它对我国基础教育发展产生的重大影响是推动学校变革教育观念，创新教育手段，优化教育行为。因此，新一轮基础教育课程改革，不仅调整、改革学校课程计划、课程内容，而且要求教师更新教育理念，转变教育行为，做到因材施教、教学相长。

就此来说，教师教育行为的变革，是落实新课程改革精神的具体体现与基本要求。遵照新课程改革基本要求，调整、优化教师教育行为，才能确保课程改革目标的实现，才能确保教育质量的实现。由此要求开展教师教育行为的研究，为转变、优化教师教育行为构建理论分析框架。

1. 加强教师教育行为的研究，是由教师处于教育者的地位决定的

教师是教育者，承担"传道、授业、解惑"的职责，在职前师资培养中，就十分重视这方面的教育。对此，《中华人民共和国教师法》、《中小学教师职业道德规范》等法律法规以及各所学校的规章制度中都有明确规定。就此而言，教师应该认识到自身承担的"教育"职责。问题是，教师如何更有效地发挥教育者的作用？

无疑，教师的工作对象是青少年学生，青少年时期的重要特点是自我意识处于变化发展之中，是形成人生观、世界观的重要时期。所以，要求每一位教师自觉、严格地规范与约束自身行为，做到言传身教、率先示范，使年轻学生知道什么是应该做的、什么是不应该做的，培养学生良好的行为习惯。同时，教师自身要积极主动地变革教育行为，促进教师的教学行为与学生学习方式的变革，真正实现由教师教为主向学生学为主的转变。

以教为主的教学理念，形成以教师权威为核心、教师采用灌输为主的教学方式，学生处于被动学习的地位。华东师范大学陈桂生教授在《还教于师》中描述了这种现象："只要走进学校，走进课堂，都能见到教师在'教'，见到教师'满堂讲'或'满堂问'，学生'满堂听'，或被动地答，难道成千上万教师不是几乎每天都在'教'么？有什么'教'可还？相反，我们有感于教师'教'得太多，学生'学'得太累，所得甚少，倒是呼吁教师把'学'还给学生。"[①]

因此，教师关注学生的学理应成为实施教学活动的基本准则。"教师作为一个知识的启导者，帮助学习者分析任务难度及其与以前学习的相关性，从而将任务置于愿景中进行考量。教师还要帮助学习者将困难目标分解成小的、分层的、更易实现的目标。"[②] 受这种教学理念的影响，尽可能把教师的教授活动转化为学生的学习活动。一方面要提高对这个问题的认识，真正领会什么是以学为主的教学。另一方面，是研究日常教育教学活动中怎样创新性地实现"以学为主"。

所以，实现从"教"为主向"学"为主的转变，既是进入新世纪我国基础教育课程改革所倡导的教师教育理念，也是教育适应现代社会变化发展的需要。如果说工业社会时期的学校教育为产业经济培养技术工人，而到全球化、信息化、知识经济时代，强调教育要

---

① 陈桂生. 师道实话[M]. 上海：华东师范大学出版社，2009：14.
② 郑燕祥. 教育范式转变效能保证[M]. 上海：上海教育出版社，2006：117.

培养具有创造性才能的个性化人才,能够具有持续学习、终身学习的能力。社会变革对学校教育提出的新要求,自然需要调整与变革教育教学理念。

2. 加强教师教育(教学)行为研究,是转向教师课堂教学研究的重要内容

基于前面一点的考虑,引发了对教师课堂教学行为的研究。课堂教学是教师发挥教育作用的主要渠道与阵地,提高教师课堂教学效率,就要研究教师课堂教学行为。教师的课堂教学行为,不仅包含着言语交流行为,比如提问与回答,鼓励与批评,也包含着教师的肢体语言(目光、手势、表情等)。它是确保课堂教学效果的重要手段。研究者指出,教师课堂教学行为已经成为研究课堂教学的重要内容,而且从 20 世纪 60 年代以来,对教师课堂教学行为的研究,随着教学改革的深入而不断加大教师课堂教学行为研究的力度,总体上呈现出从宏观到微观、从外显到内在、从注重群体样本到关注个体行为、从关注教师课堂教学行为到研究学生课堂学习行为、从注重量化研究到关注质性研究的发展路向。[①]

也有研究者指出,美国学者早在 19 世纪末就开始提出关注教师教育行为的研究。受不同哲学思潮和心理学理论的影响,先后经历了"教师效能研究"、"教师认知研究"和"教师生态研究"三个发展阶段。[②]

同样,有研究者把教师教学行为与课堂效率作为重要研究课题。例如有研究者回顾了数学教师教育行为的研究主题的变迁,指出"十五"期间,重点研究课题是围绕数学教学效率的理念以及如何提高数学教学效率,基本结论是肯定数学教师的课堂教学行为是影响数学教学效率的关键因素。在此基础上,"十一五"期间,重点研究了高效数学教学行为问题,对影响高效数学教学行为的原因进行探索。[③]

3. 加强教师教育行为研究,是培养教师、促进教师专业发展的需要

教师是教育事业发展的重要资源。怎样培养教师是世界各国普遍关注的教育课题。这需辨析两种不同的理论观点。一是认为教师培养重点是提高教师的专业知识,改善教师的教育观念。甚至有研究者指出教师成长核心是优化教师与学生交往的思维方式,把教师理念、思维过程及行为关系作为研究教师培养工作的重点,希望以此探讨、发现教师培养培训的有效途径与方法。

另一种观点则认为,提高教师的专业知识、更新教师的教育观念未必能够实现教师培养的目的。不少研究者提出,把转变教师教育观念作为教师素质改善的突破口,以此开展教师教育理论或相关知识的培训,虽然,取得了一定的成效,但是,暴露出不少问题,其中一个非常突出的问题是教育观念的转变并不能必然带来教育行为的转变,出现了教师"能说"但"不能做",或"说一套"、"做一套"的言行脱离等现象。[④]

针对这一现象,在教师培养中,一方面注重研究教师的教育观念和教育行为一致性问题,另一方面更加关注如何优化教师教育行为,从教育行为变革的角度思考教师培养问题,而不仅仅局限于通过变革教师教育观念达到教师培养的目的。所以,加强教师教育行为训练,规范教师教育行为,被纳入教师培养、培训的视野之中。有研究者提出要对师范

[①] 章婧. 国外关于教师不当教学行为的研究综述 [J]. 上海教育科研, 2011 (2): 22—24.
[②] 盖立春, 郑长龙. 美国教学行为研究的发展历史与范式更迭 [J]. 外国教育研究, 2009 (5): 33—37.
[③] 王光明. 高效数学教学行为的特征 [J]. 数学教育学报, 2011 (1): 35—38.
[④] 庞丽娟, 叶子. 论教师教育观念与教育行为的关系 [J]. 教育研究, 2000 (7): 47—50.

生开设《教师行为训练》课程,[①]加强对教师的行为训练,规范教师日常教育行为,引导学生身心健康发展。

4. 加强教师教育行为研究,是建设学习型校园、建设学习共同体的需要

传统学校教育中,教师是"一言堂",学生是教师实施灌输式教育的"接受体"。而现代学校应该建设成为师生相互学习、共同发展的共同体,即把"学校这一场所重建为人们相互学习、一起成长、心心相印的公共空间",目标是"培养每一个儿童成为自立的、活动的、合作的学习者,在学校内外构筑文化共同体"。[②]

把学校建设成学习共同体,是遵循学习者的学习特点以及人的认知发展规律的必然要求。要把学校建构成为"学习共同体",要发挥教师的重要作用,提高教师建设学习共同体的水平。正如怀特海所说,教师就要使知识充满活力,不能使知识僵化,这是一切教育的核心问题。[③]

同时,建设学习共同体,是培养教育者、受教育者(学习者)的社会责任、伦理意识的需要。只有融入一个学习共同体之中,学会相互尊重、相互理解、相互关心,方能培养能够主动承担社会职责的意识与能力。所以,强调把学校建设为学习共同体,发挥教师引领学习共同体的作用,让学生在建构完成的师生、生生相互交往关系中学会自主学习、合作学习,进而引导学生逐步达到"站起来向外环顾周围"的目标。[④]

这对教师的教育行为提出要求。一方面要培养学生独立自主学习、具有探究的学习能力和合作学习能力。教师要尊重学生、激励学生,要为学生的自主活动、思考探究、合作学习创造条件。另一方面,强调教师的学习,要把学习共同体看成是师生共同成长、学校与教师实施民主管理、民主教育的场所。[⑤]在学习共同体中,教师不是熟悉科学的理论或技术的"技术熟练专家"、"技术工程师",不能把使灌输教育方式绝对化,或者夸大它的作用,影响学生主动学习的兴趣;或者否定它的价值,影响教师主导作用的发挥。因此,要求教师成为"反思性的实践家",承担的职能是"指导"与"引导"学生的学习与身心成长。[⑥]

对此,教师教育行为有什么要求?有研究者用生动的语言作了阐述:要"蹲下身与学生一同平视"。只有蹲下来与学生一同平视,才知道学生在观察什么、思考什么。要"弯下腰与学生一道交流"。教师不摆架子,主动和学生交朋友,获取学生的喜爱非常重要。让学生信赖、尊重教师的指导,才能努力学习,才能确保学习效果。要"静下心与学生一起学习"。教师只有静下心来与学生一起学习,才能开阔视界,增强信息量,更新知识结构,才能应对变化的社会与变化了的学生。[⑦]

教育事业是人类社会持续发展的永恒事业。但是,处于不同历史时期、不同社会环境之中的学校教育,教师从事教育活动的方式、要求、内容是有所不同的。因此,研究教

---

① 严丽萍. 高师小学教育专业开设《教师行为训练》课程的构想[J]. 山西广播电视大学学报,2005(5):37—38.
② 〔日〕佐藤学(Manabu Sato). 学习的快乐——走向对话[M]. 钟启泉,译. 北京:教育科学出版社,2004:103.
③ 〔英〕怀特海(A. N. Whitehead). 教育目的[M]. 徐汝舟,译. 北京:生活·读书·新知三联书店,2002:9.
④ 同上书,47.
⑤ 〔日〕佐藤学. 学习的快乐——走向对话[M]. 钟启泉,译. 北京:教育科学出版社,2004:103—104.
⑥ 同上书,105.
⑦ 石从国. 转变教育行为推进课程改革[J]. 校长阅刊,2005(11):80.

教育行为的变革富有现实意义。

(二) 教师教育行为的主要研究思路及问题

概述近期关于教师教育行为研究的主要思路,集中体现在三方面:

1. 注重从教育道德的维度研究教师行为

教育是现代社会民主生活的基础,有助于提升社会公平,促进每一位年轻学生的发展。而教师则是确保教育质量的关键性资源。"教师教育是带动变革的一个重要载体,但是它必须有一个根据道德维度构架起来的与 P—12 教育相联系的教师教育方法。"[1] 这就是说,每一个学生都是鲜活的生命体,都是一座有待开发的"矿山",经过教师们的辛勤劳动和精心培育,促进学生的健康成长。但是,这取决于教师的投入,取决于教师对学生、对教育工作的爱,也取决于教师的方法是否得当,取决于教师为学生指引的成长发展方向是否正确。

从这个意义上讲,教育是给生命注入精神和智慧的过程,是学生生命的再造。这是教育赋予教师职业的光荣与梦想,也是教育工作的责任与使命。试想,如果教师缺乏对教育的热爱,缺乏正确的人生观、价值观,把教育工作只是当做一项满足养家糊口的"任务",这样,就难以为学生的健康成长保驾护航,就会直接或间接地对学生造成心理伤害,导致学生厌学或者产生强烈的逆反心理等。有的老师甚至辱骂或体罚学生,对学生的自尊心和自信心造成沉重的打击。

因此,研究者从加强教师职业道德建设的角度开展规范教师教育行为的研究。

(1) 注重教师道德、教师人格的研究。

在日常教学教育活动中,教师的道德素养、人格都会产生移潜移默化的教育作用,是影响学生成长的教育力量。然而,在现实学校教育中,有一些教师的品行是有问题的,比如有的教师为了应付上级检查,为了一些自身利益而教学生说谎。比如有些教师"宠优轻劣"、"嫌贫爱富"。有人曾说过这样的一段话:如果你一听到孩子的喧闹声,不是感到欣喜而是感到烦躁,那你最好不要选择做教师。已当了教师的应该尽快想办法转行。只有那些一看到活蹦乱跳的孩子就感到欣喜、感到兴奋的人,才是最适合当教师的人。[2]

(2) 注重教师在课堂教学或学生管理中教育公平问题的研究。

教育公平是社会公平的基石。对于每一位教师来说,教育公平是非常现实、客观的,基本一条是要求教师公平公正地面对每一位学生,给予公平公正的教育、帮助与关心。然而,教师教育行为中有失公平的现象是客观存在的。著名的皮格马利翁效应既说明了教师的暗示、鼓励、激励对学生所起的积极作用,从另一方面也说明教师在无意识之中构成了教育的不公平。因为一个班上的学生如果得不到教师公平的激励、积极的暗示,或者得到的是否定的态度,如挖苦、嘲笑等,这对学生是不公平的。此类现象的存在,与教师职业

---

[1] 〔美〕尼古拉斯·M. 米凯利 (N. M. Michelli),戴维·李·凯泽 (David Lee Keiser). 为了民主和社会公正的教师教育 [M]. 任友群,杨蓓玉,刘润英等,译. 上海:华东师范大学出版社,2009:23.
[2] 伊莲. 教师的人格魅力 [J]. 师道,2010 (7—8):9—10.

素养是有关系的。①

上述概览了道德维度研究教师教育行为的两种思路。综合地看，道德维度研究教师教育行为，提倡教师奉献精神、合作精神、牺牲精神，注重教师人格、教师道德素养的教育价值，这些都是合理的，而且要积极提倡。只是从道德维度理解教师教育行为，就会缩小教师教育行为的内涵。

2. 注重从教育科学化的维度研究教师教育行为

注重从教育科学化的维度研究教师教育行为，旨在寻求标准化的教师教育行为，规范教师教育行为。

心理科学的发展影响着教育研究。特别是19世纪末到20世纪70年代期间，受到行为主义心理学研究成果的影响，把教育行为效能确定为教师教育行为的研究重点，即重点研究教育教学行为与教学效果之间的关系，试图揭示两者之间的变化规律，建构一整套程序化、标准化的教师教育教学行为，既能为培训教师教育教学行为提供依据，又能规范、评判教师教育行为，提高教学效果。

对此展开研究，"过程—结果法"（process-product approach）是主要的研究方法。其基本程序为："首先详细描述教学过程中的教师行为，而后将其与后期测量的教学结果（如学生在认知、情感和态度等方面的变化）联系起来。研究前后的教学结果是否有显著变化。教师行为与教学结果的变化之间是否存在特定的联系，则通过 T 检验、F 检验、X2 检验和相关检验等统计技术来确定。"② 这一研究方法的特点是嫁接和移植自然科学和心理科学研究范式，结合教育统计学的各种检验手段，揭示出一大批与教学行为有关的知性规律，从而深化了人们对教师、教学和教学行为的认识。③

注重从教育科学化的维度研究教师教育行为，把教师教育行为分解成可以控制、调节、变通的若干环节或程序，并且研究这些不同的行为环节对教学教育效果的影响，这些研究工作是富有积极意义的。但是，教师教育行为是由教师发生的，教师是一个鲜活的生命体，像研究机器生产那样研究教师，其局限性是可想而知的。因而，从20世纪80年代以来，意识到教师行为的复杂性，不能简单地把教学行为看做可以科学测量、简单调控的，而是需要从社会文化角度考察教师行为，它是复杂的，因而提出从教师行为的认知研究转向生态研究。④

3. 注重从教育艺术的维度研究教师教育行为

注重从教育艺术的维度研究教师教育行为，是在与"科学"比较的意义上，教师的教学不失为一种艺术，需要教师"匠心独运"，需要教师发挥创造力。⑤ 因而，从教育（教

---

① 教师课堂教学中不公平的现象并不少见。比如不正确的学生观、统一的教育标准带来的不公平、强调规矩导致的不公平以及评价中的不公平等。要消除教室中的不公平现象，不仅要提高教师教学技艺，而且要转变教师教育观。比如用发展的眼光、尊重多元价值观，给弱势学生以补偿，因材施教，建立合理的评价制度等。姚灶华. 教师的教育公平意识与学生的发展[J]. 中国教师，2005：21—22.
② 白益民. "过程—结果"教学研究范式"科学"承诺的再审视[J]. 河北师范大学学报（教育科学版），2000 (2)：60—66.
③ 盖立春，郑长龙. 美国教学行为研究的发展历史与范式更迭[J]. 外国教育研究，2009 (5)：33—37.
④ 同上.
⑤ 陈桂生. 师道实话[M]. 上海：华东师范大学出版社，2009：12.

学）艺术维度研究教育行为，研究者往往从技艺、技巧、教学艺术的角度理解教师教学行为。[①]

17世纪捷克大教育家夸美纽斯试图阐明教学是一门艺术的论断。《大教学论》开篇中就说"教学是把一切事物交给一切人们的全部艺术"。的确，从教学艺术角度认识教师教育与教学行为的观点，被教师和教育研究者所认同与接受，这主要是因为教育对象和知识学习特殊性。学生之间是有差异的，而客观性、普遍性是科学知识的基本特征。要使客观知识能够被学生接受，使课堂教学生动、丰富、活跃、富有情趣，需要教师运用一定技巧处理各种教育、教学问题，比如怎样根据学生的特殊性规划课程的实施方案、怎样应对课堂教学中出现的各种临时性问题、如何掌控班级、怎样批评或表扬学生……要解决这些问题，对教师来说，没有现成的答案，也没有可以照搬照抄的一套方案，只能依靠教师采取更灵活、更多样化教学策略，以确保学生学习效果。

比如在20世纪90年代初，美国学者唐纳德·E. 兰露易斯和夏洛特·拉普·扎莱斯通过统计分析七千多篇论文的研究观点，概括了优秀教师的一般特征。认为要成为优秀教师的关键取决于教师是否能够把大部分有效时间用于教学并让学生参与教学。比如是否善于控制时间、能否精心设计处理日常工作的程序、能否建构有效的师生交流模式、能否尝试运用循环教学法，比如安排新课时，把学生完成作业的情况有机地结合进去等。[②] 此外，也有研究者指出，教师能否发挥与提高教学艺术水平，是资深教师与教学门外汉（入职教师、教学新手）的重要区别。后者难以从学生的旧经验中找出关联，新旧知识无法联结。换句话说，教师对学生的了解决定教师怎样把知识转化为可教授的内容，如果不了解学生学习与思考的特性和他们对新知识的反应，教师在表达新概念时往往会难以与学生已有的经验结合起来。[③]

对教育艺术的讨论受到我国教师的关注。有研究者指出了对教育艺术的看法。[④]

教育艺术引导学生轻松愉快地走进兴趣之门。有了兴趣，才拥有成长成才的钥匙。教育艺术的表象，是推出让学生心驰神往的学与教之法。有了方法，才有到达彼岸的希望。教育艺术的核心，是锻造学生主动地自教、自学的习惯。有了习惯，才有了人格诞生的土壤。教育艺术的追求，是在教育行动中构建"这一个"的鲜明风格。有了风格，才耸起了个性崛起的峰峦。教育艺术的成因，是在科研的快车道上的反思。有了科研中的反思，才走得出短视与平庸的泥淖。教育艺术的根基，是对事业对学子深深的爱。有了爱，才有情感与情感的特快传递，心灵与心灵的迅速呼应。

从教学艺术论及教师教育行为，它有助于塑造更适宜学生学习的教学情境，易于把抽象、枯燥的学科知识、教育过程转化成生动、形象、更容易被学生吸收的学习过程。

[①] 教学是教育的一个特定领域，也是一个特殊的重要的领域。研究者在讨论教师教育行为时，会把注意力聚焦在教师的课堂教学行为上。如果教师教学行为观念与方式实现了优化与完善，有助于变革教师的教育行为。也是这一原因，在下文内容陈述时，主要是分析教师的教学行为。

[②] 唐纳德·E. 兰露易斯，夏洛特·拉普·扎莱斯. 有效教师的教学艺术[J]. 李皖生，译. 比较教育研究，1994（2）：42.

[③] Shulman, L. S. Those who understand: Knowledge growth in teaching [J]. Educational Researcher. 1986 (2): 4—14.

[④] 傅东缨. 教学的艺术[J]. 教师博览，2011（3）：1.

但是，艺术的特征是感性化，这要求我们认识到教师教学艺术的局限性。因为，教师的教育、教学活动，不仅仅是一个"教学程序"，而是严谨的科学知识、复杂的师生生活经验、多变的学生认知能力等方面的"综合体"。单纯地把教育看做是一门艺术，是不完整的。正如有研究者所指明的："即令教学是一种工艺，一种技术，它也应当有形而上的思索。同样，这种思索应当能使教学多几分深刻，少几分肤浅。如果说教学是工艺，是技术，那么教学也应当是最复杂、最难以把握的技艺，以至于把教学仅仅视为一种技艺已不甚妥当。"[①] 虽然夸美纽斯试图阐明教学方法、教学技艺，但是，《大教学论》不是就方法谈方法，而是建构了属于《大教学论》的理论基础。比如开篇第一章就讲到人是造物中最崇高、最完善、最美好的存在物，每一个人心中都具有"学问、德行、虔信"三种与生俱来的"种子"等。这些阐述是为"人是可教的动物"、教师能够运用一定技艺提供理论的假设。如此理解教学的思路，把教学理解为技艺、艺术就不再是就方法谈方法、就技艺谈技艺。

结合这样的理解，已有研究者指出学生学习知识是一种"社群活动"，并非师生之间的单一传送。对教师教学行为的要求，也不能简单地归结成是一堆规定教师"必须怎样做"的指令或模式、方案，而是指出教师要成为制造学生学习机会、激励学生自主学习的人，即通过教师的工作，使学习者主动与人交往及真实的学习过程，把新知识与学生已经存在的知识、经验有意义地联结。[②]

以上简要陈述了研究教师教育（教学）行为的主要思路和观点。总体地看，这些思路提出了积极的、有意义的观点，对优化教师教育行为起到积极的作用。但是，影响教师教育行为的原因是非常复杂的，上述三种思路只是有重点地抓住、考察了教师教育行为的某一方面。因而，需要寻求完整理解教师教育行为的思路。要解决这个问题，关键是明确决定教师教育行为合理性的依据是什么，这是值得认真关注的课题。

无疑，学生学习内容、传授内容的合理性，是决定教师教育行为合理性的基本依据。对此类问题的研究，主要研究思路聚焦在对各地编写或已经使用的教材、开发的课程类型与结构的研究上。不能否定这类研究的意义与价值，但是，对教师来说，要以培养创造性人才为目标，激发学生的创造能力，落实在日常课堂教学、日常学校教育活动中，既能让受教育者接受教师的教学要求，又要使受教育者充分调动各自原有的知识基础与兴趣爱好，对教材的内容进行"个人化"的理解。由此需要关注教师的"语言的言说"的问题，"语言的言说"使教师与学生建立了交往关系，"语言言说"又是日常学校教育活动不可或缺的要素，是教育活动存在与发展的载体。

我们能够发现，教师日常教育活动的"言说"是值得关注的。有时未必能够通过教师"言说"揭示"教学材料"的原意，有时"教学材料"也难以找到合适的"语言"来"言说"。比如介绍唐诗、宋词，教师能用言语把诗词的意境彻底地表达出来吗？即使表达了，学生是否都能领会？显然，在某种意义上说，意境是很难表达的，它需要体悟。类似这些情况，可理解为是教师"语言"使用的"言说与不可言说"的矛盾。就此，将以"教师—语言言说—文本—学生"作为教师教育（教学）行为分析框架，讨论教师教育行为中"不

---

① 张楚廷．课程与教学哲学［M］．北京：人民教育出版社，2003：16．
② 李婉玲．教师发展——理论与实践［M］．台北：五南图书出版股份有限公司，2005：48．

可言说"现象的实质与价值，进而分析这种情况对教育行为提出了什么要求，最后提出教育行为应该坚持的基本原则。

二、"语言言说"向度的考察

教师开展教育活动，有明确的教育目标、教育内容、教育方法，但是，教师怎样"言说"，是影响教师教育活动完成的重要因素。因为教师说出来（言说），便是命题，能够说出来，说明对这个对象或事物有一定的理解，包括深刻的理解或肤浅的认识。另一方面，当教师完成了对教育文本的言说任务后，教育文本从具体的一物变成了一个"命题"。表面上看，这样做完成了对教育文本的一次"变形"，其实隐藏着基本条件。一是教师要理解教育文本，能对教育文本进行言说，靠的是对它的理解；二是要考虑教师自身的言说、自身的理解能够与别人达成共识，也就是说，通过教师的言说把教育文本转化成"命题"，这种"命题"能否和学生进行交流并保证学生能够理解。换言之，教师通过言说，使学生了解、理解、接受教育内容等，使教育目标具体化。因而，要研究教师怎样"言说"才是有效的，如何在"言说"中为学生创造性能力培养留出空间。对照这些意图与要求，就能发现教师日常教育活动中隐含着几个问题：

（1）教育活动中，教师的教育行为演变成"我（师）"教"你（生）"学的现象，结果生动的教育活动变成教师讲什么，学生就记什么、背什么、练什么、考什么。在这种教育活动中，实际上，教师代替学生，学生所学习的内容也依赖于教师的讲解，以教师的标准为标准。

（2）教师的教学方式仅仅以应试、应考为依据，以做题目为手段。这样，教师成了讲解题目、布置作业的"代言人"，很难去鼓励学生思考与题目答案不一样的答案。

（3）教师将传授知识理解成理性知识、书面知识，逐步地训练学生"死记硬背"的能力，培养一种机械的、反复操练的学习方式。

（4）教师重视学校的教育活动，但不够关注学生在现实生活世界中所思所想。虽然教师可以说都认识了他的教育对象（学生），但我们要问，教师真的认识了他的学生吗？最多只能说是认识了在学校生活（课堂生活）中的学生，而对学生在学校以外的活动情况未必有深入的了解。

这些现象与问题，教育界早已有了认识，并提出了不少解决对策。但这里关心的议题则是教师怎样理解教育文本，进而能够通过言说加以表达，从而让受教育者理解。比如教师的言说替代了学生，不仅替代了学生的"说"，而且替代了学生对所说对象意义的把握，其原因就在于教师在教育过程中缺乏对"言说或不能言说"现象的自觉把握，没有考虑或妥善处理"言说与不可言说"之间的关系。

1. 教育材料原作者的意义与阅读者理解的差距，教师的言说未必表达原作者的意义

学习材料是提供教师与学生从事教育活动最基本的材料。当教师用语言解释材料时，意图是把材料包含的全部内容以及蕴涵的真实意义完全呈现给学生，其实，这种立场与做法是有很大风险的。

首先，教育材料是历史性的。

虽然呈现于阅读者前面的材料是具体的、个别的，但是，"每个文本又属于一个完全不同的历史：语调、词汇、句子，最后甚至演说，都不具有连续性"，因此，材料具有历

史性,"'某种东西'肯定是一直在延续的,并且从一本书到另一本书中可以被辨认出来"。① 这就是说,每一位教师总是具体的、特殊的个体,面对教育材料,理解与解读教育材料,是否能够对材料的意思进行完整的、忠实的表达?也就是说,很多时候教师总是从自身视角出发,就"教育材料"本身进行分析讨论、解释,所谓就事论事。

其次,教育材料是整体性的。

教育中的教育材料,对师生来说,它是以具体的、局部的、零碎的形式出现,比如某一篇课文、某一个实验、某一道例题等,其实,它并不孤立,与社会文化是紧密相连的,是一个整体的、完整的、系统的存在。

不管教育中所用材料是自然科学性质的还是人文社会科学性质的,都是与人类社会活动紧密联系着的,不能割裂一定的社会文化背景孤立地理解某一个教育材料。从这个角度说,认识活动不是对现实简单的摹写,如洛克所说儿童是一块白板,任由教育者的涂写,恰恰相反,儿童是社会文化的产物,不是脱离社会生活孤立地出现在教育者面前。在这一点上,以皮亚杰建构的人与环境相互作用的模式来讨论儿童教育问题是有意义的。"在教师教育上,这便意味着我们应该时刻注意自己的言行,而不仅仅履行我们感到学生在'离校之前'应该掌握的个别知识的责任",教师就得持开放的态度,"而不能自我封闭于预先确定的例如'教师'之类的身份里。自我理解的真正提高是四重行为的不断递进:向他人开放;与他人交流;某种包含自我更新意味的自我反省;重新与他人交流",② 因此,学生通过阅读与解题活动,从知识符号与学生自身心智互动中重新塑造自己,这实际上是要求学生自觉主动地学习。

因此要求教师把教育材料放置于一定社会背景中进行理解,揭示它的意义,以避免出现"断章取义"、"一叶障目"的现象。

最后,教育材料是主客观性的统一。

教育材料是客观存在的,但是,对于生活在特定时间与空间条件中的阅读者来说,对它的理解与阐释会受到阅读者个人意志、意愿的影响,体现出教育文本阅读的"主观"性特征。比如我们可以看到,教师解释教育材料的"说法",只是教师的观点与看法,难以做到从各个角度、各个维度理解与阐释教育材料含义。换言之,教师的表达只是教师的理解,如果更换其他的人,调整不同的时间,就会形成不同的理解。正如弗雷格所说,"指号,它的含义和它的指称之间的正常联系是这样的:与某个指号相对应的是特定的含义,与特定的含义相对应的是特定的指称,而与一个指称(对象)相对应的可能不是只有一个指号"③。这就是说,对同一个指号,不同的人会有不同的理解,比如对于"亚历山大的战马"这一指号而言,画家、骑手、动物学家都可以提出不同的观点。又比如月光,它本身是自然现象,是客观存在的,但在文学中则赋予它不同的理解与含义。

教师对教育材料的解读,未必是唯一的答案、最好的答案。因此,就提出如下问题:

---

① 弗图索瓦·埃瓦尔德(Fransols Ewald)德里达(Jacques Derrida). 一种疯狂守护着思想:德里达访谈录[M]. 何佩群,译. 上海:上海人民出版社,1997:40.
② 〔加〕大卫·杰弗里·史密斯(David Geoffrey Smith). 全球化与后现代教育学[M]. 郭祥生,译. 北京:教育科学出版社,2000:204.
③ 〔德〕弗雷格(Friedrich Ludwig Gottloo Frege). "论含义和指称"[A]. 涂纪亮主编. 语言哲学名著选辑[C]. 北京:生活·读书·新知三联书店,1988:3.

对学生从不同的角度理解教育文本的行为,是否需要鼓励、支持与倡导?

2. 语言的表意功能与学生生活体验之间的差距

语言被认为是一种交流的工具,教师与学生借助语言获得彼此沟通、理解、共识。但是,我们应该注意到这样的事实,语言既是一种交流工具、交流符号,又具有思想的功能,能够通过事物或某种客观存在表达意义。例如,我们手上拿了一张写满各种豪华汽车品牌的单子,如果只是把汽车品牌写在纸上(写有汽车品牌的清单)这张清单让我们知道了不同牌子的汽车,此外,这张清单对我们来说并没有其他意义,但是,这些清单交给想购买世界名车的消费者来说,清单给予消费者的答案不是关于名车的品牌名称,而是包含着汽车的等级、价格、性能,甚至意味着它与人的身份、社会地位的联系。

因此,就阅读教育材料来说,问题也在于,要关注阅读者与教育材料建立的关系。各个阅读者对教育材料会有不同的理解与表达,这种表达会有一致之处,也会有差别,甚至是截然不同的观点。所以,在教育活动中,如何给予学生对教育材料独立理解与表达的机会与条件,这可能会锻炼学生的独立思考能力,是培养学生创造力的一次机会。

例如有这样的例子:《报刊文摘》2002年7月7日至9日刊登了一篇"不要扼杀学生个性"的文章,文章中说,湖北武汉新洲区某小学六年级在春游后完成老师布置的以"春天"为题的作文,结果有61名学生赞美春天,唯有王聪同学作文与众不同,认为春天不好。而老师在作文点评时就批评王聪是胡思乱想,"动错了脑筋"。这是一个比较典型的例子,面对春天,同学应该有不同的言语来描述或叙述,这才是正常的,如果做不到这一点,就谈不上在教育活动中让学生独立思考。

出现这样的教育效果,教师是否要反思自身?换言之,教师在教育活动中,既能够把自身的理解表达出来,又能够鼓励学生把他们的个人体验融入到教育活动中,大胆地把个人的生活经验表达出来。

这就是说,开展教育活动,要考虑学生的生活经验。同样的教育内容,对具有不同生活经验背景的学生来说,从中获得的体验是不一样的。所以,要针对人的体验多角度、多向度的特点,教师在教育活动中要积极地创设情境,让学生有敞开各自体验的可能性,而不能采取封闭的做法。然而,教师的封闭做法,在日常的教育活动中并不是没有。采取一个标准答案、按照一种培养目标等,都是限制学生体验的做法,因而使教育活动变得僵化、乏味。

这种做法,其实并不符合科学知识发展的基本规律。只要看看近代以来科学发展的历程就能知道,从牛顿的机械力学到爱因斯坦的相对论,证明了科学发展是在动态的开放中实现的,只有坚持开放而不是封闭的科学发展思路,科学才能真正得到发展。

因此,教师的教育活动也应该是开放的,这个开放,不仅仅是指开放空间环境,比如让学生去参与社会活动等,而是要联系教师的日常语言世界,建立互相开放思想、彼此鼓励思考、彼此尊重而不是彼此压制嘲笑的知识探究与学习的氛围。它要求教师使用语言时,就要让语言富有开放的特性,要鼓励学生想象,提供学生独立思考的空间。

3. 语言的共性与师生使用语言的个性之间的差距

语言具有共性,因为语言毕竟不是个人的,而是沉积在民族的历史发展过程中。但是,语言的运用既要受到语言使用者的影响,也会因为环境的变化发生语义的改变,"意义在不同语境中自由地变化"。① 这样说并不是否定语言使用要遵守一定的"语言"规则，但是也不能不考虑每一个个体存在的局限性。这种局限性源自个体的生活经历、知识缺陷、情感、价值观等方面，正如培根提出人存在着四种认识局限，影响了人正确认知和科学实验活动。②

所以，不能否认，师生双方运用语言沟通时，除了考虑遵守语言规则、对客观事物的客观陈述外，还必须考虑具体的语境和语言运用主体个人的特殊经历。这并不是说，语言的表达，是由个体主宰的，不存在客观的依据，它只是强调语言表达时要体现情境性，关注差异性。换言之，在某种情境中，同一个词、同一句话未必表达同样的意思，而同样的意思可以采用多种词语、语句表达。

除了语境的变化会影响到语言意义，在教育活动中教师还会碰到一些特别的"语言"，主要有两种情形：其一是教育材料的原作者使用了一些他认为能够表达观点、看法的语言，其二是因教师个人的习惯、文化修养等原因，影响到语言意义的改变。

维特根斯坦提出了私有语言（Private Language）的说法，这一说法是针对语言的公共性来说的，语言本来是用来交流的，让交流双方都能够理解，但因上述情况的出现，语言表达的意义不能让对方掌握、领悟，那么，这种语言是非公开的，属于私有语言。针对这种情况，教师也未必能够把材料中蕴藏的意思表达清楚或表达准确，这就要依赖学生的独立思考，而且也应该鼓励教师不要对文本深藏的"意义"进行机械化、公式化的阐明，需要给学生留一点思考的空间，类似于国画中常用的留白的手法。

4. 语言的表达与行为的差距

语言与行为之间如何达成一致，这是一个现实的问题。在日常的教育活动中，经常发现教师语言表达的含义与学生行为反应的不一致。比如教师布置一道思考题，同时教师向学生说这是一道很难的题目，教师说这句话的意图是引起学生的兴趣，结果学生的反应可能会大不一样，有的学生非常认真，有的学生则选择放弃做题。

因此，教师在选择运用语言时，要考虑语言与学生行为不同的情况，至少这些方面是要注意的：其一，针对学生群体中不同程度的学生，确立学生学习的分层次发展目标，它会引起学生的不同行为反应，这就要求教师考虑应该说什么语言。其二，学生在同一教室接受同样的教育内容，教育过程中如何照顾到有不同学习需求的学生，这就要求教师思考应该说什么话，能够引起不同学习需求学生的行为反应。其三，教师在教学活动中应该避免多余的话，这些话学生听不懂或不愿意听，学生听了也不会引起行为反应。比如学生对教师所讲的内容不感兴趣，尽管教师讲了很多，但学生仍无动于衷。

---

① K. J. Gergen Correspondence Versus Autonnmy in the Language of Understanding Human Action In Metatheory in Social Science，Chicago. 1986. 140.

② 培根认为影响人的认识活动存在着种族偶像、洞穴偶像、市场偶像、剧院偶像等四种偶像。种族偶像：来自人性遗传。因为人对所感觉的事物，认定就是确切的标准，而这些感知并非来自自然，亦非事物的真相。洞穴偶像：每个人都相信自己对自然"不正确"所知，无论来自学习、阅读或传闻，对自己所重视的或喜欢的，深印脑海，确信不疑，成为不正确的以至混乱的知识。市场偶像：由于人和人不免去接触，在交谈中传达不正确的信息，说者或是误说，听者或是误听，或误解，然后就误信，于是造成许多错误。剧院偶像：由于教条、哲学和工作法则，无论见于言词或是示范动作，都既不免不一致，又不免有误。特别是过去的哲学系统与科学定理，都给人造成错误的了解。

三、"言说"与"不可言说"的立场

从上所论可知，教师运用语言组织教育活动时，要考虑这样三种特殊情况：一是语言的意义与所指物之间的关系，同样的语言，用在不同的所指物，意义会发生变化；二是语言的使用与人的主观的经验有关，比如"红色"，对一个从未见过红色的人来说，要理解红色是很困难的，因此教育活动中，教师要充分地注意到这一点；三是语言的意义是生成着的，是依赖于一定的语境来体现意义的。语言是一个符号系统，虽然对应着某一事实，但是，在不同的语境中，表达的"意义"可能是不一样的。这就是说，教师在教育活动中，面临着"言说"与"不可言说"之间的矛盾，这使教师行为面临着新的挑战。这个挑战，实质上是思考教师怎样更好地传授知识、解答困惑，传授的目的也不在于让学生学会知识，发展一些技能，而应该使学生具有认知的能力、领会知识的能力，通俗地说，学生具有学知、求知的本领，并能塑造个性。具体来说，教师在教育活动中要处理这样三个问题：

说什么。教师的言说会对学生产生深刻的影响。教师必须估计自己说什么能够激发学生求知的兴趣，满足学生求知的欲望，使学生掌握知识、技能。这是对所说内容的定性，目标是不使学生走弯路或少走弯路。

怎么说。这是考虑教师言说的方式，一是让学生更清楚明白教师的意图，二是教师"说"的目的是引起学生的说，起到抛砖引玉的作用。不注意说的方式，反而影响学生的积极性。

说多少。教师的作用是启发学生思考，促进学生的成长。因而教师不能替代学生，教师的说是为了让学生说的更多。所以教师要掌握说的"量"的要求，也就是要求教师能够掌握表达或解释到什么样的程度。

在教师履行教职中，这三方面是互相联系、内在统一的，目的是引导学生独立思考，使学生能够触类旁通、举一反三。因此，教师在教育活动中坚持下面的原则是必要的。

（一）自主原则

我们所主张的自主原则，是指教育活动中要凸现教育材料的地位，教师的解释只是帮助学生去理解材料的本义，而不能用教师的解释替代学生的理解，这样的话，只能封闭学生思考的想象力。

教育活动中，实际上存在着三种人：教师自身、学生及教育材料的制造者。教师的任务是对教育材料进行解读，让学生能够理解材料的知识。但我们应该注意到，教育材料并不是教师本人制造的，教师对材料的解释是否全部完整地表达了材料制造者的意思，显然，只能说是教师个人的意见。既然是教师个人的解释，就会存在着解释的正确与错误、深刻与浅显。因此教师要意识到，教师的言说是为了引导学生独立地思考，独立地寻求教育材料的意义。这样使教师从"保姆"变成了"助产师"，起到了为学生与教育材料之间建立关系的媒介作用。

（二）对话原则

既然语言具有隐藏的含义。因此，借助师生间对话交往与沟通，以达到让真理与意义浮现的目的。语言分析学家奥斯汀曾对人的言语行为进行了分类，他认为有三种类型：一是以言表意的行为。目的是通过语言的运用，以达到表达与传递一定思想观念的目的；二

是以言行事的行为。用语言指示某种行为如何做、怎样做，是行为方法的指导；三是以言取效的行为。用语言取得某种实际效果的语言行为。因此，语言具有让人的活动方式呈现出来的功能，人借助语言得到活动方式的指导，又领悟着活动的意义与效果。所以，先撇开教师的主观成见和立场，开展师生间对话与交流，尽可能让学生在对话过程中发挥主动性，这样，通过对某一语句或某一材料的讨论、思考，让学生领会语言背后蕴藏的意义。同时要看到，对话不仅是说的过程，而且要求能听，这样的对话，就成为双向互动的过程，使学生在对话中得到理解，促进自身认识能力、思想、情感的变化，这也可以被看做是"自我重构"的实现。

（三）人的原则

这里谈及的人的原则，是指在教育活动中要突出人本身的地位、价值，而不能把知识或技能教育作为教育目的。提出这一原则，主要是因为语言是具有意义的存在物，在使用过程必须要赋予语言以人化的特点，即使在市场经济社会也是如此。马克思为此指出："培养社会的人的一切属性，并且把他作为具有尽可能丰富的属性和联系的人，因而具有尽可能广泛需要的人生产出来——把他作为尽可能完整的和全面的社会产品生产出来（因为要多方面享受，他就必须有享受的能力，因此他必须是具有高度文明的人）——，这同样是以资本为基础的生产的一个条件。"[①]

坚持教师言说中的人的原则，教师既要把语言当做教育活动的手段和工具，而且使语言成为辅助教师实现学生全面发展的有效策略。波普尔就提出了三种世界的观点：第一世界是客观世界，即物理学所决定的世界；第二世界是内在感受或理性直观的世界；第三世界是符号世界，即知识或概念的世界。他相信科学知识能够通过科学语言加以表达，但人的心灵如何能够用语言来表达呢？在他的讨论中，已经对语言与人自身的分离提出了疑问。由此也对教师日常教育活动使用语言提出了基本要求，不仅要运用规范、准确的语言，而且超越语言本身，去关注人与语言、人与世界的关系，通过分析语言和运用语言，去帮助学生认识人与世界的关系构成，进而理解人、理解社会、理解世界。

所以，坚持人的原则，就是把人与世界的关系作为教育的基础内容。一方面要看到，作为学校教育对象的学生，不是一无所知的，而是有自己"所知"的内容；另一方面教师要对学生已有的认知情况作出分析，要主动地利用、开发学生已经形成的关于世界的知识。

如此，教师教育活动将包括三层次的内容：首先是让学生感知具体的物理世界、生活世界；其次是引导学生进入到符号世界，语言本身就是一种符号，但符号比物理世界要抽象得多，然而它有助于学生把握符号所表示的是什么。最后是帮助学生掌握符号所指物及其意义，以及领悟与把握符号所隐含着的事物与意义。

（四）实现原则

这里所说的实现原则，指教师开放教育活动，结合学生与现实生活变化特点，开展理论性知识传授教学，使教育活动具有亲近性，引发学生积极主动，参与教育活动，自觉或不自觉地把学到的知识应用到现实的社会生活中，不至于使学生把听教师的言说变成纯粹

[①] 马克思.1857—58年经济学手稿[A].马克思恩格斯全集第30卷[C].北京：人民出版社，1995：389.

的"感觉刺激"。①

现代学校教师的重要职责是把社会所规定的教育内容传递给学生，要求学生接受。这就要考虑，教育内容如何能够让学生接受，同时又能把知识与解决学生面临的现实问题结合起来。其实，学习者把学习内容与原有的认知能力、情感价值观相互融洽，这是一项困难的工作。简言之，了解与接受教师传授的知识并不难，困难在于把它内化为自己的知识与价值观。卡西尔就认为，要把文本（材料）作者的意义转换成阅读者自己的意义，这是可能的，是由于人文精神的内在普遍性所决定的，但又肯定这种转换是有差异的，不可能把作者的意思完美地再现。伽达默尔则认为，由于语言的限制与历史的限制，这个转换是困难的。正是由于困难，就要求教师允许和鼓励学生用多种思路去理解教学内容，用多种方法去应付各种问题，使教育活动处于开放之中。为此教师在教育活动中要坚持：

1. 教师帮助学生认知性的实现

教师的言说要通俗易懂，使学生听得明白、清楚，而且针对不同的学生，教师的语言使用要与学生的语言习惯相符合。这一工作主要是"事实"的陈述，涉及话语表达的所指物、谁来陈述、陈述的内容是什么，使教与学双方达到自明的目的。如苹果落地，所指物是苹果，其目的是使学生知道苹果落地这一事实，但它没有进一步陈述苹果为何落地的原因，以及怎样落地的"机制"。

2. 虚拟性的实现

教师往往传授理论形态的知识，这就使教学活动与现实生活保持联系产生了困难。比如讲述红军长征故事，让学生去重走长征路，对大多数教师与学生来说是不现实的，这就要调动学生与教师自身平时积累的生活经验去感受与体验。又比如向学生讲解星座的名称，星座是客观现象，但星座的名称则具有文化意义，这一文化意义则是隐含在事物内部的又一层含义，很多时候教师就会忘掉它。

所以，提出虚拟性的实现，是指教师要注意处理语言与情境之间的关系，在语言表达意义时，要兼顾语言意义生成的特定情境，把某一语言所指物的方方面面关系揭示出来。索绪尔就说："观念唤起的不是一个形式，而是整个潜在的系统，有了这个系统，人们才能获得构成符号所必需的对立。符号本身没有固定的意义。"② 所以，运用语言要注意语言的结构系统，一个词存在着一个相关意义的场或意义关联域。

3. 引导、指导学生去领悟语言不可言说的语言实践

教师在教学活动中要有意地塑造"有我之境"、"无我之境"，使不可言说的内容呈现、敞开。比如教师出示一组词句，要求组织学生编故事，学生对词句的不同理解，编写的故事就会不一样。但这项工作不是一蹴而就的，需要有一个语言积累的过程，同时，教师要从基础教学抓起（如要让学生了解唐诗意境，首先就应让学生熟读、熟背一定量的唐诗，这是最基础的工作），善于分析隐藏其中的规律性知识，从而使"不可言说"不再神秘。

---

① 约翰·杜威对此作的批评是合理的。"我们并非反对语言文字表达的信息；沟通信息，必须运用言词。但是，如果所沟通的知识不能组织到学生已有的经验中去，这种知识就变成纯粹言词，即纯粹感觉刺激，没有什么意义。那么这种知识的作用，不过唤起机械的反应，只能运用发音器官重复别人的话，或用手写字或做'算术'。"约翰·杜威. 民主主义与教育[M]. 北京：人民教育出版社，2001：205.

② 〔瑞士〕费尔迪南·德·索绪尔（Ferdinand de Saussure）. 普通语言学教程[M]. 北京：商务印书馆，1980：180.

这四项原则与教师教育行为的发生是密切相关的。自主原则体现了教师教育的基本立场与出发点，是四大原则的认识基础，人的原则是价值导向，对话原则是方法选择，实现原则是结果与目标。

四、成为更好的老师

提倡教师教育行为的转型，切实体现因材施教原则，使教师逐步形成教育理想、教育信念，形成富有特色的教育个性，才能真正实现教育百花齐放的局面。然而，教师教育行为问题不少。

（一）教师教育行为的趋同化

培养有个性、有创造才能的学生是学校的教育目标，这就要求教师积极开展创新教育，通过教育创新培养创新人才。然而，受我国传统人才观负面效应的影响，教师不愿意让学生做"出头鸟"，相反，以学生要适应社会为借口，希望学生顺从、听话，以此成为一名受社会欢迎、容易被社会接纳的学生，而培养个性鲜明的学生，总是会受到老师和学生的质疑，总会提出"有个性的学生行吗？在社会上吃得开吗"等诸如此类的问题。

本来，教师面对着生动活泼的学生，要积极创造条件鼓励、督促学生学会独立思考，乐于创新，重视发展个性。其实，教师很难按自己的个性特征开展教育工作，突出与构造自己的个性化教育，相反，教师工作被一些既定的要求规范着。虽然教师任职的学校不一样，任教的学科、班级不一样，但是受到这种观念及标准化的、高度行政化的教育管理制度的影响与规范，教师就难以按自己的个性特征开展教育工作，更不要说形成富有个性特征的教育理念与教育策略。在此情形之下，教师学会了按部就班开展教育活动，不愿探索与革新，害怕承担人才培养与教育创新的风险，教师的教育行为表现出惊人的相似性，出现了角色与行为趋同化现象。

教师教育行为出现趋同化现象的另一重要原因，是对"教育科学性"的片面理解，以及采用数量化的管理手段约束了教师的教育创新。坚持教育科学性，要求教师认真负责地向学生传授知识，这是正确的。但是，由于夸大了科学知识的客观性特征，出现了学校管理标准化思想。如用统一标准与要求考核学生，不太关注学生对同一阅读材料进行多视角的思考，不太关注学生在参与教育过程中收获的价值与意义，使教育工作失去灵活性、多样性，教师教育行为是"千篇一律"，缺乏鲜明的个性色彩。

（二）教师教育行为的僵化

教师怎样更有效地传授知识，包括传授什么样的知识以及采用什么样的方法进行传授。归结为一点，即怎样更充分地发挥教师的作用。

对此存在着认识的偏差。认为学校是传授与培养人才要求的"阵地"，强调"一言堂"，将教师传授的知识看做是知识的典范，强调教师是"先知者"，把教师与学生关系变成是知识传授与接受的关系，教师高居掌握知识的制高点，学生只是被动接受知识的客体，而不是相互探索相互影响的合作者、对话者。这种情况，看起来突出了教师的主导作用，实质是对教师作用的僵化理解，把教师作用看做是永恒的、绝对的，教师就是真理，学生只需无条件服从与接受。其实，教是为了不教，教师要积极引导学生学会思考、学会学习，使师生在互相学习、思考与交流中获得成长。

教育过程中突出教师的权威性，还有一个重要原因是教师受功利目标的驱动。教师组织学生参与各种竞赛或评比活动，比如班级纪律、志愿者服务、运动会等等，学生取得了好的成绩，班主任、任课教师都能得到好的评价。不能否认，组织学生参加这些赛事取得好的成绩的教育意义，但是，教师不能将此当做实现自己其他目的的手段，比如把它当做表明自身具有较高水平的好教师的尺度、成为晋级晋资的手段、途径。事实上，这种情况在现实的学校教师管理中却是存在的。出现这种管理举措和方式，体现教师以师为主的管理学生的思路，要求学生听从教师、服从教师，学生处于被动的地位，反而使教师教育行为僵化了。

（三）教师教育行为的虚无化

教育要培养主动关心、支持、参与社会公共利益的公民，学校教育不仅要关心学生专业知识训练，还要关心怎样做人。这既是教育的理想，又是教育必须坚持的原则。但是，在实际的学校教育活动中，重视测试学生掌握知识的程度，重视学生的考试分数。结果，不少学生为了考取好的学校，埋头自己的学习，考虑在分数上如何超越同伴，而其他事情，比如社会正义、同情弱者、帮助同伴等等，不太容易引起他们的兴趣。日本学者佐藤学在《学习的快乐——走向对话》中把这一现象定义是"学习中的虚无主义"，他指出学校教育受到一种"与己无关"的思想影响，这种思想影响了学生确立正确的学习目的，影响了学生学习积极性、学习热情，丧失了对学习渴望的热情。[①]

这样，师生们在追求考试分数、考上名牌大学目标的驱动下，教师教育行为重点是监督学生学业，即督促学生不断地做作业与试题（所谓题海战术）。为了让学生跟随教师的教育教学目标，学生的日常生活时间也被教师占有，由教师安排学生学习、生活、休息，学生为了考上理想大学，也不敢怠慢、松散，也不去想或不去做与高考无关的工作（典型表现就是与考试无关的学习内容或课程被压缩或删除，甚至有的学校为了提升学生考试成绩还专门组织学校"有地位的教师"烧香拜佛。[②]）。教师在这种情形中扮演的角色——打一个并不十分确切但也算形象的比喻——"考试警察"，这就远离了现代学校为社会培养有个性、具有创造性品质人才的要求。

事实上，不只是一个人或某一所学校的一群学生受应试教育影响，"应试教育"的教与学，已经是一种"集体无意识"，教师也受这种"集体无意识"的影响，缺少了教育活动的自主性。而自主性是教师维持自身工作独立性的前提，随着自主性的缺失，教师要公开地关注社会正义、关注社会政治显得十分困难。布尔迪厄说："一方面，尤其要通过斗争确立知识分子的自主性，保证文化生产者有一个保持自主性（首先体现在知识活动成果的发表和评价形式中）的经济和社会条件，强化每一领域里最自主的生产者的位置；另一方面，要创造适宜的制度，让最自主的文化生产者不受象牙塔的诱惑，以使他们能够使用

---

① 〔日〕佐藤学（Manabu Sato）．学习的快乐——走向对话［M］．北京：教育科学出版社，2004：334．
② 据 2009 年 6 月 3 日的《中国青年报》报道，高考临近，一些佛教名山迎来了一拨儿又一拨儿的高三老师，他们祈祷着今年高考自己带的学生能有个好"收成"。报道称，数月前，广西铁路某中学派出几位德高望重的老师作为代表，来到湖南衡阳的衡山烧香拜佛，祈求该校今年参加高考的学生顺顺利利，考出好成绩。每年派老师到庙里求神，已经成为这所学校的公开秘密。广西多所中学派老师上山烧香拜佛祈求高考顺利［N］．中国青年报，2009-06-03．

特定权威集体干预政治,为保障他们自己控制文化生产方式和知识合法性的最低目标而奋斗。"[①] 缺少公共意识、公众关怀的教师,这为培养具有公共利益观念、强烈社会责任感的学生带来了困难。

(四) 教师教育行为的功利化

学校教育目标是培养实现社会理想的优秀人才,在老百姓、学生家长的认识中,学校教育是让自己的孩子变"龙"、变"神"。的确,学校教育具有理想性、导向性,学校、教师被当做是社会道德规范的代言人、政治理想的传播者、真理的忠诚拥护者,这是规范教师教育行为的"应当"目标,是对一种理想的教育行为的设定与追求。

但在现代市场社会中,对教师"复兴天下使命"的职责认识出现了危机。形成这种危机的原因,并非是个体道德认识水准的下降或滑坡,而是教师对个人利益得失的看重、对自我认同的不当所导致。简言之,现代社会越来突出个人地位,而群体之人、公民社会之人的意识则逐渐隐退,人的群体意识与社会责任感也随之遭受严重打击。麦金尔太在《德性之后》中已经讨论了这一问题。书中指出,进入现代社会以来,日益突出个人自我价值的正当性、合理性,结果,人们把自己的价值目标作为道德判断的原则和道德行为的出发点,随个人喜好作出道德判断和道德选择,带来多元的同时亦导致了无序和混乱,因而社会的现状所能呈现的只能是道德相对主义的盛行和传统上主张的集体或公共的道德立场的解体。在这种状况下,当利益与自己的价值目标不发生冲突或矛盾时,人们选择了盲从与世俗,而一旦发生矛盾或冲突,人们会把个体利益放在突出的位置。这种情形之下,一方面,要求教师切实履行职责、担当社会责任,困难不少,其思想境界不可能变得崇高;另一方面使社会价值观变得无序与混乱,难以搞清什么是需要提倡、什么是应该反对的价值观。

不能否认,教师教育观念与行为的变化,是与市场经济密切相关的。市场经济遵循效率原则、成本核算原则等"市场规则"、"市场观念",对教师的行为方式及思想观念产生深刻影响。

对大多数教师来说,社会利益至上、坚持追求崇高理想能否作为自自己从事教育职业活动的第一原因,这一点存在着很大的困难。还有,我国社会和家长以及学生对高考升学、大学毕业生就业等等抱有相当实用的观念,这样的观念与市场经济观念相结合,学生思想变得实际,上学读书的目的,主要是为了自己升学与就业。这些教育状况,促使学校教师关注学生的兴奋点不断地发生迁移、变化,教师虽然还会向学生宣传崇高的人生理想与道德关怀,但是,学校和老师不能不考虑学生的思想实际与教育需求,更倾向于关心师生在日常生活中的"所思、所想、所需",让教育更贴近学生和老师的日常生活。

但是,问题是双重的。当教师更加务实地关注学生在日常生活中出现的种种问题,努力使学生愉快生活、健康成长的时候,同样不能遗忘对社会公正、道德、政治发展所肩负的责任与使命,不能放弃积极参与解决这些社会重大问题的职责与使命。因此,怎样调和这两者关系,这是研究教师教育行为的新课题。

为此,有几项工作值得重视:

[①] 〔法〕布尔迪厄(Pierre Bourdieu). 倡导普遍性的法团主义:现代世界中知识分子的角色[A]. 学术思想评论(第六辑)[C]. 沈阳:辽宁大学出版社,1999.

一是教师确立并坚持正确的人才观。

通过教师的教育劳动，使学生成为有知识、有修养的人，尤其是重视培养学生关心社会公众利益的激情，鼓励学生积极主动地参与社会公众活动，发表意见，投身改革。

二是要建立适合优秀人才培养与管理的机制。

学校要积极探索建立有利于人才成长的管理机制，努力为教师开展教育工作创造更加宽松的环境。比如改革教师与学生的评价机制，建立以公开、竞争、择优为导向，适宜优秀人才脱颖而出并充分施展才能的选拔任用机制。

三是要教育教师维护科学与道德的尊严感。

教师要始终站在公正与正义的立场上积极地开展教育工作，以维护教学的尊严、科学的尊严、道德的尊严。这就要求教师超越个人名利观念的束缚，立足社会长远利益与学生终身发展需要，提高教育工作质量。

四是教师要认真实践因材施教观念。

教师富有个性魅力的课堂教学与日常教育工作，以及不同教师的个性修养、知识修养，实际上是"行不言之教"。对学生来说，这是极其宝贵的成长资源。因此，教师要研究如何切实实施因材施教，形成各具特色的教学风格。

五是教师要勇于创新，形成个性化教育模式。

教育模式是教育理论、教育思想的集中反映。教师要把培养创新型人才的教育观念落实在日常教育活动中，要时刻考虑在教学的每一环节中进行新的改革与尝试，逐渐形成富有特色的教学风格和育人模式。

六是鼓励教师走向社会、积极参与社会实践。

强调教师参与社会实践与社会服务，提高社会实践能力，以此去关注社会、培养社会责任心。

第三部分

评析教师专业发展

  对教师专业发展与专业化的知识论道路的批判，反思了已有的教师专业发展思路存在的局限，提出教师专业自觉是教师专业发展的基本要求，是教师切实把握教育职业意义的体现。因而，提升教师专业境界是教师专业发展的努力目标。文章最后从实践的视角阐述了教师在职培训的基本规律，是对教师专业发展、教师教育等问题的一种理性审视。

第十章 教师的专业发展

教师是确保学校教育工作顺利完成的基本条件。随着社会步入信息时代，科技、经济及政治变革与发展带给教育机遇与挑战，人们期望学校履行社会政治、文化、经济及教育的功能。顺理成章，除了完成教学任务外，教师需要担当更多的职责，比如课程发展、新教师辅导、团队领导、决策者等。这样一来，教师为迎接专业发展中的种种挑战，需要增进专业才能，有终身持续的专业发展能力，能够运用新知识、新能力。[①] 由此提出实现教师专业化的目标。

但是，对如何确立有效的教师专业发展目标，实现教师的专业化，理解与认识并不完全统一。即便是关于"教师专业化"的表述，也存在着不同的称谓。有的称作是教师发展、教职员发展或教师成长等。为了理解教师专业化，使教师专业取向明确、规范，需要分析构成教师专业化的基本动因及其要求，避免对教师专业化的不当认识，帮助教师确立合理的专业取向。

一、教师专业及专业化发展的初步认识

促进教师专业发展，实现教师专业化，需要了解"专业"的基本含义以及辨明"专业"的性质与标准。[②]

"专业"的源初意义是指公开地表达自己的观点或信仰。社会学家弗雷德逊（Freidson）提出将专业看成服务于大众需要的荣誉公仆，设想它们与其他职业的主要区别在于特定的服务定位，即通过学者式地应用它们非同寻常的深奥知识和复杂技能服务于公众的需要。[③] 进而，弗雷德逊更明确地强调，对于专业概念存在着两种不同的理解：第一种将专业看成一个较为宽泛、具有一定威信的职业群体，该群体成员都接受过某种形式的高等教育，成员身份的确定主要根据学历而不是他们专有的职业技能。第二种是将专业界定为一个有限的职业群落，这一群落中各个个体都有特定的、或多或少类同的制度（institutional）和意识形态（ideological）属性。弗雷德逊认为，只有这第二种理解允许我们称作是"专业主义"（professionalism）。[④] 这一定义是从区分专业与一般职业之间差异的角度进行论述的，指出作为专业，它的特征是需要特定的知识和复杂技能作支撑，即每一个专业都有一个科学的知识体系，而这些知识和技能可以通过教育和训练而获得；专业应该向它的客户和公众提供高质量的、无私的服务。

---

① 郑燕祥. 教育范式转变效能保证 [M]. 上海：上海教育出版社，2006：211.
② 陈桂生. "教师专业化"辨析 [J]. 中国教师，2007 (12)：19—23.
③ 转引杨芳勇. 试论社会工作专业与职业的关系及其转化 [J]. 社会工作（上半月），2010 (12)：4—6.
④ 赵康. 专业、专业属性及判断成熟专业的六条标准 [J]. 社会学研究，2000 (5)：30—39.

布朗德士（Brandeis）对"专业"的概念作了如下描述："专业是一个正式的职业；为了从事这一职业，必要的上岗前的训练是以智能为特质，卷入知识和某些扩充的学问，它们不同于纯粹的技能；专业主要供人从事于为他人服务而不是从业者单纯的谋生工具，因此，从业者获得经济回报不是衡量他（她）职业成功的主要标准。"[①] 如此定义"专业"，主要强调三点：专业首先是一种正式职业；其次，从事这一职业的人有特殊的要求，即需要接受深奥的知识和复杂技能的教育与训练；最后，要体现专业的价值取向，即以服务社会、服务公众作为评价专业人员是否成功的指标而不是经济回报。

在汉语中，"专业"的概念包含着"专门从事某种学业或职业的专门学问"两层意思。如《辞海》将"专业"定义为"高等学校或中等专业学校根据社会专业分工需要所分成的学业门类"，并指出"各专业都有独立的教学计划，以体现本专业的培养目标和规格"。

不论对"专业"作怎样的理解，专业的出现和存在是社会经济发展、知识成果不断丰富的结果。正因如此，作为专业的职业，它的地位也得到了确立。

如果从教师职业发展历史看，也印证了这一点。在原始社会，教育活动是与人的日常生产、生活活动结合在一起，是由年长者完成的，年长者负有将生产劳动和社会生活经验传递给子女及其他幼小社会成员的责任。这一时期的教育是"长者为师"，没有独立设置的学校，也没有专门从事教育活动的专职"教师"。这种现象在社会生产力不断发展的前提下得到了改变。到了奴隶社会，教育开始从体力劳动中分离出来，产生了专门的教育机构——学校，同时也产生了以教育教学为职业的教师。不过，教师职业并没有完全独立，而是被社会政治或宗教所管辖，变成了社会政治统治集团或宗教阶层的一部分。比如在中国古代社会长期存在着"官学一体"、"官师合一"的现象，秦朝接受法家的思想，实施"以吏为师"、"以法为教"的文教政策，把政教合一、官师一体的体制推向了极端。这种不需要独立、专门培养教师的现象，在中国社会存在了数千年，直至1897年盛宣怀创办师范教育馆，[②] 可说我国师范教育学制在清朝略具规模，并渐臻完备。[③]

而在西方社会，随着工业革命的完成，社会提升了普及知识与教育的需求，以及工业革命带动社会财富的积聚，既要求社会提供高素质的教师，又为培养高素质教师创造了物质条件。1681年，法国天主教神甫拉萨尔（La. Salle）创立了世界第一所师资培训学校，之后，欧洲各国加大教师培训力度，同时，在人文主义思想、启蒙运动思潮的影响下，一批具有新人文精神的教育思想家如夸美纽斯、卢梭、裴斯泰洛齐、赫尔巴特、斯宾塞、第斯多惠、乌申斯基等提出了具有时代特征的教育思想，这为培养新教师创造了理论基础。

从农业时代到工业革命，最终进入到当代的知识经济、信息时代，社会各个职业、与工作领域普遍要求提高从业人员的专业水平，以专业（专家）形式管理社会成了社会现代化的特征之一。因此，对社会及社会成员提出专业要求也是十分自然的事情，而推动社会及其成员的专业发展目标的实现便是日常所说的专业化。自然，在现代社会中占有重要地

---

① 转引赵康．专业、专业属性及判断成熟专业的六条标准［J］．社会学研究，2000（5）：30—39．
② 中国近代师范教育，始于南洋公学。但是，师范教育只是局部的设施，期间，梁启超在上海刊行的《时务报》极力鼓吹师范教育，但未被政府采纳。直到张百熙的《钦定学堂章程》，正式规定师范教育系统，使师范教育成为独立的组织。独立的师范教育，分优、初两级师范学堂。优级略高于高等学堂，初级略高于普通中学堂。陈青之．中国教育史［M］．北京：东方出版社，2008：490．
③ 余家菊．师范教育［M］．上海：中华书局，1926：81．

位的教师职业，对其的专业化要求也被提到议事日程。

1966年联合国教科文组织和国际劳工组织在《关于教师地位的建议》中就强调教师的专业性质，认为"教学应被视为专业（Teaching should be regarded as a profession）"。1996年联合国教科文组织第45届国际教育大会，通过九项建议，其中第七项建议就是"作为改善教师地位和工作条件之策略的专业化"。[①]

至今，要求提升教师专业水准，实现教师专业发展，已经获得了共识。但是，推进教育专业发展的实践中，要全面、完整地把握教师专业发展内涵，并不容易，存在着不同观点。

有研究者从教师专业结构构成要素的角度阐释教师专业发展的内涵，指出教师作为一名专业人员，其专业结构除专业理念、专业技能和专业服务精神外，还应包括教师自我专业发展意识的维度。[②] 结合这一点，有研究者把它分成专业知识和服务理想两大部分。[③] 也有研究者作出更具体的区分，认为教师专业发展包括专业知识、专业技能、专业信念、专业动机、专业态度、专业情感、专业期望、专业发展意识等方面。[④]

对上述观点，有研究者认为这是着眼于教师个体角度的讨论，是一个静态的视角，它没有揭示教师专业发展是教师在社会交往中不断生成、变化的过程。美国教育协会是从社会与教师专业相互关系的角度分析教师专业发展目标，指出教师专业发展主要方向包括：高度的心智活动、拥有特殊的知识技能体系、经过较长时间的专门职业训练、不断的在职进修、提供一种可终身从事的职业活动和永久的成员关系、制定专业自身标准、倡导服务社会高于个人私利的精神、拥有强有力紧密联系的专业组织等。[⑤] 这一观点中，除了对教师专业结构的规定外，还增加了专业组织建设、在职进修等要求。

与此类似，有研究者认为教师专业成长是逐步发展的过程，指出教师专业发展过程是讨论教师专业发展目标及要求的基础，通过对处于相同发展阶段的不同教师、不同发展阶段的不同教师、不同发展阶段的同一个教师等教师专业发展特点的考察，阐述专业发展的目标、要求及其培养措施。其基本观点见表10-1。

---

① 国际教育大会．加强教师在多变世界中的作用之教育［R］赵中建主译．全球教育发展的历史轨迹——国际教育大会60年建议书［C］．北京：教育科学出版社，1999：534．
② 叶澜．新世纪教师专业素养初探［J］．教育研究与实验，1998（1）．
③ 曾荣光．教学专业与教师专业化：一个社会学的阐释［J］．（香港中文大学）教育学报，1984（1）．
④ 宋广文，魏淑华．论教师专业发展［J］．教育研究，2005（7）：71—74．
⑤ 参见陈永明主编．现代教师论［M］．上海：上海教育出版社，1999：176．

表 10-1　不同阶段教师的理念、教育工作重点及特征的差异①

	个人理念	师生互动	教师特征
门外汉	关心自己在课堂上的"存活"问题，教学只凭旧有经历	关心课堂管理，宁可选择一些不带来"混乱"的活动，课堂规则严格	求生阶段 别人的服从者
入门者	主要的目的是令每一个学生都"投入"和"忙着"工作	对师生互动的理解，教师告诉学生如何做、训示什么行为是对的	一个方法可行后便沿用下去
胜任的教师	教学需充足准备 教学按部就班地进行	有系统地使用课堂规则，学生守规时，便有说有笑，有混乱时则退回第一阶段。教学上采纳教学理论，显得生硬	
能干的教师	掌控课堂秩序，关心学生的参与、探索和解难的过程	根据学生的学习需要而作出各种教学活动和内容的调整，他们如合唱团的指挥，课堂的一动一静均在操控之中，明了各种做法背后的理念 灵活利用教学策略，能够检视个人教学的优点和缺点	
专家	注意学生学习上的思考过程和追求知识的动机	以学生的学习质素衡量教学的成就，对教学掌握得挥洒自如，独立自主	

从这一表格中可以看到，教师专业发展是一个漫长的过程，从最初的"门外汉"阶段发展到最高的"专家"阶段，是教师专业知识与教学能力不断提升的过程。因而，极其重要的课题是研究怎样使教师从"门外汉"发展成为"专家"型的教师。

从教师关注学生学习的角度分析教师专业发展水平，也是教师专业研究的重要思路。研究者综述了考察教师专业发展的四种维度，指出处于不同专业发展水平的教师对这四个问题的关注是不一样的（见表 10-2）。②

表 10-2　考察教师专业发展的四种维度

	社会敏感度发展	学科知识发展	教学知识发展	认知发展
门外汉	依赖实行的制度/座右铭	集中学习成果	用很长的时间设计教案 引进清楚明确的指引 管理学生的行为 喜用记诵方法 集中力放在学生作业上	太少经验可进行反思 停留在技术理性层面中 对什么教学可行的理解 无法把知识抽丝剥离
专家	留意学生的角度	教学以明白为本，集中学生学习的过程	管理学习活动时以学生利益为本，集中在发展全面的课室管理策略上，集中在学生主动投入学习的时间	测试理论 反应教学 认清问题并以相应对策解决
从门外汉发展到专家的过程中的认知转变	由学生的成长去肯定自己的表现	由强调学习项目结果到强调学习过程与学生需要	由管理学生的行为到管理学生的学习	由先想到自己，到考虑工作，再到关注学生；把知识和经验抽丝剥离，找出背后的理念并加以解释

---

① 李婉玲.教师发展——理论与实践［M］.台北：五南图书出版股份有限公司，2005：14.
② 同上书，38.

表 10-2 从社会敏感度发展、学科知识发展、教学知识发展、认知发展等四个维度比较"门外汉"与"专家"型教师对自身职业活动关注重点的不同,指出差异的根本点在于教师注意力的变化,即实现从关注自身向关注学生的转变,教师以促进学生的思考为使命,进而发现自身教学的问题并寻求应变策略。

上述材料表明,促使教师实现从"门外汉"到"专家"的角色转变是必需的,也是可能的。重点是解决两大问题:一是教师学习内容,即学什么的问题。既有学科专业知识、教育职业需要的教育学科知识的学习,又要向实践学习,及时总结经验,梳理教育教学特点与规律。二是研究教师实现从"门外汉"向"专家"型教师发展目标的条件。有研究者指出这是教师教育的价值立场及制度建设问题。认为教师专业发展过程中,政府和大学习惯于采用技术主义的培训方式,将一些所谓的新知识和新技能传授给教师,造成"教师被知识化"、"教师被技术化"的现象。而且,时间的限制也是阻碍教师投入改革和自身专业发展的一大障碍。[①]

据此,有研究者从教师怎样完成专业发展目标的角度,提出建构教师反思能力是解决教师专业发展的核心问题,是实现专业发展的先决条件。美国学者布鲁克菲尔德在《批判反思型教师 ABC》中指出:由于我们从来不可能真正了解自己的动机和意图,会出现"天真的教学"。它意味着我们总能正确地理解自己在做什么,或者以为自己的教学行为对学生产生重要的意义,或者认为我们的教学要求符合学生的需要。事实上,我们的教育改革正需要打破这种"天真"的"教育想象"带来的"恶性循环"的怪圈。这正是教师职业生涯中需要批判反思习惯的极其关键的原因。[②] 并且有研究者指出教师反思经历三个发展阶段(教师对自身教育教学活动关注领域、重点的变化):首先是个人在教室中的生存技艺,偏重于教室管理技巧,其次是教学内容和教学方法的反思,再次是针对学生的学习能力、兴趣等。

可见,专业化是专业发展的必然,也就是说,专业化是专业思想感情的体现,是专业目标、要求的深入发展及具体化。[③] 不过,在推进教师专业发展的教育实践中,出现了一种误读现象,即把它理解成是教师的知识化。这样,教师的工作被当成是"事务性职业",正如古德莱德在《学校教育研究》报告中提到的,教师的职能活动"更像工匠性质的"。他甚至断言:"毫无疑问,现在想要倒拨时钟,重新给教师职业戴上专业的桂冠,为时已晚。"[④] 这一现象形成的原因,是把专业知识与技术理解成是"专业"的基本内涵,并着眼于教师专业知识讨论教师专业化的内涵、目标及实现途径。[⑤] 而实际上,产生这一现象的主要根源是把皮亚杰与维果斯基的知识建构理论作为指导教师专业化的理论基础。[⑥] 比如皮亚杰从认知建构的观点阐述专业发展,认为一个人的新知识是建立在原有知识与经验

---

① 操太圣,卢乃桂. 伙伴协作与教师赋权——教师专业发展新视角 [M]. 北京:教育科学出版社,2007:216.
② 〔美〕布鲁克菲尔德(Brookfield S. D). 批判反思型教师 ABC [M]. 张伟译. 北京:中国轻工业出版社,2002:2.
③ 有研究者认为教师专业发展侧重于教师个体内在素质的完善,而教师专业化主要是侧重于教师群体。即使构词上也是有区别的。"教师专业化"和"教师专业发展"分别应该是"教师·专业化"和"教师·专业发展"。宋广文,魏淑华. 论教师专业发展 [J]. 教育研究,2005(7):71—74.
④ 〔美〕古德莱德(Goodlad John). 一个称作学校的地方 [M]. 苏智欣等,译. 上海:华东师范大学出版社,2006:207.
⑤ 陈桂生. "教师专业化"辨析 [J]. 中国教师,2007(12):19—23.
⑥ 李婉玲. 教师发展——理论与实践 [M]. 台北:五南图书出版股份有限公司,2005:13—14.

基础上，是原有的知识与经验决定着新知识的建构。维戈斯基则从社会文化的角度出发，提出新知识的获取与社会交往有关，通过与别人的交流与接触，个人认识到更多新事物，使事情变得更有意义。

当然，不能否定教师专业发展与教师专业知识更新、新知识积累有着密切的联系。但是，对中小学教师来说，以"学科知识"的思路规范教师专业发展，结果，中小学教师分学科知识教学的模式，等同于大学教师的学科与专业分工，造成教师了解与掌握的学科专业知识过细、过于狭窄，甚至出现了有的教师除了了解自身任教学科外，对其他学科知识、新知识、新信息了解甚少，甚至是一无所知。不仅从事高中阶段教学任务的教师队伍中存在着这种现象，连小学教师队伍中也出现了类似情况。陈桂生教授描述了这一现象："语文课教师不会教数学课，数学课教师不会教历史课，历史课教师不会教语文课；高年级语文教师教不好低年级语文课，低年级语文课教师也不会教高年级语文课。以致在同一所学校中，不同课程的教师之间，互为外行，在课程问题上，越来越少共同语言。如此情况出现在中学，或许还难以避免，但若出现在小学，不能不说是个问题。"[1]

可见，要促进教师专业发展，实现教师专业化，改善教师的知识结构、更新充实教师的新知识或新技能，这是极其重要的任务。但依赖这一点，是不能实现教师专业发展的全部内容与专业发展目标的达成。为此，研究教师专业发展，要解决教师专业发展包含哪些方面内容与要求，这是实现教师专业化目标的基本认识问题。

对此，有研究者指出"充分成熟专业"的六条标准，也就是考虑专业发展的六部分内容：其一是一个正式的全日制职业；其二是拥有专业组织和伦理法规；其三是拥有一个包含着深奥知识和技能的科学知识体系，以及传授/获得这些知识和技能的完善的教育和训练机制；其四是具有极大的社会效益和经济效益；其五是获得国家特许的市场保护（鉴于高度的社会认可）；其六是具有高度自治的特点。[2]

结合关于"充分成熟专业"应具备的六条标准，研究者给专业化作了如下界定：它是一个社会过程或工程，在这一过程/工程中，在"国家"、"社会"（客户和公众）、"大学"和"该活动本身"四个实体要素间错综复杂的互动作用驱使下，一个具有潜在价值、确定的人类活动发展成长，经由"次级专长"、"准职业"、"形成的职业"、"出现的专业"阶段，最终达成"成熟专业"的身份。[3] 依此表明专业化是一项系统化的社会工程，是依赖国家、高校、职业、社会（专业人员）四大要素相互联系、相互作用才能得到实现。这四大要素构成的系统工程，是促进专业化水准的必备条件，是有效开展评价、测定专业化水准的基本内容。如此，反思教师专业发展及专业化问题，同样涉及教师专业发展组织建设、国家政策、大学学科改造以及教师个体素养完善等方面。诚然，这里主要针对知识与教师专业发展相互关系角度，质疑教师专业发展的认识局限，以矫正对教师专业发展及专业化的理解视角。

二、知识取向的变革与教师形象的构造

分析教师专业发展是什么及怎样发展等基本问题，需要回顾关于教师形象的传统观

---

[1] 陈桂生. "教师专业化"辨析 [J]. 中国教师，2007 (12)：19—23.
[2] 赵康. 专业、专业属性及判断成熟专业的六条标准 [J]. 社会学研究，2000 (5)：30—39.
[3] 赵康. 专业化运动理论——人类社会中专业性职业发展历程的理论假设 [J]. 社会学研究，2001 (5)：87—93.

点，这对辨识教师的职责构成、阐析成为好教师的理想目标是有启示意义的。在本著作的第二篇中对中国传统教师角色的认知已有较多介绍，这里重点介绍古希腊柏拉图及近代科学的倡导者之一培根和近代意大利著名哲学家、历史学家维柯关于教师形象的基本观点。

考察西方思想家对教师形象的认识与构建，与社会变化及知识进步密切相连。在不同社会发展历史中，由于对知识问题的看法不同，对教师的职责形成不同解释。虽然，教师形象构建各有不同，但是存在着关于教师德性重要性的共识。

古希腊时期是西方思想与文化发展的重要时期，也是思想家百舸争流、思想纷呈、光彩夺目的时期。这里简略介绍柏拉图关于教师形象的基本观点。

柏拉图描述的理想教师形象，要求教师引导学生从纷乱复杂的现象世界逐级而上以达理念世界，实现陶冶身心及和谐发展的完美人格。在《普罗泰格拉篇》中，柏拉图描述了理想的教师形象。

普罗泰格拉是一个有名的诡辩者和一个修辞学、演讲术的教师。他坚持认为，传授政治学和修辞学技艺能够让学生变成好学生。但是，柏拉图指出，成为具有德性的人，需要完整的知识，需要知识和德性的联姻与整合，如果只重视其中一方面，则是达不到完善人格的目的。对此，柏拉图认为知识教育和道德培养在真正开放而广泛的教育当中是联系在一起的。[1]

据此，柏拉图提出理想教师的职责是关心学生的心灵世界，给予学生心灵成长的营养，而非知识的注入，教师与学生之间更非知识的贩售关系。反对教师以知识拥有者自居而高高在上，抵制那种试图通过灌输要求学生无条件认同教师的"教育观念"。相反，柏拉图指出要以苏格拉底"自知自己是无知"的立场去开展教育，教育是教师与学生的一场寻求知识的对话。为此他设计了教育（教学）方法：第一步是教师要自己承认无知，使对方提出自以为是的答案，然后以一连串问题设计使对方陷入矛盾，然后，再以一连串的问题，引出对方正确的识见。[2]

宣扬近代科学的重要思想家培根提出了不同于柏拉图教师形象的观点。培根是16世纪至17世纪英国的一位政治家兼哲学家。他重视科学及科学的方法，反对亚里士多德的演绎三段论研究方法，提倡"归纳的"研究方法。"三段论为命题所组成，命题为字所组成，而字则是概念的符号。所以假如概念本身（这是这事情的根子）是混乱的以及是过于草率地从事实抽出来的，那么其上层建筑物就不可能坚固。所以我们的唯一希望乃在一个真正的归纳法。"[3]

因此，培根积极倡导科学的方法，指出人因关心事物与心灵，由观察自然秩序而了解并说明自然，真正的和合格的归纳法才是解释自然的真正钥匙，此外便无所知，也无所能。[4] 由此，要运用科学的方法、实验的方法，改变传统的教师教育方法，也就是克服以往教师用口传、学生用耳听的教育教学方式。培根指出学校教育是教人学习的活动，所以怎样学习要靠教师的教学，即教师要教学生怎样获得知识。那么，教师就要知道什么是有

---

[1] 〔美〕吉拉尔德·古特克（Gutek Gerald）.教育学的历史与哲学基础——传记式介绍[M].缪莹,译.长沙：湖南教育出版社，2008：51.
[2] 林逢祺,洪仁进.教师不可不知的哲学[M].上海：华东师范大学出版社，2009：29.
[3] 〔英〕培根（Bacon, F.）.新工具[M].许宝骙,译.北京：商务印书馆，1984：11.
[4] 同上书，128.

价值的知识，学习用正确有效的方法求知。而选择有价值的知识和获得求知的方法，也就成了教师工作的重点。

由于倡导科学、崇尚科学，要求教师寻求有价值的知识，并用科学的方法去传授知识，要做到这一点，培根认为紧要任务是要求教师革除知识学习中的"认识障碍"、"认识偶像"。比如对知识盲目的迷信、崇拜知识权威、"道听途说"等。在此基础上，培根提出做教师的两条要求：一是热情，把教育当做一种科学的工作，严谨对待，并从中收获快乐；二是要以身作则，要求学生做到的，教师自己就要"会做"、能够"做到"。[1]

如果说柏拉图致力于服务统治集团、服从贵族阶层需要的立场提出教育构想，把完善人的德性作为教师的使命。培根则是从科学与认知维度谋划教师使命，为教师职责划界，实现教师认识的一大转向，即转向知识论维度理解教师，消解了罩在教师身上的抽象的神圣光环，相反凸现教师在科学知识传承与创新中的价值。而近代意大利著名哲学家、历史学家维柯基于人性中兼具堕落与神性本质的思考理清教育使命，既如柏拉图那样设计了教育的形而上特性，又如培根那样给予教育的理性思考，体现教育思考的务实倾向。

维柯主张学校教育的基本目标是帮助学生学会"认识自己"，认为只有正确认识自己才能增强人的"神圣创造力"，推动和引导人追求任何伟大而崇高的东西。"因为人类的神圣创造力往往被过分的谦卑所打击，受到不自信的压抑，并消磨于对伟大事物的绝望之中。"[2] 可见，制约认识自己因素在于自己的不自信，所以，认识自己的精神是避免过分自卑的出路。维柯认为，"每个人都有自己的精神，如同自己的上帝：看的能力、听的能力、生成事物形式的能力、理解力、判断力、思考能力以及记忆力，都是神圣的能力。看、听、发现和创造、构造、推论、记忆，都是神圣的。精神的明智、敏锐、精准、才能、创造力和敏捷，都是伟大而神圣的，都令人惊叹"。[3]

要认识与掌握人的精神，维柯又分析了人的精神。他说人的精神最早追溯到原始人的"诗性智慧"，是原始人凭其本性所具有的"强旺感觉力"和"在他们的粗鲁无知中却只凭一种完全肉体方面的想象力"而生就的一种"智慧"。并且，维柯把智慧归结成三方面："智慧，正如最常说的，包含了对神的事物的知识、对人的事物的审慎智慧和言说的真理与恰当三者在内。"[4] 这些方面涉及对自然的研究、人事的研究等知识领域，其中依赖于科学的知识比如物理、数学等，还依赖人文社会科学知识，比如宗教神学、伦理学说、公民理论等。前者使人懂得科学知识，后者则使人尽其公民之职责。"前者需要讲求真理，后者则需要讲求恰当。讲求真理的言说也就是要有逻辑，而恰当的言说如果不用诗体就要讲修辞学，如果运用诗体那么就是诗歌艺术的目标和任务了。"[5]

进而，维柯认定这种"智慧"是"一切科学和一切哲学的根源和前提"。[6] 为此，维

---

[1] 林逢祺，洪仁进. 教师不可不知的哲学[M]. 上海：华东师范大学出版社，2009：69.
[2] 维柯（Vico, G.）. 维柯论人文教育——大学开学典礼演讲集[M]. 张小勇，译. 桂林：广西师范大学出版社，2005：7.
[3] 同上书，15.
[4] 同上书，100.
[5] 同上书，101.
[6] 〔意大利〕维柯（Vico, G.）. 新科学[M]. 朱光潜，译. 北京：人民文学出版社，1987：42.

柯要求学生不断地揭露存在于自身内在的那种近乎神圣的心灵本性（"诗性智慧"），而人的崇高、"英雄的心灵"的确立，就是人的这种神圣精神的充分体现。由此，维柯规定教育的两项重要任务，其一是让学生理解存在于自身之中的神圣的精神；其二是在此基础上培育"诗性智慧"，如此使学生自觉追求崇高，避免人性堕落。维柯对学生提出这样的要求："全面、深入地研究这三个世界：人性世界、自然世界和永恒世界，并且用教育和学问来成就你们心灵的近乎神圣的本性。因为这里所做的崇高思考所要求你们的无非就是，培养你们光明正大的精神，蔑视一切的感性快乐，蔑视一切的财富和权势，蔑视一切的名誉和权力，这些都远远不符合你们的本性。"①

当然，对"人性世界、自然世界和永恒世界"三个世界的研究，获得知识及思考路向是不一样的，三者之间存在着差异。因此，结合这三者的差异，学习方式、学习重点与学习目标要有所侧重，从而做到有理有序地学习，培养学习的兴趣，提高学习主动性，进而成为具有创造性智慧的人。比如孩提时代，较少依赖理性，主要依靠记忆力，适合学习语言。随着年纪增大和数学的运用，人的心灵脱离感官的制约，受到理性的支配，这一时期要学习神圣事物，培养心灵的德性，并且要学习立身为人的伦理智慧和成就公民的公民智慧。通过这样有序的学习，激发他们探求美好事物和各种学问的热情与主动性，培养人的创造性、主动性的品质。

为实现这样的教育目标，维柯设想的教师形象为：首先要有恢弘的视域，能够深究于自己的专业领域，不断拓展视域，修炼身心，获得知识、情感、德性的全面发展；其次要有虔敬的态度，诚心面对自己的工作，兢兢业业，尽心尽力，时时反省自身，改进自己；再次要有入世的热情，关怀社会、服务群众、热爱教育，认真投入，乐在其中；第四要有创新的勇气，面对时代问题，积极寻求改造与创新之途，充分展现教师实践智慧。②

上述简要介绍了三位重要哲学家关于教育与教师形象的基本观点。从中可以看出，他们对教师使命寄予厚望，重视发挥教师对学生健康成长的引领作用。同时，他们对教师的形象与使命的设定是综合的、复杂的，尤其重视教师的德性修炼，倡导教师言传与身教的有机统一，尽力避免使教育陷入世俗化的"泥坑"，实现教育促进人的全面发展的目的。这也提出了认真思考教师专业发展的内涵及目标、要求的现实课题，避免对教师专业发展的狭隘理解，从而使教师专业发展方向明确、举措得当、效果显著。

三、知识维度理解教师专业发展的限度

如果着眼于社会知识生产的角度，就很自然地把学科分类的合理性作为讨论教师专业化的认识前提。也就说，学科有分类，从事不同学科教学工作的教师对学科知识的掌握就有差异，因此就要求教师的学科、专业知识向纵深发展，理想的目标是成为一名学科专家。但是，必须看到当前知识发展的新的状况，即社会知识急剧发展，学科的分化与综合越来越频繁。一方面加大了学科之间的依赖性；另一方面学科之间相对独立性也更为明显。从这一角度说，知识被学科化，也意指知识的块状化。这就产生一个问题：学习和掌

---

① 〔意大利〕维柯（Vico, G.）. 维柯论人文教育——大学开学典礼演讲集［M］. 张小勇，译. 桂林：广西师范大学出版社，2005：250.
② 林逢祺，洪仁进. 教师不可不知的哲学［M］. 上海：华东师范大学出版社，2009：77.

握了某一学科的知识，但从社会知识整体而言，仍然是十分有限的部分。也就是说，一个人所拥有的知识是不完整的、不全面的，这对一名教师来说，也同样如此。教师是否能掌握知识及掌握什么知识、掌握多少知识都是必须加以重视的问题。而这些问题的存在，就说明了教师在专业发展中的知识的限度，这是无法回避的客观存在，恰恰相反，应从中关注到教师专业化建设的可能性、现实性。

应该说，知识与教育的关系十分密切，而且在教育的发生之初就已经出现了这对关系。教育的出现，基本理由是为了传授社会生产知识和生活劳动经验，满足人的生活、生产需要，以维持人及社会的生存与发展。直至现在，传授知识仍是教育的重要任务，又是一项基本任务，因而社会十分重视教育的知识功能。比如在人类社会发展早期，教育重视人文知识、人文学科的传授及人才培养，如古代中国的"六艺"教育及欧洲的文法、逻辑、修辞教育。而随着工业革命及市场经济的发展，实科教育、实科知识的学习与传授日益受到重视。

基于学校与社会人才培养关系之间的认识，在主张教师专业化的理由中，比较多的观点认为改造教师知识结构、更新教师专业知识，有助于实现教师专业化。首先是确认教师专业化需要怎样的专业知识。一般观点认为是学科知识加上教育学学科知识。其次是关注教师知识学习的途径。比如职前师资学习哪些知识，师范教育机构开设的"教育学"、"心理学"及"学科教学法"是否合理，课程怎样调整，师范生教学实习如何改革等。总之，期待通过课程设置的改革，培养适应现代学校教育教学改革与发展需要的教师。

这些做法，对改变教师知识结构中的学科单一化是有积极意义的。不过，由于重视改进教师专业知识，又出现了另一值得重视的问题，即教师过度强调"学科中心论"，只关注本学科、本专业的知识学习与更新，造成教师知识结构的单一性，人为制造教师专业发展的知识隔阂，甚至出现不同学科、不同专业之间的教师互不往来、互不认同，难以使学校教师建构起学习与研究的共同体。

其实，"教育者首先应被教育"。教师要成为一名好教师、一名优秀的教师，除了及时跟踪学习本学科、本专业知识之外，还应扩大视野多了解与本学科相关的邻近学科、相关专业的发展态势，特别对中小学老师来说，应该是一个"多面手"，要避免专业发展中的唯我独尊的"专业形象"的出现。

另一方面，学习和掌握教育学学科知识，对实现教师专业化的目标是十分必要的。然而，问题在于，学校教育工作是教师与学生之间结成的人与人之间的关系，这对关系是复杂的、丰富的，综合了认知的、情感的、审美的、价值的关系。如果把这对复杂关系概括成是一堆抽象的、实证知识的"集合体"，并用这样的"知识"作为教师成长资源，即把丰富的、具有感性成分的教育活动变成抽象的、纯粹是理性"教育学"知识的教育，训练教师只是去掌握教育学科的理论性知识，把教师教学能力（基本功）等同于技能性操作层面的活动，实际上又是在训练"现代的教书匠"。以这样的思路去促进教师的专业化，很难培养教师研究教育的态度及其对待教育的情感，自然影响教师主动、有效地开展创造性的教育活动。这就要反思教师获取知识的方法。在现成的观念中，教师取得知识的途径被规定为从感性知识到理性知识，再从理性知识返回到感性认识，甚至在学校教育中很自然地被认定是传授理性知识，把受教育者都假设成是能自觉地按教育者的期望进行逻辑思维活动的理性人，把对受教育者进行的任何教育活动都看做是有价值的，而且都会对受教育者产生作用。①

与此相关,在这里还必须提及教师探求知识的可能性问题。应该承认,任何一名教师所求的"知"是有限的。一是教师能获得的知识量是有限的。一般来说,绝大多数教师的知识面是狭窄的,自身储存知识是有时间性的,知识更新的任务十分紧迫;二是教师求知能力的有限性。不少教师虽然经历了大学本科学习,乃至硕士研究生、博士研究生的学习,但是,什么样的学习知识的方法是有效的,怎样获取知识的手段是合理的,对此的认识是模糊的、困惑的,这就体现着教师对如何获知的不知;三是教师能知多少是未知的。教师不知道下一步应该去知什么;四是教师对自己专业化中尚存在哪些不知领域是不知的。即教师的专业化能进展到什么样的程度,这对每位教师来说是不知的,因而出现了对这种不知的不知。

教师知识获取中出现知与不知的矛盾是正常现象。它是人的认识活动中存在的一种客观现象,表明教师专业发展的"知识的缺乏"。为此,既要清醒地认识到教师知识发展中出现的知识缺乏的现象,确立自觉学习的主动性与积极性,又要看到教师竭力克服知识缺乏的过程也是增加新知的进程。

面对教师专业化中出现的知识界限及知识缺乏的现象,紧接着要考虑的问题是:教师专业化是否能够达成一个相对标准形象?或者说,教师专业化的范式能否构成?而在现实中,这样的范式是通过专业知识来维护还是被知识以外的东西所支持?如果是被知识以外的因素所支配,就会使教师专业化的路径发生偏移。

其实,这个问题已经引起了重视。只要审察这个问题,就容易发现,社会管理体制和文化传统、习俗是影响教师专业化更加关键的因素。世俗化观念、社会行政权力、教师职业地位等因素制约着教师的专业发展。在此背景下,社会形成的知识生产与管理的学科式体制是约束知识需求、知识传播的社会根源,约束性权力在这种情形之下,虽然能够使教师专业发展呈现表面的繁荣,但掩蔽不住教师专业发展萎缩的另一面。

四、影响教师专业发展的观点及其消除

指出从知识维度理解教师专业发展的限度,不能以此推断教师专业化是不可能的。反之,更应该思考如何采取更加切实可行的措施促进教师专业发展、实现教师专业化目标。无疑,教师专业发展不能从知识量的方面加以规定,也不能把知识的性质规定是教师专业发展的性质。教师专业发展应以掌握一定的知识为基础,是教师实现自我价值可能性的体现,而自我价值实现的前提是对自我价值的一种信仰。马斯洛的论述有一定意义:"自我实现的人们献身的事业似乎可以解释为内在价值的体现和化身,而不是指达到工作本身之外的目的的一种手段,也不是指机能上的自主。这些事业之所以为自我实现的人所爱恋,是因为它们包含着这些内在价值。也就是说,自我实现的人最终所爱恋的是价值而不是职业本身。"② 这样,教师的专业化发展,首先是要确立教育的理想、教育信仰,不能把学校教育等同于人的技能或知识的训练场所,而是要满足教师实现自我价值的需要。

以这样的视域审察教师专业发展及实现专业化目标,就能够发现制约教师专业发展及

---

① 舒志定. 论教育与价值 [J]. 教育研究, 2000 (12): 20—25.
② 〔美〕马斯洛 (Abraham H. Maslow). 人的潜能和价值 [M]. 林方, 等译, 北京: 华夏出版社, 1987: 215.

其专业化目标实现的认识障碍。

第一，教师专业发展等同于专业知识化，甚至等同于学科知识化。

不能否认，专业发展与知识是密不可分的，但在教师专业活动的话语系统中，教师的专业发展需要什么知识？学科知识还是教育学学科知识？这两部分的知识是否就是教师专业化的全部？答案应该是否定的。

第二，教师专业发展缺失伦理目标。

教师专业化是教师不断寻知、求知的过程，这样就要明确一个问题：教师为什么寻知？即专业化目的是为了什么？

第三，对教师如何求知问题认识模糊。

对于知识获取，思想史上被区分成经验论、先验论等几种类型。它们从不同角度提出人的知识产生的可能性。但这还是浅显的认识，在这些关于知识来源的认识背后，实质是要讨论是否有普遍性知识、确定性知识，是否可以对人获取的知识进行证实等问题。这就涉及这样两个问题，即是否鼓励教师以学术研究的形式去寻求未知，以及为此要创造什么样的条件。

由此，可以把教师专业化概括成三方面：

（1）为何求知。讨论教师专业发展善的问题，是教师价值的本真显现。

（2）求什么知。讨论求真的问题，包含着教师知识取向上的科学性、人文性的统一，揭示教师专业化的内涵，是以学科知识为基础，并融合进教育学学科知识。并以此为基础，一方面是不断地扩大知识面，另一方面是要用知识进行研究、开发，使教师处于发展中，在更高层次上培育具有科学精神、人文精神的品质。

（3）如何求知。讨论教师专业发展美的问题。求知不能仅仅理解成是方法论的意义，否则会使"如何求知"流于功利，变成一种知识获取的工具。相反，它反映上述三方面的综合，应在如何求知中体现出真善美的统一。

结合这三方面要求，很自然地把教师的专业化理解成是借助知识媒介不断促使自己发展的实践过程。这有利于避免把专业化只是理解成知识量的变化，而且这样就能明确教师专业化的实质内容，要求教师在专业发展中应处于主体地位，是教师追求知识的主动性、自主性、自为性的体现，而且使教师的专业化成为教师显示力量的途径。

如此理解教师专业化，可以看做是教师专业化的广义理解。但是，广义的解释，不是把专业化作知识的泛化解释，而是要突破知识与学科的界限，既要扩增教师教育活动需要的学科知识量之外，又要强调激励教师探求忠实于教职的终极意义，显示教师、教职的崇高性。显然，从广义的角度理解教师专业发展，教师知识更新只是其中一部分内容，教师专业发展有丰富的内涵及宽广的途径。这正是讨论教师专业化的关键所在。

但是，需要指出，这三方面只是构筑了教师专业化发展的理想前景，而在现实中，教师的专业发展还遭受着多方面的约束。

一是教师专业化的价值导向问题。

教师专业发展仅是为了完成职业活动，还是另包含着更深层次的价值目标？如果不廓清这个认识问题，就会直接影响到对教师专业发展的正确认识，出现教师对自身职业的信任危机、从事本职工作能力的下降等现象。而这一认识偏见的产生，主要是来自传统文化中的刻板认识效应；其次是新中国成立后对教育、教师的不正确的评价；还有一个原因是市场经济的负面影响。所谓负面影响是指过于偏重于知识的应用性、技术性,而对暂时或较长时期都难以取得可以用数量来计算效益的知识并没有引起足够的重视,把科学、技术等同于一种使用工具,而轻视了科学技术在社会应用时的价值要求;或只是重视直接看得到的效益,而对道德观、价值观等不能直接看到的"效益"则未受重视。

二是教师管理问题。

包括管理教师的理念、管理方法、管理体制等。教师专业化是动态性的,反映着教师质素的不断提高过程。因此,教师管理也应该是动态的,便于教师的流动、升降。但这个问题依然是改革的重点。其原因在于:

其一是传统计划体制的影响,从管理思想到管理手段都没有得到彻底的变革。

从 20 世纪 80 年代以来,虽然进行了教育体制改革,扩大了办学自主权,但教师由政府人事部门或学校统一管理,教师的职称、流动都受到严格的控制。这一情况随着学校聘任制工作的开展有了一些改变,但这已到了 20 世纪 90 年代末期了。

其二是管理教师的观念和方法严重地受到数理主义思想的影响。

用简单的数字管理教师,受这些数字的调控下,教师忘却了对知识、对本职工作所应赋予的超功利的价值关怀,对此笔者已在《大学教师学术观念的哲学思考》[1] 一文中作了较多阐述。

其三是教师管理的公平机制缺失。

在教师的管理实践中,管理者所思考的不是怎样更有利于教师的发展,而是着眼于管理者的需要,学校教育管理过程中出现的教师与管理者的冲突,便是一种有力的说明。而且冲突显示是管理者而不是教师的权力,"以行政理性主导的管理制度排拒了教师有效地参与校政的决策。教师被行政程序牵制,集体参与校政决策不再复见"。[2]

三是教师专业化的过程优化问题。

其一是由于教师数量的不足,教师的继续教育、特别是专业精深型的再教育变得十分困难。其二是主持教师进修机关与教师专业发展的需求脱节严重,进修教师抱怨所学非所用,而主持进修的教师也抱怨参与进修的教师的知识、专业修养不足,积极性不高,学习态度不认真。其三是教师发展的开放性环境不够优化。特别是要从人力资本的角度建设教师市场,进而使师资建设规范、有序,而这些工作尚处于开始阶段。

五、从"教师专业化"到"专业教师化"

面对教师专业化中的问题,加以解决的策略是:转变观念,正确认识和理解教师专业化。要把教师专业化理解成是专业教师化,这绝不是字符次序的调整,而是反映着认识观念的变化。

教师专业化是要求教师如何在专业上有发展,即"化",而现在是在专业基础上来讨论如何教师化,化的是教师、教育者,而不是专业。这就从重视专业、教育技能转移到对教育者整体素质提升以及这种素质与教育职业能否融合等问题的关注。

---

[1] 舒志定. 大学教师学术观念的哲学思考 [J]. 大连理工大学学报(社科),2001 (2):10—14.
[2] [美] 华勒斯坦等 (L. Wallerstein). 学科·知识·权力 [M]. 刘健芝等,编译. 北京:生活·读书·新知三联书店,1999:131.

因此，在认可专业的前提下，如何更好地履行好教育者的职责，使教师的专业（学科）知识的扩充与人的丰富性需求获得有机统一。这样就能明确教师专业化的重点是知识与技能、知识与人性的统一。教师是实施专业化的主体，教师个体对专业化倾注的积极性、主动性是教师专业化取得效果的关键性因素。

专业化自然包含着知识化，而且知识化、技能化是专业化最直接的反映，但它不是教师专业化要解决的根本问题。教师专业化的发展，关键是赋予教师以专业发展的自主权。教师可以自己选择学什么、如何学，也可以决定教什么、怎样教，使教师在教材与教学方法的选择、教学时间的安排等方面有较大权力。而要体现教师的自主权，还应为教师配备教辅人员和必要的教学设备，以便让教师能有更多时间来考虑教育问题，来实施教育改革，从而有助于在教育实践中促进专业化的发展。

建立必要的教师专业化通道，是有效推进教师专业化进程的基本要求。而通道如何建设，可能会有很多探索，产生很有效的方法。但这里关心的主要问题是讨论教师专业化的测量标准。建立教师专业标准，基础性的工作是要建立高标准的教师资格证书。教师资格证书要按不同等级研定，每一等级的要求是明确的。关键问题是如何研究完成不同等级的教师资格标准。美国在《国家为培养 21 世纪的教师作准备》中，建议成立一个全国专业教学委员会，其根本职能就是建立专业教学高标准，给达标的人颁发资格证书。同时，委员会还有拟订职业道德准则、惩处违反道德准则的教职工、为合格教师和高级教师作登记等职责。获得合格教师和高级教师证书都要经过全国专业教学标准委员会的考核以及实际教学情况的观察等。

强调教师专业化并不是封闭式地建设教师队伍，而是以师资市场为媒介，建立开放化的教师管理系统，增强教师专业发展竞争性，这是整个教师队伍建设的内在要求。但是，竞争总是在开放的环境中实现的，这就需要做好一系列的基础性工作，如提高教师的待遇以吸引优秀人才，或使在职的教师获得发展自己的自觉的内在动力。

最后需要强调教师专业化最直接的表现是教学（课堂）水平。对教学活动要作全面的理解。教学也是一项研究活动，是探索性的知识获取过程，与其他研究活动相比，它有更高的要求，因为教学活动是一种人性得到充分展示的研究活动，罗森塔尔的皮格马利翁效应实验已验证了教师利用期望等非智力因素促进学生自我实现，这给教师提出了要求，在课堂教学中要关注学生多方面需要，要充分利用认知的、信念的、情感的及教学环境等因素，给予学生营造温暖的、相互关心与支持的学习环境，使学生充分发挥自己的潜能。

从知识的角度理解教师专业化，既是分析教师专业化的入口，又是矫正教师专业化认识偏差的切入点。当然，这里展开的讨论，目的不是以此否定教师专业化的可能性，而只是表明对阻碍教师专业发展的忧思，从而提出超越障碍的要求与构想，进而找到被知识化认识所隐蔽着的专业化实质，这应是教师专业化发展首先要坚守的价值指向。

第十一章 教师的专业自觉

20世纪80年代以来,教师专业化的研究是教育研究的重要议题。上一章分析了教师专业发展的主要观点,以及如何促进教师专业化发展的研究思路,指出从"知识维度理解教师专业发展及其专业化"的认识局限,提出了从"教师专业化"到"专业教师化"发展的构想。其实,研究如何促进教师专业化,考察教师自身与专业化关系的角度是十分有意义的思路,这样,教师专业化与教师专业自觉关系密切。只有让教师获得专业自觉,教师专业发展才具有内在动力。

一、理解教师专业发展的思路及问题

教师专业发展是一个动态的概念,实现教师专业化是专业发展的终极目标。因而,不能僵化理解专业化目标具体指什么。这一点可以从历史上优秀教师、教育家的成长个案中得到证明。不论是哪一国家、哪一个时期的教育家,他们各具特色,成长道路也并不一样,专业水平也各有千秋,且无法证明他们已经达到了专业成长的终点。这说明优秀教师的成长道路是复杂的、多样的。但是,有一共同点是不能否定的,教育家不是先天铸成的,而是通过教育家个人的艰苦努力获得的。这样,教师"个体因素"是影响教育家成长十分重要的条件。这一浅显的道理是十分清楚的。

可是,在当前教育实践中,对此有一种误解。即把教师专业化当做是一种教师专业发展的参照标准,这样,一讲到教师专业化,就是陈述一段既定的、用于规范和约束教师教育活动的标准,这些标准是由社会制定的,与教师没有关系,教师任务是遵守、遵照它,而且把它看做是适合所有教师教育行为、教育思想的准则。结果导致教师专业发展的吊诡:一方面提出教师专业发展的目标与愿景,指出实现教师专业化是可能的;另一方面并不支持与鼓励教师发展自己的教育个性。这就要提出这样的问题:依据什么理由或怎样的逻辑认定教师能够按照专业化目标开展教育活动?简单梳理,有三条思路:

一是政治论思路。

从政治与教育关系的角度指出,教师专业发展是一项重要的政治任务,提升教师专业水平,是教师政治觉悟的重要体现。这种观点的积极意义,是从国家战略发展高度重视教师队伍建设,并从政策与立法(法律法规)双重层面保障教师专业发展的顺利进行。

回顾20世纪80年代以来,围绕教育改革与教师教育问题,颁布了一系列促进教师专业发展的政策文件与法律法规。1985年《中共中央关于教育体制改革的决定》提出:"把发展师范教育和培训在职教师作为发展教育事业的战略措施。"1986年《义务教育法》规定:"国家采取措施加强和发展师范教育。"1993年《中国教育改革和发展纲要》提出:"各级政府要努力增加投入,大力办好师范教育。"同年《教师法》规定:"各级人民政府和有关部门应当办好师范教育。"

1998年实施《面向21世纪教育振兴行动计划》(以下简称《行动计划》)。《行动计划》提出实施"跨世纪园丁工程",大力提高教师队伍素质。《行动计划》指出大力提高教师队伍的整体素质,计划在3年内以不同方式对现有中小学校长和专任教师进行全员培训和继续教育,在2010年前后,具备条件的地区力争使小学和初中专任教师的学历分别提升到专科和本科层次,经济发达地区高中专任教师和校长中获硕士学位者应达到一定比例。而且强调重点加强中小学骨干教师队伍建设。1999年、2000年,在全国选培10万名中小学及职业学校骨干教师(其中1万名由教育部组织重点培训)。

《2003—2007年教育振兴行动计划》中特别强调加快推进农村中小学教师队伍建设。《计划》指出:要加强农村中小学编制管理,全面推行教师聘任制,依法实施教师资格制度,严格掌握校长任职条件,积极推行校长聘任制。积极引导和鼓励教师及其他具备教师资格的人员到乡村中小学任教,建立城镇中小学教师到乡村任教服务期制度。加强农村教师和校长的教育培训工作。也是在这份振兴行动计划中,提出起草《教师教育条例》,制定教师教育机构资质认证标准、课程标准和教师教育质量标准,建立教师教育质量保障制度。完善教师终身学习体系,加快提高教师和管理队伍素质。实施"全国教师教育网络联盟计划",促进"人网"、"天网"、"地网"及其他教育资源的优化整合。

2010年颁布实施《国家中长期教育改革和发展规划纲要(2010—2020年)》(以下简称《纲要》),把加强教师队伍建设作为实现教育持续发展的保障举措。《纲要》提出教育大计,教师为本。有好的教师,才有好的教育。提高教师地位,维护教师权益,改善教师待遇,使教师成为受人尊重的职业。严格教师资质,提升教师素质,努力造就一支师德高尚、业务精湛、结构合理、充满活力的高素质专业化教师队伍。

诚然,从政治论角度阐述教师专业发展,对规范和促进教师队伍建设发挥了积极作用,但是它也有明显的局限。这就是容易把政治标准作为考量教师专业发展的第一标准,而"政治标准"的特征是唯一性、排他性、权威性,受其影响,推进教师专业化必定会突出专业发展的标准化、统一化,难以顾及教师培育自己的教育个性的需要,不利于造就具有个性化的教育思想与教育实践的教师。这样,也就失去了教师的多样性,没有多样性的文化生态环境,不可能生长独特性的思维方式,造就具有创造性意识与能力的教师。①

其实,西方也有研究者提出从政治论角度研究教师专业发展。研究者认为知识与学科可能是建构在意识形态或利益的基础上,② 因而,教育中存在着一种"文化政治"。有如亨利·A.吉鲁所说,学校教育本质上看做是一种政治性的事业,是再生产某种特殊话语或者赋予这种话语以特殊权力的一种方式。③ 不过,这些学者论及"政治",意图是把学校塑造成"民主的场所"。这样,就要把教师教育领域作为一个新的公共领域来考察,而

---

① 后现代重要思想家利奥塔在《后现代状况——关于知识的报告》中提出了知识产生、运用的合法性问题,只有确定了人们应该说什么,做什么,这些叙事说法才是合法的,而合法形成的依据,则是这些说法能够自我救赎,自我再生。利奥塔的观点很明确,只有多元的、多样的文化生态,构建多元的评价尺度,有利于知识的生产、传播与运用。让—弗朗索瓦·利奥塔.后现代状况——关于知识的报告[M].岛子,译.长沙:湖南美术出版社,1996:82—83.

② 〔美〕华勒斯坦等(L. Wallerstein).学科·知识·权力[M].刘健芝等,编译.北京:生活·读书·新知三联书店,1999:13.

③ 〔美〕亨利·A.吉鲁(Giroux Henry A).教师作为知识分子[M].朱红文,译.北京:教育科学出版社,2008:194.

这种新的公共领域将力图重新恢复作为争取个体自由和社会正义的社会运动的批判性民主概念。如此就把教师教育塑造为一种政治工程，一种文化政治，在这一空间内，学生们可以讨论学习为获得个人自由和社会正义所必要的知识和技能。[①] 当然，此种情形之下，教师不是课程技师、不是教学办事员。如此使文化政治视域中的教师教育凸现的不是政治制约教育的关系论观点，而是重思教师形象与职责，为教师履行职责确立价值取向。

二是道德论思路。

把教师比喻成是无私的"蜡烛"、"园丁"，认为教师不仅是知识的传递者，而且是道德的引导者、思想的启迪者、心灵世界的开拓者以及情感、意志、信念的塑造者，这样，教师提高专业化水平成为一项社会道德义务。

这种思路没有很好区分专业化的教师与教师职业的入职要求。要求教师遵循并不断提升职业道德水平，这是教师入职必须具备的条件。必须注意，加强道德修养，提升个人道德水平，受到社会因素的制约。如果不能正视道德的社会基础，过度夸大教师个体的道德形象，要求教师超越一般市民的道德要求，成为崇高道德理想的维护者、实践者，事实上，在多元化的社会道德环境中，对大部分教师来说，是非常困难的，甚至会受到教师的抵触。

受这种思路影响，教师专业发展思路从道德论转变成"身份论，"把专业发展与自身身份变换相联系。换言之，教师促进与提升自身专业水平，并不真正关心专业水平是否得到进展，而是实现自身身份变革作为教师专业发展目标。比如晋升高一级职称，获得优秀教师、劳动模范等各级各类荣誉称号，甚至会被作为"干部"加以培养与使用。把专业发展与自身身份联结考虑，这深受于中国文化传统的影响。

众所周知，中国教师生长于伦理为中心的文化氛围中，教师比较注重群体（组织）对自身的评价，以身份的变换，来调节教师个体与生活周围的各种关系，包括个人与家庭成员、家族成员的关系。这种身份变换的实现，被教师包括社会看成是教师生命意义、生存价值的体现。例如：过去用于教师培养培训的经费较为紧张，推动教师专业发展的各种继续学习、继续深造培训的渠道、机会比较少，许多教师把能够参加培训看成是组织对自己的信任、是组织对自己的重用。同样，对举办教师专业发展研讨班的单位来说，如果能够把各种研修班（培训班、培训项目）冠以骨干班、高层次研修班、教育家研修班等名称，更能吸引教师参加培训与学习，其重要原因就在于这些名称极易满足教师追逐身份的心理需求。

三是知识论思路。

知识论思路指出解决教师专业化核心问题是建构完善的专业知识结构。因此，实现教师专业化的中心工作，是通过教师在职继续教育途径，学习教育基本理论知识，改善知识结构，确立正确的教育观念。对这个问题，前一章已经作了较多讨论。

上述概括了认识教师专业发展的三种思路，不能否定这些研究思路的合理性，但是，这些思路中存在着突出问题：

一是未能准确把握教师专业化问题形成的关键因素。

---

① 〔美〕亨利·A. 吉鲁（Giroux Henry A）. 教师作为知识分子［M］. 朱红文，译. 北京：教育科学出版社，2008：198.

加强教师专业化的努力中，发现教师专业化进展缓慢、教师专业化水平提高不快，往往把原因归结为教师素质的差异，或者归结为学校教师教育改革不够深入与超前，或者归结为教育主管部门举措不力。

不能否定，这些因素会影响到教师专业化的顺利发展。不过，这三种思路强调了影响教师专业化的外部条件。其实，能否顺利推进教师专业化发展，关键取决于教师个体对专业化的认识，以及为此采取的行动。这不仅涉及教师个体的专业素养、德性修养，而且取决于教师主动参与教育、关心教育的"热情"，它依赖教师对教育活动的意义理解。

二是受实证主义思想方式影响，从方法、技能角度评价教师专业化。

教育价值在于使人领悟人之为人的意义，帮助人过上幸福生活。范梅南就此提到："为完成教学任务而进行目光交流却掩盖了师生间满含深情的目光的教育意义。换句话说，教育不仅仅是一种观察行为，更重要的是它须是一种具有教育意义的行为。"[①] "教育是一种具有教育意义的行为"，它将重构教师与学生的关系，教师不是"知识杂货商品"的"售货员"，学生也不是接受知识的容器，教学是一种师生双边的交往活动，学生在师生交往中，学会与他人的"对话"、与自然的"对话"，也学会与自己的"对话"。

但是，现实的教育活动中，认为促进教师专业发展，教给教师有关课堂行为控制技术，提高学生考试分数，似乎是靠近了好教师的目标。其实，这是实证主义思路理解教师专业化，它忽视了教师职业活动的复杂性、多样性对专业发展提出的特殊要求。

三是教师专业化的功利化取向。

推进教师专业化进程中出现的功利化倾向，突出表现在三个层面：

其一，教育管理层面。从教育行政部门到学校领导，总是希望通过强化培训，采用速成办法实现教师专业化。比如有的教师培训班的培训目标中就规定，通过一年时间达到学科带头人的培养目标。还有的写道：通过研修班学习，培养教育家型的教师（校长）。

其二，教师层面。教师对教育理论或其他名师教育经验的学习，具有显著的、强烈的功利倾向。比如不少中小学教师在参加学习时往往关心"知识学了以后有用吗"。比如学习教育科研方法，有的教师就明确讲，听了这门课后能否让自己写出立即能够发表甚至能引起巨大反响的教育论文。

其三，未能从教师地位的角度准确把握教师专业化。1955年召开世界教师专业组织会议率先研讨教师专业问题，1966年国际劳工组织和联合国教科文组织提出《关于教师地位的建议》，首次以国际组织官方文件的形式确定教师专业地位。它提出了教师专业化的条件之一，确保教师的社会地位。也由此开启了一条教师专业发展的现实通道：从社会与教育协同发展的角度制定教师专业化政策与举措，改善教师社会地位、经济地位、政治地位，促进全体教师专业水平的提高。

综合上述所论，提出一个容易被人忽略的问题：教师专业化的前提与基础是什么？怎样正确认识教师专业自觉在教师专业化中的作用。

---

① 〔加〕范梅南（Max Van Manen）. 生活体验研究——人文科学视野中的教育学［M］. 北京：教育科学出版社，2003：190.

二、理解教师是理解"教师专业化"的前提

教师专业化水平的提高,要以教师的专业自觉为前提。如果一名教师对专业发展缺乏了解,并不知晓自身的专业发展目标、要求与途径,就难以找准促进自身专业发展的目标与措施,这是制约教师专业水平提升的障碍。因而,讨论教师的专业自觉,是研究教师专业发展的基础性工作。

结合上述关于教师专业发展的研究思路,我们认为从社会需求角度研究教师专业发展要求,是一种"外部"要求,是教师专业发展的外部规范,以此指导教师专业发展工作,这是一条从社会要求到教师专业发展的"外部"思路。这种"思路",如果遇到教师对自身专业发展坚持消极、被动的立场,就会影响效果。

事实上,教师专业自觉,它关注教师个体内在的觉悟,解决了教师求专业发展的内在根源,是教师专业化的"内在道路"。正如古代先贤所言"为己之学","为仁由己,而由人乎哉(《论语·颜渊第十二》)"。我们也继承这一思路,当然,不是先贤那样是从人的德性的道德立场阐述"仁义"的价值,而是把"仁义"看做个体成长发展的内在动力,强调教师个体自己的生命活动是决定教师做事、做人的知识与价值资源。

因此,理解与把握教师专业自觉,是指从教师个体出发,寻求教师个体与专业发展之间的内在关系,从中揭示教师对专业的理解、认同与接受,凸现教师是专业化的主体,真正使专业化成为教师自我存在与发展的内在需要。

(一)人的本质特征反思教师专业发展的基本要求

教师是从事教育职业活动的主体,它不只是一个"名称"或者一种"代号",而是由活生生的、现实的社会人来承担这个角色。因此,使社会中某一个人变成一名教师,进而成长为一名优秀教师,前提不是讨论角色是什么,而是要研究承担这种角色的人是什么,即要辨识人对自己的需要与发展目标的定位合理与否。

强调教师是现实的社会人,并非突出某种世俗的功利目标,而是指出日常生活中的人是丰富的、感性的存在,既要通过知识学习改善认知能力,成为有知识的社会人,又要追求情感、道德、审美的需求,满足人的多方面发展的需求。比如佐藤学就认为教育要建构客观世界意义的活动,是探索与塑造自我的活动,是编织自己同他人关系的活动。[①] 可见,学习和掌握科学知识,改善人的认知识能力,不一定满足人的全面发展的需求。

其实,对这个问题,叶澜作过批评:"基础教育改革的主要不足,无论是对时代的认识,还是对学生的认识、学校教育的认识,都侧重于认知,在一定意义上依然是乐观的理性主义和科学主义。所以,这在认识上放大了理性、智能、科学、技术在人和社会发展中的作用,在实践上则缺乏对人的精神力量培养的重视。"[②]

正如有研究者评述教师不只是一种工作,而是指一种人性化的职业,是一种"志业"。"从根本上,它意味着不只是把教师职业看成一种获取物质回报和技术传递的工作,而是指一种富有目的、激情和人生意义的工作。这听起来太虔诚,但它意味着一种专业主义,

---

① [日]佐藤学(Manabu Sato).学习的快乐——走向对话[M].北京:教育科学出版社,2004:38.
② 叶澜.时代精神与新教育理想的构建——关于我国基础教育改革的跨世纪思考[J].教育研究,1994(10).

在这里'专业'只是一部分,'理想'似乎更为重要。"①

所以,教育以实现人的发展为目的。关心人、尊重人,目的是激发人参与教育的积极性、主动性、创造性,提高教育质量。同样,实现教师专业化,以正确认识教师是社会中现实的人为认识前提。进而,从人的发展需求理解教师专业化,把教师对专业的需求与教师实现自我价值联结在一起,避免把专业活动看做是满足谋生的需要,而是寻求专业的贡献,展示教师自身生存与发展价值目标的实现。如此,也是符合学校教育的本质要求。

(二)尊重教师多样化发展需求,规划与尊重教师专业发展的多样性目标

教师专业化不是唯一的目标。历史上的教育家各有千秋,比如柏拉图、孔子、苏霍姆林斯基、杜威、陶行知等等。同样,对今天的教师提出专业化要求,也应该鼓励教师创造性地开展教育教学活动,做出创造性的业绩。尊重教师对教育工作的选择与创造性开展教育活动,必然会使教师专业化目标呈现多样性、区域性、校本性的特征,甚至会使教师专业化呈现小群体性特征。

同时,要使丰富的教育理论转化成教育实践,也要提倡校本特色、教师特色。我们可以这样说,优秀教师既有共性,又有个性,培养优秀教师应该重视个性。也是在这个意义上,有关教育研究专家提出要关注草根教师、草根教育,这是一项十分有意义的工作。②

(三)教师专业化的成效与水平取决于教师对教育的态度

中外优秀教师的成长经历表明,任何一名具有较高教育水平的优秀教师,能够静心育人、潜心教书,从教育第一线中成长起来,是教育实践造就了教育家,教育家又创造性地推动了教育实践的发展。

教师在实践中成长,前提是教师喜欢、关心自己的职业活动,主动地掌握先进的教育科学理论、专业学科知识,借助高超的教育艺术,引领学生愉悦地学习、创造性地学习。2009年9月19日《教育信息报》刊登一篇名为"'草根名师'的心路之旅"的文章,介绍了四位普通教师的教育业绩,其共同点是对自身教育工作有一个良好的态度,这就是独立思考教育问题,不愿意继续常规(主流)教育的技术化、体制化带来的弊端。这则材料给予我们的启示非常简单,所谓"态度决定一切,细节决定成败"。有了正确的教育态度,加之自觉的教育实践,教育改革能够取得成效,教师自身素质也能随之得到改善。

三、教师专业自觉的基本要求及完成

从教师个体角度理解教师专业化,教师专业化要依赖于、取决于教师对专业活动的认同、接受并能够积极主动地参与教育活动、创新性地开展教育活动,我们把它看做是教师的专业自觉。实现教师专业自觉,是一个逐渐发展的过程,简单地概括成三个发展阶段:

(一)专业认同

"认同"一词并不复杂,但要说清其概念并不简单。不同学科的研究者对此有不同认

---

① 〔英〕艾弗·古德森(Ivor F. Goodson). 专业知识与教师职业生涯[M]. 刘丽丽,译. 北京:北京师范大学出版社,2007:85.
② 浙江省教育科学研究院启动草根教育研究。2007年9月2日浙江省教育科学研究院在杭州举办"草根教育——让教育回归自然"论坛。"草根教育"研究旨在探讨教育现代化进程中,由于过度追求"科学化"、"技术化"而带来的活力缺失,教育智慧与幸福感的泯灭等教育异化现象,呼唤自然本真的教育。来自基层教学一线的四位教师与有关专家一起就"草根教育"的内涵、意义与实践进行了深入的研讨和交流。浙江省教科学研究院网站 http://www.zjedusri.com.cn/2007-09-04.

识和观点。夏征农主编的《辞海》（缩印本）中对它作了这样的解释："认同一译'认定'，在心理学上指认识与感情的一致性。认为经过认同，形成人的自我概念。在社会学上泛指个人与他人有共同的想法。在人们的交往活动过程中，为他人的感情和经验所同化，或者自己的感情和经验足以同化他人，彼此产生内心的默契。"[1] 顾明远主编的《教育大词典》中，"认同"是把自己亲近的人或尊重的人作为行为榜样进行模仿或内投自身的过程。[2] 朱智贤主编的《心理学大词典》中规定"认同"是"社会化过程中个体对他人的整个人格发生全面性、持久性的模仿学习"，是"一种防御性机制，指由于某种动机而有选择地模仿别人某些特质的行为。如模仿他所崇拜或羡慕对象的某些行为"。[3] 结合这些解释，对"认同"作通俗的理解，它主要是指相信、赞成、认可自己或他人以及有关观点、处事方式等等。

据此，我们强调教师的专业认同，是指教师对自身专业活动的理解、接受与认可。这种"理解、接受与认可"的程度有深浅之分，因而使教师实现专业认同目标体现着认同层次上的差异，特别要重视这样两个层次的专业认同类型：一是有的教师把教育职业当做一份谋生的工作加以认同；二是有的教师是从教育意义与价值的角度认同教师职业，这种"认同"反映了教师对教育工作作出深层次的理解，是对"谋生"观点的超越。

针对这两个层次的认同类型，要帮助教师完成专业认同，重点是积极引导教师努力朝向后一种专业认同目标。这需要研究采用什么样的方式帮助教师完成专业认同。一般采用两种思路：一是灌输的方式。使教师了解教育职业与专业的基本特点以及道德要求，以此督促与规范教师的教育行为；二是主张个体在实践中获得，让教师在具体的教育活动中感悟与体验专业的价值。

其实，通过灌输方式让教师了解教育活动的意义，是把"专业意义"作为一种知识或概念加以传授。这样，教师得到了关于某种专业意义的知识，掌握了关于专业活动意义的"知识"，这是一种认识论的思路，对专业意义的理解是静态化、客观化、概念化的。

所以，教师要利用各种时间与机会在参与教育实践中领会专业的意义。如此，专业并不独立于教师之外而存在，而是教师与教育实践建立关系时谈及专业的意义与价值，教师也是在实践过程中领悟专业活动的意义。这样获得专业的经验、认识与认同，是教师个体的体验，是教师与专业活动之间全部整体关系的把握，因而说它是基于教师个体"内在的力量"。

如此理解教师与专业的关系，理解教师对专业的把握，不完全是有关专业知识的累积，而是表明教师与专业活动之间建立了一种"紧密"的关系，也就是我们平常所说教师要爱自身的职业活动，要喜爱专业，爱、喜爱不能简单地看成是心理学的概念，而是教师与专业活动结成的基本关系，是教师从事教育专业活动的一种描述，因而它不仅反映了教师对教育专业活动的一种认识，具有认识论意义，更是教师把自身的意向、态度、情感与立场赋予专业活动，体现着存在论的意义。正如范梅南给出的答案："教育是教学、养育

---

[1] 夏征农. 辞海（缩印本）[M]. 上海：上海辞书出版社，1989：433.
[2] 顾明远. 教育大词典[M]. 上海：上海教育出版社，1990：390.
[3] 朱智贤. 心理学大词典[M]. 北京：北京师范大学出版社，1989：990.

活动，或者从广泛意义上讲，是与孩子相处的活动。"① 与孩子相处的活动，是对教育含义极其通俗的解释。但是，仔细品味，却能发觉它揭示着教师的生存特征，最基本一条是教师向学生敞开着，主动地与学生建立交往关系，这种主动性，要求教师以"自然的态度面对学生"，与学生建立信任关系。

师生之间结成的信任关系有怎样的特征？吉登斯的论述值得重视。他认为在现代社会生活中，信任关系具有本体论意义，它不只是表明道德价值立场或心理学意义的相互关系的确认，而是通过建立信任关系，"把自身创造性地投入到与他人以及客体世界之中，近乎确定无疑的是心理满足和'道德意义'之发现的基本成分"。② 因此，只要教师能够与专业建立基本信任、认同关系，教师就能够从职业与专业活动中获得知识、感受道德价值，这种对教育与专业的认同才是基础的、深刻的。

（二）专业反思

完成专业认同的教师未必具有高深的专业修养。因为专业认同是多样的、杂乱的，需要理性的修整与开发。这就涉及教师专业自觉的第二环节：专业反思。

反思在认同中的价值，吉登斯作了进一步的分析。首先，肯定反思是认同的重要环节，是维系认同目标实现的基础。"自我认同并不是个体所拥有的特质，或一种特质的组合。它是个人依据其个人经历所形成的，作为反思性理解的自我。认同在这里仍设定了超越时空的连续性：自我认同就是这种作为行动者的反思解释的连续性。"③ 这里强调了"反思性理解的自我"的重要，"认同"是不断反思、反思解释的连续性。这说明"认同"不是被动的接受，也不是一个终结性的目标，"认同"是依赖认同主体的不断反思而获得不断的进展。其次，指出缺少反思要给认同造成的风险，影响认同目标的实现。最后，自我是形成着，它不是先天赋予的。具有反思能力的人，才能建构个体与周围世界的关系，与他人进行富有意义的沟通，进而培养成为拥有合理稳定的自我认同感的个人。因此，"个人的认同不是在行为之中发现的，也不是在他人的反应之中发现的，而是在保持特定的叙事进程之中被开拓出来的"。④ 这是说个人认同看起来是与个体有关，但是自我认同绝不能围绕"自我"进行，而是要使自我与周围环境建立开放的、交流的、对话的互动关系。

因此，强调在反思中实现自我建构，完成自我认同任务。但是，"反思"不同于"思考"，"反思"是指向个体自身，即"反观自身"，这就有别于传统的"主客二分法"的认识路线。

如此说来，"反思"首先是反思者自身的认识与思考，这也是开展"专业反思"的基本要求。只有这样，专业反思不仅是对专业知识、内容与活动方式的反思，而且是对认识主体提出更高要求。只有这样，教师才会主动地把专业活动当做一项思考的任务，不会仅仅是谋生获取薪水的工作，教师也能从专业反思中感受快乐，主动地参与变革专业活动。

---

① 〔加〕马克斯·范梅南（Max Van Mannen）. 生活体验研究——人文科学视野中的教育学［M］. 宋广文等，译. 北京：教育科学出版社，2003：2.
② 〔英〕安东尼·吉登斯（Anthony Giddens）. 现代性与自我认同［M］. 赵旭东等，译. 北京：生活·读书·新知三联书店，1998：60.
③ 同上书，58.
④ 同上书，60.

从这一点上说，教师能够进行专业反思，显示着专业认同提升到一个更高的层次。

（三）专业自觉

专业自觉的教师，能够理性审视自身的专业水平，审视自身的职业活动，把职业活动当做研究对象。专业自觉的教师至少有三个特征：

一是自觉意识到提升专业水平的紧迫性，并为提升专业水平表现出极强的主动性、积极性。教师不断地反思自身欠缺，努力学习与钻研，提高理念素养，改善知识结构，培育教育能力。

二是自觉意识到专业活动中存在的问题，加以创造性地解决。教师能够把学习与掌握的教育理论转化成教育实践，创造性地解决教育实际问题，并能不断地梳理自身的教育经验，形成理论性较强的教育研究成果。

三是专业自觉的更高表现是形成教师的精神世界。教师的专业水平不仅表现在智力与能力上，而且涉及人的内心世界，关系人的心灵、精神。因此，专业自觉是一种境界，是教师拥有的一种精神世界。教师建构属于自己向往的精神生活世界，教师是富有的、自足的。

四、教师专业自觉养成的条件与策略

教师专业自觉是个体对教育的自觉认同与反思，表现形式是个体化的。但是，它同样要依赖于社会外部条件，尤其是社会为教师专业成长提供经济帮助、创造自由民主的教育环境。当然，建设支持教师专业化的外部条件，要以教师专业自觉养成为出发点。

（一）进一步探索与深化职前师资培养模式的改革

提升职前师资培养质量，关系着教师队伍的整体素质。我国教师教育机构从兴起到发展，经历了百年。在这个过程中，我国教师教育机构的办学定向、学校管理、教育行政等方面受到社会主流政治观念的影响，这就要求在社会政治、经济、文化发展的条件下，对教师教育机构及职前师资培养工作进行全面细致的革新，融入新的观点、内容与举措，包括培养形式、课程设置、教学实习等各个教育教学环节，目标是让职前师资加深对教师职业与专业活动的认识，提高从事教育工作的积极性、自觉性。

（二）营造鼓励教师自主创新的氛围，赋予教师开展教育创新的自主权

教师专业成长不是"纯理论"探索的过程，而是要求做到理论学习与教师教育实践的结合，以此能够对教育实践有所改变与触动。如果对教师的教育活动给予严格控制与规范要求，教师要把自己对教育的理解表达出来，并在实践中尝试与改革，这是不可能的。为此，要求赋予教师一定的教育自主权，激励教师主动地开展教育研究，发现教育问题，改革教育问题。

赋予教师一定的教育自主权，就要营造适宜教师自主成长的学校氛围与条件。教师主动地开展教育研究，反思日常教育现象与问题，就要培养或激发教师的自我意识。而具有自我意识的教师，一般是具有独立判断、独立行事的人，不肯人云亦云，而现实生活中，具有这种品性与生活习惯的人，往往会与日常行为规范或领导的意见、观点出现不合。如何看待不合，如何使具有自我意识的教师更健康地成长，必须为他们创造自由、民主的思考与行为空间。

（三）建立一支胜任引导教师专业发展的优质师资队伍，指导与帮助教师专业成长

积极发挥优秀教师对青年教师的帮助与引导作用，使青年教师确立职业自信心，学会思考教育问题，使年轻教师避免走曲折的专业成长道路。

要积极利用各种教育资源，建立教师发展学校，建构教师专业成长共同体。学习是教师专业进步的最有效手段。学校要促进全体教师专业发展，必须寻找经济便利、综合资源利用好的教师在职教育新形式，建设教师发展学校是一种选择。

建设教师发展学校，教育理论研究专家、地方教育科研人员、教育行政管理人员及一线优秀老师面对面交流与研讨，使更多教师参与学习，更新教师知识结构，加强知识修养。

（四）鼓励教师在教育实践中成长

任何一名教师都是生活在特定社会文化背景之中，受到社会历史文化价值观的影响，尤其是处在多元文化价值冲突、交流的时代。鼓励教师自觉认同专业要求的同时，要确立远大的专业志向。尽管这是一件不容易的工作，但是，通过引导教师学习，鼓励教师创新，指导教师教育研究，使教师在收获实践成果的同时，逐渐培养起对教育职业的兴趣与热情。

在这方面强调要支持教师开展教育课题研究，通过课题研究的引领，增强教师对教育问题的反思与研究意识，提高研究能力。当然，教师研究课题要立足于教师日常教育活动，以增强教师的教育问题意识、增强教师改进教育工作能力为目标，鼓励教师通过记教育日记、制作教育问题卡片等途径，增强专业认同感，提高专业反思能力。

（五）形成创新的学校文化，构建教师专业成长的健康氛围

教师专业自觉，处于特定的社会与学校文化之中，它也要继承与创新学校文化。可以说，任何一名优秀教师的成长，都是对某些优秀教师的传承与扬弃，使之进一步完善与发展，以达到一个新的高度。

第十二章 教师的专业境界

教育是教育者与受教育者相互影响的活动。要确保学生的健康成长，需要建设一支有知识、有能力、有品位的教师队伍。如何打造这样的教师队伍，对教师提出怎样的要求，这是需要研究的课题。

概览与此有关的研究成果，着重于教师个性特征、教师职业道德、教师知识以及教师教育教学技能等方面的研究。结合研究，提出了加强教师职业道德教育、改善教师知识结构以及提高教育技能作为提升教师队伍素质的主要思路。尽管提及教师职业道德教育，但是，教师职业道德教育变成灌输职业道德知识的现象十分严重，影响着教师从事专业工作的积极性和自觉性。

的确，教师是教育发展的关键因素与核心资源。开展教师的个性特征、职业道德、知识结构、教育技能的研究，倡导教师关心、热爱本职工作，充满着工作热情，并能够自觉反思与研究日常教育问题，主动地把精力投入到教育工作中，积极参与学校的教育改革，这是优秀教师应该具有的基本素养。对此，上一章已经讨论"教师的专业自觉"议题。联系当前的教育实践，更需要讨论另一话题，即进一步研究如何使教师把教育工作看成是实现人生价值、展现人生意义的过程，它体现着教师的专业境界。

一、对"教师"研究的认识

认识与分析教师专业境界的缘由及主要内容，要区别于对教师专业素养惯常的认识路线。已有研究成果主要围绕四个方面问题：

（一）教师个性特征的研究

对教师个性特征的研究，是心理学、教育学等学科感兴趣的议题，起始于20世纪50年代。当时主要运用人文主义模式，重点研究教师的人格特征及其价值。到了70年代，开始应用行为主义理论成果，对教师人格特征进行实证研究，而到了70年代末80年代初，着手进行这两种模式的整合研究。所谓整合研究，是指围绕人的发展为主线探讨教师人格特征在教育教学活动中的作用，把价值研究与实证研究结合起来。[1]

开展教师个性特征的研究，主要研究教师个性因素对教师专业发展及其对学生发展产生的影响。比如史密斯概括道："几乎毋庸置疑，教师对自己的态度会影响他在课堂上的表现。人们完全有理由相信，教师对学生的态度——比如，教师对学生寄予的期望——将会影响学生的成绩。态度上的个性，无疑是教学行为的一个组成部分。"[2]

关注教师心理健康问题，培养教师个性健全，也是教师个性特征研究的重要内容。研

---

[1] 刘全波. 现代西方关于教师个性特征的研究[J]. 比较教育研究，1991（6）：42—45.
[2] 〔瑞典〕胡森（Torsten Husen）. 国际教育百科全书第九册[M]. 贵阳：贵州教育出版社，1990：33.

究者认为教师的心理素质、心理健康状况不仅影响学生的学习质量、智能的发展,而且影响着学生非智力因素的发展、品德的形成、人格的塑造。① 有研究者提出,维护教师的情绪、提高教师的情商,是教师改善心理素质、保持心理健康的关键。② 据此,有研究者提出应该把心理健康作为选聘教师的一条重要标准。并且指出应该把心理健康教育作为教师培训的内容之一,让教师了解自身个性特征的基本状态,提高教师自觉规避不良个性的意识与能力。同时,学校为教师创造一个良好、宽松、和谐的工作人文环境、学习成才环境、人际关系和谐环境、心理疏导环境,对提高教师心理健康水平将大有裨益。③

(二) 教师知识的研究

教师知识素养与教师专业发展关系密切。教师的知识准备、知识状况成为衡量能否取得教师资格证书的标准,也成为评判能否成为优秀教师的一项重要条件。开展教师知识的研究,是一项重要的研究课题。

西方国家从20世纪50年代起就受行为科学和心理学研究成果的影响,开展教师与有效教学相关性的研究。在研究中发现,教师的知识与技能是影响教学效果极其重要的因素,这为以后的教师研究形成了一个基本假设,即教师只要掌握了所需要的知识和技能,就能完成教学任务,提高教学效能。相应地,教师教育被认为是替即将成为教师的学员提供相应的知识和技能。

20世纪60年代,舒尔曼(Lee Schulman)是这一研究领域的重要代表。他提出教师知识包括学科内容知识、一般教学法知识、有关学生的知识、有关教育情景知识以及其他课程知识。国内也有研究者指出,一名合格教师要掌握本体性知识、实践性知识以及条件性知识。④ 这些研究工作的重点是研究合格乃至优秀教师需要具备哪些知识和技能,为优秀教师建构知识框架图。可把这一研究思路看做是教师知识的静态研究。

关注教师知识是怎样生成的,教师知识是如何建构的,可以看做是教师知识的动态研究。虽然一名教师完成职前的知识教育(师范教育),获得了教师资格,具备从事教育教学工作需要的知识与技能,但是,未必能成为受学生欢迎的教师,未必能成为一名优秀的教师。这需要研究教师怎样在自身的教育教学实践中转化知识、分享经验。对此,研究者形成了不同的研究思路。概括地说有两条研究路向:第一条路向包含埃尔鲍兹(Elbaz)、康奈利(Connelly)和克兰迪宁(Clandinin)等研究者们提出教师"实践知识"与"个人实践知识";另一条路向是基于舍恩(Schon)的"反思实践"的概念与芒比(Munby)、拉塞尔(Russell)提出教师实践或反思知识。例如:埃尔鲍兹较早涉足教师实践知识的研究。通过对一名高中英语教师的个案研究,埃尔鲍兹试图去"抓住"教师工作实践中的知识,而不是把理论或者观点强加于教师。埃尔鲍兹发现,这位教师所拥有的知识,并不是理论或者实证性的命题,而是如何实施教学,解决冲突,将自己的教育追求与计划联系在一起,并实施到教学之中。埃尔鲍兹指出,这些理解构成了教师的"实践知识"。⑤

研究教师知识管理也是教师知识研究的重要议题。从20世纪50—60年代开始,国外

---

① 李子华. 论教师个性素质及其塑造 [J]. 机械工业高教研究, 2002 (3): 67—70.
② 李作佳, 郝伟兴, 周秋华. 中小学教师的抑郁情绪研究 [J]. 临床精神医学杂志, 1997 (6): 325.
③ 李晶, 陈廷. 教师个性特征与心理健康的相关性研究 [J]. 中国公共卫生, 2004 (4): 504—505.
④ 申继亮, 辛涛. 论教师素质的构成 [J]. 中小学管理, 1996 (11).
⑤ 李琼, 倪玉菁. 西方不同路向的教师知识研究述评 [J]. 比较教育研究, 2006 (5): 76—81.

提出知识管理新概念。美国管理大师彼得·德鲁克（Peter Drucker）就说："产业工人中出现了新型的劳动力阶层，他们接受过高等教育，具备获得、运用和分析知识的能力，因此企业应加强对知识和知识型员工的管理，即知识管理。"[1] 20世纪80—90年代，国外研究知识管理达到高峰。我国也于上世纪末本世纪之初开始注重知识管理的研究。2005年9月22日，在北京国宾酒店由计算机世界传媒集团和深圳蓝凌公司共同举办"2005知识管理 & 创新高峰论坛"；2008年12月27日，在北京中国人民大学逸夫会议中心由知识管理中心、中国人民大学信息管理学院等共同主办"2008中国知识管理论坛"。[2] 这些学术活动的开展，有助于推进知识管理理论的深入研究，扩大"知识管理"的影响力，也为各级各类组织创新与转型提供智力支持。

知识管理是对知识资源的管理，它是一个非常复杂的过程，意图不是为知识而管理，而是通过整合、聚集知识资源，增强组织的应变能力和反应速度，从而增强组织的效益和竞争能力。简单地说，知识管理，就是针对各种活动内容和信息的了解，长时间进行组织、更新、整理、分析并与他人分享的过程。[3] 受"知识管理"理论的影响，对教师知识的研究中，也重视运用知识管理基本观点研究教师专业发展。

按知识管理基本理论构想，认为教师专业发展以及教师的日常教育教学活动是教师经历知识获取、存储、分享、应用与创新的过程，这是知识管理研究关心的一个典型个案。由此就可以形成这样的假设：如果教师增强了知识获取、存储、分享、应用与创新的技能和能力，就会促进教师专业发展目标的实现，也会有助于教育教学质量的提高。基于这样的考虑，教师知识管理研究成为研究教师专业发展的一个热点议题。有些研究者还利用现代网络技术展开这方面的研究，提出要构建教师知识分享的网络平台，以此提高教师知识管理的效率，使知识的共享与交流变得更加便捷，从而使教师能够及时获取新的信息和经验。[4]

讲到知识，就会联想到"知识分子"。教师是否是知识分子，如何使教师成为知识分子，也是教师知识研究的重要内容。研究者引用萨伊德《知识分子论》、雷蒙·阿隆的《知识分子的鸦片》及朱利安·班达《知识分子之背叛》等著作的基本思想，指出教师是知识分子，要研究作为知识分子的教师的职责与使命，研究影响教师成为知识分子的制约因素。研究者强调使教师成为知识分子，教师承担着社会批判的责任、教育理论与实践创新的职责，有助于教师能够以批判的精神、立场与能力独立地开展教育活动，培养新生一代的创造精神。[5] 因此，培养教师成为知识分子作为教师专业发展的目标，是教师教育的重要使命。

（三）教师职业道德的研究

中国素来具有尊师重教的传统。研究教师专业发展，关注教师的道德修养，加强教师职业道德研究，是一项重要课题。研究指出，教师身教重于言教，努力培育"经师"与"人师"相统一的教师。

---

[1] 〔美〕彼得·德鲁克（Peter Drucker）. 知识管理［M］. 杨开峰，译. 北京：中国人民大学出版社，1999.
[2] 胡金波. 知识管理的组织结构模式构建［J］. 管理学刊，2011（1）：75—78.
[3] 华斌，金维兴. 现代企业知识管理［J］. 管理科学文摘，2004（7）：20—21.
[4] 王天平，肖庆顺. 论教师知识管理的内涵及方式［J］. 天津市教科院学报，2009（6）：65—67.
[5] 蒲阳. 教师知识分子特征的失落与复归——教师专业化背景下的反思［J］. 教育发展研究，2010（6）：16—19.

即便是市场经济建设环境中的当前社会，人们对教师职业依然赋予道德期望。与其他职业相比，它被看成是一个高起点、高标准、高素质、高境界的职业。当人们谈到教师职业特征时，教师职业道德是备受关注的话题。即便是在教育系统内部，教师职业道德也被看做是教师从事教育教学活动的思想坐标，是规范教师职业行为的基本准则，是影响教育质量的重要因素。甚至过度凸现教师的道德要求，把一名好教师看做是具有神圣意义的道德偶像。

教师职业道德具体构成，是教师职业道德研究的重要内容。吴俊升、王西征指出了教师职业修养的三方面内容：一是对于儿童的慈爱。唯有对儿童有同情心，对于儿童有慈爱心的人，才有资格做教师。二是教师要富有责任心。越是艰难的任务，越需要高度的责任心。三是儿童不是一个人可以造就成人的，必须由学校中各个教员彼此合作，才可有良好的结果，因而要求教师富有合作的精神。[①] 孟宪承、陈学恂也强调教师应该"爱儿童"，教师爱着儿童，其最大的报酬也就是儿童的爱。而且，学校是一个社会组织，教师要以教学服务于社会，要忠于教育职业，不可见异思迁，分心旁骛于其他种种活动，应该具有同情、客观、忠实、负责的理想和态度，应该为儿童和社会尽力尽职。[②]

也有研究者开展"教师职业道德对教育效果影响"的研究。研究者指出要辨识动机论与效果论两种观点的合理与否。持前一种观点者认为，通过加强教师职业道德教育和建设，完善教师职业道德素养，教师就能本着良善的动机从事教育活动，推动教育工作的开展。而持效果论的观点认为，什么样的教师职业道德素养是要提倡鼓励的，什么样的教师职业道德素养有利于教育质量的提升，关键是看教师教育效果。有助于教育效果的教师教育行为，就应评判为有道德良善的行为。

（四）教师教育教学技能的研究

教育是一门科学，又是一门艺术。重视教师教育教学能力、技巧的研究，认为教师的教育教学能力水平是影响教育质量的关键因素。训练与培养教师教育教学能力，是开展教师教育的重要内容。

孟宪承与陈学恂在合著的《教育通论》中就指出教师的专业准备包括基本训练和专业训练两部分。基本训练主要依据中小学校开设的各类课程设计教师教育课程，如数学、物理、地理、历史等。专业训练分技能、知识和理想三个目标。"技能"主要是指"教材及教学法"、"实习"以及实用技艺等。不熟悉这些技能，是不能胜任教学工作的。"知识"主要是指教育学科知识，如"教育通论"、"教育行政"、"教育心理"等，这些是关于教育最底限的知识。"理想"则是指教师的职业品质，能够做到节约、自制、刻苦、勤劳，要有服务社会的志愿。[③] 其实，孟宪承与陈学恂所说的基本训练和专业训练，重点是围绕教师的职业能力，而这个职业能力可被等同于完成日常教育活动的能力。

近年来，对教师教育教学技能研究的关注，依旧是热情不衰。而且对教师教育教学技能研究的深度与广度都有显著的拓展。比如对"观课"文化的研究。观课目的是通过观察、反思别人的课堂教学，以达到取长补短改进自身教学工作的目的。从长远看，主要是

---

① 吴俊升，王西征. 教育概论 [M]. 福州：福建教育出版社，2006：258.
② 孟宪承，陈学恂. 教育通论 [M]. 福州：福建教育出版社，2006：166—168.
③ 同上书，168—169.

训练教师发展自己的教学策略。因此，观课是一种有系统、有目的的活动，且是一个学习过程，在观课过程中师徒或同事一起在专业知识、教学态度和教学技巧等方面共同进步。①

教师完成教育工作需要一定的教育知识与教育技巧。研究者关注对初任教师的研究。其实，许多国家都非常重视初任教师的引导、帮助、支持工作。比如给初任教师安排指导教师是最重要、最普遍的做法之一。美国和英国的师徒制度在 20 世纪 80 年代就得到迅猛发展。② 师徒结对支持初任教师、新教师的专业发展，其主要方法与支持领域聚焦在教师的课堂教学，帮助解决新教师面临的教学问题。

表 12-1 陈述的内容是两位研究者对新教师遇到的问题作了概括。维曼梳理新教师遇到的 24 个问题，其中 13 个是教学问题（表 12-1 所列），王小棉梳理了 20 个问题，其中 12 个是教学问题（表 12-1 所列）。③ 可以说，新教师要成为合格乃至优秀教师，解决课堂教学问题是十分重要的议题。

表 12-1 新教师面临的教学问题④

维曼（Veenman）的观点	王小棉的观点
课堂纪律	根据学生的区别差异因材施教
激发学生动机	根据学生的知识基础和心理特点教学
处理个别差异	教学过程和设计和教学方法的选择
评价学生的表现	组织学生外出活动
组织课堂工作	激发学生的兴趣和积极性
处理个别学生的问题	及时根据学生的反馈调整教学
备课和计划学校工作日	根据教学大纲的要求处理教材
有效地使用不同的教学方法	理解教材的重点和难点
判断学生的学习层次	让学生了解和接受自己，建立威信
学科知识	与学生交朋友，了解其个性和思想
处理迟缓学生	恰当地评价学生的学习情况
处理不同文化和不利背景的学生	维护课堂纪律和控制课堂气氛
有效地使用教科书和课程指引	

帮助新教师成长也是校长的重要工作。校长怎样帮助新教师？在《校长怎样辅助新任教师》一文中指出校长给予新教师的忠告包括：有效的教学、包容不同的学习方式、联系家长、管理好教室秩序、学生资料的保密、向校长请示、教师专业发展等七个方面。这七方面的核心仍然是教师的教学。正如文献指出，校长对新任教师的表现有信心，但是，有一个最大顾虑，即教师能否促进学生成绩的改进。学生的成绩，是家长和社会人士最关切的问题。如果成绩不佳，会直接影响新任教师的教学评价和发展前途。⑤

---

① 李婉玲. 教师发展——理论与实践［M］. 台北：五南图书出版股份有限公司，2005：60—61.
② 卢乃桂，操太圣. 中国教师的专业发展与变迁［M］. 北京：教育科学出版社，2009：321.
③ 同上书，326.
④ 同上.
⑤ 陈德祥，姜玢玢. 校长怎样辅助新任教师［A］. 舒志定主编. 教育领导研究（第一辑）［C］. 上海：上海教育出版社，2009：114—123.

其实，上述四个方面开展教师研究，把教师专业素质的整体要求分解成若干领域或若干维度，从不同角度、不同方面、不同层次论证教师专业发展的目标与要求。应该说，这些研究成果提出加强教师专业发展的要求与目标是合理的，对培养合格教师、优秀教师具有参考价值和指导意义。

但是，教师的教育活动是在特定的社会政治文化环境中发生的，教师的思想、观念、能力、知识获取受到社会环境的制约。因此，研究优秀教师的标准与培养策略，研究教师专业成长，既要对教师素质进行分解研究，又要研究教师对自身专业活动的接受程度，即要研究教师能否自觉地把社会赋予的外部目标转变成内在需要，从而自觉地参与教育、研究教育，激发从事教育活动的创造力，使教育劳动成为教师的创造性活动。从这个角度说，教师从事教育活动，不是外界赋予或强迫的，是出于教师内在需要，是教师自觉地把教育活动看做实现自我价值、体现人生意义的过程，并且在长期的教育实践中，教师对教育实践形成自己的独特理解，这些特征，是教师专业境界的反映，是教师教育需要重视的课题。

二、教师专业境界内容解析

关注教师专业境界，需要理解教师专业境界的基本内容。依据《说文解字》的说法，"境"是指疆，境界含有疆界之意。《诗·大雅·江汉》中有言"于疆于理"。《后汉书·仲长统传》："当更制其境界，使远者不过二百里。"佛教对境界的含义另有解释，佛教认为眼、耳、鼻、舌、身、意为六识，根据对识体作用的不同，各以色、声、香、味、触、法六境为其辨别的境界，因而，佛教境界主要指这六识各自辨别的对象。《现代汉语词典》（第5版）对"境界"作了通俗的解释，境界是指事物所达到的程度或表现的情况。按此理解，境界有程度之分，当事物达到程度极其深刻或极高层次时，"境界"就有"意境"之义。

结合"境界"一词的简单解释，我们认为教师专业境界主要是指教师对自身专业活动的理解程度，即怎样看待专业活动。它不仅仅是指专业态度，而且强调教师自觉、深刻地把握、理解专业活动的价值与意义。因为，教师对专业活动表现的态度，取决于教师对专业活动意义与目的的理解，是这种"理解"的一种具体表现、一种行为外化，换句话说，教师专业态度不能准确客观地反映教师对专业价值与意义的完整认识，因为，教师如果追求教育活动的功利目标，也会对自身的专业活动表现出积极的态度。

所以，教师把专业活动理解为实现自己人生价值的过程，从被动应付到积极应对，进而能够主动创新专业活动。就此说来，教师对专业活动意义与价值的理解程度深浅不同，教师专业境界高低不一。如果教师对专业的理解深刻、独特，专业技能高超，这类教师就达到了较高的专业境界。正如王国维在《人间词话》中描述的"古今之成大事业、大学问者，必经过三种之境界：'昨夜西风凋碧树。独上高楼，望尽天涯路。'此第一境也。'衣带渐宽终不悔，为伊消得人憔悴。'此第二境也。'众里寻他千百度，蓦然回首，那人却在，灯火阑珊处。'此第三境也"。王国维描述了"大学问家"成长过程经历的三种境界，其实，对教师来说，道理是一样的。从新教师，到专家型教师，乃至成长为教育家，也是逐步提升境界的过程。

据此，从理解教育的角度，进一步阐明研究教师专业境界的原因以及基本内容。

重视研究教师的专业境界,是因为教育内涵与教育目标发生根本性变革。学校教育处于知识社会的大背景之中,教会学生学会读书、写字、计算,这些属于知识技能的认知目标不是教师专业活动的唯一目标,相反,要通过学校教育和教师劳动,要使学生具有持续不断地学习、训练和提高自己的能力,发展自己的智力、情感和道德潜能,为人的一生发展奠定基础。从这个意义上说,学校教育面向一切学生,为学生的一切发展创造条件。

受此认识的影响,对学校作用、教师角色的认识发生着相应的变化。知识学习、考试分数不是学校教育与教师工作的首要目标,培育学生关怀社会、参与社会的公共理性精神、接受高尚的道德价值观念、成为身心和谐发展的社会公民,则是现代学校教育及教育理论探索的紧迫课题。

其实,这个问题历来受到重视。一直以来,教师有"经师"与"人师"之说,尤其是把"人师"确立为理想教师的目标。"人师"的意蕴,就在于为受教育者指引人生意义的方向,培育学生正确的人生价值信念。可以说,追求人生价值与意义,倡导教育的社会理想目标,是中国教师精神气质与人文品性的体现。它可以集中用一个字来概括:爱。对教育的爱、对学生的爱(常言说"爱生如子")是优秀教师的基本品质,也是衡量是否为优秀教师的重要界标。

具有教育爱的教师,他们把专业工作看做是实现自己人生价值和人生意义的基本途径。这样的教师,对待专业工作认真、投入、用心,把自己整个身心都投入到专业活动中,无怨无悔,创新创业,不会得过且过,深受学生爱戴。

也须强调,教师的教育教学技能水平的提高,其实是受到教师专业境界的制约。现代学校教育要求教师从关注自身的"教"转向关注学生的"学",表面上看,这种转变是教师教学方法、教学技能的变化,实质上则是受到教师教育观念的制约。比如传统认为改善教师教育技能,需要关注教师学习哪些学科知识、掌握哪些教育学知识,同时要求教师的普通话达标、能写一手漂亮的三笔字(钢笔、毛笔、粉笔)、能够熟练使用现代教育技术、掌握学生心理辅导技巧等等。不能否定,对教师来说,掌握这些技能十分重要。

但是,即使是具有良好教育工作技能的教师,能否真正有效地把已经掌握的知识与技能运用到日常教育教学工作之中,并对学生健康成长产生深刻影响,教师对教育的理解是重要因素。如果教师能够像孟子那样,从"教育天下英才"中得到的快乐,而快乐的本质源自教师满足"立德、立功、立言"的需求,通过自身专业活动而使自我价值转化成社会价值。这是从生命而不是从知识的角度理解自己的专业活动,教育不是具体方法或技术,而是心灵感动心灵,是激发学生与教师自身生命活力的重要途径。这是我们讨论教师专业境界的基本内涵,并且,我们把教师专业境界梳理成三部分内容:

(一)专业思想

思想是经过人的思维活动而产生的结果,社会历史条件制约着思想的内容、方式。它既是名词,是思考的结果;又是动词,表示对某项活动、事物的思考。人是思想者,但是,思想的深刻程度会有差异。要思考,尤其是要形成深刻的思想,就要解决为什么思想、思想的对象是什么、如何去思想、形成思想又是为了什么等基本问题。这些问题与人的日常生活密切相关。人是在生活中积累经验,形成对生活的感受。如果能够对生活的经验与感受不断反省、反思,这就是思考的过程,它是形成思想的重要环节。从这个角度说,"思想"的形成非常重要,正如西哲所说"未经自省的生活是没有意义的",孔子也说

"吾日三省吾身",目的是为了与朋友、与社会建立信任关系,承担一种社会责任,确保人生意义的实现。

因此,强调教师专业境界,必须重视教师的专业思想。要求教师能够自觉反思日常教育工作,理性地思考教育活动面临的问题与取得的绩效,逐渐形成理性的成果,这是教师专业思想的重要内容。专业思想越深刻的教师,对教育有着深刻的感受和丰富的理论思考成果,越会更加主动地研究教育、变革教育,把教育从一种活动、工作状态变成融合自己理想、展示自己生命力量的过程。

(二)专业伦理

专业伦理是教师教育实践中涉及的道德观、价值观。教育实践的道德与价值观,最核心一点是要尊重学生,这种尊重,不仅要求把学生看做是独立的个体,教师与学生是人格上的平等者,关键是要确立学生为本的价值理念。每一个学生是有差异的,表现在学习能力、思想观念、行为能力等方面,以学生为本,就要求教师重视学生的差异,实施有差异的教育。教师做到有差异地认同学生,理解学生,关键是取决于教师的伦理与价值观取向。

1. 伦理目标

促进学生的全面发展,确保教师自身身心和谐,创设美好的学校生活是教师工作的伦理目标。具有伦理目标,就使教师保持对道德的尊重、对知识的真诚以及求知的热情,更重要的是教师能够对崇高信仰目标保持敬畏之心。

2. 价值愿景

教师专业活动的价值目标是满足学生及自身成为身心健康的人的需要。既要传授先进的科学知识,让学生掌握现代科学知识、发展职业技能,又要在掌握知识基础上,完善人的心灵,使其成为具有道德、具有审美情趣的人。正如康德所说,教育要培育人的心灵能力,使学生对人有仁爱之心,有世界公民的情怀。因此,教师要教育学生一是关怀自己,二是关怀共同成长的人,三是培养学生具有世界之善。

3. 价值实践

教师注意创设美好的育人环境,创设良好的人文氛围,注重分析、讨论学生对事物、知识及社会现象的感受性,在讨论、分析、比较中提升学生的生活品位。

(三)专业艺术

提升教师专业境界,要强调教师的专业能力。高超的能力与技能,是把自身专业境界现实化的基本保障。任何一名优秀教师,都以增强转变学生心灵世界的实践能力为努力目标,在日常教育生活中,注重培育和锻炼自己改造学生心灵的能力,减轻学生的学业负担,提高学生的学校生活质量。

从这层意义上说,教师的专业艺术,是专业理想、专业价值目标指导下的职业技能。联合国教科文组织在20世纪90年代考察社会变化对教育提出挑战的问题时,就强调了这一点。"社会与人文科学以及对教育内容的价值质量越来越大的关注开始通过学习计划、课程和教员的培养方面的变化表达出来。这种关注不仅反映出人们对保持教育内容均衡的注意,而且尤其反映出一种经验和信念的结果,这种经验和信念即是:使科学技术服务于进步事业越来越需要进行扎实的伦理和人道主义教育。"① 这里谈及了教学内容、教学方法的变化，这种变化受到其他因素的制约，包括价值理想、人道主义信念等。所以，谈论教育教学方法或教育教学技术或教育教学内容选择，需要选择教育教学伦理观与价值观，伦理观与价值观制约着日常的教育教学行为。

由此看来，对教育伦理观与价值观的认识程度、接受程度以及转化成教育实践能力的不同，教师的专业艺术是有区别的。概述之，教师教学艺术至少经历三个层次：适应、熟练、变革。适应是指年轻的新教师能够认真对待专业活动；熟练是指教师具有一定教育经验，能够灵活应对教育活动中出现的各种现象，呵护而不是溺爱学生。变革是指教师具有创新教育的水平与能力，在专业活动中创新创业，实现人生价值。

三、教师分享美好教育生活

这里讲教师专业境界，只是想以平常心来理解、鼓励与支持教师追求专业境界。当然，强调教师要追求并确立崇高的专业境界，并不是说教师是不食人间烟火的"圣人"。其实，任何一位教师都生活在现实的社会生活之中，有正常人的正常需要和正常人满足需要的方式。然而，追求专业境界的教师与别的教师相比，差异在于对人生、对教职确定了不同的价值取向，有专业境界的教师，总是把教育的美好、致人的良善作为职业活动的目标，作为激励自己克服困难、尽心尽职、任劳任怨地从事教育教学工作的内在动机。

然而，现实教育实践中，总有诸多的因素影响着教师对专业境界的渴求。比如教师的工作环境与待遇不尽如人意，对教师产生深刻影响。有一些教师对专业发展和专业成长的热情不高，促进自身专业发展的自觉性不强，终身服务教育的志愿不强烈等。比如曾经有报道称（《今日早报》2007年11月6日），浙江省杭州市将缩小教师与公务员收入差距，市政府指出由于义务教育阶段免收书本费等费用后，教师实际收入比往年有所下降，与公务员收入存在差距，区域和城乡之间义务教育经费投入和保障水平还存在较大差异等等。教师工作环境得不到优化，生活待遇偏低，难以让大部分教师或比较多教师自觉自愿地从事教育工作，更不要说做到乐业、敬业、勤业。

另外，一线教师肩负繁重的教育教学任务。社会确立教育优先发展的战略地位，家长给学校教育提出无限的期望，而学生们出现的各种各样的问题，比如心理问题、离家出走、行为不端等等，无论是发生在校园内还是校园外，学校与教师总是被看做重要的责任人。时下的学校教师压力大、心理负荷重，如何指导教师走出心理困境，给教师松绑，既是一项现实的难题，也是倡导教师奉献教育、献身教育绕不过的一道坎。

当然，学校管理机制也不利于教师创新、探索，不利于培养具有个性化教育的卓越教育人才。众所周知的应试教育并没有从教师和社会公众的视野中消失。受应试教育模式的约束，学校教育存在的突出问题是"标准化"，用考试分数衡量学生学业成绩、衡量教师教学水平，结果，教师不愿意也不敢开展教育改革、尝试个性化教育，追求在专业活动中实践自己的教育思想，导致丰富多彩的教育活动变成了单调、乏味的机械重复，甚至出现教师不喜欢自己职业工作的现象，更严重的现象是教师对教育工作产生了厌倦感，这些情

---

① 〔罗马尼亚〕S. 拉塞克（Shapour Rassekh），（伊朗）G. 维迪努（Groege Vaideanu）. 从现在到2000年教育内容发展的全球展望[M]. 北京：教育科学出版社，1996：119.

况被戏称是"戴着镣铐跳舞。"

还有课程改革目标与教师教育能力的矛盾，影响着教师的工作积极性与主动性。从20世纪末21世纪初启动的课程改革，目标是凸现教育的发展功能，是一种从应试教育向素质教育的制度转型。

可是，这个问题至今没有解决好。其中对教师来说，最大的困惑在于自身的教育观念与专业素质的变化跟上课程改革的脚步。卢乃桂在《教师专业化与教师应对教育改革的能力》一文指出，虽然不少教师具有很强的自我效能感，但是，教师参与教育改革的积极性不高。文章认为，一项在北京和香港展开的有关教师对其工作理解的调查显示，中小学教师选择"自我效能"的比例很高。自我效能旨在调查教师是否相信自己能够"帮助儿童成为一名独立的学生"、"让学生感觉自己有能力学习"、"做对学生有意义的工作"，以及"让学生取得进步"。具有很高自我效能感的教师，认为自己有能力促进学生的学习，帮助学生获得成长。而事实上，教师面对课程改革，其反应是不积极的，应对课程改革的能力是有限的，他们依然如故在实施着传统的教学模式。[1]

面对教师遭遇的教育实情，要让教师追求专业境界，把教育工作做成是一项实现自我价值、奉献社会的崇高事业，的确困难不少。尽管有困难，但是，也不能放弃我们的理想追求。这里值得读一读并静心思考一位经济学家讲述的故事。故事是这样的：一个富人正在沙滩上享受大海的美景、晴朗的天空和温暖的阳光。此时，他身边躺着一个不名一文的年轻的流浪汉。富人对这个年轻的流浪汉说："年轻人，你要到外面的世界去奋斗啊。"年轻的流浪汉问："我为什么要去努力奋斗呢？"富人说："努力奋斗才能获得更多的财富啊。"年轻的流浪汉又问："获得更多财富又是为什么呢？"富人说："获得更多的财富你才能到海边度假，享受这里的海滩和阳光啊。"年轻人反问道："那么，你认为我现在正在做什么呢？"[2] 故事描述了不同价值取向决定了对幸福与快乐的不同理解，富人的观点是财富导致幸福与快乐，而年轻人则认为财富与快乐未必有必然的联系。我想，目前我们教师从事的职业还不是全社会都羡慕的职业，经济待遇与社会地位尚有不尽如人意之处，工作压力与挑战与日俱增。面对这些困难与挑战，懈怠改变不了我们的困难与挑战，改善不了我们的处境。与其如此，还不如尽力地、主动地迎接挑战，早日行动，绝不可放弃，放弃的观点基于人的生命是低贱的观点。[3] 所以，我们还是要一路前行，脚踏实地，在不断的实践中寻求美好的教育生活，同时，这也是教师生命的充实和完善。

---

[1] 卢乃桂.教师专业化与教师应对教育改革的能力 [M].开放教育研究，2007（2）.
[2] 王曙光.幸福的和不幸福的经济学 [J].读书，2006（12）：150—159.
[3] 瘳申白.伦理学概论 [M].北京：北京师范大学出版社，2009：483.

第十三章 教师在职培训规律

人类社会经历着重大变革。全球化高歌猛进，跨国的人员、技术、信息交往更加便捷、更加频繁，社会经济走向知识经济，尤其重视人力资源、人力资本的作用与价值。社会的变革冲击着传统学校教育，推动学校教育改革是关系社会可持续发展、增强国家的国际竞争力的时代课题。

实现教育变革，教师是决定变革能否成功的重要因素。正如联合国教科文组织发布的《教育——财富蕴藏在其中》的报告中指出，教师作用的重要性从未像今日这样不容置疑。这一作用在21世纪将更具决定意义[1]。

为发挥教师在教育变革中的作用，各国都重视加强教师在职培训、教师终身教育工作，把教师在职培训看成是教师培养工作的重心，是提高教育质量的关键措施之一。联合国教科文组织于1975年第35届国际教育大会发布的第69号建议中明确强调"继续教育应该是教师教育过程中不可分割的一部分"，因此，要定期地安排各类教育人员接受继续教育。而且强调教师的继续教育尽可能灵活、多样，以适应教师个人需求和各个地方的特点，适合不同学科教师不同的专业发展和知识扩展的需要。[2]

我国也十分重视教师在职培训工作。1993年公布实施的《中华人民共和国教师法》规定，教师具有"参加进修或者其他方式的在职培训"的权利，同时，把教师进修或在职培训内容规定为思想政治、业务在职培训两方面。这些规定，推动了教师在职培训与进修工作的顺利开展。

也是因为对教师在职培训与进修工作的重视，有研究者指出，要重新界定与理解师范教育的概念，它应该包括职前训练阶段、任教初期阶段和在职培训阶段，使教师在职培训成为师资培养体系中不可缺少的重要组成部分。

为此，在不断推进教师在职培训工作中，需要研究教师在职培训基本规律，分析教师在职培训特色，关注教师在职培训绩效的提升。

一、在职培训与在职教育的异同

要实现高质量的教育，建设一支高素质的教师队伍是题中之意。教师是各级各类学校顺利完成教育任务、实施教育变革的关键活动者。不断提升教师专业化水平，是一项极为紧迫和十分现实的任务。

---

[1] 国际21世纪教育委员会报告．教育——财富蕴藏其中[M]．联合国教科文组织总部中文科，译．北京：教育科学出版社，1996：134．
[2] 联合国教科文组织．教师作用的变化及其对专业准备和在职培训的影响（第69号建议）[R]．赵中建主编．全球教育发展的历史轨迹——国际教育大会60年建议书[C]．北京：教育科学出版社，1999：394—403．

讨论教师在职培训，与此密切联系的另一个概念是教师继续教育。早在20世纪60年代末，教师在职进修被称作在职培训（In-Service Training），既包括在职教师参与的一切旨在拓展其知识、兴趣和技能的课程与活动，也包括在职教师在完成职前教育后为进一步取得学位、证书以及其他资格所做的准备活动。到了70年代，在职培训主要是指教师参加与本专业有关的各种活动。后来，在职培训又指为一切设计好的、有组织的、旨在改善专业工作的活动。进入80年代以来，对"In-Service Training"（在职培训）的概念发生了质疑，认为其不能正确地反映教师在职进修的内涵与外延，应称为"In-Service Education"（在职教育），意思是指通过提供完整的、连续的学习经历和活动来促进教师专业的、学术的和人格的发展。后来又提出一个折中的概念，把两种名称合并使用，称为"In Service Education and Training of Teachers"（在职教育和教师在职培训）。[①]

如上所述，在职培训与在职（继续）教育是有区别的概念。对教师来说，在职培训的对象主要是指已经获得教师资格（具有初级证书）的教师，参加与职业活动相关的培训活动，主要或唯一的意图是提高他们的专业知识、技能和态度，以便更有效地教育学生。[②]这只是在职教师参加的各种类型、各种形式教育中的一种或一部分，没有概括"In-Service Education"（在职教育）的全部内容。但是，怎样界定"In-Service Education"（在职教育），认识还不统一。《培格曼国际终身教育百科全书》引用有关研究者的观点，指出在职继续教育是一个教育体系，它包括正规和非正规教育。这个定义是根据所进行的特殊教育的目标而不是学习者的年龄或环境相对于教育的不同部分和机构（例如初等学校、中等学校、学院和大学）得出的。这个体系适合于所有年龄、在职或全脱产、自愿或强制学习的学习者，其教育经费来源是私人与公众相结合的形式。也有研究者结合继续教育职能，认为继续教育是给人们完善自己的教育提供进一步的教育或训练机会，以便始终适应新的或不断增加的职业要求。[③]

可见，"在职培训"与"在职教育"之间并没有存在根本性、甚至是对立性的差异，只是两者应用范围、关注重点有一定差异，因而也使两者有一致之处。在职教育涉及面更广泛、内容更丰富、培训对象也更为多样，在职培训是与职业相联系的，就此来说，在职培训是在职教育的一个方面或一种类型。

结合对"在职培训"与"在职教育"概念的简要介绍与区别，在此我们还是把"教师在职培训"作为讨论议题。一是因为《中华人民共和国教师法》明确规定在职培训是教师基本权利之一；二是在职教育涉及的教育内容更为广泛，教育形式更加多样，包括参加与职业活动没有关系的各种类型的学习培训活动。而这里强调在职培训，主要是与教师职业活动密切关联，是同时基于社会、教育发展的需要，也是基于教师个体需要的教师学习活动。所以，这里提及教师在职培训，是对取得法定的教师资格、已经或即将从事教育工作的教师开展的政治思想及专业业务在职培训活动。

[①] 时伟.我国教师继续教育模式的反思与重构[J]华东师范大学学报教育科版，2004（1）：28—33.
[②] 〔瑞典〕胡森（Torsten Husen）主编.国际教育百科全书[D].高乐明，译.贵阳：贵州教育出版社，1990：140.
[③] 〔英〕C.J.泰特缪斯（Colin J Titmus）主编.培格曼国际终身教育百科全书[D].毕诚，译.北京：职工教育出版社，1990：26.

二、教师在职培训规律考察路径

通过加强和创新教师在职培训工作，提高教师在职培训质量，是实现教师专业水平提升目标的重要举措。然而，面对社会和教育变革的新环境、新条件、新机遇，怎样开展教师在职培训工作，需要研究教师在职培训的基本规律，以期待能够更加主动、更加高效地推动教师在职培训工作，确保在职培训对教师专业发展产生实质性意义。

应该看到，有诸多因素制约着教师在职培训工作的顺利开展。这就需要进一步理清影响教师在职培训的各种主客观因素及相互之间的关系，探讨怎样有效地整合这些因素，促进教师在职培训工作绩效的最大化、最优化，由此需要深入探讨教师在职培训的基本规律。

讲到规律，通常会引用马克思对"规律"的认识。马克思在《资本论》中通过分析一般利润率趋向下降的原因及其后果时，指出规律乃是"两个表面上互相矛盾的事物之间的这种内在的和必然的联系"[①]。由此，从"本质关系"的维度界定"规律"的定义，称"规律就是关系。……本质的关系或本质之间的关系"，这是较为常见的一种说法。

根据这个定义，"规律"既然是指事物之间存在的本质的关系，而"事物之间本质的关系"是事物本身所固有的，是客观存在的，具有不容易随着人的主观意愿发生改变的特点或性质。这是"规律"的客观性特征，也就是说，"规律"是独立于人的意识之外而客观存在的事物之间本质关系。如此，也提出了人们应该给予"规律"的态度，即人们只能认识它、发现它，并因势利导地加以运用，而不能否认它的存在，更不能随意消灭它。

与此相关，要思考另一议题，即教师在职培训是否有规律，怎样寻求和发现教师在职培训中的基本规律？

教师在职培训作为一项工作，通过总结教师在职培训工作的经验，形成对教师在职培训工作的若干认识，这些认识或观点，或许会有一定的推广价值，从而使在职培训经验具有普遍性的特点。对此的认识是不会有异议的。但是，讲到教师在职培训规律，则会出现不同的意见。

我们认为，教师在职培训工作存在着基本规律，这是因为教师在职培训受到各种因素的制约，这些因素之间又存在着相互制约、相互联系、相互影响的关系，不会随着人的主观意志而发生变更或者消失不存在。如果能够对此加以研究，并用于指导教师在职培训工作，将会有力、有效地推进教师培训工作。也正是在此意义上，提及教师培训规律，并依据对"规律"定义的理解，通过辨别影响教师培训的各种因素，提出理解教师在职培训规律的两个视角。

视角一：从社会与教育互相关联的角度分析教师在职培训规律，着重探讨教师在职培训与社会的关系，揭示制约教师在职培训绩效的社会基础，以及由此呈现教师培训的外部特征。

重视教师在职培训，是基于国家或地区培养一批高素质教师队伍的需要，并且认为教师在职培训与教师职前教育一样，是教师教育制度的一部分。联合国教科文组织指出，面对全球化、信息化的挑战，社会期望教师去教育、传授、指导并评价学生，期望教师不仅

---

① 马克思. 资本论（第3卷）[M]. 北京：人民出版社，2004：250.

促进学习,而且担负起道德指引和教育指引的作用,使学习者能够在大量的信息和不同的价值观中不迷失方向。由此要求世界各国重视职前培养与在职培训的密切结合,建立一种视职前学习和在职学习连续统一体的师范教育和培训系统。①

就我国来说,伴随着社会政治、经济、文化的变革,开展教师在职培训也经历了一个发展过程。改革开放初至 90 年代之前,教师在职培训重点是解决教师的学历达标问题,90 年代至新课程改革之前,重点是解决岗位在职培训,对教师开展思想政治素质教育的内容所占比例较大。② 自新课程改革以来,教师培训意识进一步强化,教师培训内容进一步拓宽,培训经费发生显著变化,③ 创新性探索教师培训模式取得明显绩效。④

结合我国教师在职培训工作发展历程看,影响教师在职培训工作的主要因素:

其一是教育法律法规与教育政策的保障与推动。

《中华人民共和国教育法》、《中华人民共和国教师法》的颁布实施,教师进修、在职培训是一项法律赋予教师的权利与义务,使教师在职培训工作逐渐走上制度化、法制化轨道。又如 2010 年 7 月 29 日发布的《国家中长期教育改革和发展规划纲要》确立义务教育教师队伍建设是重点项目。《纲要》指出:"继续实施农村义务教育学校教师特设岗位计划,吸引高校毕业生到农村从教;加强农村中小学薄弱学科教师队伍建设,重点培养和补充一批边远贫困地区和革命老区急需紧缺教师;对义务教育教师进行全员在职培训,组织校长研修在职培训;对专科学历以下小学教师进行学历提高教育,使全国小学教师学历逐步达到专科以上水平。"从法律、法规、政策层面对教师在职培训、教师队伍建设作出规定,有助于改善教师在职培训的外部环境,并要求各级各类教育行政部门建立相应的在职培训管理制度、保障措施,促进教师在职培训工作的持续发展。

其二是社会变革对教育提出新要求。

开展教师在职培训,要充分考虑社会对教育发展的需求。比如我国从 2010 年启动骨干教师国家在职培训计划(简称"国培计划"),国家计划拨出五个亿进行教师在职培训。国家之所以要加大在职培训力度,主要是在前一阶段解决"能上学"的问题基础上着力解决"上好学"的问题。围绕这一点,教师在职培训人员选拔、导师队伍组建、研修项目开

---

① 联合国教科文组织. 加强教师在多变世界中的作用之教育(第 80 号建议)[R]. 赵中建主编. 全球教育发展的历史轨迹——国际教育大会 60 年建议书[C]. 北京:教育科学出版社,1999:524—529.
② 舒志定. 中国教师在职进修观念的演进[J]. 高等师范教育研究,2000(2):46—50.
③ 如河北省省级教师培训经费由 2003 年的 300 万元增加到 2008 年的 1800 万元,5 年增 5 倍。李丽钧,李佳佳. 我省省级教师培训经费 5 年增 5 倍[N]. 河北经济日报,2008-09-10(2). 以提高农村教师执教能力为重点,以培养农村教师领头人为目标,浙江省决定实施 2008—2010 年农村中小学教师"领雁工程",计划用 3 年时间为农村中小学培训 3.3 万名骨干教师,其中省级择优选拔培养 8000 名农村中小学骨干教师和校长,各市、县分别择优选拔 10000 名市级骨干教师和 15000 名县级骨干教师,分别参加市级和县级农村骨干教师培训。省、市、县三级骨干教师培训经费分别由省、市、县三级财政专项资助。朱振岳. 浙江实施农村教师"领雁工程"骨干教师培训经费由财政专项资助[N]. 中国教育报,2008-03-30(1).
④ 查询中国期刊全文数据库,以"教师培训模式"为主题,按"题名"、2000—2010 年查询,结果有 241 篇(查询时间:2011 年 5 月 8 日)。概括教师培训模式的称谓,如专业化取向、主题情境性、绩效导向式、兼容式、嵌入式、学研实践一体化、实习支教—支援培训、师徒式同伴训练、五段互动式、互动参与式、远程+集中+校本、两动两思、课例研究、协作—聚焦—探究、问题—研讨—行动等等。不论这些"模式"能否成立,应用前景如何,但是,它是进入新世纪以来教育工作者对教师培训工作积极探索与实践的结晶,表明了重视教师培训,而且认定教师培训需要不断思考与创新。

发、课程设置、实践环节安排等都要着眼于提高教师解决"上好学"的能力。

其三是学校教育改革与持续发展的需要。

开展教师在职培训，要充分考虑学校持续发展的需要。以中小学为例，从2001年试点新课程改革，到2005年全国所有小学初中起始年级实施新课程，与此相应的课题是怎样在素质教育理念指导下培养一支能够胜任新课程理念、能够创新性实施素质教育的教师队伍。因此，组织教师在职培训，必须紧扣提高实施素质教育能力的主题，结合学校、学生的实际情况，设计教师在职培训的模式、内容及措施，使教师在职培训投入少、收效大。

其四是师资来源多元化的客观要求。

1999年中共中央、国务院《关于深化教育改革全面推进素质教育的决定》明确指出："鼓励综合性高等学校和非师范类高等学校参与培养、在职培训中小学教师工作，探索在有条件的综合性高等学校中试办师范学院。"2002年的全国教师教育工作会议也提出，"十五"期间教师教育事业改革与发展的主要任务是初步形成以现有师范院校为主体、其他高等学校共同参与、培养和在职培训相衔接的开放的教师教育体系。这意味着提供新一代师资的机构不再局限于传统的高师院校，综合大学的毕业生也将进入新教师的补充行列。

视角二：从教师个体角度透析影响教师接受在职培训主要因素，研究教师个体与在职培训之间的关系。

如果说教师在职培训早期是源于社会与义务教育发展需要，重点是解决教师数量不足的问题，而到了21世纪，则主要是基于教师专业发展需要，目标是提升教师整体素质。要求教师不断提高完成本学科、本专业教育教学任务的胜任能力，尤其是面临着全球化与信息交流多元化、便捷化的背景中，要求教师能够自觉、深刻地了解自己国家和其他国家文化的多样性，在多元价值观交流与冲突的环境中能够坚守核心、主流价值观，为学生树立科学的世界观发挥重要作用。

因此，教师在职培训是促进教师专业发展与自我实现的基本途径，是为教师的终身学习提供一种全方位的优质服务和力所能及的专业支持与援助。正是因为这样，在当前的教师培训工作中，越来越重视要尊重参加在职培训教师的个性化学习需求，尽可能根据教师需求设计富有个性化的在职培训"套餐"，这些努力被证实是有效的。比如2010年实施的"中小学教师国家级培训计划"（"国培计划"），就采用了招标的办法征集与评选"培训方案"，有助于调动全国各地教师培训与教育机构参与这项工作的积极性与创造性，也支持、鼓励这些教师教育机构相互学习、交流与竞争，主动探索创新教师培训模式，开发优质教师培训资源，建设教师培训重点基地，最终达到提高教师在职培训绩效的目的。

基于教师个体影响教师在职培训的因素，至少要考虑三方面：

其一是充分考虑教师现有的知识基础与教育能力。任何一项在职培训项目的开展，都要以教师知识和能力为基础，提供适合参加在职培训的教师需要的学习内容、学习方式。

其二是需要深入系统地了解教师在职培训的真实需要，完整把握教师在职培训需要。新课程改革以来，对教师在职培训重视程度是前所未有的，也使教师参加在职培训的意愿和动机多样化、复杂化。

其三是要结合教师教育劳动及专业成长阶段性特点，开发相应的在职培训项目。处于不同专业成长期的教师的在职培训需求是有很大差异的，如刚入职的新教师，解决站稳讲台、上好课的问题，而对资深的、富有教育经验的教师，如何帮助提炼、总结教育经验，这是开展教师在职培训富有意义的项目。仅就此看来，参加在职培训的教师情况是有差异的、十分复杂的。所以，安排、组织实施教师在职培训项目，制订实施方案，要考虑处于专业发展不同阶段教师的在职培训需要，考虑处于不同地区、不同区域、不同学校教师的培训需求。

上述两个角度分析教师在职培训规律，虽有侧重点，但二者是互相联系、互相依存的。视角一要以视角二为基础，视角二则是视角一的具体化和进一步深化。

三、教师在职培训规律的初步阐释

基于这样的认识，考察教师在职培训规律，就必须把两者统一起来进行分析、归纳，并概括四大规律。

（一）现实性与理想性相统一的解放律

加强教师在职培训，是教师队伍建设的重要环节，是推进素质教育、促进教育公平、提高教育质量的重要保证。尽管教师在职培训的目标、要求及培训内容、时间、方式，受到社会政治经济文化等外部因素制约，但是，通过培训，促进教师素质提升，增强教书育人的能力，这一点是明确的。换言之，组织教师培训，就是要唤醒教师的职业意识、提升教师的职业能力，从而克服或消除教师对自身职业活动的担心与忧虑的心态，增强教师做好本职工作的自信心，使教师能够更加灵活、自主、自由地开展教育教学活动，把教师从被动从教、消极从教的状态中"解放"出来。

通过在职培训达到解放教师潜能的目标，这并不是一件容易的工作。这就决定了教师培训的理想性与现实性的矛盾。按教育家成长目标组织实施教师培训，促进教师潜能的最大解放，无疑是值得建构的教师培训理想。然而，实现教师培训理想目标，要充分考虑教师队伍的现实状况，充分考虑教育发展的社会政治经济文化条件，这决定着教师培训的现实性。由此要求设计教师在职培训方案，组织教师培训活动，要从国情、校情、师情出发，在教师资格认定、培养规格的设计方面，应充分考虑现实条件。同时，对教师在职培训的考核，也要坚持实效性原则，要有针对性，不能搞形式主义，从各地各校教师队伍和教育发展现状出发，确定切实可行的指标和措施。这是教师在职培训现实性的要求。对此，可从下述四方面阐述教师在职培训现实性与理想性相统一规律的主要内容。

（1）教师在职培训受社会生产力制约，但又具有相对独立性，因而要以适当超前的思路设计与开发教师培训的课程内容、组织形式等，以适应教师专业发展的需要，而不是"炒冷饭"。

（2）坚持重点培养与全员培训的统一。就一所学校来说，教师专业成长会存在差异，因而，在兼顾教师培训机会均等的情况下，抓重点培养，加大投入力度，以培养教育专家的要求组织教师在职培训。

（3）教师培训方式上体现教师的自主学习，培养教师的研究性学习能力。听课、相互交流、组织讨论会、参观案例学校等，都是十分有效的教师培训方式，对教师克服自身教育教学活动的不足，效果是明显的。但是，学习、交流、考察，不是简单地照搬照抄别人的经验，关键是督促教师静下心来思考，增强自身反思能力。

（4）教师在职培训不能只顾眼前利益和局部效益，要有在职培训的战略眼光，要着眼于未来需要来实施教师在职培训。

根据这一条规律，对做好教师在职培训工作提出基本要求：

1. 研究教师在职培训计划

根据社会以及学校和教师的实际情况,研究教师在职培训计划。制订计划,既要明确教师在职培训的指导方针、目标体系、任务步骤与管理策略,又要紧紧围绕教育与教师实际,使教师在职培训目标更加具体、更具有针对性。

2. 强调教师在职培训的自我教育

自我教育的重要目的是通过自我学习、自我训练而获得自我提高。自我教育既包含专业知识的学习,也包含道德品质思想意识的锻炼,所以教师在职培训不应与自我教育对立起来。同时,自我教育既是有效的教育形式和途径,又是教育的效果之一。

3. 探索多样化的教师在职培训方案

多样化的教师在职培训方案,包括教育形式、教育内容、教育类型、教育目标的多样化。从组织形式来说,有脱产的,也有半脱产的;就学历情况看,有晋升高一级学历的学习,也有专业理论进修提高的(如专题进修班、名师工作室、访问学者等);从内容而言,有学历补偿、学术研究,也有专题性在职培训;从时间划分,有短期也有长期。凡此种种,主要目的是增强教师职业适应性,提高从教能力。

(二) 理论与实践相统一的知行律

教师在职培训必须坚持理论和实践的统一,这符合马克思主义认识论思想,即遵循人的思想认识的提高应立足实践,随实践的发展而发展,并在实践中得到检验和证明。因此,组织教师在职培训,不能囿于理论学习,必须紧密联系教育教学实践,又能及时指导教育实践。

坚持教师在职培训的理论和实践统一的知行律,是源于教师素质提高的必然要求。"知"和"行"是培养具有良好素质的教师所不可分割的两个有机组成部分。一名好教师,不仅要有"知",而且要求"知"的进取心,但教师的"求知",不能远离教育实践,要与教育实践保持密切的关系。这种与教育实践的联系,仅仅了解实践、考察实践是不够的。相反,要求教师培养在教育实践中"行"的能力、"行"的作风。比如参与教学改革,这既是教师求知的目的,用已有的知识指导教育实践,又能丰富"知"的内涵。

如果教师缺少对教育实践的具体参与,就会失去"知"的重要来源。如陶行知为改革传统的"教师只教书,学生只背书"之弊端,提出改"教授法"为"教学法",主张"教学合一","教的法子要根据学的法子"。他认为当时乡村教育必须与农业结合,提出"生活教育"、"教学合一"的主张。又如黄炎培基于教育要实用的理想,倡导职业教育;蔡元培为革新传统文化,提出"军国民教育、实利教育、公民道德教育、世界观教育、美育"等五项教育宗旨。可见,强调教育要知行合一,这是众多教育家的共识,也是教育家促进自身成长的一条朴素哲理。

坚持教师在职培训的理论和实践统一的知行律,是确保良好的教师形象的基本要求。教师是学生学习效仿的典范,要求教师不仅传授知识,向学生灌输成才的道理,而且要求言行一致,这也是教师"德与才"的具体表现。《中庸·右二十章》中曾讲:"自诚明,谓之性。自明诚,谓之教。诚则明矣,明则诚矣。"这实际上表明"德"(主要是道德)与"才"互相统一、互相转化的辩证关系。按许金声研究认为,一个人的"道德力量、意志力量、智慧力量"中,无论哪一种"力量"薄弱或缺乏,都不容易养成一种健康人格,却有可能发展成非健康人格,进而他指出非健康人格状态,"第一缺乏道德力量,倾向于发展成为一个野心家。第二缺乏意志力量,倾向于发展为一个没有骨气的'善适应的人',终生一无所成。第三缺乏智慧力量,倾向于发展为没有灵活性的刻板的人,或者经常好心做坏事的人"。①

怎样才能在教师在职培训中体现知行统一律?从教师在职培训的外部条件看,主要是做好三个方面工作:

(1) 改革目前部分脱离教育实际的在职培训教材。在这方面最典型的比如《教育学》、《心理学》、《教师职业道德》等在职培训教材。无论是组织教师在职培训工作的学校,还是参与在职培训的教师,要求改革教材的呼声都很高。

(2) 建立在职培训网络机构,选择适宜的教师在职培训地点。要加强对教师在职培训工作的统筹规划,宏观调控,避免教师在职培训重复进行,影响教师在职培训积极性。如有位教师,先安排参加某教育学院举办的教师上岗在职培训,过了一年,学校又安排他参加某师范大学举办某一专业课程高级研修班。两个班有些内容甚至授课教师都是相同的,出现了重复在职培训,教师积极性也不高,自然就影响教师专业水平的提高和培训的绩效。

(3) 拟定教师参与在职培训的时间。在职培训时间确定,使教师既有教学实践的经历,又有理论学习的机会。

从教师主观因素考虑,对教师提出参加学习的要求:

(1) 勤于学习。读书是学习知识的手段、途径之一。但读书也不能迷信书本,要结合实际,创造性地读书。

(2) 精于思考。结合读书,善于思考教育实践面临的问题、对策。

(3) 善于总结。对教育实践进行梳理总结,有利于摸索教书育人的规律。

(三) 继承与创新相统一的传承律

通过参加培训,提高教师从事教育教学的能力和水平。但是,教师专业成长是有自身的成长规律。有一项对特级教师的研究认为,大体上3年能熟悉业务,6年就可变成内行,10年左右就能成熟。一项对128名优秀校长的调查研究指出,校长成长一般经历4个阶段:职前预备期、适应期、称职期、成熟期。这是个从适应到熟练、从不完善到完善、从学习模仿到创新改革的过程。所以,尽管教师成长时间有先有后,但其基本的成长过程、成长规律是十分相似的。详细见下表:②

一般过程	教师过程	校长过程
职业适应期	职业熟悉	职前准备
职业熟练期	熟练称职	适应期
初创成才期	创新成才	称职期
发展成熟期	发展成熟	成熟期

---

① 许金声.走向人格新大陆[M].北京:工人出版社,1988:255.
② 裘克人等.军事人才学引论[M].北京:能源出版社,1988:52;叶忠海等.教育人才学[M].上海:复旦大学出版社,1993:56—57.

这就要求开展教师在职培训，要遵循这种规律，使教师立足原有基础加以提升与完善，把它概括成教师在职培训的继承与创新相统一的传承律。

因此，体现、遵循教师培训传承律，对教师在职培训工作提出如下要求：

（1）要加强教师培训与教师队伍建设的规划工作，提出符合教师队伍成长实际需要的又具有针对性的教师培训方案。

（2）要落实教师在职培训的重点。根据教师成长阶段的不同要求，有重点地组织在职培训内容、落实在职培训的教师。

（3）要积极改善和创造教师在职培训条件。使教师在职培训获得更多的外部支持，帮助教师克服继承和创新中出现的困难。

（四）在职培训效益的个体性和扩展性相统一的交融律

教师培训效益，是开展教师在职培训工作备受关注的议题。怎样评价与认识教师在职培训效益？需要从两方面讨论在职培训效益：其一，教师在职培训效益由谁来实现？其二，学校怎样为更好地发挥教师在职培训效益创造条件？

这两个问题涉及教师在职培训的组织（学校）与参加培训教师的关系。首先要研究如何使参加在职培训的教师效益最大化。因此，在开展教师培训的工作中，要坚持质量至上的培训管理原则，采取以教师为本的管理理念，强化培训过程管理，对培训活动的每一个环节都能精心设计、精心管理，确保参与培训的教师获得效益。这是教师培训效益的个体性。

但是，组织与安排教师参加培训，要使教师个体得到的培训效益最大化，这就要求学校借助在职培训的教师，扩散他们所得到的效益，让其他老师也能及时分享培训的效益，使教师培训从个体教师受益转变成全体教师（或更多教师）受益，有利于教师队伍的整体建设。比如有的学校专门组织进修教师的学习汇报会、进修教师成果展、参加培训教师的学习研讨会等，有的学校安排学有所成的教师担任课题负责人，教研室（组）负责人等。通过这些工作，在更大程度上发挥教师在职培训的作用。

根据这条规律，开展教师在职培训工作时要注意两点：

（1）要慎重选择参加在职培训的教师，要针对性地开展在职培训，确保教师在职培训富有成效。同时要通过教师在职培训，达到优化教师队伍结构的目的。

（2）要采取必要的措施吸引教师回校工作，减少流失。有一些教师接受在职培训后，各方面有了提高，就以此作为自己进行流动的一种"资本"。为了减少因在职培训流失造成的损失，学校要研究必要的措施，防止教师流失。这样的措施主要包含两方面：正面鼓励和吸引教师回校工作；其次是采取补偿性措施，如签订劳务合同、交纳在职培训费、管理费等。

（五）教师在职培训的独立性与依存性的合作律

提出教师在职培训的独立性与依存性的合作律，主要是基于教师教育劳动特殊性的考虑。一方面教师在职培训活动最终是由教师个体来承担，教师个体是参加培训活动的主体；另一方面，对学校来说，组织教师培训的目的是提升全体教师整体素质，造就一批优秀教师。这就构成了教师培训中的个体独立性与学校教师队伍整体发展之间的依存、矛盾与冲突关系，怎样有效处理教师个人发展与教师队伍整体素质提升之间的关系，是教师在职培训的独立性与依存性相统一的合作律。这在组织、实施教师在职培训时已经有所体现。

首先,开发与设计培训项目,要妥善处理教师培训的个人需要与教师队伍整体建设之间的关系,在不影响教师队伍整体利益的情况下,充分考虑参加培训教师的个人需要以及专业发展的特点。

其次,采用同伴互助与个人研修相结合的方式,设置相应的培训学习课程,采取灵活多样的教学与学习方式。培训中,既要利用教师个人反思,又要利用同伴互助建设学习共同体。

最后,培训对象选择上,优先组织与安排容易与人合作的教师,帮助教师建构开放、宽容的心态,要求教师之间相互尊重,能够正确看待和评价全体合作者。

上面简略陈述了教师在职培训规律的五个方面:解放律、知行律、传承律、交融律、合作律。这五方面是教师在职培训规律的具体体现与阐说,它们之间相互联系、密不可分。解放律反映了教师在职培训的决定因素,回答了教师在职培训与社会生产力之间的关系。知行律揭示教师在职培训内部运动过程,即人的成长过程和思维认识发生过程的统一。传承律从教师的主要职能分析教师在职培训过程的特殊本质。交融律突出了教师在职培训效益的分布特性。合作律从教育发展和社会文化科技发展的未来角度,探讨了教师应具有基本品性。

同时指出,这五条规律虽然是从不同角度揭示教师在职培训过程存在的矛盾,以及教师在职培训运转过程的特点,但是,解放律是基础,制约着教师在职培训的开展,知行律是条件,传承律是途径,交融律是导向,合作律是保证。由此,五大规律构成一个比较完整而又复杂的体系。所以要求组织教师在职培训时要遵循规律,建立合理的教师在职培训模式,促进教师素质的提高,繁荣教育事业。

四、教师在职培训工作的主要特色

强调教师在职培训要遵循规律,并不是说要机械、僵化地理解教师在职培训。相反,要鼓励、支持教师不断创新在职培训工作,全面推进教师培训工作。概览近期我国教师在职培训工作的总体状况,体现出四方面特色。

(一)多样性与整体性的统一

教师在职培训工作的多样性,主要指三层意思。

1. 教师在职培训工作组织机构多样化

我国教师在职培训组织机构的建立经历了从比较单一向多类别、多层次、多功能的综合化发展,特别是进入20世纪90年代以来,按照《中华人民共和国教师法》迈向了教师资格培养机构的体系化、制度化、规范化的建设。从清末至新中国成立前,按师范教育制度的规定,除设置高等师范、中等师范、师范专科外,还有各种讲习所、教师进修班等。新中国建立后,我国教师在职培训的组织体系开始从比较单一的机构向综合化多功能发展,主要指建国初期开始建立教师进修学院、小学业余进修学校,一直发展到现在的教师培训网络构成:即县教师进修学校、省地市教育学院及师专、师大(专业性强的综合大学内设的师范学院)。

2. 教师在职培训类型的多样化

不断深化对教师培训工作意义与价值的认识,教师培训类型也越来越丰富、多样。比如就培训类型而言，有学历教育与非学历教育；从培训时间看，有较长期培训、中期培训、短期培训；从培训方式划分，有脱产在职培训、半脱产在职培训、在职进修等等。归结为一点就是教师在职培训层次性诱使多样性又带来灵活性。目前较为普遍的教师在职培训主要类型有：（1）选送教师到培养机构在职培训，有岗位在职培训、短期研修，也有学历提高进修。（2）开放大学、网络学校。利用网络学习课程或下载学习资料，或者利用网络博客等手段，教师之间相互研讨、交流，促进自身专业发展。（3）其他类型在职培训。如校内导师制、名师讲座等。这种在职培训针对性强、见效快。

3. 教师在职培训组织方式的灵活性

教师培训的灵活性，主要体现在教师培训要适应教师队伍建设和教育改革发展的需要。各地区、各所学校教师队伍建设的基础、条件是不一样的。各地、各校开展教师培训，就要充分考虑"因校制宜"、"因师制宜"。为此，校本培训、教研结合培训、送教下乡、顶岗培训、"影子"培训、名师工作站等培训形式、培训内容，深受学校与教师的欢迎。如果教师培训机构（单位）在研制教师培训项目时，固守老的思路、老的培训内容，就会影响教师参加培训的积极性、主动性，影响培训效果。

综合上述观点，提出教师在职培训工作多样性，有客观的原因也有主观的因素。客观上讲，主要由于我国教育发展不平衡所致。一方面教师数量众多，另一方面教育发展程度不一，而且师资水平差异显著。

当然，在职培训工作多样性也是基于教师成长个体因素的考虑。影响教师参与在职培训的因素是多种多样的，主要有：①教师的人生观、价值观。②教师的职业观，对教育事业意义的认识深度。③教师的知识观，现有的知识结构，职业技能与求知的态度。④教师的能力观，特别是主动获取知识的能力以及能力培养途径、方法和认识态度。⑤教师的身心发展观。由于教师自身因素的差异，组织教师在职培训工作要充分注意到这一点，体现出多样性特点。

在坚持教师培训多样性的前提下，还要重视发挥教师培训的整体功能。这里所指的整体功能，包括这几方面的含义：

1. 在职培训绩效评估的统一性

评估各种层次各种类型的教师在职培训效果的出发点应是一致的。对这个出发点，我们定义为"承认、扩散、效用"六个字。承认——参加在职培训的教师与学校都能得到报偿，即有鲜明的成果反映；扩散——要求前者经培养后获得成果以影响周围，甚至更广泛的领域，并能有反映影响度的指标规定，如发表的科研成果数量及外界引用评价情况、教学改革的成效、毕业学生质量反馈等；效用——是指教师在职培训对实现学校目的的促进作用，以及对实现教师价值产生的影响。

2. 在职培训内容的整体化

注重在职培训内容的整体化，既要组织教师学科专业知识、教育技能在职培训，也要求加强教师思想政治教育，提高教师思想政治素质。教师在职培训内容安排又要有针对性，对不同层次、不同类型在职培训内容要有所侧重，避免教学内容的重复，从而使在职培训能够满足教师教学能力、业务研究能力同时获得提高的需要。

3. 在职培训资源的整体化

要充分利用各种资源服务于教师培训，例如立足国内培训为主，积极开拓境外培训渠道,增加境外培养资源,在开放互动的过程中促进教师在职培训效益的提高。

4. 在职培训管理的微观化

在职培训管理的微观化,是指把管理深入到教师在职培训的微观层面,即培训需求调研、培训方案编制、培训过程督查、培训考核与评价等具体问题,都要精心策划、细致周密安排。比如培训课程设计、学习内容安排、培训方法选择、承担在职培训任务的学校信誉、参加培训学员的生活安排等,都要在培训开始前进行仔细考虑与研究。

(二)学术性与应用性相融合

就教师个体而言,参加在职培训是促进教师个人成长的一条有效途径。教师成长又将通过教会学生学习、生活而得到延展。从某种角度说,教师在职培训要解决教师自身教学能力问题。这样,就有"学与术"之间的矛盾,并且贯穿教师在职培训的全过程。

所谓教师在职培训的"术",是指教师确立专业发展目标,如提高学位、增强专业研究能力。所谓教师在职培训的"学",主要解决教师教学技巧,提高从教(职业)能力。实际上,教师在职培训要兼顾"学"与"术"的矛盾。

比如不少地方推出学科带头人培养、名师工程、特级教师工程等教师培训培养项目,在培训目标设计中,试图兼顾教师专业发展中的教与学、学与术的需要,即要求通过在职培训获得业务上的长进,同时又能在具体的教学技巧、管理实践上得到提高。因此,要求在职培训内容既有一定的专业理论性又能体现对教学实践、教学经验的反思与评析,提高解决教学面临现实问题的技巧与能力。

首先,要灵活组织教师在职培训的教育和教学活动。不少地方在设计教师继续教育在职培训规划时,提出了全员在职培训与分级在职培训结合、教师自培自练与骨干教师在职培训相结合的做法。教师全员在职培训、教师自培自练,主要面向全体教师,主要解决教师的学历、教师教学基本功训练,把在职培训重点放在"学"上。分级在职培训、骨干教师在职培训是立足全员基础上,分层次、分类别、有重点地提高教师教育学术专业知识和研究水平,使教师获得"学与术"的有机结合。

其次,教师在职培训要区分重点,科学地设置课程内容。课程内容增强针对性、实用性、超前性、专业性,既能提高理论水平,改进自身知识结构,又能指导教育实践,促进自身实际教育教学工作的改进;既有学科发展信息传递,又能兼顾教育教学技能训练。既要有知识传授,又要组织课题科学研究;既满足教师学与术多方面需要,又要满足多个层面教师的需要。

最后,形成教师在职培训考核的周期性特征。教师在职培训有学与术的需求,不同层次的教师及不同专业发展水平的教师的培训需求是不一样的,他们对参加培训后的反应也是有差异的,这体现着教师培训效果的差异性,由此体现出对培训绩效评价的不同要求,出现了有一定规则的评价周期。

许多学校在组织教师在职培训时,首先是调研教师在职培训需求,其次是选拔在职培训教师和主讲教师,提出在职培训计划,形成第一次在职培训评估考核,以此为基础进入新一轮调研——选拔——计划——在职培训——考核。

(三)消耗性与开发性的统一

教师在职培训是教育投资的有机组成部分。从投资这一角度而言,教师在职培训是消耗性的活动,不仅消耗投入的资金,而且还消耗体力、精力、时间,这就决定教师能否接受在职培训及在职培训程度如何,取决于社会经济发展水平及教师、学校的经济状况,最终受到社会生产力的制约。

同时,通过组织教师在职培训,把教师作为重要的教育资源,成为开发教师才能的一条有效途径。这条途径为教师指出"应该持续不断地学习、训练和提高自己的职业能力,发展自己的智力、情感和道德潜能,为人与人之间关系和更大形式的社团贡献更大的力量"。[1] 所以,就教师个体而言,参加教师在职培训,绝不仅仅是纯粹的短期消费活动,而是对自身发展有利并将影响社会的长远投资。众多经济发达国家振兴事实及振兴之路,是终身教育思想产生的重要理论和实践渊源。

从这一特征中发现,以往过于看重人才资源开发,安排教师在职培训,归结为学校组织的责任,经费由学校支付,派哪一位教师也由学校决定。对教师来说,参加在职培训成为一种身份象征。这样,教师参加培训的局限性是显而易见的。随着人才市场逐渐发育,一方面教师在职培训需求加大,另一方面拟应考虑教师应承担什么样的责任,使学校、教师共同分担责任,共享在职培训成果。在这方面,教师在职培训产生的效益也越来越受重视。不少学校都从实际出发,量力而行,创造了不少有效的做法,如实行校内导师制、读书报告会、学术讨论会等,积极开发本校教师资源。

另外,不少学校为了激发教师参与在职培训的热情,把学校"要我学"变为"我要学",充分发挥受训教师的积极性,制定了不少激励措施和约束机制,比如把教师在职培训与评优、选模、晋职、晋级结合起来。近几年,不少地方教育行政部门和学校积极探索教师分流与在职培训关系,通过精简学校编制,控制人员增长,实行教职工聘任制,多种渠道进行分流和转岗,促进教师队伍精干多效,保证提高教师在职培训的收益率。

(四) 世俗性与依法保障性的统一

教师在职培训是教师教育的重要内容之一。建设一支数量充足、素质精良的教师队伍,必定要建设一个比较完整的教师在职培训系统,教师参加培训既是一项权利,又是更好地履行教育职责的必然要求。

在这方面,从国家到地方政府甚至是学校都已制定出台了一系列教育法律和教师在职培训工作规程等,比如《中华人民共和国教师法》、《中华人民共和国教育法》、《中国教育发展纲要》、《关于加强小学骨干教师在职培训工作意见》等等,为教师在职培训工作走向规范化、制度化做出了积极的努力。而教师在职培训逐步转向规范化,从更深一层意义上讲,要求学校在组织教师在职培训时一是要严格执行法规规定,二是要加大执法的监督力度。

可是,在实际工作中,不是完全按照学校学科发展需要组织教师培训的现象也是存在的。在这种情况下,往往会依赖组织者对教师的情感与印象。产生这种情况,有各种原因,其中教育法律建设的不配套是原因之一。

因此,加强教师在职培训,提高教师在职培训绩效,要加强教师培训法律、法规建

---

[1] 〔英〕C. J. 泰特缪斯(Couin. J. Titmus)主编. 培格曼国际终身教育百科全书[D]. 北京:职工教育出版社,1990:17.

设，要加强政府的宏观调控与管理，建设一个富有效率、组织完备的教师培训制度系统。对此，一方面要服从、服务于国家教育制度及国家政策法规等，不能完全遵循教师个人的选择；另一方面，教师要具有发展自己的合法权利意识，主动接受、参与在职培训，通过自己不间断地学习、训练，提高自己的职业能力，发展自己的智力、情感和道德。

参考文献

[1]马克思恩格斯选集(第1卷)[M].北京:人民出版社,1995.
[2]马克思恩格斯全集(第6卷)[M].北京:人民出版社,1961.
[3]马克思恩格斯全集(第3卷)[M].北京:人民出版社,2002.
[4]马克思恩格斯全集(第21卷)[M].北京:人民出版社,2001.
[5]马克思恩格斯全集(第25卷)[M].北京:人民出版社,2001.
[6]马克思恩格斯全集(第30卷)[M].北京:人民出版社,1995.
[7]马克思恩格斯全集(第31卷)[M].北京:人民出版社,1998.
[8]马克思.资本论(第3卷)[M].北京:人民出版社,2004.
[9]舒新城.教育通论[M].福州:福建教育出版社,2006.
[10]洪汉鼎.诠释学——它的历史和当代发展[M].北京:人民出版社,2001.
[11]洪汉鼎.理解的真理——解读伽达默尔的《真理与方法》[M].济南:山东人民出版社,2001.
[12]洪汉鼎主编.理解与解释诠释学经典文选[C].北京:东方出版社,2001.
[13]国家教育发展研究中心,组译.发达国家教育改革的动向和趋势[C].北京:人民教育出版社,2004.
[14]乔健主编.社会科学的应用与中国现代化[M].北京:北京大学出版社,1999.
[15]汪晖,陈燕谷主编.文化与公共性[C].北京:生活·读书·新知三联书店,1998.
[16]舒志定.创造活动论[M].长春:吉林人民出版社,2003.
[17]舒志定.教育哲学引论[M].北京:中国社会出版社,2003.
[18]舒志定.人的存在与教育——马克思教育思想的当代价值[M].上海:学林出版社,2004.
[19]舒志定.教师角色辩护:走向基础教育课程改革[M].杭州:浙江大学出版社,2006.
[20]舒志定主编.教育领导研究(第一辑)[C].上海:上海教育出版社,2009.
[21]徐友渔,周国平,陈嘉映,尚杰.语言与哲学——当代英美与德法传统比较研究[M].北京:生活·读书·新知三联书店,1996.
[22]倪梁康.胡塞尔现象学概念通释[M].北京:生活·读书·新知三联书店,1999.
[23]罗家伦.写给青年——我的新人生观演讲[M].北京:中国人民大学出版社,2005.
[24]王宁,薛晓源编.全球化与后殖民批判[M].北京:中央编译出版社,1998.
[25]王宁.消费社会学[M]北京:社会科学文献出版社,2001.
[26]厉以宁.消费经济学[M].北京:人民出版社,1984.
[27]龚群.现代伦理学[M].北京:中国人民大学出版社,2010.
[28]郑燕祥.教育范式转变效能保证[M].上海:上海教育出版社,2006.

[29]操太圣,卢乃桂.伙伴协作与教师赋权——教师专业发展新视角[M].北京:教育科学出版社,2007.

[30]钱善行主编.后现代主义[C].赵一凡等,译.北京:社会科学文献出版社,1999.

[31]欧阳谦.人的主体性和人解放[M].济南:山东文艺出版社,1986.

[32]陈友松.当代西方教育哲学[M].北京:教育科学出版社,1982.

[33]瞿葆奎主编.英国教育改革[C].北京:人民教育出版社,1993.

[34]余家菊.教育哲学论稿[M].武汉:华中师范大学出版社,2008.

[35]曹锦清编选.儒学复兴之路——梁漱溟文选[C].上海:上海远东出版社,1994.

[36]柳诒征.中国文化史(上下)[M].上海:中国大百科全书出版社,1988.

[37]黄俊杰.儒学传统与文化创新[M].台北:东大图书股份有限公司,1986.

[38]许倬云.中国文化与世界文化[M].贵阳:贵州人民出版社,1991.

[39]严元章.中国教育思想源流[M].北京:生活·读书·新知三联书店,1993.

[40]段治文.中国近代科技文化史论[M].杭州:浙江大学出版社,1996.

[41]余英时.士与中国文化[M].上海:上海人民出版社,1987.

[42]钱穆.国史新论[M].北京:生活·读书·新知三联书店,2001.

[43]钱穆.现代中国学术论衡[M].北京:生活·读书·新知三联书店,2001.

[44]张世欣.道德教育的四大境界——中国古代德育学派的比较研究[M].杭州:浙江教育出版社,2003.

[45]陈青之.中国教育史[M].北京:东方出版社,2008.

[46]杜维明.儒教[M].陈静,译.上海:上海古籍出版社,2008.

[47]杜维明.东亚价值与多元现代性[M].北京:中国社会科学出版社,2001.

[48]杜维明.人性与自我修养[M].北京:中国和平出版社,1988.

[49]赵中建主编.全球教育发展的历史轨迹——国际教育大会60年建议书[R].北京:教育科学出版社,1999.

[50]徐复观.中国人性论史·先秦篇[M].上海:上海三联书店,2001.

[51]金耀基.大学之理念[M].北京:生活·读书·新知三联书店,2001.

[52]黄全愈.素质教育在美国[M].广州:广东教育出版社,1999.

[53]李婉玲.教师发展——理论与实践[M].台北:五南图书出版股份有限公司,2005.

[54]韦政通.中国思想史(上下)[M].上海:上海书店出版社,2003.

[55]列文森.儒教中国及其现代命运[M].北京:中国社会科学出版社,2000.

[56]李泽厚.中国古代思想史论[M].北京:人民出版社,1986.

[57]牟宗三.心体与性体[M].上海:上海古籍出版社,1999.

[58]张祥龙.海德格尔思想与中国天道——终极视域的开启与交融[M].北京:生活·读书·新知三联书店,1996.

[59]陈桂生.师道实话[M].上海:华东师范大学出版社,2009.

[60]张楚廷.课程与教学哲学[M].北京:人民教育出版社,2003.

[61]陈永明主编.现代教师论[M].上海:上海教育出版社,1999.

[62]林逢祺,洪仁进.教师不可不知的哲学[M].上海:华东师范大学出版社,2009.

[63]孟宪承,陈学恂.教育通论[M].福州:福建教育出版社,2006.

[64]吴俊升,王西征.教育概论[M].福州:福建教育出版社,2006.
[65]瘳申白.伦理学概论[M].北京:北京师范大学出版社,2009.
[66]许金声.走向人格新大陆[M].北京:工人出版社,1988.
[67]裘克人等.军事人才学引论[M].北京:能源出版社,1988.
[68]叶忠海等.教育人才学[M].上海:复旦大学出版社,1993.
[69]李友梅,肖瑛,黄晓春.社会认同:一种结构视野的分析:以美、德、日三国为例[M].上海:上海人民出版社,2007.
[70]费孝通.乡土中国[M].北京:北京大学出版社,1998.
[71]刘述先.全球伦理与宗教对话[M].石家庄:河北人民出版社,2006.
[72]刘小枫主编.康德与启蒙[C].北京:华夏出版社,2004.
[73]北京大学"哲学系外国哲学史"教研室.古希腊罗马哲学[M].商务印书馆,1961.
[74]余家菊.师范教育[M].上海:中华书局,1926.
[75]〔美〕帕玛(Richard E. Palmer).诠释学[M].严平,译.台北:桂冠图书股份有限公司,1992.
[76]〔法〕德里达(Jacques Derrida).一种疯狂守护着思想[M].何佩群,译.上海:上海人民出版社,1997.
[77]〔加〕大卫·杰弗里·史密斯(David Geoffrey Smith).全球化与后现代教育学[M].郭祥生,译.北京:教育科学出版社,2000.
[78]〔德〕海德格尔(Martin Heidegger).林中路[M].孙周兴,译.上海:上海译文出版社,1997.
[79]〔德〕海德格尔(Martin Heidegger).存在与时间[M].陈嘉映,译.上海:上海三联书店,1999.
[80]〔德〕哈贝马斯(Jürgen Habermas).交往行动理论·第一卷——行动的合理性和社会合理化[M].洪佩郁等,译.重庆:重庆出版社,1994.
[81]〔美〕小威廉姆·E. 多尔(Doll, W. E. Jr).后现代课程观[M].王红宇,译.北京:教育科学出版社,2000.
[82]〔德〕E. 卡西尔.启蒙哲学[M].顾伟铭,译.济南:山东人民出版社,1988.
[83]〔美〕迈克尔·W. 阿普尔(Michael W. Apple).文化政治与教育[M].阎光才,主译.北京:教育科学出版社,2005.
[84]〔法〕福柯(Michel Focault).权力的眼睛[M].严峰,译.上海:上海人民出版社,1997.
[85]〔法〕福柯(Michel Focault).规训与惩罚[M].刘北成,译.北京:生活·读书·新知三联书店,1999.
[86]〔英〕阿兰·谢里登(Alan Sheridan).求真意志——密歇尔·福柯的心路历程[M].尚志英,许玲,译.上海:上海人民出版社,1997.
[87]〔美〕乔尔·斯普林格(Joel Spring).脑中之轮——教育哲学导论[M].贾晨阳,译.北京:北京大学出版社,2005.
[88]〔美〕杜威(John Dewey).民主主义与教育[M].王承绪,译.北京:人民教育出版社,2001.

[89]〔德〕马克斯·韦伯(Max Webe). 学术与政治[M]. 冯克利,译. 北京:生活·读书·新知三联书店,1998.

[90]〔德〕马克斯·韦伯(Max Webe). 新教伦理与资本主义精神[M]. 于晓,陈维纲,译. 北京:生活·读书·新知三联书店,1987.

[91]〔美〕约翰·E. 丘伯(John E. Chubb),泰力·M. 默(Terry M. Moe). 政治、市场和学校[M]. 蒋衡等,译. 北京:教育科学出版社,2001.

[92]〔美〕塞缪尔·亨廷顿(Samuel P. Huntington)〔美〕劳伦斯·哈里森(Lawrence E. Harrison). 文化的重要作用——价值观如何影响人类进步[M]. 程克雄,译. 北京:新华出版社,2002.

[93]〔法〕霍克海默(Max Horkheimer),阿尔多诺(Theodor W. Adorno). 启蒙辩证法[M]. 洪佩郁,蔺月峰,译. 重庆:重庆出版社,1990.

[94]〔法〕P. 布尔迪厄(Pierre Bourdieu) C. 帕斯隆(Jean-Claude Passeron). 再生产——一种教育系统理论的要点[M]. 邢克超,译. 北京:商务印书馆,2002.

[95]〔德〕弗洛姆(Fromm Erich). 为自己的人[M]. 孙依依,译. 北京:生活·读书·新知三联书店,1988.

[96]〔德〕弗洛姆(Fromm Erich). 健全的社会[M]. 欧阳谦,译. 北京:中国文联出版公司,1988.

[97]〔英〕罗素(Bertrand Arthur William Russell). 社会改造原理[M]. 张师竹,译. 上海:上海人民出版社,1959.

[98]〔英〕斯宾塞(Herbert Spencer). 斯宾塞教育论著选[M]. 胡毅等,译. 北京:人民教育出版社,1997.

[99]〔德〕狄尔泰(Dilthey Wilhelm). 精神科学引论第一卷[M]. 童奇志,译. 北京:中国社会出版社,2002.

[100]〔捷克〕夸美纽斯(Johann Amos Comenius). 大教学论[M]. 傅任敢,译. 北京:教育科学出版社,1999.

[101]〔苏〕米·费·奥甫相尼科夫. 黑格尔哲学[M]. 侯鸿勋,李金山,译. 北京:生活·读书·新知三联书店,1979.

[102]〔德〕黑格尔(Georg Wilhelm Friedrich Hegel). 精神现象学[M]. 贺麟,译. 北京:商务印书馆,1979.

[103]〔德〕黑格尔(Georg Wilhelm Friedrich Hegel). 哲学史讲演录[M]. 贺麟,王太庆,译. 北京:商务印书馆,1981.

[104]〔英〕齐格蒙·鲍曼(Zygmunt Bauman). 生活在碎片之中[M]. 郁建兴,译. 上海:学林出版社,2002.

[105]〔加〕查尔斯·泰勒(Charles Taylor). 自我的根源:现代认同的形成[M]. 韩震等,译. 南京:译林出版社,2001.

[106]〔瑞典〕胡森(Torsten Husen)主编. 国际教育百科全书[D]. 高乐明,译. 贵阳:贵州教育出版社,1990.

[107]〔英〕弗里德利希·冯·哈耶克(Hayek Friedrich August). 自由秩序原理[M]邓正来,译. 北京:生活·读书·新知三联书店,1997.

[108]〔比利时〕海尔曼·德·丹(Herman DeDijn).欧美哲学与宗教讲演录[A].赵敦华,编.北京:北京大学出版社,2000.

[109]〔德〕康德(Immanuel Kant).未来形而上学导论[M].庞景仁,译.北京:商务印书馆,1978.

[110]〔英〕卡尔·波普(Popper Karl).客观知识——一个进化论的研究[M].舒炜光,译.上海:上海译文出版社,1987.

[111]〔法〕埃蒂安·巴利巴尔(Balibar Etienne).马克思的哲学[M].王吉会,译.北京:中国人民大学出版社,2007.

[112]〔德〕恩斯特·卡西尔(Emst Cassirer).人论[M].甘阳,译.上海:上海译文出版社,2003.

[113]〔挪〕G.希尔贝克(Gunnar Skirberkk),〔挪〕N.伊耶(Nilsg).西方哲学史——从古希腊到二十世纪[M].童世骏,郁振华,刘进,译.上海:上海译文出版社,2004.

[114]〔英〕伯里(J. B. Bury).思想自由史[M].宋桂煌,译.长春:吉林人民出版社,1999.

[115]〔意大利〕加林(Eugenio Garin).意大利人文主义[M].李玉成,译.北京:生活·读书·新知三联书店,1998.

[116]〔美〕吉拉尔德·古特克(Gutek Gerald).教育学的历史与哲学基础——传记式介绍[M].缪莹,译.长沙:湖南教育出版社,2008.

[117]〔德〕汉斯—格奥尔格·伽达默尔(Hanns-Georg Gadamer).真理与方法[M].洪汉鼎,译.上海:上海译文出版社,2004.

[118]〔德〕埃德蒙德·胡塞尔(E. Edmund Husserl).逻辑研究(第二卷第一部分)[M].倪梁康,译.上海:上海译文出版社,1998.

[119]〔德〕埃德蒙德·胡塞尔(E. Edmund Husserl).纯粹现象学通论[M].李幼蒸,译.北京:商务印书馆,1996.

[120]胡塞尔(E. Edmund Husserl).内在时间意识现象学[M].杨富斌,译.北京:华夏出版社,2000.

[121]〔英〕C. J.泰特缪斯(Couin. J. Titmus)主编.培格曼国际终身教育百科全书[D].毕诚,译.北京:职工教育出版社,1990.

[122]〔加〕查尔斯·泰勒(Charles Taylor).现代性之隐忧[M].程炼,译.北京:中央编译出版社,2001.

[123]〔美〕弗莱德·R.多尔迈(Fred. R. Dallmayr).主体性的黄昏[M].万俊人等,译.上海:上海人民出版社,1992.

[124]〔法〕莫里斯·梅洛—庞蒂(Maurence Merleau Ponty).哲学赞词[M].杨大春,译.北京:商务印书馆,2000.

[125]〔美〕麦金尔太(Alasdair Mac Intyre).德性之后[M].龚群等,译.北京:中国社会科学出版社,1995.

[126]〔德〕费迪南·费尔曼(Ferdinand Fellmann).生命哲学[M].李健鸣,译.北京:华夏出版社,2000.

[127]〔美〕吉纳·E.霍尔(Hall Gene E.)雪莱·M.霍德.实施变革:模式、原则与困境[M].吴晓玲,译.杭州:浙江教育出版社,2004.

[128]〔美〕迈克尔·W. 阿普尔(Michael W. Apple). 被压迫者的声音[M]. 罗燕等,译. 上海:华东师范大学出版社,2008.

[129]〔美〕史蒂文森(Nick Stevenson). 文化与公民身份[M]. 陈志杰,译. 长春:吉林出版集团有限责任公司,2007.

[130]〔英〕弗格森(Ferguson Adan). 文明社会史论[M]. 林本椿,王绍祥,译. 沈阳:辽宁教育出版社,1999.

[131]〔英〕罗素(J. J. Rousseau). 论人类不平等的起源和基础[M]. 李常山,译. 北京:商务印书馆,1962.

[132]〔英〕亚当·斯密(Adam Smith). 道德情操论[M]. 蒋自强等,译. 北京:商务印书馆,1997.

[133]〔英〕安东尼·吉登斯(Anthony Giddens). 超越左与右——激进政治的未来[M]. 李惠斌,杨雪冬,译. 北京:社会科学文献出版社,2000.

[134]〔英〕安东尼·吉登斯(Anthony Giddens). 现代性与自我认同[M]. 赵旭东,译. 北京:生活·读知·新知三联书店,1998.

[135]〔美〕詹明信(Fredric Jameson). 晚期资本主义的文化逻辑[M]. 陈清侨等,译. 北京:生活·读书·新知三联书店,1997.

[136]〔法〕让·鲍德里亚(Jean Baudrillard)消费社会[M]. 刘成富,全志钢,译. 南京:南京大学出版社,2008.

[137]〔芬兰〕冯·赖特(Gerog Hernrik). 知识之树[M]. 陈波等,译. 北京:生活·读书·新知三联书店,2003.

[138]联合国教科文组织(UNESCO). 学会生存——教育世界的今天和明天[M]. 华东师范大学比较教育研究所,译. 北京:教育科学出版社,1996.

[139]〔美〕内尔·诺丁斯(Nel Noddings). 学会关心——教育的另一种模式[M]. 于天龙,译. 北京:教育科学出版社,2003.

[140]〔英〕安杰拉·索迪(Angela Thody),〔英〕巴巴拉·格雷(Barbara Gray),〔英〕德里克·鲍登(Derek Bowden). 成功教师的教育策略[M]. 杨秀治,谢艳红,译. 北京:北京师范大学出版社,2007.

[141]〔美〕托德·威特克尔(Todd Whitaker). 优秀教师一定要注意的14件事[M]. 赵菲菲,译. 北京:中国青年出版社,2006.

[142]〔德〕哈贝马斯(Jürgen Habermas). 交往与社会进化[M]. 张博树,译. 重庆:重庆出版社,1989.

[143]〔法〕马里坦(Jacques Maritain). 十字路口的教育——通识教育的理论基础[M]. 简成熙,译. 台北:五南图书出版公司,1996.

[144]〔英〕洛克(John Locke). 绅士的教育[M]. 方晋,译. 西安:西安出版社,1999.

[145]〔美〕约翰·G. 加布里埃尔. 有效的教师领导手册[M]. 王永华,李梅珍,译. 北京:教育科学出版社,2009.

[146]〔英〕爱德华·泰勒(Edward Burnett Tylor). 原始文化:神话、哲学、宗教、语言、艺术和习俗发展之研究[M]. 连树声等,译. 桂林:广西师范大学,2005.

[147]〔美〕爱德华·W. 萨义德(Edward. W. Said). 知识分子论[M]. 单德兴,译. 北京:

生活•读书•新知三联书店,2002.

[148]〔英〕怀特海(Alfred Whitehead).科学与近代世界[M].何钦,译.北京:商务印书馆,1959.

[149]〔英〕怀特海(Alfred Whitehead).教育的目的[M].徐汝舟,译.北京:生活•读书•新知三联书店,2002.

[150]〔英〕怀特海(Alfred Whitehead).怀特海文录[C].陈养正等,译.杭州:浙江文艺出版社,1999.

[151]〔英〕布鲁尔(David Bloor)等.知识和社会意象[M].艾彦,译.上海:东方出版社,2001.

[152]〔德〕O. F. 博尔诺夫(Otto Friedrich Bollnow).教育人类学[M].李其龙等,译.上海:华东师范大学出版社,1999.

[153]〔美〕费斯勒(Ralph Fessler),克里斯坦森(Judith C. Christensen).教师职业生涯周期——教师专业发展指导[M].董丽敏等,译.北京:中国轻工业出版社,2005.

[154]〔荷兰〕斯宾诺莎(Benedictus Spinoza).伦理学[M].贺麟,译.北京:商务印书馆,1983.

[155]〔荷兰〕斯宾诺莎(Benedictus Spinoza).神、人及其幸福简论[M].洪汉鼎,孙祖培,译.北京:商务印书馆,1987.

[156]〔英〕休谟(David Hume).人性论[M].关文运,译.北京:商务印书馆,1980.

[157]〔美〕吉舍莉•马丁•尼普(Giselle O. Martin-Kniep).成为更好的老师:8个教学创新构想的实践[M].陈佩正,译.台北:远流出版事业股份有限公司,2002.

[158]〔英〕H. D. F. 基托(H. D. F. Kitto).希腊人[M].徐卫翔,黄韬,译.上海:世纪出版集团上海人民出版社,2006.

[159]〔古希腊〕柏拉图(Plato).理想国[M].郭斌和,张竹明,译.北京:商务印书馆,1986.

[160]〔美〕理查德•舒斯特曼(Richard Shusterman).哲学实践[M].彭锋,译.北京:北京大学出版社,2002.

[161]〔古希腊〕亚里士多德(Aristottle).尼各马科伦理学[M].苗力田,译.北京:中国社会科学出版社,1999.

[162]〔罗马尼亚〕S. 拉塞克(Shapour Rassekh)〔伊朗〕G. 维迪努(Groege Vaideanu).从现在到2000年教育内容全球展望[M].马胜利等,译.北京:教育科学出版社,1996.

[163]〔德〕沃尔夫岗•布列钦卡(Wolfgang Brezinka).教育知识的哲学[M].杨明全,宋时春,译.上海:华东师范大学出版社,2006.

[164]〔日〕佐藤学(Manabu Sato).学习的快乐——走向对话[M].钟启泉,译.北京:教育科学出版社,2004.

[165]〔美〕尼古拉斯•M. 米凯利(Nicholas M. Michelli),〔美〕戴维•李•凯泽(David Lee Keiser).为了民主和社会公正的教师教育[M].任友群,杨蓓玉,刘润英等,译.上海:华东师范大学出版社,2009.

[166]〔瑞士〕费尔迪南•德•索绪尔(Ferdinand de Saussure).普通语言学教程[M].高名凯,译.北京:商务印书馆,1980.

[167]〔美〕布鲁克菲尔德(Brookfield S.D).批判反思型教师ABC[M].张伟,译.北京:中国轻工业出版社,2002.

[168]〔德〕雅斯贝尔斯(Karl Jaspers).什么是教育[M].邹进,译.北京:生活·读书·新知三联书店,1991.

[169]〔意大利〕维柯(Vico,G.).维柯论人文教育——大学开学典礼演讲集[M].张小勇,译.桂林:广西师范大学出版社,2005.

[170]〔意大利〕维柯(Vico,G.).新科学[M].朱光潜,译.北京:人民文学出版社,1987.

[171]〔英〕培根(Bacon,F.).新工具[M].许宝骙,译.北京:商务印书馆,1984.

[172]〔美〕马斯洛(Abraham H. Maslow).人的潜能和价值[M].林方,译.北京:华夏出版社,1987.

[173]〔美〕华勒斯坦(L. Wallerstein)等.学科·知识·权力[M].刘健芝等,编译.北京:生活·读书·新知三联书店,1999.

[174]〔美〕亨利·A.吉鲁(Giroux Henry A).教师作为知识分子[M].朱红文,译.北京:教育科学出版社,2008.

[175]〔加〕马克斯·范梅南(Max van Manen).生活体验研究——人文科学视野中的教育学[M].宋广文等,译.北京:教育科学出版社,2003.

[176]〔英〕艾弗·古德森(Ivor F. Goodson).专业知识与教师职业生涯[M].刘丽丽,译.北京:北京师范大学出版社,2007.

[177]〔美〕彼得·德鲁克(PeterDrucker).知识管理[M].杨开峰,译.北京:中国人民大学出版社,1999.

[178]〔法〕让—弗朗索瓦·利奥塔(J. F. Lyotard).后现代状况——关于知识的报告[M].岛子,译.长沙:湖南美术出版社,1996.

[179]〔美〕古德莱德(Goodlad John).一个称作学校的地方[M].苏智欣等,译.上海:华东师范大学出版社,2006.

[180]钟启泉.对话与"文本":教学规范的转型[J].教育研究,2001(3).

[181]王路."文本"与解释[J].求是学刊,2010(4).

[182]王金福,徐钊.论对"文本"的理解与对事物的认识的区别[J].江苏社会科学,2010(4).

[183]吴晓明.当代哲学的生存论路向[J].哲学研究,2001(12).

[184]郭元祥.教师的课程意识及其生成[J].教育研究,2003(6).

[185]安杰伊·少哈伊.作为一种新人文主义的后现代自由主义.第欧根尼[J].2005(2).

[186]德国罗兰·波斯纳.符号污染:对符号生态学的思考[J].国外社会科学,2004(4).

[187]舒志定.网络视域中的教育合法性问题[J].教育科学,2002(5).

[188]舒志定.现实的人:教育的出发点——马克思教育思想当代价值的一个视角[J].教育史研究,2003(1).

[189]舒志定.马克思教育思想人文特质探析[J].教育史研究,2004(1).

[190]舒志定.论马克思教育思想的当代价值[J].河北师范大学学报·教科版,2007(5).

[191]舒志定.通识教育:防御教育现代性的一种选择[J].昆明理工大学学报·哲社版,

2002(4).

[192]舒志定.文本的敞开性与教师权威的瓦解[J].教育理论与实践,2003(2).

[193]舒志定.文化传统与教师专业化的实现[J].教育研究,2002(12).

[194]舒志定.论教育与价值[J].教育研究,2000(12).

[195]舒志定.大学教师学术观念的哲学思考[J].大连理工大学学报(社科),2001(2).

[196]舒志定.中国教师在职进修观念的演进[J].高等师范教育研究,2000(2).

[197]舒志定.知识批判:学术自由的一种解读[J].高等师范教育研究,2002(2).

[198]舒志定.教师功能论辩[J].教育研究资讯双月刊(台湾师范大学),2003(3).

[199]舒志定.教师教育认识的偏误与制度创新[J].教育导刊,2002(11).

[200]舒志定.我国教师培训的四大特色[J].教育导刊,2000(5).

[201]舒志定.教师专业化的限度与超越[J].教育与现代化,2003(1).

[202]舒志定.我国古代宇宙观语境中教师角色[J].当代教育论坛,2006(3).

[203]舒志定.教师角色辩护的基础与课题[J].天津教育科学学院学报,2006(1).

[204]舒志定.个人知识与人本教育观透析——波兰尼个人知识合法性的阐述[J].比较教育研究,2006(7).

[205]舒志定.论教师专业自觉[J].教师教育研究,2007(6).

[206]舒志定.论教师专业境界[J].教师教育研究,2008(5).

[207]舒志定.教育价值虚无化的表现与消除[J].教育理论与实践,2008(8).

[208]舒志定.教育权力的双重性及其消解[J].教育科学,2008(2).

[209]尚杰.胡塞尔的意向性概念[J].云南大学学报(社会科学版),2006(5).

[210]高伟.体验:教育哲学新的生长点[J].湖南师范大学学报.教科版,2003(2).

[211]王攀峰.试论走向生活体验的教育研究[J].教育科学,2003(5).

[212]韩淑萍.体验:教育的生命[J].中国职业技术教育,2004(2).

[213]许江.大学的望境——论大学的建造与"大学"精神[J].读书,2006(8).

[214]谈芝佳.强化学生在说明文学习中的情感体验[J].新教育探索(教育参考编辑部),2004(4).

[215]黄力之.多元文化主义的悖论[J].哲学研究,2003(9).

[216]贺来."道德共识"与现代社会的命运[J].哲学研究,2001(5).

[217]赵汀阳.认同与文化自身认同[J].哲学研究,2003(7).

[218]刘世闵.全球化与本土化冲击下教育政策研究方法之趋势[J].教育资料与研究月刊,2008(83).

[219]于炳贵,郝良华.全球化进程中的国家文化安全问题[J].哲学研究,2002(7).

[220]田正平,陈胜.清末及民国时期乡村教育的困境及其调适[J].华中师范大学学报人文社科版,2008(5).

[221]丰子义.全球化与民族文化的发展[J].哲学研究,2001(3).

[222]杨学功.全球化与"中国模式"[J].学术界,2010(1).

[223]刘奔.经济全球化时代的文化问题[J]哲学研究,2007(5).

[224]马晓彬,刘建伟."普世价值"研究述评[J].学术论坛,2010(4).

[225]文平."普世价值"辨析[J].红旗文稿,2009(10).

[226]邹广文.全球化、文化个性与文化主权[J].贵州社会科学,2010(1).

[227]H.斯奈德.走向信息时代的教育变革[J].韩敏,编译.上海教育科研,2003(3).

[228]郭丽玲.学习型小区中小区妈妈终身学习的内容[J].社会教育学刊,1999(28).

[229]洪伯温.谈教师素养与在职进修[J].今日教育(台湾),1984(60).

[230]郑杭生.现代性社会理论的演变——从现代化理论到新发展观[J].浙江学刊.2004(3).

[231]雷蒙·潘尼卡.文化间哲学引论[J].新华文摘,2005(10).

[232]风笑天.独生子女青少年的社会化过程及其结果[J].中国社会科学,2000(6).

[233]雷红霞.西方哲学中知识与信念关系探析[J].哲学研究,2004(1).

[234]冯生尧,谢瑶妮.教育改革中教师的行为发展[J].华南师范大学学报(社会科学版),2004(2).

[235]章婧.国外关于教师不当教学行为的研究综述[J].上海教育科研,2011(2).

[236]盖立春,郑长龙.美国教学行为研究的发展历史与范式更迭[J].外国教育研究,2009(5).

[237]王光明.高效数学教学行为的特征[J].数学教育学报,2011(1).

[238]庞丽娟,叶子.论教师教育观念与教育行为的关系[J].教育研究,2000(7).

[239]严丽萍.高师小学教育专业开设《教师行为训练》课程的构想[J].山西广播电视大学学报,2005(5).

[240]姚灶华.教师的教育公平意识与学生的发展[J].中国教师,2005.

[241]白益民."过程—结果"教学研究范式"科学"承诺的再审视[J].河北师范大学学报(教育科学版),2000(2).

[242]唐纳德·E.兰露易斯 夏洛特·拉普·扎莱斯.有效教师的教学艺术[J].李皖生,译.比较教育研究,1994(2).

[243]陈桂生."教师专业化"辨析[J].中国教师,2007(12).

[244]杨芳勇.试论社会工作专业与职业的关系及其转化[J].社会工作(上半月),2010(12).

[245]赵康.专业、专业属性及判断成熟专业的六条标准[J].社会学研究,2000(5).

[246]曾荣光.教学专业与教师专业化:一个社会学的阐释[J].(香港中文大学)教育学报.1984(1).

[247]宋广文,魏淑华.论教师专业发展[J].教育研究,2005(7).

[248]赵康.专业化运动理论——人类社会中专业性职业发展历程的理论假设[J].社会学研究,2001(5).

[249]叶澜.时代精神与新教育理想的构建——关于我国基础教育改革的跨世纪思考[J].教育研究,1994(10).

[250]刘全波.现代西方关于教师个性特征的研究[J].比较教育研究,1991(6).

[251]李子华.论教师个性素质及其塑造[J].机械工业高教研究,2002(3).

[252]李作佳,郝伟兴,周秋华.中小学教师的抑郁情绪研究[J].临床精神医学杂志,1997(6).

[253]李晶,陈廷.教师个性特征与心理健康的相关性研究[J].中国公共卫生,2004(4).

[254]申继亮,辛涛.论教师素质的构成[J].中小学管理,1996(11).

[255]李琼,倪玉菁.西方不同路向的教师知识研究述评[J].比较教育研究,2006(5).

[256]胡金波.知识管理的组织结构模式构建[J].管理学刊,2011(1).

[257]华斌,金维兴.现代企业知识管理[J].管理科学文摘,2004(7).

[258]王天平,肖庆顺.论教师知识管理的内涵及方式[J].天津市教科院学报,2009(6).

[259]蒲阳.教师知识分子特征的失落与复归——教师专业化背景下的反思[J].教育发展研究,2010(6).

[260]文雪.教师的教育信念及其养成[J].当代教育科学,2010(9).

[261]黄正平.教育信念:教师专业发展的内在要求[J].当代教育论坛,2002(4).

[262]谢翌,马云鹏.教师信念的形成和变革[J].比较教育研究,2007(6).

[263]卢乃桂.教师专业化与教师应对教育改革的能力[J].开放教育研究,2007(2).

[264]王曙光.幸福的和不幸福的经济学[J].读书,2006(12).

[265]甘丽华,党波涛.首届免费师范生仅2%愿去农村[N].中国青年报,2011-03-12(3).

[266]张雪红,李润.中学生社会责任感缺失令人忧[N].中国青年报,2006-01-23.

[267]胡百良.还青少年良好的宽松的成长环境——一位退休老校长的来信[N].中国教育报,2007-03-27.

[268]朱广菁.信息时代教育直面几大困惑[N].大众科技报,2007-05-31(A01).

[269]单祥双.蜜蜂为什么找不到出口[N].光明日报(科技周刊版),2002-11-22.

[270]朱华贤,谢震霖.学生可以不喜欢课文吗?[N].文汇报,2002-07029(9).

[271]陈丽平.教师法施行16年来中青年教师成主力 教师学历合格率超九成[N].法制日报,2010-09-09.

[272]张婷,陈强.教育部财政部召开"国培计划"总结交流会[N].中国教育报,2011-04-01.

[273]李丽钧,李佳佳.我省省级教师培训经费5年增5倍[N].河北经济日报,2008-09-10(2).

[274]朱振岳.浙江实施农村教师"领雁工程"骨干教师培训经费由财政专项资助[N].中国教育报,2008-03-30(1).

[275]Elizabeth Heilman Critical Theory as a Personal Project:From Early Idealism to Academic Realism[J].Educational Theory 2003(3):247—274.

[276]David Hartley. Education as a Global Positioning Device:Some Theoretical Considerations[J].Comparative Education,2003(4):439—450.

[277]Roni Aviram & Yossi Yonah. 'Flexible Control':Towards a Conception of Personal Autonomy for Postmodern [219]Education[J]. Philosophy of Education Society of Australasia. 2004(1):3—15.

[278]Adam Tenenbaum. Anti-human Responsibilities for a Postmodern Educator[J]. Studies in Philosophy and Education,2000(19):369—385.

[279]Sue Christian Parsons & Pamela U. Brown & Virginia Worley. A Metaphor Analysis of Preservice Teachers' Reflective Writings About Diversity[J]. Curriculm and

Teaching Dialogue,2004(1):49—58.

[280]J. Derrida:Dissemination, The University Of Chicago Press,1976.

[281] Training and Development Agency for Schools. Professional Standards for Teachers:Why Sit Still in Your. Career[EB/OL]. http://www.tda.gov.uk/teachers/professionalstan-dards,2011-3-6.

[282]New Zealand Teachers Council. Graduating Teacher Stan-dards:Aotearoa New Zealand. [EB/OL]. http://www.teacher-scouncil.govt.nz/education/gts/gts-poster.rtf, 2008-6-23.

[283]Shulman,L. S. Those who understand:Knowledge growth in teaching[J]. Educational Researcher. 1986(2):4—14.

[284]K. J. Gergen Correspondence Versus Autonnmy in the Language of Understanding Human Action In Metatheory in Social Science,Chicago. 1986.

后 记

时光流逝，转眼间 2011 年春天已经变成美好的记忆。在送走温情的春天迎接多情的炎夏之际，《教师教育哲学》书稿的写作任务也告一段落。这部书稿是我们承担的教师教育学创新团队、教育领导与管理创新团队的研究成果，这二支团队受上海师范大学"教师教育学科专业群内涵建设工程"中的"教师教育学科群内涵与特色建设"项目资助。同时，书稿也是上海市教育委员会科研创新项目"'教师教育学'学科构建的理论研究"与2010 年度上海市教育科学规划重点项目"创建'教师教育学科群'的理论与实践"（立项编号：A1012）的理论研究成果之一。

写作《教师教育哲学》书稿，主要是源于多年来对教师教育问题的思考，怎样有效地培养讲理想、讲人格、讲品位、讲学术的教师，使教师做到既有学术涵养，虚心问学；又能关心学生，脚踏实地，一直是我理论思考与实践探索的议题。在我负责教师培训与管理工作期间，围绕这一构想，先后组织与研发了教师培训项目或专题研修班，虽然取得了一些效果，但是，深感进一步拓展教师培训工作、促进教师专业发展的空间还很大，是一项"无限"的"阳光"事业。

写作这部书稿，是对以往研究思路、研究心路的概括与梳理，并结合了对曾经组织、开发的教师培训项目与管理实践活动的理性思考。在这部书稿中，有不少内容已经以论文形式在《教育研究》、《教师教育研究》、《教育理论与实践》、《教育导刊》等期刊发表，这次写作，对这些论文进行了改写、扩充与修改。书中关于教师教育功能、教师角色的传统阐释等内容，与我的另两部著作（《教育哲学引论》、《教师角色辩护——走向基础教育课程改革》）中的观点基本一致，主要是因为"教师教育哲学研究"是我从事的教育哲学研究中一部分内容，与教育哲学研究思路构成传承关系，也就是说，切入教育问题的致思路向是一致的。不过，在撰写过程中，对这些观点进行了调整与修正，补充或更改了论证思路与材料。

书稿写作能够顺利完成及其出版，我收获了来自多方面的帮助与关心。对此，我始终心存感激。

沪南雅阁花园

2011 年 5 月 9 日